安徽省"十三五"规划教材

智慧会计特色专业系列教材

U0576396

商务数据分析

主　编　王　刚

副主编　凌海峰　董骏峰

科 学 出 版 社

北　京

内 容 简 介

本书是安徽省"十三五"规划教材省级质量工程项目和安徽省一流教材建设省级质量工程项目成果。本书以管理视角解读数据分析，以商务数据分析全生命周期为主线，从商务数据的采集、存储、预处理、分析、可视化、治理等环节切入，对商务数据分析的理论、方法、工具和应用进行科学合理的组织。全书共十章，内容包括绪论、商务数据分析的理论基础、数据采集与数据存储、数据预处理、数据基础分析、文本分析、推荐系统、数据可视化、数据治理、商务数据分析应用等。

本书可作为高等学校工商管理、会计学、信息管理与信息系统、大数据管理与应用等管理类、信息类专业本科生教材，也可以作为商学院 MBA 学员教材，还可以作为各行各业的管理者与实践者的培训用书和参考读物。

图书在版编目（CIP）数据

商务数据分析 / 王刚主编. —北京：科学出版社，2023.3

安徽省"十三五"规划教材. 智慧会计特色专业系列教材

ISBN 978-7-03-070617-1

Ⅰ. ①商…　Ⅱ. ①王…　Ⅲ. ①商业统计-统计数据-统计分析-高等学校-教材　Ⅳ. ①F712.3

中国版本图书馆 CIP 数据核字（2021）第 228826 号

责任编辑：郝　静 / 责任校对：王晓茜
责任印制：赵　博 / 封面设计：无极书装

科 学 出 版 社 出版

北京东黄城根北街 16 号
邮政编码：100717
http://www.sciencep.com

三河市骏杰印刷有限公司印刷
科学出版社发行　各地新华书店经销

＊

2023 年 3 月第　一　版　　开本：787×1092　1/16
2024 年 1 月第二次印刷　　印张：21
字数：498 000

定价：68.00 元
（如有印装质量问题，我社负责调换）

总　序

　　智慧会计特色专业系列教材的完成，凝聚着参与编写教材的几十位教师的心血。在新一代信息技术的发展浪潮中，这套教材带着全新时代的印记面世了。在编写这套教材的过程中，我们反复论证，围绕信息时代会计人员的能力架构，进行了多方讨论和比较，最后确定了10本教材的框架体系。

　　我们编写这套教材的初衷是：突破传统、顺应时代、重构模式、凸显智慧。由于新一代信息技术的发展，学科交叉融合加速，新兴学科不断涌现，前沿领域不断延伸。这催生出一系列新产品、新应用和新模式，极大地改变了生产、消费、投融资的内容和方式，也使传统生产经营方式下的会计、财务、金融等服务行业发生了巨大变化，出现了学科融合的"大会计"范畴，重构了财务会计、管理会计、财务管理、审计与内部控制、投资与理财、金融等诸多学科之间的交融关系。从会计人员的工作实践看，伴随着会计领域全面智能化，财务会计的能力架构发生了根本性的转变。从经济发展的态势看，新市场形态和商业模式不断涌现，对会计人才也提出了更高的要求。为了适应市场环境对会计人才的新要求，与时俱进地改革现有的专业培养模式和课程体系，重构新课程体系迫在眉睫，由此我们决定编写这套教材。

　　本系列教材的"智慧"特色构架是："智慧"特色既体现在新一代信息技术的应用上，又体现在会计内涵的转变上。首先，会计基础的重构。在系列教材中，我们重构了两大会计分支体系的基本内容：以财务会计为核心的《基础会计学》和以决策、控制为核心的《管理会计学》，它们体现了吸收最新应用、吐纳传统内容、改进创新体系的特点。其次，会计应用的延展。由于财务决策离不开金融市场，作为现代金融市场的两大支柱：货币市场与资本市场，其相关理论是企业财务决策的着眼点和出发点。由此，我们以"智慧"的视角，结合现代金融市场的特点添加了《货币金融学》《证券投资理论与实务》。《审计学》和《新编资产评估学》既是传统会计专业必修课，又是与信息变迁时代高度关联的课程。资本市场的有效性显现了价格对信息的反应程度，审计重在信息的公正，资产评估重在信息的合理。任何"智慧"的重点都是带有时代特征的，《智慧财务管理》既是偏向提炼关键信息的财务理论，又是偏向财务决策的智能化，这是对财务学和智能信息学的双重创新。最后，会计信息技术的筑底。《商务数据库技术与应用》《商务数据分析》《ERP与企业经营模拟》是新一代信息技术基础知识的构筑以及信息化工具在企业财务信息管理的综合运用，它们以各种手段方法挖掘市场商务数据，重构企业内部控制，合理构架企业经营模式，代表着现代会计专业的培养方向。由此，我们选择了上述10本教材作为智慧会计特色专业系列教材，打造本领域首个安徽省"十三五"规划教材。

　　处于变化时代的会计专业人才应该是复合型人才，他们有能力进行知识体系的自我完善，利用信息化、智能化手段进行创新与超越，利用交叉知识产生能力突破。他们是一群商业嗅觉灵敏、市场行为机警、业务财务双通、数据信息运用自如的财务运筹、决策与控制人员。那种会计专业人员只知道记账、算账、做凭证报表的时代，已随着信息化的逐步深入而渐行渐远。智能化社会已经来临，它所展现的会计结构应该是：后台是"智能化"程序，包括记账、算账、做凭证报表等，这些"智能化"程序在大型企业已基本纳入共享服务中心。而站在决策前台的会计人员需要做什么？他们是战略实现的内部构架能手，是服务战略的财务筹划高手，是重要的决策参谋，他们处处体现自己的"智慧"。与此同时，拥有"智慧"的会计才是成功企业不可或缺的。

本系列教材得到安徽省"十三五"规划教材省级质量工程项目（2017ghjc023）立项支持，在申请立项和实施完成的过程中，得到系列教材各位主编：姚禄仕教授、李姚矿教授、余本功教授、王刚教授、潘立生副教授、王建文副教授、吴勇副教授、王晓佳副教授、杨颖副教授和刘军航老师，以及诸多参编老师的鼎力支持。在教材审核出版过程中，科学出版社的各位编辑投入了大量的时间和精力，确保教材品质优良，在此一并向他们表示感谢！

张晨

2019 年 12 月 28 日深夜

前　　言

数据日益成为重要战略资源和新生产要素，通过对数据的充分挖掘和有效利用，优化了资源配置和使用效率，改变了企业经营管理模式，推动了诸多重大而深刻的变革，数据对企业经营管理产生着越来越重要的作用。

商务数据分析是企业利用现代信息技术收集、管理和分析结构化和非结构化的商务数据和信息，创造和累积商务知识和见解，改善商务决策水平，采取有效的商务行动，完善各种商务流程，提升各方面商务绩效，增强综合竞争力的智慧和能力。系统地学习和掌握商务数据分析的基础知识和理论是高等学校学生适应科学技术和社会发展的必然要求。

本书从管理视角解读数据分析，以商务数据分析全生命周期为主线，从商务数据的采集、存储、预处理、分析、可视化、治理等环节切入，对商务数据分析的理论、方法、工具和应用进行科学合理的组织，形成了注重介绍商务数据分析技术与方法、强调理论联系实践的教材。通过课程学习，学生可以理解商务数据分析的基本概念及对企业管理的支撑作用，掌握商务数据分析的核心技术和方法，获得运用商务数据分析工具解决企业管理中具体问题的能力。在编写过程中，我们积极吸取国内外同类教材的先进性，同时注意形成自身的特色。

第一，注重学科融合。商务数据分析涉及管理、信息等学科内容，在教材编写过程中，我们注重将相关学科知识有机融为一体，重构了商务数据分析的知识体系。

第二，教材内容的先进性。在内容选取时，参阅了大量的相关文献，并与我们最新研究成果相结合，将其融入教材之中，力争反映商务数据分析的前沿知识。

第三，理论与实践相结合。除理论知识和技术基础之外，我们还精选了多个应用案例进行分析。在案例选择上，以本土案例为主，并尽可能选自不同行业和领域，帮助学生理解商务数据分析在企业中的具体应用。

全书共分为十章。第一章绪论，介绍了数字经济时代、数据和大数据、商务数据分析概述，以及商务数据分析的挑战和发展趋势等。第二章商务数据分析的理论基础，介绍了商务数据分析的管理基础、商务数据分析的统计基础，以及商务数据分析的机器学习基础等。第三章数据采集与数据存储，介绍了数据采集、关系型数据存储、非关系型数据存储，以及数据仓库等。第四章数据预处理，介绍了数据质量、数据清洗、数据变换、数据集成，以及其他预处理方法等。第五章数据基础分析，介绍了数据回归分析、数据分类分析、数据聚类分析、数据关联分析等。第六章文本分析，介绍了文本分析概述、文本预处理、特征提取和文本表示方法、文本分类分析，以及文本聚类分析等。第七章推荐系统，介绍了推荐系统概述、协同过滤推荐、基于内容的推荐、混合推荐，以及基于排序学习的推荐等。第八章数据可视化，介绍了可视化概述、可视化主要类型、可视化主要方法，以及可视化评测等。第九章数据治理，介绍了数据治理概述、元数据治理、数据质量治理、数据安全治理，以及数据治理评估等。第十章商务数据分析应用，介绍了商务数据分析在金融管理中的应用、商务数据分析在旅游管理中的应用、商务数据分析在质量管理中的应用,以及商务数据分析在电力管理中的应用等。

　　本书由合肥工业大学管理学院王刚教授任主编,凌海峰副教授、董骏峰副教授任副主编,倪丽萍副教授、邵臻副教授、刘婧副教授参编。各章的编写工作分工如下:王刚负责本书的统稿,并负责编写第一章、第五章、第七章,凌海峰负责编写第二章、第九章、第十章,董骏峰负责编写第二章、第三章、第十章,倪丽萍负责编写第六章、第十章,邵臻负责编写第二章、第四章、第十章,刘婧负责编写第五章、第八章。另外,合肥工业大学博士研究生张峰、马敬玲、张亚楠、王含茹、卢明凤、夏平凡、魏娜,硕士研究生黄晶丽、李慧、祝贺功、孟祥睿、徐旺、陈星月、周秀娜、昂瑞、杨雨蝶、韩钧、王晓莹、孙文君、贵丽等在书稿的编写过程中做了大量资料收集整理、文档编辑等工作。在此,谨向他们表示最诚挚的谢意。

　　本书得到安徽省“十三五”规划教材省级质量工程项目(2017ghjc023)和安徽省一流教材建设省级质量工程项目(2018yljc165)立项支持。在本书编写过程中,参考了大量的国内有关研究成果,在此对所涉及的专家、学者表示衷心感谢。在本书审核出版过程中,科学出版社的各位编辑投入了大量的时间和精力,确保本书品质优良,在此一并向他们表示感谢!

　　商务数据分析是一门日新月异的学科,且涉及管理科学和信息科学中的多个领域,加上作者水平有限,书中难免有疏漏或不妥之处,恳请广大读者不吝赐教,以便再版时及时更正。

目　　录

第一章

绪 论

随着信息技术的不断发展，人类社会已经迈入以信息为特征的数字经济时代，数据成为数字经济时代的关键生产要素，社会经济发展形态出现了新的变化，数字经济时代的大数据及其相关技术在为商务数据分析领域带来大量机遇的同时也带来了一些新的挑战。在本章中您将掌握数字经济时代与商务数据分析的相关概念与特点，并结合相关案例理解商务数据分析在现实场景中的应用。

学习目标

- 掌握数字经济时代的主要特征及数据生产要素。
- 掌握数据与大数据的概念及特征。
- 理解商务数据分析的概念、特点和作用。
- 理解商务数据分析的理论、技术和应用体系。
- 掌握商务数据分析的挑战和发展趋势。

知识结构图

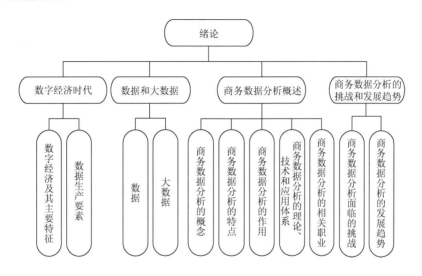

第一节　数字经济时代

一、数字经济及其主要特征

（一）数字经济

从最早的石器时代一直到今天以信息为特征的数字经济时代，一次次的科技革命与人类的思想文明革命像一个个推动器，极大地推进人类社会向着人的彻底解放的崇高目标飞跃发展，也使人类以神奇无比的财富创造力，创造了当今难以置信的物质财富和精神财富。数字经济早期常被认为是互联网经济或信息经济的代名词，而随着技术的不断发展，数字经济的内涵不断扩大，也促进了中国的包容性增长。如今，数字经济的定义已经不再局限于互联网经济或信息经济，而是以使用数字化的知识和信息作为关键生产要素、以现代信息网络作为重要载体、以信息通信技术的有效使用作为效率提升和经济结构优化的重要推动力的一系列经济活动。通俗来说，数字经济是随着信息技术革命发展而产生的一种新的经济形态。

大数据和云计算等新技术的融合，推动了物联网的迅速发展，实现了人与人、人与物、物与物的互联互通。全球数据量大约每两年翻一番，于是人类生产活动的一系列生产要素都需要数字化——数字经济更容易实现规模经济和范围经济，而数字贸易也呈现贸易成本普遍降低、中间环节大幅减少等趋势。数字经济将成为继农业经济、工业经济之后的一种新的社会经济发展形态。

（二）数字经济的主要特征

数字经济作为一种新的社会经济发展形态，具有以下特征。

第一，数据成为推动经济发展关键的生产要素。不同于过去的农业时代和工业时代，数字经济时代的经济发展所依靠的关键生产要素不再是土地、劳动、资本与技术，而是数据。作为数字经济时代的新型关键生产要素，数据的重要地位不言而喻，甚至有人将数据形象地比喻为"未来的新石油"，数据必将成为未来竞争的一种核心资产。此外，土地、劳动等农工业经济时代的关键生产要素，其本身的属性决定了这些要素必须受到稀缺性的制约，然而，数据与前者不同，对数据而言，生产活动是无尽的，数据就是无尽的。数据的可复制和共享性使得其从根本上打破了稀缺性生产要素的制约，成为推动经济持续发展的根本保障。

第二，数字基础设施成为新的基础设施。数字经济时代来临，数据作为新的关键生产要素的同时，也对基础设施的形态造成了改变。相应地，数字基础设施成为新的生产要素，主要体现在两个方面：其一，大力推动信息基础设施建设，加大劳动者相关素养和技能的培训，这意味着无线网络等相关的基础设施需要更多的资金支撑；其二，推动传统的基础设施的数字化改造，实现数字化转型，这个过程需要充分利用一系列数字化技术，才能实现传统设施的顺利转型。

第三，供给和需求的界限日益模糊。传统经济活动的供给侧和需求侧是相互分离的。在物质稀缺的年代，"萨伊定律"形象地表示了供需侧关系，即供给决定需求。尽管随着生产能力的提高，物质稀缺问题在一定程度上得到了解决，但是供给侧和需求侧的关系没有本质变化，二者还是分离的。随着数字经济的发展，供给和需求方面出现了很多全新的模式，行业价值链发生了改变，数字化技术的成熟推动供给侧和需求侧逐渐走向融合。

二、数据生产要素

数字经济蓬勃发展，数据已然成为新经济时代的主要组成部分，数据在数字经济时代的地位，不亚于石油在工业经济时代的地位，尽管数据已经是公认的重要元素，但对于数据在数字经济时代的定位一直没有确定的标准。直到 2020 年 4 月 9 日，中央决策层下发了重要文件《关于构建更加完善的要素市场化配置体制机制的意见》（以下简称《意见》），数据在数字经济时代的地位有了来自官方的权威认可：它与土地、劳动力、资本、技术等一样，都是可市场化配置的生产要素。这意味着数据被认可为国家定义的"生产要素"，这是对数据重要性的肯定，具有相当重要的时代性意义。数据被认可为生产要素后，其交换将走向市场化，数据要素面临着市场化配置的问题。在工业经济时代，数据不是主要的生产要素，相关技术和知识产权制度等暂时没有包含对信息等要素的讨论，但中央决策层下发《意见》后，已经明确说明，要进行市场化配置的要素主要有五种，即土地、劳动力、资本、技术、数据。

关于数据作为新的生产要素而进一步市场化配置的问题，在《意见》中也做出了相应指示，经过总结，大致包括以下几点。

（一）进一步推进政府数据实现开放共享

主要任务是优化治理政府各部门基础数据库，进一步落实各级各部门间数据共享交换，消除信息孤岛，同时制定相应的权利责任制度，出台新一批数据共享责任清单。

（二）进一步发掘社会数据资源

在数字经济时代许多新产业、新业态和新模式应运而生，需要加大培育力度。另外，在现有领域（农工业、教育、公共资源交易等）构建数据开发利用场景，并支持和推进场景的规范化。在数据的采集方面，进一步推进落实新一代信息技术等相关领域的数据采集标准化。

（三）加强数据资源整合和安全保护

在数字经济时代数据是重要的竞争资源，具有极高的利用价值，同时也存在不容忽视的安全问题，探索建立统一规范的数据管理制度十分重要。不仅需要完善相关产权，还需要推动完善适用于数字经济时代的数据分类分级安全保护制度，加强对政务、企业和个人数据的隐私保护。

第二节　数据和大数据

一、数据

（一）数据的概念

数据科学这门学科研究的核心内容就是数据，那究竟什么是数据呢？一提到数据，我们首先想到的会是数字，但数据并不局限于数字，文本、音频、图像、视频都可以是数据。在本书里，我们对数据给出如下定义。

数据是指以定性或者定量的方式来描述事物的符号记录，可定义为有意义的实体，它涉及事物的存在形式。"数据"的含义很广，不仅指 1011、8084 这样一些传统意义上的数据，还指"Dataology""上海市数据科学重点实验室""2020/02/14"等符号、字符、日期形式的数据，也包括文本、声音、图像和视频等类型的数据，而微博、微信、购物记录、住宿记录、乘飞机记录、银行消费记录、政府文件等也都是数据。

在这里，我们需要注意的是"数据"与"信息""知识"等概念之间存在一定的区别和联系。这三者之间最主要的区别是所考虑的抽象层次不同。数据是最低层次的抽象，信息次之，知识则是最高层次的抽象。数据是用来记录客观事物状态的原始符号；信息是经过解释和理解，能够消除人们某种不确定性的东西；知识是可指导行动的信息。

我们对数据进行解释和理解之后，才可以从数据中提取出有用的信息。对信息进行整合和呈现，则能够获得知识。例如，世界第一高峰珠穆朗玛峰的高度为 8848.86 m，可以认为是"数据"；一本关于珠穆朗玛峰地质特性的书籍，则是"信息"；一份包含了攀上珠穆朗玛峰最佳路径信息的报告，就是"知识"了。所以，我们说数据是信息的载体，是形成知识的源泉，是智慧、决策及价值创造的基石。

近年来，数据规模与利用率之间的矛盾日益凸显。一方面，数据规模的"存量"和"增量"在快速增长。根据国际权威机构 Statista 的统计和预测，全球数据量在 2019 年约达到 41ZB，国际数据公司（International Data Corporation，IDC）预计到 2025 年，全球数据量将增加至 2016 年的近十倍，达到 163ZB。在人们的生活与生产中，正在生成、捕获和积累着海量数据。例如，纽约证券交易所（New York Stock Exchange，NYSE）每天生成大约 4～5TB 的数据；Illumina（因美纳）的 HiSeq 2500 测序仪（HiSeq 2500 sequencer）每次运行 1TB 的数据，大型实验室拥有几十台类似大型综合巡天望远镜（large synoptic survey telescope，LSST）的机器，每天可以生成 40TB 的数据；Facebook（脸书）每个月数据增长达到 7PB；瑞士日内瓦附近的大型强子对撞机（large hadron collider）每年产生约 30PB 的数据；Internet Archive 项目已存储大约 99PB 的数据等。

另一方面，我们缺乏对"大数据"的开发利用能力。虽然我们经常提到或听到"数据是一种重要资源"，但我们并未深入了解数据，尤其是大数据的本质及演化规律，更没有具备将数据资源转换为业务、决策和核心竞争力的能力。因此，我们急需包括理念、理论、方法、技术、工具、应用在内的一整套科学知识体系——大数据管理与应用。

（二）数据模型

数据建模是人们理解数据的重要途径之一。按照应用层次和建模目的，可以把数据模型分为三种基本类型：概念模型、逻辑模型和物理模型。因此，在实际工作中，需要注意数据模型的层次性，不同类型的人员所说的数据模型可能不在同一个层次上。当然，不同层次的数据模型之间存在一定的对应关系，可以进行相互转换，如图 1-1 所示。

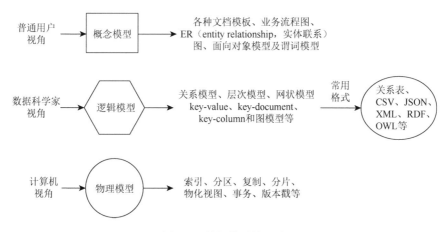

图 1-1 数据模型的层次

概念模型（conceptual model）是以现实世界为基础，从普通用户（如业务员、决策人员）视角对数据构建的模型，主要用来描述世界的概念化结构，与具体的数据管理技术无关，即同一个概念模型可以转换为不同的逻辑模型。常用的概念模型有各种文档模板、业务流程图、ER 图、面向对象模型和谓词模型等。

逻辑模型（logical model）是在概念模型的基础上，从数据科学家视角对数据进一步抽象的模型，主要用于数据科学家之间的沟通和数据科学家与数据工程师之间的沟通。常用的逻辑模型有关系模型、层次模型、网状模型、key-value、key-document、key-column和图模型等。

物理模型（physical model）是在逻辑模型的基础上，从计算机视角对数据进行建模后得出的模型，主要用于描述数据在存储介质上的组织结构，与具体的平台（包括软硬件）直接相关。常用的物理模型有索引、分区、复制、分片、物化视图、事务、版本戳等。

通常，数据科学中数据的捕获、存储、传递、计算、显示处理的难点源自"数据的异构性"——涉及多种数据模型或同一类模型的不同结构。为此，数据科学家经常采用跨平台（应用）性较强的通用数据格式，即与特定应用程序及其开发语言无关的数据格式的方法使不同应用程序之间进行数据传递和数据共享。常见的通用数据格式有：关系表（二维表/矩阵）、逗号分隔值（comma separated value，CSV）、JS 对象简谱（JavaScript object notation，JSON）、可扩展标记语言（extensible markup language，XML）、资源描述框架（resource description framework，RDF）和网络本体语言（web ontology language，OWL）等。

（三）数据维度

数据分类是帮助人们理解数据的另一个重要途径。为了深入理解数据的常用分类方法，可以从三个不同维度分析数据类型及其特征。

从数据的结构化程度看，可以分为结构化数据、非结构化数据和半结构化数据三种，如表 1-1 所示。在数据科学中，数据的结构化程度对于数据处理方法的选择具有重要影响。例如，结构化数据的管理可以采用传统关系数据库技术，而非结构化数据的管理往往采用 NoSQL、NewSQL 或关系云技术。

表 1-1　结构化数据、非结构化数据与半结构化数据的区别与联系

类型	含义	本质	举例
结构化数据	直接可以用关系数据库存储和管理的数据	先有结构，后有数据	关系数据库中的数据
非结构化数据	无法用关系数据库存储和管理的数据	没有（或难以发现）统一结构的数据	语音、图像文件等
半结构化数据	经过一定转换处理后可以用关系数据库存储和管理的数据	先有数据，后有结构（或较容易发现其结构）	HTML、XML 文件等

结构化数据：以"先有结构，后有数据"的方式生成的数据。通常，人们所说的"结构化数据"主要指的是在关系数据库中捕获、存储、计算和管理的数据。在关系数据库中，需要先定义数据结构（如表结构、字段的定义、完整性约束条件等），然后严格按照预定义结构进行捕获、存储、计算和管理数据。当数据与数据结构不一致时，需要按照数据结构对数据进行转换处理。

非结构化数据：没有（或难以发现）统一结构的数据，即在未定义结构的情况下或并不按照预定义结构捕获、存储、计算和管理的数据。通常主要指无法在传统关系数据库中直接存储、管理和处理的数据，包括所有格式的办公文档、文本、图片、图像和音频/视频信息。

半结构化数据：介于结构化数据（如关系数据库、面向对象数据库中的数据）和非结构化的数据（如语音、图像文件等）之间的数据。例如，超文本标记语言（hypertext markup language，HTML）、XML 等，其数据的结构与内容耦合度高，进行转换处理后可发现其结构。目前，非结构化数据占比最大，数据中的绝大部分属于非结构化数据。因此，非结构化数据是数据科学中重要研究对象之一，也是与传统数据的主要区别之一。

从数据的加工程度看，可以分为零次数据、一次数据、二次数据和三次数据，如图 1-2 所示。数据的加工程度对数据科学中的流程设计和活动选择具有重要影响。例如，数据科学项目可以根据数据的加工程度来判断是否需要进行数据预处理。

零次数据：数据的原始内容及其备份数据。零次数据中往往存在缺失值、噪声、错误或虚假数据等。

一次数据：对零次数据进行预处理（清洗、变换、集成等）后得到的"干净数据"。

二次数据：对一次数据进行深度处理或分析（包括脱敏、规约、标注）后得到的"增值数据"。

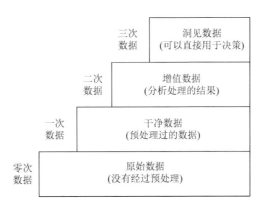

图 1-2 数据的加工程度

三次数据：对一次数据或二次数据进行洞察分析（包括统计分析、数据挖掘、机器学习、可视化分析等）后得到的，可以直接用于决策的"洞见数据"。

从数据的抽象或封装程度看，可分为数据、元数据和数据对象三个层次，如图 1-3 所示。在数据科学中，数据的抽象或封装程度对数据处理方法的选择具有重要影响。例如，是否需要重新定义数据对象（类型）或将已有数据封装成数据对象。

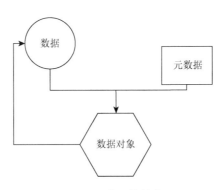

图 1-3 数据的封装

数据：对客观事物或现象直接记录下来后产生的数据，如介绍数据科学知识的教材《数据科学》的内容。

元数据：数据的数据，可以是数据内容的描述信息等。教材《大数据管理与应用》的元数据有作者、出版社、出版地、出版年、页数、印数、字数等。通常，元数据可以分为五大类：管理类、描述类、保存类、技术类和应用类。

数据对象：对数据内容与其元数据进行封装或关联后得到的更高层次的数据集。例如，可以把教材《大数据管理与应用》的内容、元数据、参考资料、与相关课程的关联数据以及课程相关的行为封装成一个数据对象。

（四）数据特征

人类社会的进步发展是人类不断探索自然（宇宙和生命）的过程，当人们将探索自然界的成果存储在网络空间中的时候，不知不觉地在网络空间中创造了一个数据界。虽然是人生产了数据，并且人还在不断生产数据，但当前的数据已经表现出不为人控制、未知性、多样性和复杂性等自然界特征。

首先，数据不为人控制。数据爆炸式增长，人无法控制它，人们无法控制的还有计算机病毒的大量出现和传播、垃圾邮件的泛滥、网络的攻击数据阻塞信息高速公路等。人类在不断生产数据，不但使用计算机生产数据，而且使用各种电子设备生产数据。例如，照相、拍电影、出版报纸等都已经数字化了，这些工作都在生产数据；拍 X 线片、做 CT 检查、做各种检验等也都在生产数据；人们出行坐车、上班考勤、购物刷卡等也都在生产数据。不仅如此，像计算机病毒这类数据还能不断快速、大规模地生产新数据。这种大规模地随时随地生产数据的情形是任何政府和组织不能控制的。虽然从个体上来看，其生产数据是有目的的、可以控制的，但是总体上来看，数据的生产是不以人的意志为转移的，是以自然的方式增长的。因此，数据增长、流动已经不为人类控制。

其次，数据具有未知性。在网络空间中出现大量未知的数据、未知的数据现象和规律，这是数据科学出现的原因。未知性包括：不知道从互联网上获得的数据是否是正确的和真实的；在两个网站对相同的目标进行搜索访问时得到的结果可能是不一样的，不知道哪个是正确的；也许网络空间中某个数据库早就显示人类将面临能源危机，我们却无法得到这样的知识；我们还不知道数据界有多大，数据界以什么样的速率在增长。

早期使用计算机是将已知的事情交给计算机去完成，将已知的数据存储到计算机中，将已知的算法写成计算机程序。数据、程序和程序执行的结果都是已知的或可预期的。事实上，这期间计算机主要用于帮助人们工作、生活，提高工作效率和生活质量。因此，计算机所做的事情和生产的数据都是清楚的。

随着设备和仪器的数字化进程，各种设备都在生产数据，于是大量人们并不清楚的数据被生产出来且存入网络空间。例如，自从人类基因组计划（human genome project，HGP）开始后，巨量的 DNA 数据被存储到网络空间中，这些数据是通过 DNA 测序仪器检测出来的，是各种生命的 DNA 序列数据。虽然将 DNA 序列存入网络空间，但在存入网络空间时并不了解 DNA 序列数据表达了什么，有什么规律，是什么基因片段使得人之间相同或不同，物种进化的基因如何变化，是否有进化或突变。

虽然每个人是将个人已知的事物和事情存储到网络空间中，但是当一个组织、一个城市或一个国家的公民都将其个人工作、生活的事物和事情存储到网络空间中，数据就将反映这个组织、城市或国家整体的状况，包括国民经济和社会发展的各种规律和问题。这些由各种数据综合反映的社会经济规律是人类事先不知道的，即信息化工作将社会经济规律这些未知的东西也存储到了网络空间中。

网络空间自有的非现实数据更是未知的。例如，电子游戏创造了一个全新的活动区域，这个区域的所有场景、角色都是虚拟的。这些虚拟区域的事物又通过游戏玩家与现实世界联系在一起。游戏世界中的表现和内在的东西并不存在于现实世界，是未知的。

最后,数据具有多样性和复杂性。随着技术的进步,存储到网络空间中的数据的类别和形式也越来越多。数据的多样性是指数据有各种的类别,如各种语言的、各种行业的、空间的、海洋的、DNA 等,也有互联网中/不在互联网中的、公开/非公开的、企业/政府的数据等。数据的复杂性有两个方面:一是数据具有各种各样的格式,包括各种专用格式和通用格式;二是数据之间存在着复杂的关联性。

二、大数据

(一)大数据概念

权威研究机构 Gartner(高德纳)对大数据给出了这样的定义:大数据是需要新处理模式才能具有更强的决策力、洞察发现力和流程优化能力的海量、高增长率和多样化的信息资产。在这个定义里,主要强调的是大数据的出现所带来的挑战和机遇,即数据处理的难度加大了,而从中所能获取的价值也增加了。

同样地,维基百科也给出了一个大数据的定义:"大数据,或称巨量资料,指的是所涉及的数据量规模巨大到无法通过人工在合理时间内截取、管理、处理,并整理成为人类所能解读的信息。"可见,这个定义与 Gartner 的定义的异曲同工之处就在于,都是从挑战和机遇两个方面去区分之前的数据及大数据。

国际商业机器公司(International Business Machines Corporation,简写为 IBM)用四个特征来描述大数据,即数据量大(volume)、速度快(velocity)、类型多(variety)和真实性(veracity),这些特征相结合,定义了 IBM 所称的"大数据"。这个定义显然也是把大数据定义为一种数据集合,而且这些数据具有规模性、高速性、多样性和真实性。所以,大数据研究所关心的科学问题就应该是对结构多样性的大数据能够进行高速存储和高速处理的技术。

从管理的角度来看,大数据是一类能够反映物质世界和精神世界的运动状态和状态变化的信息资源,它具有决策有用性、安全危害性、海量性、异构性、增长性、复杂性和可重复开采性,一般都具有多种潜在价值。这个定义把大数据看作一类资源,大数据具有决策有用性,对经济社会发展具有重要的潜在价值。按照大数据的资源观,大数据研究的关键科学问题应该包括大数据的获取方法、加工技术、应用模式、大数据的产权问题、相关的产业发展问题和相应的法律法规建设问题。

(二)大数据特征

大数据有四个主要特征。

数据量大(volume):"数据量大"是一个相对于计算和存储能力的说法,就目前而言,当数据量达到 PB 级以上,一般称为"大"的数据。但是,我们应该注意到,大数据的时间分布往往不均匀,近几年生成数据的占比最高。

类型多(variety):数据类型多是指大数据存在多种类型的数据,不仅包括结构化数据,还包括非结构化数据和半结构化数据。有统计显示,在未来,非结构化数据的占比将达到90%以上。非结构化数据所包括的数据类型很多，如网络日志、音频、视频、图片、地理位置信息等。数据类型的多样性往往导致数据的异构性，进而加大了数据处理的复杂性，对数据处理能力提出了更高要求。

价值密度低（value）：在大数据中，价值密度的高低与数据总量的大小之间并不存在线性关系，有价值的数据往往被淹没在海量无用数据之中，也就是人们常说的"我们淹没在数据的海洋，却又在忍受着知识的饥渴（we are drowning in a sea of data and thirsting for knowledge）"。例如，一段长达120分钟连续不间断的监控视频中，有用数据可能仅有几秒。因此，如何在海量数据中洞见有价值的数据成为数据科学的重要课题。

速度快（velocity）：大数据中所说的"速度"包括两种：增长速度和处理速度。一方面，大数据增长速度快。有统计显示，2009～2020年的数字宇宙的年均增长率达到41%。另一方面，我们对大数据处理的时间（处理速度）要求也越来越高，"大数据的实时分析"成为热门话题。

（三）大数据的来源和产生方式

大数据的来源非常多，如信息管理系统、网络信息系统、物联网系统、科学实验系统等，其数据类型包括结构化数据、半结构化数据和非结构化数据。

信息管理系统：企业内部使用的信息系统，包括办公自动化系统、业务管理系统等。信息管理系统主要通过用户输入和系统二次加工的方式产生数据，其产生的大数据大多数为结构化数据，通常存储在数据库中，一般为关系型数据。

网络信息系统：基于网络运行的信息系统，即网络信息系统是大数据产生的重要方式，如电子商务系统、社交网络、社会媒体、搜索引擎等都是常见的网络信息系统。网络信息系统产生的大数据多为半结构化或非结构化的数据，在本质上，网络信息系统是信息管理系统的延伸，专属于某个领域的应用，具备某个特定的目的。因此，网络信息系统有着更独特的应用。

物联网系统：物联网是新一代信息技术，其核心和基础仍然是互联网，是在互联网的基础上延伸和扩展的网络，其用户端延伸和扩展到了物品之间，并进行信息交换和通信，而其具体实现是通过传感技术获取外界的物理、化学、生物等数据信息。

科学实验系统：主要用于科学技术研究，可以由真实的实验产生数据，也可以通过模拟方式获取仿真数据。

从数据库技术诞生以来，产生大数据的方式主要有被动式生成数据、主动式生成数据和感知式生成数据三种。

被动式生成数据：数据库技术使得数据的保存和管理变得简单，业务系统在运行时产生的数据可以直接保存到数据库中，由于数据是随业务系统运行而产生的，该阶段所产生的数据是被动的。

主动式生成数据：物联网的诞生，使得移动互联网的发展大大加速了数据的产生。例如，人们可以通过手机等移动终端，随时随地产生数据。大量移动终端设备的出现，使用户不仅主动提交自己的行为，还和自己的社交圈进行了实时互动，因此数据大量地产生出来，且具有极其强烈的传播性，显然如此生成的数据是主动的。

感知式生成数据：物联网的发展使得数据生成方式彻底地改变。例如，遍布在城市各个角落的摄像头等数据采集设备源源不断地自动采集并生成数据。

第三节 商务数据分析概述

一、商务数据分析的概念

随着计算机技术的发展和普及，企业生成、收集、存储及处理数据的能力大大提高，数据量与日俱增。在商业、电信、互联网、科学研究等方面，很难从大量丰富的数据中得到知识，因而陷入了"数据丰富，知识缺乏"的困境，在此背景下，数据分析相关理论和技术体系应运而生。

数据分析的数学与统计学基础在 20 世纪早期就已确立，但直到计算机的出现才使得实际操作成为可能，并使得数据分析得以推广。数据分析是数学、统计学、计算机科学等相关学科相结合的产物，是处理数据并获得知识的一个过程，具体来说，是指在业务逻辑的基础上，运用简单有效的分析方法和合理的分析工具对获取的数据进行处理的过程。商业是与数据分析关系较为紧密的一个行业，也是数据分析广泛应用的行业之一，商务数据分析是数据分析在商业活动中的应用。通过对商务数据进行有效的整理和分析，为企业经营决策提供参考依据，进而为企业创造更多的价值，是数据分析在商业领域应用的目的。

综上所述，商务数据分析是指企业利用现代信息技术收集、管理和分析结构化和非结构化的商务数据和信息，创造和累计商务知识和见解，改善商务决策水平，采取有效的商务行动，完善各种商务流程，提升各方面商务绩效，增强综合竞争力的智慧和能力。

二、商务数据分析的特点

随着商务数据分析的相关理论和技术体系的快速发展，商务数据分析在企业中得到了广泛的应用，为企业带来了巨大的价值，其基本特点如下。

（一）涉及多个学科领域知识

商务数据分析涉及计算机科学、人工智能、机器学习、数学、统计学、专业领域知识等多个领域，具有跨学科、综合性等特点。计算机科学为商务数据分析提供工具。大规模的电子商务数据的产生使计算分析变得至关重要，对编程、数据库管理、网络管理、高性能计算的需求层次也逐渐提高。人工智能（artificial intelligence，AI）研究可以模拟智能行为的算法。在电子商务数据分析中，人们可以应用人工智能来实施那些需要推理、相似性搜索或无监督分类的智能活动。机器学习（machine learning，ML）是人工智能的核心，专门研究计算机怎样模拟或实现人类的学习行为，以获取新的知识或技能，重新组织已有的知识结构，不断改善自身的性能，其应用遍及人工智能各个领域。数学为商务数据分析提供了诸多数学技术，如线性代数、数值法和条件概念算法等。统计学是通过搜索、整理、分析、描述数据等手段，推断所测对象的本质，甚至预测对象未来的综合性科学。专业领域知识是商务数据分析中不可或缺的重要基础。由于电子商务的应用已经渗透到社会、经济、文化、生活的各个领域，人们必须具备相应的专业领域知识，这样才能从专业的角度提出问题，设置相关分析指标，进而对数据分析的结果进行合理的诠释和有效的利用。

（二）对象大多为半结构化数据和非结构化数据

处理非结构化的电子商务数据通常需要利用非结构化 Web 数据库。非结构化 Web 数据库主要是针对非结构化数据产生的。与以往流行的关系型数据库相比，其最大的区别在于突破了关系型数据库结构定义不易改变和数据定长的限制，支持重复字段、子字段及变长字段，并实现对变长字段和重复字段的处理以及对数据项的变长存储管理，在处理非结构化电子商务信息中有着关系型数据库无法比拟的优势。

（三）需要借助大数据处理模式进行分析

随着电子商务的高速发展，线上交易产生的数据量是线下无法比拟的，因而产生了处理大数据的迫切需求。大数据是需要新的处理模式才能具有更强的决策力、洞察发现力和流程优化能力的海量、高增长率和多样化的信息资产。在商务领域，如果大批量处理的信息是以 PB、EB、ZB 为计量单位的，那么这些信息就构成了大数据，传统的处理模式（如数据库集群模式）已很难高效率地处理大数据，因此对大数据时代的计算机处理模式进行革新是获得商务数据分析领域整体突破的基本保证。大数据处理模式的基本要求是建构云计算处理体系，使之能分解处理信息和合并结果。

三、商务数据分析的作用

目前，一个企业想要在竞争激烈的环境中站稳脚跟，应当采用商务数据分析相关方法和技术发现数据中的信息和知识，拓宽行业调研数据的广度和深度，从大数据中了解行业市场构成、细分市场特征、消费者需求和竞争者状况等众多因素，进一步优化企业运营。商务数据分析对企业的作用主要如下。

（一）描述性分析

描述性分析是商务数据分析的最大作用之一，用数据量化现状，用数据消除模糊。简单来说，就是根据企业收集到的各种数据分析企业的运营情况，企业收集到的原始数据记录是最直接的数据，但是很难从中发现有用的信息和知识，除了原始的数据记录，需要对数据做二次加工，衍生出更多的有价值信息。具体体现在：根据评价指标的完成情况衡量企业的运营状态；了解企业各项业务的发展和变动情况，对企业运营有更深入的了解；分析出现某种现象背后的原因，挖掘数据之间的因果关系，从而做出更科学的判断。

（二）精细化运营

在数字经济时代，需要进行精细化运营才能更好地从管理、营销等方面提升用户的服务体验,同时根据差异化的服务让运营更加精细化。商务活动是一个由供应链组成的系统,其间涉及从采购到销售的各个环节,数据分析能帮助企业进行客户群体细分,企业针对特定的细分群体采用差异化的营销策略或根据现有营销目标筛选目标群体,提高投入产出比,实现营销推广优化。对企业而言,打造精细化运营的好处在于可对目标用户群体或者个体进行特征和画像的追踪,帮助企业分析用户在某个时间段内的特征和习惯,最后使企业形成一种根据用户特性而打造的专属服务。

（三）改善用户体验

通过分析用户特征、产品需求等数据,企业可以改善现有的服务或推出新的产品。将新研发的产品或者新包装的产品投入市场,根据已经建立的数据模型进行测试和实境模拟,可以发掘出消费者新的需求、改善用户体验、提高产品的投入回报率。例如,可对历史评价、社交网络、论坛上产生的大量的数据,利用数据分析技术进行挖掘,在某些情况下通过实境模拟来判断哪一种情况下产品投入回报率最高。

（四）预测分析

在了解企业运营现状后,还需要对企业未来发展趋势做出预测,为制订企业运营目标及策略提供有效的参考与决策依据,以保证企业的可持续健康发展。预测分析指的是通过使用大数据分析在事件发生之前对其进行识别。通过统计学和机器学习方法挖掘数据之间的关系,对企业的相关数据记录建立精准的预测模型,如预测销售情况对业务部、市场部、供应链、售后具有重要的参考价值。销售高峰,意味着供应链的供应、售后的服务都会成倍地增加工作量。

由于信息革命带来的挑战和机遇,大数据分析已成为商务领域广泛创新和竞争的新领域。大数据分析旨在将数据中的信息转化为洞察力,从而为稳健地决策和解决业务问题提供解决方案,为企业提供价值。这是一个整体过程,涉及数据、资源、技能和系统,进而创造竞争优势。

四、商务数据分析的理论、技术和应用体系

数字经济时代的商务数据分析在具有云计算、人工智能、物联网等新的技术驱动力的同时,也面临着数据质量难以保证、数据价值密度低、系统架构及分析技术等方面的挑战。为了更好地利用新一代信息技术收集、管理和分析商务数据和信息,创造和累计商务知识和见解,改善商务决策水平,数字经济时代的商务数据分析工作需要构建合理的理论、技术和应用体系。

（一）商务数据分析的理论体系

数字经济时代的商务数据分析的理论体系,以统计、管理和机器学习为基础和引领,同时依靠相应的存储平台、计算平台和网络平台,对企业内部和外部的商务数据和信息进行采集、管理和分析,以创造和累计商务知识和见解,并改善商务决策水平。商务数据分析的理论体系如图1-4所示。

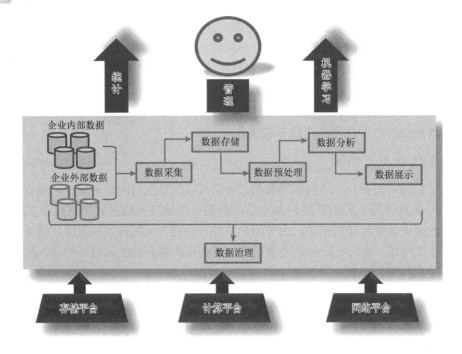

图 1-4　商务数据分析的理论体系

统计、管理和机器学习相关理论引领商务数据分析的整体体系。商务数据分析是一个从商业中来到商业中去的过程，分析师或客户首先提出一个商业问题，然后在企业或者组织中结合三方面的资源——高质量的数据、业务知识和数据挖掘软件进行数据挖掘，需要依靠统计理论从大量数据中获取有业务价值的洞察力，继而结合相关管理和业务知识将这些业务洞察力以某种形式嵌入到业务流程中，从而实现管理目标。在这个过程中，利用机器学习的各种算法构建商务数据挖掘和分析模型是核心步骤，除此之外，为了保证数据挖掘项目的成功实施，还有很多决定性因素，如商业问题如何界定、数据如何选取、生成的模型如何嵌入到现有的业务流程中等问题都将直接影响数据挖掘是否能够取得商业上的成功，因此，商务数据分析的理论体系需要统计、管理和机器学习相关理论的引领。

数据分析流程是商务数据分析理论体系的核心部分。数据收集过程中，数据源会影响数据质量和安全性。针对企业内部数据和企业外部数据，根据具体商务数据分析任务进行数据选择，将不适用于商务数据分析工作的数据剔除，针对有用数据进行数据的采集，同时企业应当构建实时的数据仓库，保障数据时效性存储。在进行数据分析前需要对数据进行一定的预处理，数据预处理环节主要包括数据清理、数据集成、数据归约与数据转换等内容，可以极大提升数据的总体质量，是数据分析的重要前置工作。经过数据预处理后，数据可以用于数据分析环节，深入业务场景分析，构建各类不同的数据分析模型，以向企业提供管理洞察。最后将结果进行数据展示，对于数据分析结果具有丰富的呈现方案，包括角色看板、数据大屏等满足不同行业和业务的数据展示方式。除此之外，数据治理环节应当贯穿整个数据的采集、存储、预处理、分析及展示的整个过程。数据治理的最终目标是提升数据的价值，数据治理是企业实现数字战略的基础，是一个管理体系。数据治理由企业数据治理部门发起并推行,包含关于如何制定和实施针对整个企业内部数据的商业应用和技术管理的一系列政策和流程。

商务数据分析流程需要依靠相应的计算平台、存储平台和网络平台。对于采集到的企业内部数据、企业外部数据,需要构建合适的数据存储平台,实现数据的物理存储,为数据分析工作做好准备。数据分析过程中构建相应的模型和数据查询机制,并最终提供数据可视化结果,这需要依靠相应的数据计算平台和网络平台,利用相应的计算框架实现更加快速、高效的数据计算。

(二)商务数据分析的技术体系

商务数据分析的技术体系以数据资产为核心,包含问题理解、数据理解、数据处理、模型建立、模型评估和模型部署六个环节,如图 1-5 所示。商务数据分析过程是循环往复的探索过程,六个环节在实践中并不是按照直线顺序进行,而是在实际执行过程中时常反复。例如,在数据理解阶段发现现有的数据无法解决问题理解阶段提出的商业问题时,就需要回到问题理解阶段重新调整和界定问题;到了模型建立阶段发现数据无法满足建模的要求,则可能要重新回到数据处理过程;到了模型评估阶段,当发现建模效果不理想时,也可能需要重新回到问题理解阶段审视问题的界定是否合理,是否需要做些调整。

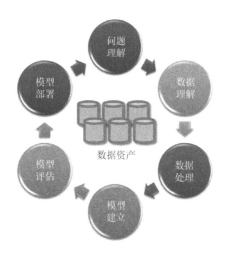

图 1-5　商务数据分析的技术体系

问题理解阶段主要完成对问题的界定,以及对企业内外部资源的评估和组织,这一环节需要确定商业目标,同时需要做出形势评估并确定下一步数据挖掘目标,从而进一步制订项目计划。

数据理解阶段主要完成对企业数据资源的初步认识和清理工作,这一阶段需要收集原始数据并进行数据描述,进一步进行数据探索性分析,最后对数据质量做出评估。

数据处理阶段主要完成在建立模型之前对数据的最后准备工作,包括选择数据并对数据进行清理、实现数据的重构和整合等工作内容。数据挖掘模型要求的数据是一张二维表,而在现实企业中,数据往往被存储在不同的部门、不同的数据库,或者数据库中的不同数据表中。数据处理阶段将把这些数据整合在一起，生成可以建立数据挖掘模型的数据集和数据集描述。

模型建立阶段是商务数据分析技术体系的核心阶段，这一阶段将选择建模技术并对建模技术进行评估，进而产生检验设计，从技术角度分析如何对模型效果进行检验，最后完成模型参数的设定。

模型评估阶段是商务数据分析技术体系流程中非常重要的阶段，这一阶段将直接决定模型是否达到了预期的效果，模型是否可以发布应用，还是必须重新进行调整。模型评估可以分为两个部分：一个是技术层面，主要由建模人员从技术角度对模型效果进行评价；另一个是商业层面，主要由业务人员对模型在现实商业环境中的适用性进行评估。这一阶段主要进行的工作是筛选模型并回顾和查找疏漏，确定下一步工作内容。

模型部署阶段是将已经建立并通过评估的商务数据分析数据挖掘模型进行实际部署，这一阶段将产生结果发布计划，建立对模型进行监测和维护的机制，生成最终的数据挖掘报告。最后进行项目回顾，总结项目中的经验教训，为以后的数据挖掘项目进行经验积累。

（三）商务数据分析的应用体系

商务数据分析的应用体系同样是以数据资产为核心，包含问题理解、数据理解、数据处理、模型建立、模型评估和分析报告六个阶段的循环往复的探索过程，如图 1-6 所示。商务数据分析的应用体系与技术体系的主要区别在于每次循环最后阶段的工作内容。不同于技术体系需要进行模型部署，商务数据分析的应用体系在经过问题理解、数据理解、数据处理、模型建立、模型评估阶段后，还需要完成分析报告这一工作内容。

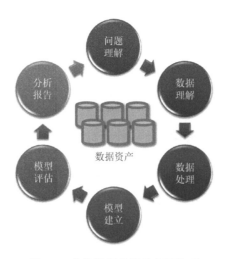

图 1-6　商务数据分析的应用体系

分析报告阶段是运用商务数据分析的相关技术模型结果解决现实商业问题的阶段，这一阶段将实现整个商务数据分析应用体系流程最终的商业价值，这一阶段将生成最终的商务数据分析报告及报告演示。相关报告中蕴含的商务知识和见解，将被用于改善商务决策水平，完善各种商务流程，最终达到提升各方面商务绩效、增强综合竞争力的作用。

五、商务数据分析的相关职业

随着数据时代的到来，企业内部产生了很多与大数据管理与应用相关的职业，越来越多的人更愿意投身于这个行业成为其中的一员。接下来，我们主要介绍较重要的三个职业：数据科学家、数据工程师和数据分析师。

（一）数据科学家

数据科学家早在 2012 年便被《哈佛商业评论》称为 21 世纪最性感的职业，具有十分广阔的发展前景。LinkedIn 领英首席数据科学家 Daniel Tunkelang 指出数据科学家是能够利用各种信息获取方式、统计学原理和机器的学习能力构建分析模型并对其掌握的数据进行收集、去噪、分析并解读的角色。数据科学家是工程师和统计学家的结合体，从事这个职位要求极强的驾驭和管理海量数据的能力；同时也需要有像统计学家一样萃取、分析数据价值的本事，二者缺一不可。与数据分析师利用现成的工具软件与某个细分领域的知识就能完成任务不同，数据科学家需要借助更为开放的编程工具，以及数学、概率统计、机器学习等方面的综合知识，才能更深刻地理解数据，从而选择正确的路径解决问题。我们可以把他们看成数据黑客、分析师、沟通高手、值得信任的咨询师，这些东西组合到一起极具威力，也极其少见。

数据科学家的主要职责包括进行数据收集、数据预处理及数据分析，并进行数据可视化来概括分析的结构，其中尤为重要的工作是用统计、机器学习、深度学习等方法建立模型来分析数据，能够设计算法、构建模型、找出模式——有些是为了了解产品的使用情况和整体质量，有些是为了搭建原型，将在这些原型上经过验证的东西重新揉入产品中，从而提升产品品质。一位优秀的数据科学家必须有出众的编程技能，以及统计、概率、数学方面的知识，如此才能更好地理解数据，并做出正确选择，进而优化解决方案。

（二）数据工程师

数据工程师，与数据库工程师、数据架构师相似，负责数据系统的建设、管理与优化，从而保证数据的可接收、可存储、可转换、可访问。一般认为数据工程师是传统软件工程师下的一个细分类别，必须具备相当强的编程能力。与数据分析师不同，数据工程师不太关注统计分析、建模与可视化方面的任务，他们的工作重点在于数据架构、计算、数据存储、数据流等。

数据工程师的主要工作包括四个方面。首先，日常管理与维护数据系统，监控和测试系统以保证性能优化；其次，构建和维护数据科学项目的数据架构，在现存的数据管道中整合数据集；再次，为数据消费开发应用程序编程接口（application programming interface，API）供相关人员使用；最后，非功能性的基础设施问题，如数据的可扩展性、可靠性、韧性、有效性、备份等也由数据工程师来负责。总之，数据工程师的主要职责在于通过技术手段保证数据科学家和数据分析师专注于解决数据分析方面的问题。

（三）数据分析师

数据分析师与数据科学家有一定的相似之处，他们都要从数据中抽取信息并且解释数据背后的意义，但在解决的任务层面存在较大差别。数据分析师解决的任务一般着眼于利用现有数据发现、解释当前出现的问题；数据科学家解决的任务更具开放性，他们更专注于利用统计和算法工具来开发新的分析模型。

数据分析师的主要职责是根据数据和业务情况，分析得出结论、制定业务策略或者建立模型，回答企业所遇到的运营问题，并通过数据化的交流方式帮助企业决策，核心职责是帮助其他人追踪进展和优化目标。数据分析师的工作内容一般包括数据清洗、执行分析和数据可视化。企业内的数据分析师要懂业务、懂管理、懂分析、懂工具、懂设计。除了熟练使用数据管理工具、报告撰写工具、结果展示工具等常用的办公软件外，数据分析师应该能够熟练使用数据分析工具，包括 Excel、Tableau、SAS、SAP 等商业智能工具，以及 SPSS、RapidMiner 等建模工具。特别地，数据分析师不仅需要掌握这些商业智能和数据处理的技术工具，还应该是高效的沟通者，尤其是对于数据技术部门与商业运营部门分离的企业，数据分析师的重要任务是承担沟通这两个团队的职能。

（四）三者区别与联系

这三种大数据相关职业都需要跟数据打交道，但是拥有不同的分工。数据科学家偏重对现有的数据分析方法提出改良与优化，针对实际的数据分析问题提出合理可行的新的数据分析方法，同时需要基于分析的发现和在更多可能性上的调查来获得方向，不管是训练模型还是进行统计分析，数据科学家试图对未来要发生的可能性提出一个更好的预测，在三种职业中门槛最高。数据工程师偏重数据的处理和净化，将海量的数据进行整合，主要工作在后端，以保证数据的精确和可获取。数据分析师一般用数据工程师提供的现成的接口来和数据科学家构建出的分析模型抽取新的数据，然后发现数据中的趋势、分析异常情况，以一种清晰的方式来概括和提出数据分析结果，让非技术的团队更好地理解，以辅助决策。

第四节　商务数据分析的挑战和发展趋势

一、商务数据分析面临的挑战

商务数据分析的相关方法和技术体系在快速发展，在企业中也得到了不同程度的应用。实践证明，商务数据分析能为企业带来巨大的价值，但是该项技术也面临着诸多问题与挑战。

第一，多源异构商务大数据的结构化描述、语义关联和提取，以及不一致性消除等基础问题有待更深入地研究。数据层融合试图为多模态数据构建语义关联，实现异质信息的融合建模，为后续知识融合及挖掘分析提供可用高质量数据源。受限于数据源的多样性及语义的复杂性，数据融合这一基础问题并未得到很好的解决，各种丰富的语义信息难以很好地融合到一起进行建模。

第二，企业内部数据孤岛严重。企业进行商务数据分析的最大挑战是数据的碎片化。在很多企业尤其是大型企业中，数据常常散落在不同部门，而且这些数据存在于不同的数据仓库中，不同部门的数据技术也有可能不一样，这导致企业内部自己的数据都没法打通。如果不打通这些数据，大数据的价值则非常难挖掘。大数据需要不同数据的关联和整合才能更好地发挥理解客户和理解业务的优势。将不同部门的数据打通，并且实现技术和工具共享，才能更好地发挥企业大数据的价值。

第三，商务数据分析中的知识碎片化严重，在商务数据分析应用需求的牵引下，多渠道知识融合方法亟须进行系统化研究。停留在数据层面集成的信息远远不能满足商务数据分析的需求，对商务数据分析多渠道碎片知识进行融合，并形成统一的知识导航路径是商务智能化显著提升的关键问题，目前在该领域，无论是知识融合的粒度、方式，还是具体算法都处于极度匮乏状态，亟待进行深入研究。

第四，多源异构大数据存储和计算基础支撑策略有待提出完整解决方案，缺乏商务数据分析典型实例化应用示范。尽管国内外大型企业或组织相继推出了很多分布式存储和计算的开源工具，在使用已有的开源工具之前，仍然需要依据具体应用场景研究存储和计算基础支撑策略。此外，尽管已经有一些商务数据分析的应用雏形出现，但是，商务数据分析应用的典型实例还比较匮乏，需要结合大型智能商务企业打造相关应用，为多源异构数据融合与挖掘分析、知识融合和支撑上层商务业态融合起到示范作用。

第五，数据安全问题。如何保证用户的信息安全成为数字经济时代非常重要的课题。在线数据越来越多，一些知名网站密码泄露、系统漏洞导致用户资料被盗等个人敏感信息泄露事件已经警醒我们，要加强大数据网络安全的建设。另外，大数据的不断增加，对数据存储的物理安全性要求会越来越高，从而对数据的多副本与容灾机制也提出更高的要求。

面对大数据的机遇和挑战，应对策略是进行长期部署和短期规划，一步一步走。从长期来看，大数据的影响是深刻的，但眼下对企业而言，应对大数据的第一步是构建商务数据分析能力。商务数据分析能力是企业具有的进行数据运作和深度业务分析的能力。以移动通信行业为例，一方面，面临语音应用饱和、传统业务单位效益下降等压力；另一方面，也面临着移动互联网、内容经营和信息消费的替代性和多元化服务等压力，升级和转型成为一种必然。根据数据密集型业务的特点，升级需要更精细化的管理，更好地了解客户（如客户特征和细分、客户行为和黏性、客户喜好和新需求等），更好地了解业务（如业务活动轨迹、产品体验与口碑、业务关联与因果分析等），更好地了解对手和伙伴（如行业动态与趋势、对手优势特征等）。

二、商务数据分析的发展趋势

商务数据分析的相关方法和技术体系日趋成熟，给企业带来了新的曙光，可以帮助从众多数据中提取有用信息，为企业决策提供参考依据。商务数据分析的未来发展趋势如下。

（一）数据资源化，成为最有价值的资产

随着商务数据分析的发展，大数据价值得以充分体现，大数据在企业和社会层面成为

重要的战略资源，数据成为新的战略制高点，是大家抢夺的新焦点。《华尔街日报》在一份题为《大数据，大影响》的报告中宣传，数据已经成为一种新的资产类别，就像货币或黄金一样。Google（谷歌）、Facebook（脸书）、亚马逊、腾讯、百度、阿里巴巴和360等企业正在运用大数据力量获得商业上更大的成功，并且金融和电信企业也在运用大数据来提升自己的竞争力。我们有理由相信大数据将不断成为机构和企业的资产，商务数据分析会成为提升机构和企业竞争力的有力武器。

（二）大数据在更多传统行业的企业落地

目前大数据在大型互联网企业已经得到较好的应用，其他行业尤其是电信和金融也逐渐在多种应用场景取得效果。商务数据分析作为一种从数据中创造新价值的工具，将会在许多行业的企业中得到应用，从而带来广泛的社会价值。商务数据分析帮助企业更好地理解和满足客户需求和潜在需求，更好地应用在业务运营智能监控、精细化企业运营、客户生命周期管理、精细化营销、经营分析和战略分析等方面。

（三）多方位改善我们的生活

大数据不仅应用于企业和政府，也应用于我们的生活。在健康方面，利用智能手环监测，对我们的睡眠模式进行追踪，了解睡眠质量；利用智能血压计、智能心率仪远程地监控身在异地的家里老人的健康情况，让远在他方的外出工作者更加放心。在出行方面，利用智能导航出行 GPS 数据了解交通状况，并根据拥堵情况进行路线实时调优。在居家生活方面，大数据将成为智能家居的核心，智能家电实现了拟人智能，产品通过传感器和控制芯片来捕捉和处理信息，可以根据住宅空间环境和用户需求自动设置控制，甚至提出提高生活质量的建议。

第五节　应　用　案　例

全球经济一体化背景下，为解决大规模企业信息接收缓慢、决策反应失灵等不足，需要对财务信息进行互联，对财务流程进行优化。依托信息技术，财务共享优化了企业的财务流程，结合大数据、人工智能等前沿科技，最终实现财务领域的数字化，从而更好地为企业创造价值。依托实践经验和创新理念，深圳市中兴新云服务有限公司（以下简称中兴新云）在财务数字化转型方面关注数据的价值，将海量数据转化为管理洞察，不断整合人工智能和大数据等技术，实现更加高效、科学、精准、及时的决策分析与风险控制。中兴新云是中国财务共享和财务数字化领域的先行者，在数字经济时代，积极寻求提高财务效率和决策支持能力的解决方案。为推动企业财务数字化转型，整合人工智能、大数据、云计算等技术，中兴新云推出了 FOL 财务云信息系统，包括业务层、核算层、管理层和决策层四个系统，在技术架构方面使用了微服务架构，在开发模式方面应用低代码开发平台。

一方面，微服务架构已成为目前较主流的分布式应用解决方案之一，得到企业的广泛采用。微服务是一种系统架构上的设计风格，旨在将一个大而全的复杂信息系统，按照业务模块拆成若干个简单的小型服务，每个小型服务其实就是一个轻量级的系统，它有自身的数据库,可独立部署运行,责任单一,并且在发生故障时,不会影响整个系统。具体来说,微服务架构具有独立的可扩展性,每个微服务都可以根据业务实际增长情况,独立进行横向或纵向的快速扩展。微服务架构的开发效率高,每个微服务的代码均只专注于完成该单个业务范畴的事情,这样可以提高代码的可读性,进而可以提高研发人员的生产效率。每个微服务的开发语言都可以不同,研发人员可以根据业务场景选择适用的特有技术路线。这样在面对新技术或新框架的选用时,微服务能够更好地进行快速响应。在系统中出现不好的资源操作行为时,如内存泄漏、数据库连接未关闭等情况,将只会影响单个微服务。此外,微服务架构能优化团队沟通。基于微服务架构的设计风格,可以构建出原生对于"云"具备超高友好度的系统。中兴新云 FOL 财务云信息系统,采用微服务架构,实现了组件化、服务化,拥有独立的可扩展性,票联、报账、电子档案、发票管理、资金管理、税务共享、共享运营等,每个功能模块都可以根据业务实际增长情况独立进行横向或纵向扩展;同时,系统保持独立的可升级性,每个微服务都可以独立进行服务升级、更新,不用依赖于其他服务,结合持续集成工具可以进行持续发布,开发人员可以独立快速地完成服务升级发布流程。FOL 还尊重企业的历史投资,可在企业已有系统的基础上独立、个性化地部署新的功能模块;各功能模块可积木组合,适配不同行业、不同规模的企业财务发展特点;通过 FOL 的接口平台,各功能模块可实现全面连接。

另一方面,财务数字化转型还需要建立低代码开发平台。为了缩短开发周期,适应不断变化的业务需求,低代码开发平台无须编码或通过少量代码就可以快速生成应用程序。具体来说,低代码开发平台是一种敏捷型开发平台,通过可视化的配置程序,非技术开发人员可不必编写代码,而让对业务理解深刻的业务人员自己去配置、定义规则,将传统IT 架构抽象化来支持专业开发人员。业务部门和 IT 部门的开发人员可以共同创建、迭代和发布应用程序,花费的时间则比传统方式更少。低代码开发平台可以加速和简化从小型部门到大型复杂任务的应用程序开发,实现开发一次即可跨平台部署。此外,它还加快并简化了应用程序、云端、本地数据库及记录系统的集成。因此,低代码开发平台可以实现企业数字化应用需求分析、界面设计、开发、交付和管理,并且使它们具备快速、敏捷及连续的特性。未来财务是数字化的。财务共享服务为财务数字化提供数据基础、管理基础和组织基础,中兴新云 FOL 财务云信息系统通过"微服务 + 数据中台 + 接口平台"的架构设计,采用低代码开发平台,能够充分适应企业的发展特点和发展阶段,为企业财务数字化转型提供有力支撑。

思考与练习

1. 简述数字经济时代的主要特征。
2. 如何理解"数据成为生产要素"?
3. 大数据的主要特征有哪些?
4. 试述结构化数据、非结构化数据及半结构化数据有哪些区别并简单举例说明。
5. 简述商务数据分析的概念及特点。

6. 结合所学知识，简述数字经济时代的商务数据分析在企业管理中有哪些应用？
7. 简述商务数据分析的理论、技术和应用体系。

本章拓展阅读

朝乐门. 2016. 数据科学[M]. 北京: 清华大学出版社.

李东, 远方. 2020. 大数据分析在企业信息化建设中的研究与应用[J]. 中国信息化, (11): 51-53, 55.

维克托·迈尔-舍恩伯思, 肯尼思·库克耶. 2013. 大数据时代[M]. 盛杨燕, 周涛, 译. 杭州: 浙江人民出版社.

吴俊杰, 刘冠男, 王静远, 等. 2020. 数据智能: 趋势与挑战[J]. 系统工程理论与实践, 40(8): 2116-2149.

叶凤云, 张弘. 2016. 基于价值链过程的大数据研究综述[J]. 情报理论与实践, 39(12): 124-129.

Anderson C, Baskerville R L, Kaul M. 2017. Information security control theory: achieving a sustainable reconciliation between sharing and protecting the privacy of information[J]. Journal of Management Information Systems, 34(4): 1082-1112.

Isaak J, Hanna M J. 2018. User data privacy: Facebook, Cambridge analytica, and privacy protection[J]. IEEE Computer Society, 51(8): 56-59.

Lai V, Lai F, Lowry P B. 2016. Technology evaluation and imitation: do they have differential or dichotomous effects on ERP adoption and assimilation in China？ [J]. Journal of Management Information Systems, 33(4): 1209-1251.

Navas B, Assiri B. 2021. Internet of things (IoT): classification, secured architecture based on data sensitivity, security issues and their countermeasures[J]. Journal of Information & Knowledge Management, 20(supp01): 2140001.

Zhang T X, Agarwal R, Lucas H C. 2011. The value of IT-enabled retailer learning: personalized product recommendations and customer store loyalty in electronic markets[J]. MIS Quarterly, 35(4): 859-881.

第二章

商务数据分析的理论基础

随着大数据技术的发展，大数据已经被应用到许多领域中。大数据的应用不仅体现在通过用户行为分析实现精准营销，而且在公共服务领域及企业发展革新等方面也具有很高的应用前景。大数据应用是在特定场景下利用大数据分析技术挖掘大数据中存在的潜在价值。在本章中您将掌握商务数据分析的理论基础，包括商务数据分析的管理基础、统计基础和机器学习基础。

学习目标

- 掌握商务数据分析的管理基础。
- 掌握商务数据分析的统计基础。
- 掌握商务数据分析的机器学习基础。

知识结构图

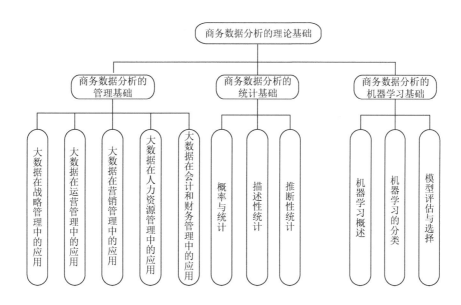

第一节　商务数据分析的管理基础

随着计算机技术的发展和互联网应用的普及，数据的产生方式和产生量也发生着质的变化，大数据概念应运而生。大数据是一个抽象名词，与传统数据的不同点在于大数据具有数据规模大、数据类型多样、数据价值稀疏、数据产生速度快等特点。一般意义上，大数据是指传统数据获取、存储、处理、分析和管理技术无法解决的既大又复杂的数据集合。大数据作为一门新兴技术在不同领域产生着巨大作用。一方面，它隐藏着巨大的商业价值。通过对大数据的获取、存储、管理及分析挖掘，各行各业都可以应用大数据技术管理企业、营销产品及做出决策等。另一方面，政府层面可以依托大数据技术提高管理能力，改变管理方式。比如，通过大数据分析的结果进行舆情监控、犯罪预测，或者通过大数据平台构建全方位立体化的电子政务体系，方便政府和社会群众的互相交流。

同时，关于大数据的研究伴随着大数据在多个领域产生的巨大效益而快速发展，研究内容也集中在三个方面：关于大数据理论及核心技术的研究，关于大数据如何应用于更多场景中的研究，以及数据安全相关的研究。大数据发挥作用的前提是能够应用于不同场景中，所以关于大数据应用的研究尤为重要。大数据应用就是在特定场景下利用大数据分析技术挖掘大数据中存在的潜在价值。

目前，大数据技术主要应用于企业生产和政府管理等领域，具体可表现在电子商务、交通管理、医疗保障等方面的应用。在电商领域，运营模式随着大数据技术的应用发生着巨大改变。现在的电商平台主要以数据为主导，分析顾客的需求，预测未来销售状况，从而为经营决策提供辅助参考，最大化销售利润。例如，淘宝购物时出现的个性化推荐、广告投放系统，就是根据用户平时搜索和购买产品时的一系列数据，利用大数据分析用户行为和喜好而做出的相对应的广告推荐。在城市交通和建设方面，大数据也得到了广泛应用，我国目前部分大城市出现了一个叫"智慧城市"的系统，该系统主要利用大数据分析技术协助运行管理城市，提高城市管理的智能化水平。例如，在交通系统中，通过各个路口电子摄像头的实时监控与上传，分析路况信息，在附近各个路口显示拥堵状况，同时为车主计算出比较快捷的到达各目的地的路线。在医疗领域中，大数据可以对医疗信息进行有效的存储、处理、查询和分析，也可以开发其潜在价值。比如，建立一个个人健康监测系统，通过移动智能设备录入上传健康信息，导入个人病历记录，进行系统分析，找出健康状况异常的原因，给出相关医生的建议从而恢复身体健康。大数据应用作为互联网行业一个全新的产业，正处于快速发展时期。随着技术的进步，相信大数据应用在未来将会发挥更重要的作用。

一、大数据在战略管理中的应用

近些年来，大数据技术已经成为企业战略管理过程中的热点，管理者如何利用大数据技术进行有效的商业分析和预测对于提高企业管理水平具有重要意义。因此，实现大数据技术与企业战略管理的技术融合成为重中之重。在数字经济时代，企业管理者应该深入剖析企业战略管理过程，并结合现有大数据技术在企业战略管理中的应用，提出如何利用大数据技术搭建企业数据分析平台，最终实现企业整体核心实力与环境应变能力的提升。

（一）大数据在战略环境分析中的应用

企业战略管理是企业根据外部环境和内部运营要素，通过分析、预测、规划和控制等手段，实现充分利用企业的资源达到优化管理，提高经济效益的目的。企业战略管理具体可分为：确定企业使命，对各种可能的方案进行战略分析；综合内外部因素，进行战略选择，战略实施；最后根据方案的运行效果进行战略评价。

在战略分析中，细致分析企业所在环境是正确制订战略的基础，应该充分利用大数据技术对企业的环境进行分析，准确把握企业的环境信息，合理规划组织架构。针对不同的环境信息，企业可以利用大数据技术建立起相应的方法、模型数据库，如在社会流动性、生活方式的变化、消费心理等方面，企业可以构建 PEST①分析模型，为企业的决策和发展提供支持。互联网环境下，市场环境瞬息万变，在大数据技术的帮助下，在企业需要做出战略变革时，大数据技术可以进行信息技术融合分析，而信息是管理者认识企业战略变革力量大小的根据，因此可以起到预测的作用，能够预测危机的到来，使企业能快速协调企业资源以避免遭受巨大损失。所以在大数据技术的指引下，企业可以更好地分析企业战略环境，引导企业做出战略变革，使企业不断趋于良性发展。

（二）大数据在竞争对手分析中的应用

对竞争对手的分析可以帮助企业制定相应的策略来稳固和提升自己的市场份额，任何一家企业都应当对企业的竞争对手保持持续的关注，尽可能地掌握竞争对手的经营动向，及时预测竞争对手对自身企业产生的影响。在大数据时代，如何分析竞争对手数据是企业普遍关注的问题。大数据应用可以帮助企业更好地分析竞争对手。对自身企业和竞争对手的经营管理业绩和能力进行分析比较，可以改善企业的管理和业绩。对竞争对手分析可以从财务指标、产品分析、优势和劣势、企业经营哲学以及人力资源政策这五个方面进行分析。在大数据技术的辅助下，企业可以通过大数据分析掌握消费者对竞争对手的产品偏好情况，更好地了解竞争对手的优势和劣势，及时进行政策调整和产品研发来同对手企业竞争。

（三）大数据在企业绩效管理中的应用

在企业发展过程中，企业的绩效不仅关系到企业的经济效益，而且对员工的个人利益及工作积极性都会有较大的影响。传统的企业绩效管理方式的成本太高，瓶颈效应出现后改进不及时。大数据技术可以利用海量数据进行绩效分析，有效掌握人力资源状况，从而弥补传统方式的不足。使用大数据技术进行企业绩效管理对于企业绩效部门来说，不需要对日常生活中的数据和信息进行人力处理和统计分析，不需要组织绩效评估，不需要投入大量人力和时间参与整个绩效评估过程，只需要将数据分析结果应用到管理工作中，不断

---

① PEST 指宏观环境分析，P 是政治（politics），E 是经济（economy），S 是社会（society），T 是技术（technology）。

完善和优化绩效管理体系。这不仅可以有效减少工作量，还可以避免一系列重复性工作，全面提高管理效果。

二、大数据在运营管理中的应用

运营管理是指对运营过程的计划、组织、实施和控制，是现代企业管理科学中重要的一个分支。大数据应用的拓展也给运营管理带来了新的思想和方法。

（一）选址规划应用

地理时空大数据是大数据中的重要组成部分，现实世界中超过 80%的数据都与地理位置有关，所以数据量非常庞大。百度利用地图数据并结合百度慧眼，解释了大数据在商业选址中的作用。在移动互联网时代，很多服务都是基于地理位置的，如导航、美食推荐、打车、购物、天气等，在对这些数据进行挖掘与分析后，企业很容易得出哪些地区人流量密集，哪些地区适合购物、旅游等，可以准确地做到对地区进行功能划分，如休闲娱乐区、商业区、工业区。以商业选址为例，利用大数据可以较为准确地给出推荐选址，先进行宏观区位选址，确定商圈和聚客点，利用人口分布等数据进行宏观选址，然后进行微观区位选址，在宏观选址的基础上，根据楼层品牌组合及店铺客流路线进行选址。

（二）供应链优化

供应链是集供应商、生产商、分销商、消费者等环节于一体的功能网链。随着市场环境的变化、技术的进步，大数据、云计算等数据技术得到广泛应用，在这样的背景下，供应链网络发生着翻天覆地的变化，企业发展迎来了重要发展机遇，如供应链网络中直接联结消费者的零售业，迈进了新零售时代，在线上与线下渠道数据的推动下，加速了线上与线下渠道的融合，实现了供应链全渠道的升级。

在数字化驱动方面，首先，供应链各节点企业构建了数据联通体系，实现了供应链线上与线下渠道数据信息的共享，提高了数据的透明度，如链上的库存信息促进了线上虚拟库存信息与线下实体库存信息的共享，从而实现了供应链仓储管理的智能化；其次，构建了功能完善的一站式供应链平台，企业利用大数据、物联网等技术对供应链上下游节点企业的资源进行整合，将分散的碎片化供应链活动连接起来，进而提高整条供应链的运行效率；最后，实现了供应链中的信息闭环连接，企业供应链的存在是将上游生产商制造的产品交付于下游的消费者，实现信息链的闭环传递，可以将消费端的需求信息及时传递给上游节点企业，帮助上游节点企业进行定制化、柔性化生产的转型。

在大数据技术的广泛应用下，企业供应链在基础设施的数字化建设和运行流程的创新调整方面取得了很大的成就。供应链逐步实现了物流、信息流、资金流等环节基础设施的数字化。供应链流程的复杂度直接决定各节点企业商业活动的效率和成本，大数据技术的应用大大优化了供应链的运行流程，供应链能力逐步提升，主要表现在：第一，节点企业将大数据技术作为发展驱动力，供应链的基础设施实现了数字化，运行流程得到优化调整，使得供应链的水平得到大幅度的提高；第二，在大数据等数字技术的推动下，供应链中各个节点的资源与服务对象进行新一轮的重塑，企业趋于全渠道、无边界、柔性化的方向发展，在物流、数据、需求等层面实现资源的优化配置，为消费者提供高品质的商品及高质量的服务体验，如三只松鼠企业，在大数据技术的应用下实现了用户的在线化，将终端消费者的信息与上游产业信息更好对接，并通过对消费数据的汇总和分析，形成可执行的指令分发到对应的供应商、物流商及分装车间等各个环节，从而对消费者的信息做出最快响应；第三，随着大数据技术的广泛应用，企业供应链中的产品和服务创新力度不断增强，从单一、简单的产品售卖逐渐演变成"产品＋服务"的综合性产出，且企业打造了以消费者购物体验为主的全渠道服务的供应链模式，拥有更完善的服务功能，售后服务响应速度更快。同时，注重与消费者实现双向互动，从而实现线上与线下更好的融合，将符合消费者需求的产品精确地提供给消费者，提高了消费者黏度并将消费者转换成忠诚顾客。

（三）大数据在生产调度管理中的应用

在企业生产调度管理方面，在运营过程中产生了如销售、质检、人力资源、生产制造等海量相关数据，这些数据靠人工现有知识可能无法发现其中蕴含的规律，而这些规律往往是决定企业未来发展壮大的根本，所以企业需要能够很好地处理这些数据并发现其价值的工具。一些数据分析系统或平台，如国工数据大脑系统，可以很好地做到数据调度、数据清洗、机器学习、数据可视化等功能，节省了人力、物力，屏蔽了数据分析业务的复杂性，大大降低了数据分析工作的门槛。

（四）大数据在质量管理中的应用

产品质量管理指在一定技术条件下，应用科学方法，对产品质量进行直接或间接的测定或事先加以控制，保证为用户提供所需要的产品而进行的一系列活动。在大数据环境下，大数据有多种技术，如数据采集、数据存储、基础架构、数据处理、统计分析、数据挖掘、模型预测和结果呈现，其中结果呈现方式包括云计算、云标签、关系图等。这些技术为产品质量过程控制和产品质量评定或产品质量改进等产品质量管理领域的应用，提供了一种更加科学、严谨的数据分析手段。通过对产品质量相关信息数据的深入挖掘，发现隐匿在数据背后的一些规律性、趋势性关系，从而对指导产品质量管理工作提出更加科学的建议。

（五）大数据在设备管理中的应用

在数字工厂的架构中，设备管理系统是一个特殊的存在，它不会独立存在，因为设备管理系统的很多数据是和生产执行息息相关的。设备管理系统解决的是企业生产设备的信息化管理问题，虽然也牵扯到一定的人事，但影响并不是很大。设备管理系统可以实现企业在某些方面的需求，如设备资产及技术管理、设备文档管理、设备缺陷及事故管理、预防性维修、维修计划排程、工单的生成与跟踪、备品备件管理、维修成本核算及设备使用效率管理。设备管理系统可以对企业运营过程中的生产设备做到全方位的管理与维护。大数据的应用范围越来越广，大数据在企业运营过程中的作用也越来越大，在未来的发展中，企业的生产运营过程将越来越离不开大数据技术。

三、大数据在营销管理中的应用

（一）营销定位

营销定位的实质就是占领消费者的"心智"，获得消费者心理上的认同。大数据时代的到来，为企业营销定位提供了一种新的途径和手段。利用大数据进行消费者洞察，能够更加全面透彻地了解消费者，从而实现营销的精准化和人性化，更能取得消费者的认同。

在数字经济时代，企业的消费者洞察是基于消费者自身在互联网中产生的庞大真实数据，不管是搜索的关键词、浏览的页面，还是观看的视频、社交媒体上的活动状态等。这种方式不仅能够获得更加全面客观的信息，还能节省大量调查的人力和费用，缩短信息反馈周期，大大提高洞察的准确性。此外，大数据还能打破时间和空间的限制，使得对消费者的分析能够实时动态更新，真正做到随时随地了解消费者的现阶段需求。

移动互联网时代的消费者相比传统媒体时代更为主动，他们不再是单纯地接受信息，而是有更多的自主权，这样的关系模式转变使得品牌不能再依靠强制来获得关注，而要以更具渗透性的方式进行传播，这势必要求更为透彻的消费者洞察。总的来说，基于大数据的消费者洞察主要有以下 5 种方法：利用 Cookie 数据跟踪消费者行为，利用搜索数据揭示消费者兴趣，利用社交数据发现消费者身份，利用电商数据体现消费者购买情况，利用"PC + 移动"的数据打破数据搜集界限。

（二）产品设计

1. 制造智能化

以互联网为基础的新一代信息技术正在深入推动制造业的创新发展。作为实现智能制造的重要驱动力，大数据能够整合全部生产线数据，对生产动态建模、多目标控制流程进行优化，对物料品质、能耗、设备异常和零件生命周期进程进行监控预警，赋予设备和系统"自我意识"。从整体上大幅降低生产能耗，进而实现低成本、高效率的生产。

2. 产品定制化

在以往的工业社会中，标准化作业一直是大企业安身立命之本，同时也是很多中小企业追求的目标。大型企业追求规模上的扩张，以求达到规模效应，进而实现低成本大量生产，然而随着时代的进步，这种千篇一律的标准化作业已经不能满足高端客户的需求，甚至很多中低端客户也希望能够获得私人定制的待遇。分析其原因，主要是随着互联网特别是移动互联网的不断发展，每一个个体的需求得以释放。在移动互联网时代，每位消费者都是独一无二的个体，他们有自己独特的思想和特殊的偏好，但这些独特的需求往往在标准化作业下被忽视，甚至被完全抹杀。如今，如何满足消费者的个性化需求，成为每一个企业不得不思考的问题。大数据技术的迅猛发展，让产品的定制化生产成为可能。

身处数字经济时代，企业有更多的机会去了解客户，准确把握消费趋势和市场变化走向，从而提供最能满足客户需要的产品。例如，2014 年阿里巴巴旗下的天猫电器城宣布包下美的、九阳、苏泊尔等 10 家知名小家电品牌的 12 条生产线进行"C2B"[①]定制化生产。它将这 10 家品牌商此前在天猫电器城的销售数据和收集到的客户评价等多维数据反馈给品牌商，商家经过仔细权衡后对产品进行改进和定制，给天猫提供专门的生产线进行生产。比如，九阳豆浆机就在定制生产线上面向 25～35 岁的主流网购懒人族新增免滤速磨功能；美的电饭煲针对消费者评价中反馈的"产品易脏"的缺点，改进为全钢外观设计，受到市场的欢迎。

3. 服务个性化

大数据时代的企业有更多的机会去了解顾客的需求，海量数据的支持让昔日的个性化服务有了更好的延伸和更大的价值。第一，企业需要在庞大的数据库中找出最具有含金量的数据。第二，把相似的用户分为一类，设计具有针对性的服务。个性化用户的单位可大可小，大到一个有同样需求的客户群体，小到每一位用户个体。

（三）精准定价

产品价格是影响交易成败的重要因素，同时又是营销组合中最难以确定的因素。企业定价的目标是促进销售、获取利润，这要求企业既要考虑成本的补偿，又要考虑消费者对价格的接受能力，从而使定价策略具有买卖双方双向决策的特征。此外，价格还是营销组合中最灵活的因素，它可以对市场做出灵敏的反应。因此，定价策略的采用对于企业来讲十分重要。

1. 个性化定价

随着信息技术的日新月异，电商企业进行个性化营销的能力不断提升。利用互联网、信息采集和计算机技术，电商企业可以及时地将顾客信息导入数据库，对数据进行分析，从中发现顾客的购买行为模式，为其制订个性化的营销方案。由于顾客在品牌忠诚度、价格敏感性等方面存在差异，他们在面对相同产品时，感受到的价值是不一样的，愿意支付的金额也不同。因此，如果能够识别出每位顾客的支付意愿，企业就可以针对每位顾客制定个性化的价格。

2. 动态定价

对于大型零售企业来说，每天销售的产品数以万计，如果靠人工的方式动态调整价格，工作量巨大。大数据时代的到来令数以万计的产品的动态价格调整成为可能。例如，梅西百货采用动态定价机制，根据需求和库存的情况，对多达 7300 万种货品进行实时定价，获得了不错的收益。

（四）渠道优化

渠道是商品的流通路线，让厂家的商品通过中间商卖向不同的区域，以达到销售的目的。大数据时代的到来为厂商的渠道优化提供了新的思路。

---

① C2B（customer to business），即消费者到企业。

在渠道规划中，通过大数据分析可以发现其中的特征与趋势、问题与短板，如果有针对性地进行整体布局和优化，就能达到提升企业销售业绩的目的。一个优秀的企业，一定要学会使用大数据来为企业渠道布局提供支撑。大数据虽然只是之前情况的反映，却是最客观的反映，大数据分析能较为准确地为决策提供辅助支撑，从而使决策更加科学化、规范化，也更加具有前瞻性。这样的企业才能真正走在市场前面，在激烈的行业竞争中比对手领先一步，成为未来市场的优胜者。

（五）促销

虽然传统促销和大数据促销的目的都是吸引消费者关注，激发他们购物的欲望，从而更多地销售产品或服务，但大数据技术的运用让促销活动更有针对性。大数据技术强大的数据分析和挖掘能力，改变了促销活动中市场调研、促销商品定价和促销信息传播的方式。

1. 市场调研方式变革

在开展促销之前，促销方应当对促销目标、促销工具、消费者需求进行调研，使促销活动有的放矢，以取得更好的销售业绩。传统的促销调研往往只能根据已有的销售记录来进行，调研结果不够精确。大数据技术的运用，使促销方不仅能够准确得到消费者的购买记录、购买偏好，分析出消费者的购买能力，还能够通过对关联数据的分析，预测消费者的购买需求。这样，就能为促销活动找到准确的目标消费群体，并根据这些消费者的偏好有针对性地制订促销计划。

2. 促销商品定价方式变革

如何对促销商品定价一直是困扰商家的问题。价格不是市场或产品的简单依附，而是代表着产品的用户指向，是调整购买能力与购买意愿的重要杠杆。在大数据时代，促销商品定价的顾客导向和差异化定价的意义更加凸显。顾客导向强调将顾客群细分，充分了解潜在的顾客，并采取不同的促销方案锁定顾客；差异化定价则强调面对不同消费阶段的顾客采取更灵活的定价，为每个需求层面找到最佳的供应方。这时大数据就有了用武之地：分析顾客的行为并快速总结规律，在此基础上结合顾客的消费能力实现促销活动的精准定价。

3. 促销信息传播方式变革

在传统的促销活动中，促销方只能通过发传单或大众媒体来传播促销信息，这样的传播方式不是建立在信息双向传播的基础之上，而是单向的传播。这种方式带来的效果不理想，不能保证促销信息到达目标消费者，而且不能及时获知消费者对于促销信息的反馈。大数据时代，促销信息的传播方式是多元且精准的。通过对用户的网站浏览记录、网购记录等数据的追踪，能够分析出该用户是否为目标消费者，然后通过程序化购买，促销信息在合适的时间出现在合适的消费者眼前。在传播过程中，促销方能及时获取消费者的反馈信息，适时调整促销方案。这样不但节省了促销费用，而且使促销信息的传播效果更佳。

四、大数据在人力资源管理中的应用

通过员工需求预测，企业能够制订合适的人员招聘方案，使组织和员工在企业发展中获得长期利益。传统的员工需求预测所采用的工具主要有专家预测、趋势分析和比率分析等。管理者在使用这些工具时往往是定性大于定量，主观大于客观，做出的分析与判断不全面，导致预测不准确。大数据时代的到来却可以很好地解决这一难题。

企业人力资源部门可以对影响员工需求的内外部数据进行充分收集，深入了解宏观市场环境与自身发展状况。通过机器学习等先进技术对人员变动进行预测，了解人员需求情况，并结合企业的战略目标，制订未来人力资源规划。按照这样的过程，企业所有的人事决策都以数据来驱动，用事实来说话，不仅可以客观地确定未来人力资源工作的重点，还可以确定具体的方案和计划。善于利用数据、正确利用数据，做出的每一步规划都以事实为前提、以数据为基础，能够使企业更加公平地建立、制定与实施人事政策。

（一）岗位分析

岗位分析是人力资源开发和管理的基础与核心，是企业人力资源规划、招聘、薪酬制定、绩效评估等各项人力资源管理工作的依据。大量实践证明，科学的岗位分析不仅可以最大限度地提高人力资源使用效率、挖掘人力资源潜能、降低人力资源使用成本，还能促进人力资源开发与管理工作的规范化、科学化，有效改善企业整体绩效。传统的岗位分析方法主要以问卷与座谈等方法为主，所得结论具有较强的主观性，准确度不高。

在大数据时代，企业能够搜集更全面的信息，对每个岗位的性质、任务、职责、劳动条件和环境有更加深入的了解，对员工承担该岗位任务应具备的资格条件等进行更加系统的分析与研究。告别以往的主观性分析，一切以数据为基础，能够更加精准地制定岗位规范、工作说明书等人力资源管理文件。同时，针对不同岗位需求，基于大数据进行招聘，量化招聘条件，多渠道收集应聘者相关信息，精准锁定人才、筛选人才，从而保证人岗精确匹配。

（二）绩效考核

通过对员工考核各项工作指标的完成情况，不仅可以保证企业总体目标的实现，还能达到合理分配利益、有效激励员工的目的。传统的绩效考核体系是制订绩效计划，通过考核评定绩效考核成绩，这种以关注工作结果为主的方式往往是滞后的，而且以结果为导向不能客观、准确地反映员工的实际工作情况，企业无法根据绩效考核结果对员工的工作做出客观公正的评价，有时不能及时奖励表现好的员工，反而奖励了业绩不好的员工。这样就影响员工的工作积极性，也可能使企业的优秀人才流失，对企业造成不必要的损失。

利用大数据技术，管理者通过收集记录员工每天的工作量、具体工作内容、工作成绩等信息，使用云计算进行处理、分析，据此可分析出员工的工作态度、忠诚度、进取心等难以通过常规手段评测的信息，并且能够通过员工工作过程中的真实表现，及早发现员工在工作中存在的问题和遇到的困难，适时地提供指导和帮助，以避免员工绩效下降。

（三）离职预测

对员工进行有效的离职预测，能够提前知晓员工动向，帮助企业制定相关决策。在大数据的环境下，通过对企业内外部信息资料的收集，管理者可以确切地掌握反映每一位员工真实情况的各种数据，不仅包括员工的基本情况、受教育信息、实习或工作经历、兴趣爱好等基础数据，还包括员工完成任务的效率、工作绩效及参与培训情况等反映员工能力水平的数据。在获取充分详细的数据后，管理者可以结合员工个人的目标和发展需求以及企业近几年的人力资源流动情况等，对员工的数量、质量、结构等做出客观的静态分析，对人员的流动性等做出精确的动态分析，进而预测员工的离职概率，帮助公司及早地获得预警信息，查看有可能空缺的岗位哪些可以通过企业内部培训来填充，哪些必须通过企业外部招聘获得，从而采取相应措施。

沃尔玛百货有限公司采用"雇佣预测回归"的方法来预测员工的供职时间。通过这一方法，沃尔玛百货有限公司能够知晓某个员工在其岗位上能够工作多长时间及预测结果的准确率。例如，该方法不仅会预测某一员工的供职期限是 30 个月，还会报告该员工供职时间不超过 15 个月的概率。沃尔玛百货有限公司发现，用"不墨守成规的人是否在每家公司都有生存空间？"这样的问题对应聘者进行测试，做出肯定回答的人比做出否定回答的人供职期限要少 2.8 个月。有了这种提前性预测，人力资源规划就能提前进行，而不是被动应付。

五、大数据在会计和财务管理中的应用

成本管理是对企业在运行过程中产生的成本进行预测、计划、控制、核算、分析与评估。在保证产品质量的前提下，成本管理能够充分调动企业全体人员，科学合理地管理企业生产经营过程的所有环节，力求以最低的成本达到最大的效益。成本管理是一个系统、全面、科学的体系，是企业管理的重要组成部分，对促进生产、节约支出、加强经济核算、提高企业综合管理水平具有重要意义。传统的企业成本管理模式老化，间接费用的分配方式与工时标准归集的核算方式较为简单。随着经济的发展，间接费用在企业经营管理过程中的比重不断提高，传统的管理方式已经不太适用，而依据大数据的特点，大数据正好适应于现在的企业成本管理。

在大数据时代，企业可以用外部引进的方式来健全成本管理数据体系，对成本数据进行全方位的监督与管理，从而实现对成本数据的有效评价，同时为后期数据预测奠定基础。各业务模块的数据也可以更加清晰地展现出来，允许企业对实时成本进行动态分析，为企业管理层的决策制定提供可靠的参考依据，从而有效规避风险。在成本管理的定量分析中，企业可以利用大数据对成本结构进行分析，全过程地进行成本管理，避免无效的成本消耗，同时有针对性地增加和降低某些成本，优化企业的内部管理及成本控制，从而建立竞争优势，为企业未来发展提供动力。

（一）财务风险预测

企业会在生产经营过程中面临来自外部环境的多种风险，其中财务风险是最为直接且

影响巨大的风险内容。企业财务风险是指企业在整个财务活动过程中，各种不确定性所导致的企业蒙受损失的机会和可能。企业需要通过资金的流动实现盈利的可能，必然要面对财务上的风险。财务风险无法被完全消除，这就要求企业必须认识到财务风险预测的重要性，积极面对并采取有效措施，实现风险的预测与防御。

大数据时代的到来，让进行海量数据分析成为可能。高度有效的财务风险预测需要以海量数据为基础。在传统预警机制下，数据的维度不足，对非财务指标的利用程度不够，导致风险预测质量无法满足企业需求。用海量数据进行分析需要大量的时间和成本，这在很大程度上制约了财务风险预测模型的使用。大数据技术可以有效改善这一弊端。通过利用大数据技术，企业可以对所有相关数据进行分析，而不再只局限于简单的财务数据，对解决当前财务预测模型的滞后反应性和拓宽适用范围有很大帮助。

（二）信用风险管理

信用风险主要指借款人、证券发行人或交易对方因种种原因，不能履行合同条件而构成违约，致使银行、投资者或交易对方遭受损失的可能性。企业在交易前，如果能够准确地识别交易对方的信用级别，并采取相关措施对风险进行管理，可以有效保障交易的顺利进行，并达到预期收益。对信用风险进行合理有效的管理，能够降低企业的财务风险，保障企业顺利发展。在大数据时代，企业不仅能够通过访谈与调研等传统手段来了解交易对方的基本情况，还可以利用网络来搜集对方的相关信息。利用这些信息，通过人工智能等技术能够对交易方有更加全面的认识，进而通过相应指标量化交易的风险程度，采取适当措施规避风险。

以金融行业为例，大数据风控公司可以通过从网上收集用户的职业、学历、资产、负债等强相关数据，以及一些弱相关数据（用户在社交网络上的发言、兴趣爱好、朋友圈等），进行快速分析预测，从而对其进行信用评级。大数据风控通过对全面的数据（数据的广度）、强相关数据（数据的深度）、实效性数据（数据的鲜活度）进行整合分析，提升信用风险管理水平，客观地反映用户风险水平，让风险评估效果更精确。相比线下考察的方式，大数据应用更为便捷，它通过海量数据的分析，可以轻松完成一个借贷人的用户画像，并给该借贷人提供风控建议。

第二节　商务数据分析的统计基础

一、概率与统计

概率论与数理统计是数学中紧密联系的两个学科，数理统计是以概率论为基础的具有广泛应用性的一个应用数学分支。数理统计学研究怎样去有效地收集、整理和分析带有随机性的数据，以对所考察的问题做出推断或预测，直至为采取一定的决策和行动提供依据和建议。

（一）总体与个体

在数理统计学中，将研究对象的全体称为总体（population），有时也称为母体，而将构成总体的每一个元素称为个体（individual）。数理统计学总是将总体和随机变量等同起来，总体的分布及数字特征，即表示总体的随机变量的分布和数字特征。对总体的研究也就归结为对表示总体的随机变量的研究。

在有些问题中，要观测和研究对象的两个甚至更多个指标，此时可用多维随机向量及其联合分布来描述总体，这种总体为多维总体。例如，要研究的是电容器的寿命和工作温度，这两个数量指标分别用 X、Y 来表示，可以把这两个指标所构成的二维随机向量 (X,Y) 可能取值的全体看作一个总体，简称为二维总体。这个二维随机向量 (X,Y) 在总体上的一个联合分布函数为 $F(x,y)$，则称这一总体为具有分布函数 $F(x,y)$ 的总体。

个体的总数有限的总体称为有限总体（finite population），否则，称为无限总体（infinite population）。

（二）样本

在统计推断过程中，我们往往不是对所有个体逐一进行观测或检验，而是从总体中抽取一部分个体，测定这一部分个体的有关指标值，以获得关于总体的信息，实现对总体的推断，这一抽取过程称为抽样（sampling），并且如果每一个个体都是从总体中被随机抽取出来，则称这种抽样为随机抽样（stochastic sampling）。常见的随机抽样有两种：有放回的和不放回的。我们把有放回的抽样称为简单随机抽样。有放回的抽样主要是对有限总体而言，对于无限总体则可以采取不放回的抽样。在实际问题中，只要总体中包含的个体的总数 N 远远大于抽取部分的个体数 n（如 $N/n \geqslant 10$）即可采取不放回的抽样，并视不放回的抽样为简单随机抽样。

为了了解总体 X 的分布规律和某些特征，从总体 X 中随机抽取 n 个个体 $X_1, X_2, \cdots, X_n$，记为 $(X_1, X_2, \cdots, X_n)$ 或记为 $X_1, X_2, \cdots, X_n$，并称其为来自总体 X 的容量为 n 的样本中的个体，称为样品（sample），由于每个 X_i 都是从总体 X 中随机抽取的，它的取值就是在总体 X 的可能取值范围内随机取的，自然每个 X_i 也是随机变量，从而样本 $(X_1, X_2, \cdots, X_n)$ 为一个 n 维随机向量，在抽样观测后，它们是 n 个数据 $(x_1, x_2, \cdots, x_n)$，称为样本 $(X_1, X_2, \cdots, X_n)$ 的一个观测值（observed value），简称样本值（sample value），也可记为 $x_1, x_2, \cdots, x_n$。样本 $(X_1, X_2, \cdots, X_n)$ 所有可能取值的全体称为样本空间（sample space），记为 Ω。样本观测值 $(x_1, x_2, \cdots, x_n)$ 则是 Ω 中的一个点，称为样本点（sample point）。

如果我们要研究总体中个体的两个指标，则所抽取的 n 个个体的指标 (X_1, Y_1), $(X_2, Y_2), \cdots, (X_n, Y_n)$ 构成一个容量为 n 的样本。由此可见，二维总体的容量为 n 的样本由 $2n$ 个随机变量构成，它的一个观测值 $(x_1, y_1, x_2, y_2, \cdots, x_n, y_n)$ 是 $2n$ 维空间中的一个样本点。类似地，k 维总体的容量为 n 的样本是由 $k \times n$ 个随机变量构成，它的一个观测值由 $k \times n$ 个数组成，是 $k \times n$ 维空间中的一个样本点。

若总体 X 的分布函数为 $F(x)$，则样本 $(X_1, X_2, \cdots, X_n)$ 的联合分布函数为 $\prod_{i=1}^{n} F(x_i)$；如果总体 X 的概率密度为 $f(x)$，则样本 $(X_1, X_2, \cdots, X_n)$ 的联合概率密度为 $\prod_{i=1}^{n} f(x_i)$。

（三）统计量与样本数字特征

在获得了样本之后，我们需要对样本进行统计分析，也就是对样本进行加工、整理，从中提取有用信息。设（$X_1, X_2, \cdots, X_n$）为总体 X 的一个样本，如果样本的实值函数 $g(X_1, X_2, \cdots, X_n)$ 中不包含任何未知参数，则称 $g(X_1, X_2, \cdots, X_n)$ 为统计量（statistic）。统计量是用来对总体分布参数做估计或检验的，因此它应该包含了样本中有关参数的尽可能多的信息，在统计学中，根据不同的目的构造了许多不同的统计量。下面介绍几种常用的统计量。

设（$X_1, X_2, \cdots, X_n$）是来自总体 X 的随机样本，称统计量

$$\overline{X} = \frac{1}{n} \sum_{i=1}^{n} X_i \tag{2-1}$$

为样本均值（sample mean）；称统计量

$$S^2 = \frac{1}{n-1} \sum_{i=1}^{n} (X_i - \overline{X})^2 \tag{2-2}$$

为样本方差（sample variance）；称统计量

$$S = \sqrt{\frac{1}{n-1} \sum_{i=1}^{n} (X_i - \overline{X})^2} \tag{2-3}$$

为样本标准差（sample standard deviation）；称统计量

$$\tilde{S}^2 = \frac{1}{n} \sum_{i=1}^{n} (X_i - \overline{X})^2 \tag{2-4}$$

为样本二阶中心矩（the second-order sample central moment）；称统计量

$$A_k = \frac{1}{n} \sum_{i=1}^{n} X_i^k , \quad k = 1, 2, \cdots \tag{2-5}$$

为样本 k 阶原点矩（sample moment of order k）；称统计量

$$B_k = \frac{1}{n} \sum_{i=1}^{n} (X_i - \overline{X})^k , \quad k = 2, 3, \cdots \tag{2-6}$$

为样本 k 阶中心矩（sample central moment of order k）。

如果样本观测值为（$x_1, x_2, \cdots, x_n$），则上述各种统计量（除式（2-3）外）的观测值分别为

$$\overline{x} = \frac{1}{n} \sum_{i=1}^{n} x_i$$

$$s^2 = \frac{1}{n-1} \sum_{i=1}^{n} (x_i - \overline{x})^2$$

$$\tilde{s}^2 = \frac{1}{n} \sum_{i=1}^{n} (x_i - \overline{x})^2 = \frac{1}{n} \sum_{i=1}^{n} x_i^2 - \overline{x}^2 \tag{2-7}$$

$$a_k = \frac{1}{n} \sum_{i=1}^{n} x_i^k, \ k = 1, 2, \cdots$$

$$b_k = \frac{1}{n} \sum_{i=1}^{n} (x_i - \overline{x})^k, \ k = 2, 3, \cdots$$

前文介绍的几种常用统计量都是涉及一个总体,对于两个总体,我们需要考虑相关性,下面给出样本相关系数的定义。

设$(X_1, X_2, \cdots, X_n)$和$(Y_1, Y_2, \cdots, Y_n)$分别是来自总体X和Y的样本,则称统计量

$$\gamma = \frac{\sum\limits_{i=1}^{n}(X_i - \bar{X})(Y_i - \bar{Y})}{\sqrt{\sum\limits_{i=1}^{n}(X_i - \bar{X})^2 \sum\limits_{i=1}^{n}(Y_i - \bar{Y})^2}} \tag{2-8}$$

为样本相关系数(皮尔逊相关系数)。

样本相关系数的取值范围为$[-1, 1]$。$|\gamma|$值越大,两总体之间的线性相关程度越高;$|\gamma|$值越接近 0,两总体之间的线性相关程度越低。$\gamma > 0$时,称两总体正相关;$\gamma < 0$时,称两总体负相关;$\gamma = 0$时,称两总体不相关。

(四)抽样分布

如果总体的分布为正态分布,则称该总体为正态总体。统计量是对样本进行加工后得到的随机变量,它将被用来对总体的分布参数做估计或检验,为此,我们需要求出统计量的分布。统计量的分布被称为抽样分布(sample distribution)。能够精确求出抽样分布且这个分布具有较简单表达式的情形并不多见,然而,对于正态总体,我们可以求出一些重要统计量的精确抽样分布,这些分布为正态总体参数的估计和检验提供了理论依据。本部分将要介绍的是在数理统计学中占有重要地位的三大抽样分布:χ^2分布、t分布和F分布。

1. χ^2分布

设$X_1, X_2, \cdots, X_n$为来自正态总体$N(0,1)$的一个样本,则称统计量

$$\chi^2 = X_1^2 + X_2^2 + \cdots + X_n^2 \tag{2-9}$$

服从自由度为n的χ^2分布,记为$\chi^2 \sim \chi^2(n)$。

可以证明$\chi^2(n)$分布的概率密度为

$$f(x) = \begin{cases} \dfrac{1}{2^{\frac{n}{2}} \Gamma\left(\frac{n}{2}\right)} x^{\frac{n}{2}-1} \mathrm{e}^{-\frac{x}{2}}, & x > 0 \\ 0, & x \leqslant 0 \end{cases} \tag{2-10}$$

其中,$\Gamma(t) = \int_0^{+\infty} x^{t-1} \mathrm{e}^{-x} \mathrm{d}x \ (t > 0)$,称为$\Gamma$函数。

对于给定的$\alpha(0 < \alpha < 1)$,如果存在$\chi_\alpha^2(n)$,使得

$$P\left\{\chi^2 > \chi_\alpha^2(n)\right\} = \int_{\chi_\alpha^2(n)}^{+\infty} f(x)\mathrm{d}x = \alpha \tag{2-11}$$

则称$\chi_\alpha^2(n)$为χ^2分布的上α分位点。下面给出χ^2分布的一些主要性质。

设$\chi^2 \sim \chi^2(n)$,则

$$E\left(\chi^2\right)=n, \quad D\left(\chi^2\right)=2n \tag{2-12}$$

由于 $X_1,X_2,\cdots,X_n$ 相互独立，所以 $X_1^2,X_2^2,\cdots,X_n^2$ 也相互独立，于是

$$D\left(\chi^2\right)=D\left(\sum_{i=1}^{n}X_i^2\right)=\sum_{i=1}^{n}D(X_i^2)=2n \tag{2-13}$$

设 $X_1\sim\chi^2(n_1),X_2\sim\chi^2(n_2)$，且 X_1 和 X_2 相互独立，则

$$X_1+X_2\sim\chi^2(n_1+n_2) \tag{2-14}$$

这个性质称为 χ^2 分布的可加性。

2. t 分布

设 $X\sim N(0,1)$，$Y\sim\chi^2(n)$，并且 X 与 Y 相互独立，则称随机变量

$$t=\frac{X}{\sqrt{\dfrac{Y}{n}}} \tag{2-15}$$

服从自由度为 n 的 t 分布，记为 $t\sim t(n)$。

t 分布又称学生分布。这种分布是由戈塞特（Gosset，1876～1937 年）首先发现的，他在 1908 年以学生（student）作为笔名发表了有关该部分的论文。可以证明，t 分布的概率密度函数为

$$f(x)=\frac{\Gamma\left(\dfrac{n+1}{2}\right)}{\sqrt{n\pi}\,\Gamma\left(\dfrac{n}{2}\right)}\left(1+\frac{x^2}{n}\right)^{-\frac{n+1}{2}}, \quad -\infty<x<+\infty \tag{2-16}$$

显然，t 分布的概率密度函数 $f(x)$ 关于 $x=0$ 对称，并且

$$\lim_{n\to\infty}f(x)=\frac{1}{\sqrt{2\pi}}\mathrm{e}^{\frac{-x^2}{2}}, \quad -\infty<x<+\infty \tag{2-17}$$

对于给定的 $\alpha\,(0<\alpha<1)$，如果存在 $t_\alpha(n)$，使得

$$P\{t>t_\alpha(n)\}=\int_{t_\alpha(n)}^{+\infty}f(x)\mathrm{d}x=\alpha \tag{2-18}$$

则称 $t_\alpha(n)$ 为 t 分布的上 α 分位点。由 t 分布的上 α 分位点的定义及密度函数 $f(x)$ 图形的对称性易知：

$$t_{1-\alpha}(n)=-t_\alpha(n) \tag{2-19}$$

下面给出 t 分布的一些常用结论。

设 $X\sim N(\mu,\alpha^2)$，$Y\sim\chi^2(n)$，并且 X 与 Y 相互独立，则

$$t=\frac{X-\mu}{\sqrt{Y/n}}\sim t(n) \tag{2-20}$$

设 $X_1,X_2,\cdots,X_n$ 是来自正态总体 $N(\mu,\alpha^2)$ 的一个样本，则

$$\frac{\sqrt{n}(\overline{X} - \mu)}{S} \sim t(n-1) \tag{2-21}$$

设 $X_1, X_2, \cdots, X_{n_1}$ 和 $Y_1, Y_2, \cdots, Y_{n_2}$ 分别是来自正态总体 $N(\mu_1, \alpha^2)$ 和 $N(\mu_2, \alpha^2)$ 的样本，并且这两个样本相互独立，则

$$\frac{(\overline{X} - \overline{Y}) - (\mu_1 - \mu_2)}{S_w\sqrt{\dfrac{1}{n_1} + \dfrac{1}{n_2}}} \sim t(n_1 + n_2 - 2) \tag{2-22}$$

其中，

$$\overline{Y} = \frac{1}{n_1}\sum_{i=1}^{n_1} X_i, \quad S_2^2 = \frac{1}{n_1 - 1}\sum_{i=1}^{n_1}(X_i - \overline{X})^2 \tag{2-23}$$

$$\overline{Y} = \frac{1}{n_2}\sum_{i=1}^{n_2} Y_i, \quad S_2^2 = \frac{1}{n_2 - 1}\sum_{i=1}^{n_2}(Y_i - \overline{Y})^2 \tag{2-24}$$

$$S_w = \sqrt{S_w^2}, \quad S_w^2 = \frac{(n_1 - 1)S_1^2 + (n_2 - 1)S_2^2}{n_1 + n_2 - 2} \tag{2-25}$$

注意，该结论只有在两个总体方差相等时才成立。对于两个总体方差不相等的情形，有下面的结论。

推论：设 $X_1, X_2, \cdots, X_{n_1}$ 和 $Y_1, Y_2, \cdots, Y_{n_2}$ 是来自服从同一正态分布 $N(\mu, \sigma^2)$ 的总体的两个样本，它们相互独立，则

$$\frac{\overline{X} - \overline{Y}}{S_w\sqrt{\dfrac{1}{n_1} + \dfrac{1}{n_2}}} \sim t(n_1 + n_2 - 2) \tag{2-26}$$

3. F 分布

设 $X \sim \chi^2(m)$，$Y \sim \chi^2(n)$，且 X 与 Y 相互独立，则称随机变量

$$F = \frac{X/m}{Y/n} \tag{2-27}$$

服从自由度为 (m, n) 的 F 分布，记为 $F \sim F(m, n)$，其中，m 表示第一自由度，n 表示第二自由度。

可以证明 F 分布的密度函数为

$$f(x) = \begin{cases} \dfrac{\Gamma\left(\dfrac{m+n}{2}\right)}{\Gamma\left(\dfrac{m}{2}\right)\Gamma\left(\dfrac{n}{2}\right)}\left(\dfrac{m}{n}\right)\left(\dfrac{m}{n}x\right)^{\frac{m}{2}-1}\left(1 + \dfrac{m}{n}x\right)^{-\frac{m+n}{2}}, & x > 0 \\ 0, & x \leqslant 0 \end{cases} \tag{2-28}$$

F 分布具有一个重要的性质：若 $F \sim F(m, n)$，则

$$\frac{1}{F} \sim F(m, n) \tag{2-29}$$

对于给定的 $\alpha\,(0<\alpha<1)$，如果存在 $F_{\alpha}(m,n)$，使得

$$P\{F>F_{\alpha}(m,n)\}=\int_{F_{\alpha}(m,n)}^{+\infty}f(x)\mathrm{d}x=\alpha$$

则称 $F_{\alpha}(m,n)$ 为 F 分布的上 α 分位点。F 分布的上 α 分位点具有重要的性质：

$$F_{1-\alpha}(m,n)=\frac{1}{F_{\alpha}(n,m)} \tag{2-30}$$

下面给出 F 分布的一些重要结论。

设 $X_1,X_2,\cdots,X_{n_1}$ 和 $Y_1,Y_2,\cdots,Y_{n_2}$ 分别来自总体 $N(\mu_1,\sigma_1^2)$ 和 $N(\mu_2,\sigma_2^2)$ 的样本，并且这两个样本相互独立，记 S_1^2 和 S_2^2 分别为这两个样本的样本方差，则

$$F=\frac{S_1^2/\sigma_1^2}{S_2^2/\sigma_2^2}\sim F(n_1-1,n_2-1) \tag{2-31}$$

推论：在上述条件下，若两个正态总体的方差相同，即 $\sigma_1^2=\sigma_2^2=\sigma^2$，则

$$F=\frac{S_1^2}{S_2^2}\sim F(n_1-1,n_2-1) \tag{2-32}$$

二、描述性统计

收集完统计数据之后，首先要对获取的数据进行系统化、条理化地整理，然后进行恰当的图形描述，以提取有用的信息。

（一）定量数据的图形描述

1. 定量数据整理

对定量数据进行统计分组是数据整理中的主要内容。根据统计研究的目的和客观现象的内在特点，按某个标志（或几个标志）把被研究的总体划分为若干个不同性质的组，称为统计分组。

频数分布表反映数据整理的结果信息。将数据按其分组标志进行分组的过程，就是频数分布或频率分布形成的过程。各组的次数称为频数；各组次数与总次数之比为频率；频数分布则是观察值按其分组标志分配在各组内的次数，由分组标志序列和各组对应的分布次数两个要素构成。在对这些定量数据进行分组时，需要建立频数分布表，以便更有效地显示数据的特征和分布。

2. 单变量定量数据的图形描述

将定量数据整理成频数分布形式后，已经可以初步看出数据的一些规律了。下面介绍最常用的图形表示方法：直方图、折线图、累积折线图、茎叶图、箱线图。

直方图是用来描述定量数据集最普及的图形表示方法，它将频数分布表的信息以图形的方式表达出来。直方图是用矩形的高度和宽度来表示频数分布的图形。在直角坐标系中以横轴表示所分的组，纵轴表示频数或频率，因此直方图可分为频数直方图和相对频数直方图。

折线图也称频数多边形图，其作用与直方图相似。以直方图中各组标志值的中点位置

作为该组标志的代表值，然后用折线将各组频数连接起来，再把原来的直方图去掉，就形成了折线图。当组距很小并且组数很多时，绘出的折线图就会越来越光滑，逐渐形成一条光滑的曲线，这种曲线即频数分布曲线，它反映了数据的分布规律。统计曲线在统计学中很重要，是描绘各种分布规律的有效方法。常见的频数分布曲线有正态分布曲线、偏态分布曲线、"J"形分布曲线和"U"形分布曲线等。当编制频数分布表时，常会根据实际需要计算每组数据的累积频数或频率，累积折线图正是用来描述累积频数信息的。

茎叶图将传统的统计分组与画直方图两步工作一次完成，既保留了数据的原始信息，又为准确计算均值等提供了方便和可能。通过茎叶图可以看出数据的分布形状及数据的离散状况。比如，分布是否对称，数据是否集中，是否有极端值等。在茎叶图画好后，不仅可以一目了然地看出频数分布的形状，而且茎叶图中还保留了原始数据的信息。利用茎叶图进行分组还有一个好处，就是在连续数据的分组中，不会出现重复分组的可能性。

我们还可以用箱线图对未分组的原始数据描述其分布特征。当只有一组数据时，可以绘制单个箱线图来进行描述。当有多组数据需要处理时，可绘制组箱线图。从箱线图我们不仅可看出一组数据的分布特征，还可以进行多组数据分布特征之间的比较。

箱线图由一个长方形"箱子"和两段线段组成，其中，长方形中部某处被一段线段隔开。因此，要绘制一个箱线图，需要确定五个点，从左向右依次为这一组数据的最小值、下四分位数、中位数、上四分位数、最大值。我们将这一组数据按大小进行排序，其中，排序后处在中间位置的变量值称为中位数，如果数据有 $2n+1$ 个，则中位数恰好是第 $n+1$ 个数据；如果数据有 $2n$ 个，则中位数为第 n 个数和第 $n+1$ 个数的均值。同理可得下四分位数和上四分位数。下四分位数是处在排序数据 25%位置的值，上四分位数是处在排序数据 75%位置的值。连接两个四分位数画出长方形"箱子"，再将两个最值点与"箱子"相连接。一般形式如图 2-1 所示。

最小值　　　下四分位数　　　中位数　　　上四分位数　　　最大值

图 2-1　单个箱线图

3. 多变量定量数据的图形描述

实际上往往只对一个变量进行数据分析是不能满足研究目的的，通常把多个变量放在一起来描述，并进行分析比较。在我们的生活和工作中，有许多现象和原因之间呈规则性或不规则性的关联。因此我们往往需要同时处理多个变量的定量数据，以揭示它们之间的关系。在讨论两个变量的关系时，首先可以对变量定义分类。当一个变量可以视为另一个变量的函数时，称为相关变量，通常也称为反应变量。当一个变量对另一个变量有影响时，称为独立变量或解释变量，通常它是可控的。散点图是描述两个数字变量之间关系的图形方法。在绘制散点图时，独立变量或解释变量应放置在 X 轴上，相关变量或反应变量应放置在 Y 轴上。

数据如果是在不同时点取得的，则称为时间序列数据，这时还可绘制线图和面积图。线图是在平面坐标系中用折线表示数量变化特征和规律的统计图，主要用于描述时间序列数据，以反映事物发展变化的趋势。对于多组数据，我们可以依据同样的方法来绘制箱线图，然后将各组数据的箱线图并列起来，以比较其分布特征。这里多组数据可以出自同一总体的不同组样本数据，或来自不同总体的不同组样本数据。

当研究的变量或指标只有两个时，可以在平面直角坐标系下绘制二维散点图。当有三个变量或指标时，也可以用三维的散点图来描述，但看起来不方便，而且散点图能表达的最高维度就只有三个，当变量或指标超过三个时，它就无能为力了。这时就需要使用多指标的图示方法，目前这类图示方法有雷达图、脸谱图、连接向量图和星座图等，其中雷达图最为常用。

（二）定性数据的图表描述

实际上在企业管理中很多问题和现象无法通过数值直接表示出来，因此人们经常使用定性数据来反映对应的定类或定序变量的值。下面我们介绍如何用图表对定类或定序变量的定性数据值进行整理和描述。

1. 定性数据的整理

数据的整理是为下一步对数据的描述和分析打好基础。对于定量数据，一般通过对它们进行分组整理，然后做出相应的频数或频率分布表、直方图、折线图等描述数据分布和特征，也可以利用茎叶图和箱线图等直接描述未分组数据。由于定性数据用来描述事物的分类，对调查收集的繁杂定性数据进行整理时，除了要将这些数据进行分类、列出所有类别之外，还要计算每一类别的频数、频率或比率，并将频数分布以表格的形式表示出来，作为对定性数据的整理结果，这个表格就是类似于定量数据整理中的频数分布表。

2. 单变量定性数据的图形描述

定性数据的频数分布可通过频数分布表与累积频数分布表进行表示。如果以相应的图形来表示这些分布表，则会使我们对数据特征及分布有更直观和形象的了解。

条形图（bar chart）和饼图（pie chart）通过反映频数分布表的内容，来描述定性数据（定类数据和定序数据），是使用最为广泛的两种图形方法，说明了落入每一个定性类别中的观察值有多少。累积频数分布图通过反映累积频数分布表的内容来描述定序数据。帕累托图（Pareto chart）的形式和累积频数分布图类似，但不像后者只在针对定序数据进行描述时才有意义，帕累托图能对所有定性数据（定类数据和定序数据）进行描述，以反映哪些类别的数据对问题的研究更有价值。

当我们所寻求的关于定性变量的信息是落入每一类中的观察值数，或是落入每一类中的观察值数在观察值总数中所占的比率时，可以使用条形图来描述。条形图与直方图很像，只不过条形图的横轴表示的是各个分类，而直方图的横轴表示所分的组。条形图是用宽度相同的条形来表示数据变动的图形，它可以横排或竖排，竖排时也可称为柱形图。如果两个总体或两个样本的分类相同且问题可比，还可以绘制环形图。在表示各类定性数据的分布时，用条形图的高度或长度表示各类数据的频数或频率。绘制时，各类别放在纵轴即为条形图，放在横轴即为柱形图。

饼图也可称为圆形图，是以圆形以及圆内扇形的面积来描述数值大小的图形。饼图通常用来描述落在各个类别中的测量值数分别在总数中所占的比率，对于研究结构性问题相当有用。在绘制饼图时，总体中各部分所占的比率用圆内的各个扇形面积与总面积之比来描述。

根据累积频数或累积频率，可以绘制出累积频数分布图或累积频率分布图。当定类变量或定序变量的分类数目（即定性数据）较多时，用帕累托图要比条形图和饼图更能直观地显示信息。帕累托图根据意大利经济学家威尔佛多·帕累托命名，帕累托认为 20% 的潜在因素是引起 80% 的问题所在。通过帕累托图，可以从众多的分类中，找到那些比较重要的分类。该图被广泛应用于过程分析和质量分析，它可以提供直接证据，表明首先应该改进哪些地方。

3. 多变量定性数据的图形描述

在管理实践中，不同现象之间总有联系，不可能是独立的。因此，研究多个定性变量之间定性数据的图形表示，对进行深入的统计分析，如回归分析、聚类分析、因子分析等有重要的基础意义。

环形图（circle chart）能显示具有相同分类且问题可比的多个样本或总体中各类别所占的比例，从而利于比较研究，但只有在类别值为定序数据时这种比较才有意义，因此环形图适用于对多个样本或总体中定序数据的描述和比较。例如，比较在不同时点上消费者对某公司产品的满意程度，或不同地域的消费者对某公司同一产品的满意程度等。

交叉表（cross table）是用来描述同时产生两个定性变量的数据的图形方法。交叉表的使用价值在于它可以使我们看到两个变量之间的关系。交叉表广泛应用于对两个变量之间关系的检测。实践中许多统计报告都包含了大量的交叉表。事实上，只要能用于描述定类变量或定序变量的图表，都同样适用于对数字变量的描述。因此交叉表同样可以用于描述两个变量都是数字变量，或者一个是定类变量或定序变量，另一个是数字变量之间的关系。

多重条形图（clustered bar chart）也是描述两个定类变量或定序变量间关系的主要图形方式。

（三）描述统计中的测度

为了对数据分布的形状和趋势进行更深入的分析和挖掘，得到更多有价值的信息，还需要使用有代表性的数量特征值来准确地描述统计数据的分布。对统计数据分布特征的描述，主要可以分为三个方面：数据分布的集中趋势，反映各数据向其中心值靠拢或聚焦的程度；数据分布的离散趋势，反映各数据远离其中心值的趋势；数据分布的形状，即数据分布的偏态和峰度。

1. 数据分布的集中趋势测度

集中趋势（central tendency）是指分布的定位，它是指一组数据向某一中心值靠拢的倾向，或表明一组统计数据所具有的一般水平。对集中趋势进行测度也就是寻找数据一般水平的代表值或中心值。对集中趋势的度量有数值平均数和位置平均数之分。本部分主要讨论根据一组给定的数据确定其集中趋势的方法。

数值平均数又称均值（mean），根据统计资料的数值计算而得到，在统计学中具有重要的作用和地位，是度量集中趋势较主要的指标之一。在以下平均数的论述中，平均的对象可理解为变量 x，平均数可记为 $\bar{x}$。

简单算术平均数是根据原始数据直接计算的平均值。一般地，设一组数据为 $x_1, x_2, \cdots, x_n$，其简单算术平均数 $\bar{x}$ 的一般计算公式可表示为

$$\bar{x} = \frac{x_1 + x_2 + \cdots + x_n}{n} = \frac{\sum\limits_{i=1}^{n} x_i}{n} \tag{2-33}$$

简单算术平均数的计算方法只适用于单位数较少的总体。在实际工作中，汇总和计算总体标志总量的资料常常是大量的，计算方法虽然简单，工作量却很大。所以，一般不是根据原始资料一一加总，计算简单算术平均数，而是根据经分组整理后编制的变量数列来计算加权算术平均数。加权算术平均数的计算所依据的数据是经过一定整理的，即根据一定规则分组的。

由数列计算加权算术平均数。由单项变量数列计算加权算术平均数，要将数据进行分组，即将 n 个数据按变量值 x_i 进行分组并统计在每组中各个变量取值出现的次数，或称为频数 f_i。加权算术平均数的计算公式如下：

$$\bar{x} = \frac{x_1 f_1 + x_2 f_2 + \cdots + x_n f_n}{f_1 + f_2 + \cdots + f_n} = \frac{\sum\limits_{i=1}^{n} x_i f_i}{\sum\limits_{i=1}^{n} f_i} = \frac{\sum\limits_{i=1}^{n} x_i f_i}{n} \tag{2-34}$$

根据组距计算加权算术平均数。有的情况下，给定的数据较为分散，而且数据的取值种类较多，如果仍然采取按每个数据的取值不同来分组，往往工作量较大，费时、费力。此时，选择适当的组距对数据进行分组，再求加权算术平均数往往就简单、容易许多。根据组距计算加权算术平均数的方法与上面所述的由数列计算加权算术平均数的方法基本相同，只需以各组的组中值来代替式（2-34）中相应的 x 值。

在统计分析中，有时由于资料的原因无法掌握总体单数（频数），只有每组的变量值和相应的标志总量。这种情况下就不能直接运用算术平均方法来计算了，而需要以间接的形式，即用每组的标志总量除以该组的变量值推算出各组的单位数，才能计算出平均数，这就是调和平均的方法。

调和平均数（harmonic mean）是均值的另一种重要表示形式，由于它是根据变量值的倒数计算的，也叫倒数平均数，一般用字母 H_m 表示。根据所给资料情况的不同，调和平均数可分为简单调和平均数和加权调和平均数两种。简单调和平均数用公式表达即为

$$H_m = \frac{n}{\dfrac{1}{x_1} + \dfrac{1}{x_2} + \cdots + \dfrac{1}{x_n}} = \frac{n}{\sum\limits_{i=1}^{n} \dfrac{1}{x_i}} \tag{2-35}$$

事实上，简单调和平均数是权数均相等条件下的加权调和平均数的特例。加权调和平均数用公式表示则为

$$H_m = \frac{m_1 + m_2 + \cdots + m_n}{\dfrac{m_1}{x_1} + \dfrac{m_2}{x_2} + \cdots + \dfrac{m_n}{x_n}} = \frac{\sum\limits_{i=1}^{n} m_i}{\sum\limits_{i=1}^{n} \dfrac{m_i}{x_i}} \tag{2-36}$$

其中，m_i 为加权调和平均数的权数。

由此可以看出，当 m_i 相等时，加权调和平均数转换为简单调和平均数。

几何平均数（geometric mean）是 n 个变量值连乘积的 n 次方根，常用字母 G 表示。它是平均指标的另一种计算形式。几何平均数是计算平均比率的一种方法。根据掌握的数据资料不同，几何平均数可分为简单几何平均数和加权几何平均数两种。

假设有 n 个变量值 $x_1, x_2, \cdots, x_n$，则简单几何平均数的基本计算公式为

$$G = \sqrt[n]{x_1 x_2 \cdots x_n} = \sqrt[n]{\prod_{i=1}^{n} x_i} \qquad (2\text{-}37)$$

当掌握的数据资料为分组资料，且各个变量值出现的次数不相同时，应用加权方法计算几何平均数。加权几何平均数的公式为

$$G = \sqrt[f_1+f_2+\cdots+f_n]{x_1^{f_1} x_2^{f_2} \cdots x_n^{f_n}} = \sqrt[f_1+f_2+\cdots+f_n]{\prod_{i=1}^{n} x_i^{f_i}} \qquad (2\text{-}38)$$

数值平均数根据所提供资料的具体数值计算得到，与通常观念中的平均含义比较接近，但它有比较明显的缺陷：受极端值的影响，不能真实地反映该组资料的整体集中趋势。在这种情况下，一般可以考虑用位置平均数取代算术平均数来对数据的集中趋势进行描述。常用的位置平均数有中位数、众数和分位数。

中位数（median）是度量数据集中趋势的另一重要测度，它是一组数据按数值的大小从小到大排序后，处于中点位置上的变量值。通常用 M_e 表示。定义表明，中位数就是将某变量的全部数据均等地分为两半的那个变量值。其中，一半数值小于中位数，另一半数值大于中位数。中位数是一个位置代表值，因此它不受极端变量值的影响。

众数（mode）是一组数据中出现次数最多的那个变量值，通常用 M_0 表示。如果在一个总体中，各变量值均不同，或各个变量值出现的次数均相同，则没有众数。如果在一个总体中，有两个标志值出现的次数都最多，称为双众数。只有在总体单位比较多、变量值又有明显集中趋势的条件下确定的众数，才能代表总体的一般水平；在总体单位较少，或虽多但无明显集中趋势的条件下，众数的确定是没有意义的。

中位数从中间点将全部数据等分为两部分。与中位数类似的还有四分位数、八分位数、十分位数和百分位数等。它们分别是用 3 个点、7 个点、9 个点和 99 个点将数据四等分、八等分、十等分和一百等分后各分位点上的值。

算术平均数和中位数都是描述频数分布集中趋势比较常用的方法，从前面关于它们的特征与性质的讨论中可以知道，这些方法各有各的优缺点。就同样的资料，究竟是采用算术平均数，还是采用中位数来反映集中趋势，需要结合频数分布特征的不同来确定。

2. 数据分布的离散趋势测度

对于任意一组数据而言，根据其实际背景和已知条件，可以得到反映该组数据一般水平的平均数（集中趋势）。变量数列中各变量值之间存在差异，平均数将变量数列中各变量值的差异抽象化，是各个变量值共同的代表，反映的是这些变量值的一般水平，体现总体的集中趋势。变量离散趋势的度量将变量值的差异揭示出来，反映总体各变量值对其平

均数这个中心的离中趋势。离散指标与平均指标分别从不同的侧面反映总体的数量特征。只有把平均指标与离散指标结合起来运用，才能更深刻地揭示所研究现象的本质。

根据不同的度量方法，离散指标可分为极差、四分位差、平均差、方差与标准差，其中标准差的应用最广泛。下面分别介绍它们的含义、特点及计算方法。

极差（range）也叫全距，常用 R 表示，它是一组数据的最大值 $\max(x)$ 与最小值 $\min(x)$ 之差，即

$$R = \max(x_i) - \min(x_i) \tag{2-39}$$

极差表明数列中各变量值变动的范围。R 越大，表明数列中变量值变动的范围越大，即数列中各变量值差异越大；反之，R 越小，表明数列中变量值变动的范围越小，即数列中各变量值差异越小。极差计算简单，易于理解，是描述数据离散程度最简单的测度值，但它只是说明两个极端变量值的差异范围，其值的大小只受极端值的影响，因而它不能反映各单位变量值的变异程度。

四分位差（interquartile range）是度量离散趋势的另一种方法，也称为内距或四分位距，是第三四分位数（上四分位数 Q_3）与第一四分位数（下四分位数 Q_1）的差，也就是75%百分位数与25%百分位数间的差。它代表数据分布中间 50% 的距离，常用 IQ_R 表示，其计算公式为

$$\mathrm{IQ}_R = x_{Q_3} - x_{Q_1} \tag{2-40}$$

四分位差不受极值的影响，并且由于中位数处于数据的中间位置，四分位差的大小在一定程度上也说明了中位数对一组数据的代表程度。

平均差（mean deviation）是变量数列中各个变量值与算术平均数的绝对离差的平均数，常用 M_D 表示。各变量值与算术平均数的差异程度越大，平均差也越大，说明变量值变动越大，数列离散趋势越大；反之亦然。根据所给资料的形式不同，对平均差的计算可以划分为简单平均差和加权式平均差两种形式。

对未经分组的数据资料，采用简单平均差，公式如下：

$$M_D = \frac{\sum_{i=1}^{n} |x_i - \overline{x}|}{n} \tag{2-41}$$

根据分组整理的数据计算平均差，应采用加权式，公式如下：

$$M_D = \frac{\sum_{i=1}^{n} |x_i - \overline{x}| f_i}{\sum_{i=1}^{n} f_i} \tag{2-42}$$

在可比的情况下，一般平均差的数值越大，平均数的代表性越小，说明该组变量值分布越分散；反之，平均差的数值越小，平均数的代表性越大，说明该组变量值分布越集中。

平均差克服了极差、四分位差的不足，较综合、准确地反映了各标志值的离散趋势，但由于它以绝对离差的形式表现，不利于代数运算，在应用上有较大的局限性。

方差（variance）是变量数列中各变量值与其算术平均数差的平方的算术平均数，常用 s^2 表示。标准差（standard deviation）是方差的平方根，故又称均方差或均方差根的算

术平均数，常用字母 s 表示，其计量单位与平均数的计量单位相同。标准差和方差不仅反映了各个变量的差异和频数分布，而且利用算术平均数中的差异和频数分布 $\sum\limits_{i=1}^{n}(X_i - \overline{X})^2$ 为最小的数学性质，消除了离差的正号、负号，避免了平均差计算中取绝对值的问题，可以直接进行代数运算，增加指标的灵敏度和准确性。标准差和方差是测度离散趋势常用的指标。

根据给定资料的不同，对方差和标准差的计算也可以分为两种形式。

对未经分组的数据资料，采用简单式，公式如下。

样本方差的计算公式：

$$s^2 = \frac{\sum\limits_{i=1}^{n}(x_i - \overline{x})^2}{n-1} \tag{2-43}$$

标准差的计算公式：

$$s = \sqrt{\frac{\sum\limits_{i=1}^{n}(x_i - \overline{x})^2}{n-1}} \tag{2-44}$$

根据分组整理的数据计算标准差，应采用加权式，公式如下。

样本方差：

$$s^2 = \frac{\sum\limits_{i=1}^{n}(x_i - \overline{x})^2 f_i}{\sum\limits_{i=1}^{n} f_i - 1} \tag{2-45}$$

样本标准差：

$$s = \sqrt{s^2} \tag{2-46}$$

3. 数据分布的形状测度

集中趋势和离散趋势是数据分布的两个重要特征，但要全面了解数据分布的特点，还需要掌握数据分布的形状是否对称、偏斜的程度及扁平程度等。反映这些分布特征的测度值有两个：偏态和峰度。

偏态（skewness）是对分布偏斜方向和程度的测度，是次数分配的非对称程度。它与平均数和标准差一样，是反映次数分布特征的又一重要指标。在实际生活中，数据的次数分布的形状并非都是正态的，即次数分配并非都是完全对称的，而呈现出偏斜的分布状况，统计上将其称为偏态分布。实践中，有时两个数列的平均数和标准差都相同，而频数分布的形态不完全相同；有时两个数列的频数分布的形态完全相同，但平均数和标准差不同。因此研究测定数列的偏态方向和程度十分必要，尤其是对避免错误假定、正确地进行统计推断具有重要的意义。偏态通常分为两种：左偏（或负偏）和右偏（或正偏）。它们是以对称分布为标准相比较而言的。

峰度（kurtosis）是分布集中趋势高峰的形状，指次数分布曲线顶端的尖峭程度。在变量数列的分布特征中，常常将次数分布曲线与正态曲线相比较，判断是尖顶还是平顶以及尖顶或平顶的程度。峰度通常分为三种：正态峰度、尖顶峰度和平顶峰度。

三、推断性统计

（一）参数点估计

由于参数能够提供刻画总体性质的重要信息，当参数未知时，我们就要利用样本对参数进行估计，进而获得总体的信息。参数估计是推断性统计的重要内容之一，是在抽样及抽样分布的基础上，根据样本统计量来推断所关心的总体参数，从而达到认识总体的未知参数的目的。

在参数估计中，用来估计总体参数的样本统计量称为待估计参数的估计量，样本统计量的观察值为待估计参数的估计值。点估计就是用样本统计量的某个取值直接作为总体参数的估计值。如果已知总体 X 的分布形式，但是其中一个或多个参数未知，这种借助于总体 X 的一个样本来估计未知参数的数值，就被称为参数的点估计。

点估计的方法又包括矩估计法、极大似然估计法、顺序统计量法、最小二乘法及贝叶斯方法等。在这里只介绍矩估计法和极大似然估计法这两种常用的点估计方法。

1. 矩估计法

借助样本矩去估计总体的矩，从而得到总体相应的未知参数的估计值，这种估计方法被称为矩估计法。比如，用样本的一阶原点矩来估计总体的均值 μ，用样本的二阶中心矩来估计总体的方差 σ^2。

令 $\theta_1, \theta_2, \cdots, \theta_k$ 为总体 X 的 k 个未知参数，利用从该总体中抽取的样本 $X_1, X_2, \cdots, X_n$ 构造统计量（样本矩）$\hat{\theta} = \hat{\theta}(X_1, X_2, \cdots, X_n)$，令总体的均值等于样本的一阶原点矩，总体的方差等于样本的二阶中心矩，从而得到相应的方程组，用该方程组的解分别作为 $\theta_1, \theta_2, \cdots, \theta_k$ 的估计量，称为矩估计量。

矩估计是由大数定律得来的，即样本经验分布函数依概率收敛于总体分布函数，是一种替换的思想，简单易行，但是它最大的缺点是矩估计量有可能不唯一，如泊松分布中期望和方差均等于 λ，因此 λ 的矩估计量可以取 $\bar{X}$ 或 $\frac{1}{n}\sum_{i=1}^{n}(X_i - \bar{X})^2$。矩估计没有充分利用总体分布的信息。

2. 极大似然估计法

令 $X_1, X_2, \cdots, X_n$ 为从某一总体中抽出的一个随机样本，$x_1, x_2, \cdots, x_n$ 是对应的样本值，θ 为总体的未知参数。当总体的分布函数已知时，我们可以得到样本 $X_1, X_2, \cdots, X_n$ 取到样本值 $x_1, x_2, \cdots, x_n$ 的概率，即样本的联合密度函数为

$$L(\theta) = L(x_1, x_2, \cdots, x_n; \theta) \tag{2-47}$$

把式（2-47）称为参数 θ 的似然函数。极大似然估计法的基本思想是：在一切可能取

值中选取使得似然函数 $L(\theta)$ 最大化的 $\hat{\theta}$ 作为未知参数 θ 的估计值，即得到参数的估计值 $\hat{\theta}$，使得

$$L(\hat{\theta}) = \max_{\theta} L\left(x_1, x_2, \cdots, x_n; \theta\right) \tag{2-48}$$

$\hat{\theta} = \theta(x_1, x_2, \cdots, x_n)$ 被称为 θ 的极大似然估计值，$\hat{\theta}(X_1, X_2, \cdots, X_n)$ 被称为 θ 的极大似然估计量。如果 $L(\theta)$ 是可微的，$\hat{\theta}$ 可从对似然函数求微分得到的式（2-49）解得。

$$\frac{\mathrm{d}}{\mathrm{d}\theta} L(\theta) = 0 \tag{2-49}$$

一般地，利用极大似然估计法进行参数的点估计，步骤如下。

（1）由总体概率密度 $f(x, \theta)$ 写出样本的似然函数。

（2）建立似然方程。

（3）求解似然方程。

令 $\hat{\theta}_1$ 和 $\hat{\theta}_2$ 是总体未知参数 θ 的两个无偏估计量，有效性是指在样本容量 n 相同的情况下，$\hat{\theta}_1$ 对应的观测值较 $\hat{\theta}_2$ 对应的观测值更为集中于 θ 的真值附近，即

$$D(\hat{\theta}_1) < D(\hat{\theta}_2) \tag{2-50}$$

则称 $\hat{\theta}_1$ 是较 $\hat{\theta}_2$ 有效的估计量。

参数点估计的无偏性与有效性都是在样本容量 n 固定的前提下提出的，一致性是指当样本容量增大，即当 n 趋近于无穷大时，要求 $\hat{\theta}$ 依概率收敛于 θ，即

$$\lim_{n \to \infty} P\left(|\hat{\theta} - \theta| < \varepsilon\right) = 1 \quad （\varepsilon \text{ 为任意小的正数}） \tag{2-51}$$

则称 $\hat{\theta}$ 为 θ 的一致估计量。也就是说，当样本容量 n 越来越大时，估计量 $\hat{\theta}$ 接近参数 θ 的真值的概率也越来越大。不过，估计量的一致性只有当样本容量 n 相当大时才能够显示出来，这在实际中往往不会出现，因此在实际应用中我们往往只使用无偏性和有效性这两个评价准则。

（二）区间估计

区间估计（interval estimate）是在点估计的基础上根据给定的置信度估计总体参数取值范围的方法。由样本均值的抽样分布可知，在重复抽样或无限总体抽样的条件下，样本均值的数学期望等于总体均值，即 $E(\bar{x}) = \mu$，样本均值的标准差为 $\sigma_{\bar{x}} = \dfrac{\sigma}{\sqrt{n}}$，由此可知，样本均值 $\bar{x}$ 落在总体均值 μ 的两侧各为一个抽样标准差范围内的概率为 0.6827；落在两个抽样标准差范围内的概率为 0.9545；落在三个抽样标准差范围内的概率为 0.9973 等。

理论上，可以求出样本均值 $\bar{x}$ 落在总体均值 μ 的两侧任何一个抽样标准差范围内的概率，但这与实际应用时的情况恰好相反。实际估计中，$\bar{x}$ 是已知的，而总体均值 μ 是未知的，也正是我们要估计的。由于 μ 与 $\bar{x}$ 的距离是对称的，如果某个样本的平均值落在 μ 的两个标准差范围之内，那么 μ 也被包括在以 $\bar{x}$ 为中心左右两个标准差的范围之内。因此约有 95% 的样本均值会落在 μ 的两个标准差的范围内。

在区间估计中，由样本统计量所构成的总体参数的估计区间称为置信区间（confidence

interval），区间的最小值称为置信下限，最大值称为置信上限。一般地，将构造置信区间的步骤重复很多次，置信区间包含总体参数真值的次数所占的比例称为置信水平（confidence level）。比如，抽取 10 个样本，根据每个样本构造一个置信区间，那么，如果这 100 个样本构造的总体参数的 10 个置信区间中，有 95%的区间包含了总体参数的真值，而 5%没有包含，那么置信水平就是 95%。

在实际估计中，通常根据研究问题的具体条件采用不同的处理方法。本部分主要讨论方差已知条件下或大样本下单一总体均值的区间估计、方差未知且小样本条件下单一总体均值的区间估计以及两个正态总体均值之差的区间估计等。

1. 单一总体均值的区间估计（方差已知或大样本）

当总体服从正态分布且总体方差 σ^2 已知时，样本均值 $\bar{x}$ 的抽样分布均为正态分布，样本均值的数学期望为总体均值 μ，方差为 $\dfrac{\sigma^2}{n}$。在重复抽样的情况下，总体均值 μ 在 $1-\alpha$ 置信水平下的置信区间为

$$\bar{x} \pm z_{\frac{\alpha}{2}} \frac{\sigma}{\sqrt{n}} \tag{2-52}$$

式中，$\bar{x} - z_{\frac{\alpha}{2}} \dfrac{\sigma}{\sqrt{n}}$ 为置信下限；$\bar{x} + z_{\frac{\alpha}{2}} \dfrac{\sigma}{\sqrt{n}}$ 为置信上限；α 为事先确定的一个概率值，它是总体均值不包括在置信区间内的概率；$z_{\frac{\alpha}{2}}$ 为标准正态分布上侧面积为 $\dfrac{\alpha}{2}$ 时的 z 值；$z_{\frac{\alpha}{2}} \dfrac{\sigma}{\sqrt{n}}$ 为估计总体均值的边际误差，也称为估计误差。

依据中心极限定理可知，只要进行大样本抽样（$n > 30$），无论总体是否服从正态分布，样本均值 $\bar{x}$ 的抽样分布均为正态分布。当总体方差 σ^2 未知时，只要在大样本条件下，就可以用样本方差 s^2 代替总体方差 σ^2，这时无论总体是否服从正态分布，总体均值 μ 在置信水平 $1-\alpha$ 下的置信区间为

$$\bar{x} \pm z_{\frac{\alpha}{2}} \frac{s}{\sqrt{n}} \tag{2-53}$$

2. 单一总体均值的区间估计（小样本且方差未知）

在实际统计应用中，由于受到客观条件的限制，利用小样本对总体均值进行估计的情况较为常见。如果总体服从正态分布，无论样本量如何，样本均值 $\bar{x}$ 的抽样分布均服从正态分布。这时，如果总体方差 σ^2 已知，即使是在小样本的情况下，也可以按式（2-52）建立总体均值的置信区间；如果总体方差 σ^2 未知，而且是在小样本的情况下，则需要用样本方差 s^2 代替 σ^2，这时应采用 t 分布来建立总体均值 μ 在 $1-\alpha$ 置信水平下的置信区间

$$\bar{x} \pm t_{\frac{\alpha}{2}} \frac{s}{\sqrt{n}} \tag{2-54}$$

式中，$t_{\frac{\alpha}{2}}$ 为自由度为 $n-1$ 时，t 分布中上侧面积为 $\dfrac{\alpha}{2}$ 的 t 值。

3. 两个正态总体均值之差的区间估计

在实际应用中，经常需要对两个不同总体的均值进行比较。例如，比较两种产品的平均寿命的差异、比较两种药品的平均疗效的差异等。

1）独立样本

如果两个样本是从两个总体中独立地抽取的，即一个样本中的元素与另一个样本中的元素相互独立，则称为独立样本（independent sample）。

如果两个总体都为正态分布，或者两个总体不服从正态分布但两个样本容量都较大（$n_1 \geqslant 30$且$n_2 \geqslant 30$）时，根据抽样分布的内容可知，两个样本均值之差($\bar{x}_1 - \bar{x}_2$)的抽样分布服从期望为$\mu_1 - \mu_2$、方差为$\dfrac{\sigma_1^2}{n_1} + \dfrac{\sigma_2^2}{n_2}$的正态分布。

在两个总体的方差σ_1^2和σ_2^2都已知的情况下，两个总体均值之差($\mu_1 - \mu_2$)在$1-\alpha$置信水平下的置信区间为

$$(\bar{x}_1 - \bar{x}_2) \pm z_{\frac{\alpha}{2}} \sqrt{\frac{\sigma_1^2}{n_1} + \frac{\sigma_2^2}{n_2}} \tag{2-55}$$

在两个总体的方差σ_1^2和σ_2^2都未知的情况下，可用两个样本的方差s_1^2和s_2^2来替代。这时两个总体均值之差($\mu_1 - \mu_2$)在$1-\alpha$置信水平下的置信区间为

$$(\bar{x}_1 - \bar{x}_2) \pm z_{\frac{\alpha}{2}} \sqrt{\frac{s_1^2}{n_1} + \frac{s_2^2}{n_2}} \tag{2-56}$$

在两个样本均为小样本的情况下，为了估计两个总体均值之差，需要做出如下假设：两个总体都服从正态分布；两个随机样本独立地分别抽取自两个总体。此时，无论样本容量大小，两个样本均值之差均服从正态分布。具体情况包括以下几个方面。

当σ_1^2和σ_2^2已知时，可以采用式（2-55）建立两个总体均值之差的置信区间。

当两个总体的方差σ_1^2和σ_2^2未知，但$\sigma_1^2 = \sigma_2^2$时，需要用两个样本的方差s_1^2和s_2^2来估计，需要计算总体方差的合并估计量s_p^2，计算公式为

$$s_p^2 = \frac{(n_1 - 1)s_1^2 + (n_2 - 1)s_2^2}{n_1 + n_2 - 2} \tag{2-57}$$

这时，两个样本均值之差经标准化后服从自由度为$n_1 + n_2 - 2$的t分布，两个总体均值之差($\mu_1 - \mu_2$)在$1-\alpha$置信水平下的置信区间为

$$(\bar{x}_1 - \bar{x}_2) \pm t_{\frac{\alpha}{2}}(n_1 + n_2 - 2) \sqrt{s_p^2 \left(\frac{1}{n_1} + \frac{1}{n_2} \right)} \tag{2-58}$$

当两个总体的方差σ_1^2和σ_2^2未知，且$\sigma_1^2 \neq \sigma_2^2$时，如果两个总体都服从正态分布且两个样本的容量相等，即$n_1 = n_2$，则可以采用式（2-59）建立两个总体均值之差在$1-\alpha$置信水平下的置信区间。

$$(\bar{x}_1 - \bar{x}_2) \pm t_{\frac{\alpha}{2}}(n_1 + n_2 - 2) \sqrt{\frac{s_1^2}{n_1} + \frac{s_2^2}{n_2}} \tag{2-59}$$

当两个总体的方差 σ_1^2 和 σ_2^2 未知，且 $\sigma_1^2 \neq \sigma_2^2$ 时，如果两个样本的容量也不相等，即 $n_1 \neq n_2$，两个样本均值之差经标准化后不再服从自由度为 $n_1 + n_2 - 2$ 的 t 分布，而是近似

服从自由度为 $\delta = \left(\dfrac{s_1^2}{n_1} + \dfrac{s_2^2}{n_2} \right)^2 \Bigg/ \left[\dfrac{\left(\dfrac{s_1^2}{n_1} \right)^2}{n_1 - 1} + \dfrac{\left(\dfrac{s_2^2}{n_2} \right)^2}{n_2 - 1} \right]$ 的 t 分布，则两个总体均值之差在 $1 - \alpha$ 置

信水平下的置信区间为

$$\left(\bar{x}_1 - \bar{x}_2 \right) \pm t_{\frac{\alpha}{2}}(\delta) \sqrt{\frac{s_1^2}{n_1} + \frac{s_2^2}{n_2}} \tag{2-60}$$

2）配对样本

以上对两个总体均值之差进行置信区间估计的讨论中，我们假设样本是独立的，但是在一些情况下需要采用存在相依关系的配对样本进行分析。配对样本（paired sample）即一个样本中的数据与另一个样本中的数据相对应。使用配对样本进行估计时，在大样本条件下，两个总体均值之差 $(\mu_1 - \mu_2)$ 在 $1 - \alpha$ 置信水平下的置信区间为

$$\bar{d} \pm z_{\frac{\alpha}{2}} \frac{\sigma_d}{\sqrt{n}} \tag{2-61}$$

式中，$\bar{d}$ 为各差值的均值；σ_d 为各差值的标准差，当总体标准差未知时，可以用样本差值的标准差 s_d 替代。

在小样本条件下，假定两个总体均服从正态分布，两个总体的差值也服从正态分布，则两个总体均值之差 $(\mu_1 - \mu_2)$ 在 $1 - \alpha$ 置信水平下的置信区间为

$$\bar{d} \pm t_{\frac{\alpha}{2}}(n - 1) \frac{s_d}{\sqrt{n}} \tag{2-62}$$

4. 总体比例的区间估计

在统计推断中，常常需要推断总体中具有某种特征的单位在总体中所占的百分比，这种随机变量与二项分布有密切关系。当样本容量很大时，通常要求 $np \geqslant 5$ 和 $n(1 - p) \geqslant 5$，样本比例 p 的抽样分布可以用正态分布近似。p 的数学期望等于总体比例 π，即 $E(p) = \pi$，p 的方差为 $\sigma_p^2 = \dfrac{\pi(1 - \pi)}{n}$。样本比例经标准化后的随机变量服从标准正态分布，即

$$Z = \frac{p - \pi}{\sqrt{\pi(1 - \pi) / n}} \sim N(0, 1) \tag{2-63}$$

则总体比例 π 在 $1 - \alpha$ 置信水平下的置信区间为

$$p \pm z_{\frac{\alpha}{2}} \sqrt{\frac{\pi(1 - \pi)}{n}} \tag{2-64}$$

在实际应用中，有时需要利用样本比例 p 来估计总体比例 π。在大样本的情况下，可以用样本比例 p 来代替 π，这时总体比例 π 在 $1 - \alpha$ 置信水平下的置信区间为

$$p \pm z_{\frac{\alpha}{2}} \sqrt{\frac{p(1-p)}{n}} \tag{2-65}$$

当两个样本容量足够大时，从两个二项总体中抽出两个独立的样本，则两个样本比例之差的抽样分布服从正态分布；两个样本的比例之差经标准化后服从标准正态分布，即

$$Z = \frac{(p_1 - p_2) - (\pi_1 - \pi_2)}{\sqrt{\dfrac{\pi_1(1-\pi_1)}{n_1} + \dfrac{\pi_2(1-\pi_2)}{n_2}}} \sim N(0,1) \tag{2-66}$$

在对总体参数估计时，两个总体比例 π_1 和 π_2 通常是未知的，可以用样本比例 p_1 和 p_2 来代替。这时，两个总体比例之差($\pi_1 - \pi_2$)在 $1-\alpha$ 置信水平下的置信区间为

$$(p_1 - p_2) \pm z_{\frac{\alpha}{2}} \sqrt{\frac{p_1(1-p_1)}{n_1} + \frac{p_2(1-p_2)}{n_2}} \tag{2-67}$$

5. 总体方差的区间估计

在统计应用中，有时不仅需要估计正态总体的均值、比例，而且需要估计正态总体的方差。例如，在房地产价格的区间估计中，方差可以反映房价的稳定性，方差大，说明房价的波动大；方差小，说明房价比较稳定。

由抽样分布的知识可知 $\dfrac{(n-1)s^2}{\sigma^2} \sim \chi^2(n-1)$，因此我们用 χ^2 分布构造总体方差的置信区间。

建立总体方差 σ^2 的置信区间，就是要找到一个 χ^2 值，满足 $\chi^2_{1-\frac{\alpha}{2}} \leqslant \chi^2 \leqslant \chi^2_{\frac{\alpha}{2}}$，且 $\dfrac{(n-1)s^2}{\sigma^2} \sim \chi^2(n-1)$，于是得到 $\chi^2_{1-\frac{\alpha}{2}} \leqslant \dfrac{(n-1)s^2}{\sigma^2} \leqslant \chi^2_{\frac{\alpha}{2}}$。

根据上式得到总体方差 σ^2 在 $1-\alpha$ 置信水平下的置信区间为

$$\frac{(n-1)s^2}{\chi^2_{\frac{\alpha}{2}}} \leqslant \sigma^2 \leqslant \frac{(n-1)s^2}{\chi^2_{1-\frac{\alpha}{2}}} \tag{2-68}$$

6. 样本容量的确定

样本容量是指抽取的样本中包含的单位数目，通常用 n 表示。在进行参数估计之前，首先应该确定一个适当的样本容量。在进行抽样调查时，如果样本容量很小，抽样误差就会较大，抽样推断就会失去意义；如果样本容量很大，就会增加调查的费用和工作量。因此，样本容量的确定是抽样设计中的一个重要环节。样本容量的确定方法，通常是根据所研究的具体问题，首先确定估计的置信度和允许的误差范围，其次结合经验值或抽样数据估计总体的方差，最后通过抽样允许的误差范围计算公式推算所需的样本容量。

根据上文所述的总体均值区间估计的知识，假定 E 是在一定置信水平下允许的误差范围，$E = z_{\frac{\alpha}{2}} \dfrac{\sigma}{\sqrt{n}}$。

由此可以推导出确定样本容量的计算公式，如下所示：

$$n = \frac{z_{\frac{\alpha}{2}}^2 \sigma^2}{E^2} \qquad (2-69)$$

$z_{\frac{\alpha}{2}}$ 的值可以直接由置信水平确定。在实际应用中，总体方差 σ^2 通常未知，需要对 σ^2 进行估计，一般采用以前相同或类似的样本的方差 s^2 来代替。从式（2-69）可以看出，在其他条件不变的情况下，置信水平越大、总体方差越大、允许的误差范围越小，所需的样本容量 n 就越大。

与估计总体均值时样本容量的确定方法类似，根据比例的允许误差计算式 $E = z_{\frac{\alpha}{2}}\sqrt{\dfrac{\pi(1-\pi)}{n}}$，可以推导出确定样本容量的计算公式如下：

$$n = \frac{z_{\frac{\alpha}{2}}\pi(1-\pi)}{E^2} \qquad (2-70)$$

式中，允许误差 E 的值是事先确定的；$z_{\frac{\alpha}{2}}$ 的值可以直接由置信水平确定。

在实际应用中，总体比例 π 通常未知（总体方差 $\sigma^2 = \pi(1-\pi)$），可以采用以前相同或类似的样本比例 π 来代替；通常取其最大值 $\pi = 0.5$ 来推断。

在估计两个总体均值之差时，样本容量的确定方法与上述类似。在给定允许误差 E 和置信水平 $1-\alpha$ 的条件下，估计两个总体均值之差所需的样本容量为

$$n_1 = n_2 = \frac{z_{\frac{\alpha}{2}}^2\left(\sigma_1^2 + \sigma_2^2\right)}{E^2} \qquad (2-71)$$

式中，n_1 和 n_2 为来自两个总体的样本容量；σ_1^2 和 σ_2^2 为两个总体的方差。

估计两个总体均值之比所需的样本容量为

$$n_1 = n_2 = \frac{z_{\frac{\alpha}{2}}^2\left[\pi_1(1-\pi_1) + \pi_2(1-\pi_2)\right]}{E^2} \qquad (2-72)$$

式中，n_1 和 n_2 为来自两个总体的样本容量；π_1 和 π_2 为两个总体的比例。

（三）假设检验

假设检验（hypothesis testing）和参数估计（parameter estimation）是统计推断的两个组成部分，它们都是利用样本对总体进行某种推断，只是推断的方向不同。参数估计是用样本统计量估计总体参数的方法，总体参数 μ 在估计之前是未知的。在假设检验中，是先对 μ 的值提出一个假设，然后利用样本信息去检验这个假设是否成立。

本部分主要介绍利用样本信息，对假设成立与否做出判断的原理和方法。

假设检验也称为显著性检验，是事先做出一个关于总体参数的假设，然后利用样本信息来判断原假设是否合理，即判断样本信息与原假设是否有显著差异，从而决定应接受或

否定原假设的统计推断方法。对总体做出的统计假设进行检验的方法依据是概率论中的"在一次试验中,小概率事件几乎不发生"的原理,即概率很小的事件在一次试验中可以把它看成是不可能发生的。假设检验实际上是建立在"在一次试验中,小概率事件几乎不发生"原理之上的反证法,其基本思想是:首先根据问题的题意做出原假设 H_0;其次在原假设 H_0 成立的前提下,寻找与问题有关的小概率事件 A,并进行一次试验;最后观察试验结果,看事件 A 是否发生,如果发生了,与"在一次试验中,小概率事件几乎不发生"原理矛盾,从而推翻原假设 H_0,否则不能拒绝原假设 H_0。

一个完整的假设检验过程,通常包括以下五个步骤。

第一步,根据问题要求提出原假设 H_0 和备择假设 H_1。统计学对每个假设检验问题,一般同时提出两个相反的假设,即原假设和备择假设。通常将研究者想收集数据予以反对的假设选作原假设,或称零假设,用 H_0 表示。与原假设对立的假设是备择假设,通常将研究者想收集数据予以支持的假设选为备择假设,用 H_1 表示。

在假设检验中,有些情况下,我们关心的假设问题带有方向性。在实际工作中,通常需要对新工艺进行试验,以达到提高产品质量、降低成本、提高生产率的目的,在这些过程中,我们往往关心产品的某个性能指标与原先相比是否有显著的提高或降低,这就给我们提出了单侧假设检验题,这种具有方向性的假设检验称为单侧假设检验。根据实际工作的关注点不同,单侧假设检验问题可以有不同的方向。一般地,称对假设 $H_0: \mu \geqslant \mu_0$(μ_0 为假设的参数的具体数值)的检验为左侧检验;称对假设 $H_0: \mu \leqslant \mu_0$ 的检验为右侧检验。

第二步,确定适当的检验统计量及相应的抽样分布。在假设检验中,和在参数估计中一样,需要借助样本统计量进行统计推断。用于假设检验问题的统计量称为检验统计量。不同的假设检验问题需要选择不同的检验统计量。在具体问题中,选择什么统计量,需要考虑的因素有:总体方差已知还是未知,用于进行检验的样本是大样本还是小样本等。

第三步,选取显著性水平 α,确定原假设 H_0 的接受域和拒绝域。假设检验是围绕对原假设内容的审定而展开的。当原假设正确我们接受它,或原假设错误我们拒绝它时,表明做出了正确的决定,但是,由于假设检验是根据样本提供的信息进行推断的,也就有了犯错误的可能。显著性水平(significant level)表示原假设 H_0 为真时拒绝 H_0 的概率,即拒绝原假设所冒的风险,用 α 表示。这个概率是由人们确定的,通常取 $\alpha = 0.05$ 和 $\alpha = 0.01$,这表明,当做出拒绝原假设的决定时,犯错误的概率为5%或1%。

在实际应用中,一般是先给定了显著性水平 α,这样就可以由有关的概率分布表查到临界值(critical value)z_α(或 $z_{\frac{\alpha}{2}}$),从而确定 H_0 的接受域和拒绝域。对于不同形式的假设,H_0 的接受域和拒绝域也有所不同。

第四步,计算检验统计量的值。在提出原假设 H_0 和备择假设 H_1,确定了检验统计量,给定了显著性水平 α 以后,接下来就要根据样本数据计算检验统计量的值。

第五步,做出统计决策。根据样本信息计算出统计量 Z 的具体值,将它与临界值 z_α 相比较,就可以做出接受原假设或拒绝原假设的统计决策。

对于原假设提出的命题，我们需要做出接受或者拒绝 H_0 的判断。这种判断是基于样本信息而进行的。由于样本的随机性，假设检验有可能出现两类错误。第一类错误是原假设 H_0 为真，但是由于样本的随机性，样本统计量落入了拒绝域，由此做出拒绝原假设的判断。这类错误也称为弃真错误，犯这类错误的概率用 α 表示，所以也称为 α 错误（α error）。它实质上就是前面提到的显著性水平 α，即 $P(拒绝H_0 \mid H_0 为真) = \alpha$。第二类错误是原假设 H_0 不为真，但是由于样本的随机性，样本统计量落入了接受域，由此做出不能拒绝原假设的判断，也称为取伪错误。犯这类错误的概率用 β 表示，即 $P(接受H_0 \mid H_0 不为真) = \beta$，所以该类错误也称为 β 错误（β error）。

假设检验中，原假设 H_0 可能为真也可能不为真，我们的判断有拒绝和接受两种。因此，检验结果共有四种可能的情况：原假设 H_0 为真，我们却将其拒绝，犯这种错误的概率用 α 表示；原假设 H_0 为真，我们接受 H_0，则表明做出了正确判断，其概率为 $1 - \alpha$；原假设 H_0 不为真，我们却接受 H_0，犯这种错误的概率用 β 表示；原假设 H_0 不为真，我们做出拒绝 H_0 的正确判断，其概率为 $1 - \beta$。

上述五个步骤中，选择合适的假设是前提，而构造合适的统计量是关键。值得注意的是，做假设检验用的统计量与参数估计用的随机变量在形式上是一致的，每一个区间估计法都对应一个假设检验法。

第三节　商务数据分析的机器学习基础

一、机器学习概述

（一）人工智能与机器学习的起源

机器学习来源于早期的人工智能领域，是一种实现人工智能的方法。一般认为，人工智能学科起源于 1956 年在达特茅斯学院召开的夏季研讨会，参与者包括麦卡锡、明斯基、塞弗里奇、香农、纽厄尔和西蒙等人工智能先驱。在达特茅斯会议召开之前，图灵 1950 年在英国哲学杂志《心》（Mind）上发表题为"计算机与智能"的文章，并在文中提出"模仿游戏"，被后人称为"图灵测试"。在达特茅斯会议之后，人工智能迎来了第一个发展黄金阶段，该阶段的人工智能主要以自然语言、自动定理证明等研究为主，用来解决代数、几何和语言等问题，并出现了问答系统和搜索推理等标志性研究成果。到了 20 世纪 70 年代中期，由于计算机性能不足、数据量严重缺失以及问题的复杂性，很多人工智能研究成果无法解决大量复杂的问题，人工智能的项目经费也因此被大幅缩减，人工智能遭遇了第一次寒冬。到了 20 世纪 80 年代初期，专家系统逐渐成为人工智能研究的热点，它能够使用逻辑规则来进行问答或解决特定领域知识的问题。专家系统时代最成功的案例是美国数字设备公司（Digital Equipment Corporation，DEC）在 1980 年推出的 XCON，在其投入使用的六年里，一共处理了八万个订单。由于专家系统的出现，人工智能终于有了成熟的商业应用。在 1987～1993 年，第五代计算机研发失败，超过 3000 家人工智能企业由于运算成本高昂而倒闭，其中以 XCON 为代表的专家系统因无法自我学习及更新知识库和算法，维护成本越来越高，许多企业开始放弃使用专家系统，人工智能遭遇了第二次寒冬。

从 20 世纪 90 年代中期开始，随着计算机的算力不断提升，以及机器学习尤其是神经网络的逐步发展，人工智能进入了平稳发展阶段。1997 年 5 月 11 日，IBM 的"深蓝"系统战胜了国际象棋世界冠军卡斯帕罗夫，成为人工智能发展的一个重要里程碑。2006 年，Hinton（辛顿）在深度学习领域取得突破，人工智能迎来了爆发期。2011 年以来，随着 IBM 的人工智能程序"Watson"在一档智力问答节目中战胜了两位人类冠军，人工智能进入蓬勃发展期。2013 年，深度学习算法在语音和视觉识别上有重大突破，识别率超过 99%和 95%。2016 年，谷歌 DeepMind 团队的 AlphaGo 战胜围棋冠军，它的第四代版本 AlphaGo Zero 更是远超人类高手。

（二）机器学习的特点

机器学习是人工智能领域的重要分支，也是实现人工智能的一种手段。机器学习的主要特点是：机器学习是一门涉及多个领域的交叉学科，包括概率论、统计学、逼近论、凸分析、算法复杂度理论等多门学科；机器学习能够使计算机系统利用经验改善性能；机器学习以数据为基础，以模型为中心，通过数据来构建模型并应用模型对数据进行预测和分析。

（三）机器学习的定义

Leslie Valiant（莱斯利·瓦利安特）认为一个用于执行某项任务的程序如果能够不通过显式编程（explicit programming）获得，那么这个过程就是"学习"。例如，一个银行每天能够收到几千个信用卡的申请，它想通过一个自动的程序来评估这些申请，而这个银行虽然有大量的数据但并没有一个显式的公式或规则来评估信用卡是否应该被批准，那么这个自动评估程序就需要从数据中"学习"得到。机器学习则致力于研究如何通过计算方法，利用经验来改善系统自身的性能，从而在计算机上从历史数据中产生"模型"，并对新数据做出准确预测。Tom Mitchell（汤姆·米切尔）对机器学习给出以下定义。

定义 2.1　机器学习：假设用 P 来评估计算机程序在某任务类 T 上的性能，若一个程序通过利用经验 E 在 T 任务上获得了性能改善，则我们就说关于 T 和 P，该程序对 E 进行了学习。

机器学习的基本框架可用图 2-2 描述（以监督学习为例）。对于输入空间 $\mathcal{X}$（如用于信用卡申请评估的所有用户信息），假定存在一个机器学习任务 $t:\mathcal{X} \to \mathcal{Y}$（一个能够准确判断是否应该通过信用卡申请的理想函数），其中 $\mathcal{Y}$ 为输出空间（通过或不通过信用卡申请）。给定不同样本组成的训练集 D，每个样本 $(\boldsymbol{x}_i, y_i)$ 由特征向量 $\boldsymbol{x}_i$ 和对应的标签 y_i 组成。我们可以通过策略和算法从训练集 D 中学习模型 $h:\mathcal{X} \to \mathcal{Y}$ 来逼近任务 t，并利用学到的模型 h 对新的特征向量 $\boldsymbol{x}_{\text{new}}$ 进行预测，得到预测标签 $\hat{y}$。

大部分机器学习可由任务、数据、模型、策略和算法五个要素组成。

（1）任务是机器学习需要解决的问题。常见的机器学习任务有分类、回归、聚类等。例如，一个分类任务 $t:\mathcal{X} \to \mathcal{Y}$。

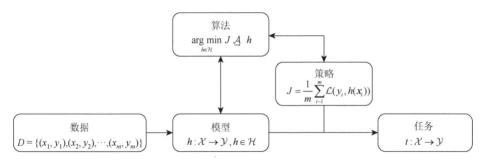

图 2-2　机器学习的基本框架

（2）数据是由不同"示例"（instance）或"样本"（sample）组成的集合。一般地，令 $D = \{(\boldsymbol{x}_1, y_1), (\boldsymbol{x}_2, y_2), \cdots, (\boldsymbol{x}_m, y_m)\}$ 表示包含 m 个样本的数据集，每个样本的输入变量 $\boldsymbol{x}_i \in \mathbb{R}^n$ 由 n 个属性描述，属性也称为特征（feature），这样的 n 维特征组成的空间称为输入空间；每个样本的输出变量 y_i 代表样本的真实标签，可以是离散值或连续值。

（3）模型是从数据集 D 中学习到的某种潜在规律，也被称为"假设"（hypothesis）。模型可以表示为一个从输入空间映射到输出空间的函数，即 $h: \mathcal{X} \rightarrow \mathcal{Y}$，所有可能的函数 h 组成的集合为假设空间 $\mathcal{H}$，即 $h \in \mathcal{H}$。

（4）策略是从假设空间选取最优模型的准则，它能够度量模型预测标签 $\hat{y}_i = h_\theta(\boldsymbol{x}_i)$ 和真实标签 y_i 之间的差异或损失。损失函数是 $\hat{y}_i$ 和 y_i 的非负值函数，记作 $\mathcal{L}(y_i, \hat{y}_i)$，常见的损失函数包括 0-1 损失 $\mathcal{L}(y_i, \hat{y}_i) = \mathbb{I}(y_i \neq \hat{y}_i)$ 和平方损失 $\mathcal{L}(y_i, \hat{y}_i) = (y_i - \hat{y}_i)^2$ 等。在假设空间、损失函数和数据集确定的情况下，机器学习的策略可表示为

$$J = \frac{1}{m} \sum_{i=1}^{m} \mathcal{L}(y_i, h(\boldsymbol{x}_i)) \tag{2-73}$$

（5）算法 $\mathcal{A}$ 是从假设空间里选取最优模型的计算方法。机器学习的算法涉及求解最优化问题，若最优化问题没有显式的解析解，则需要数值计算的方法进行求解，常用方法包括梯度下降法和随机梯度下降法等。

（四）归纳偏好

在现实问题中，我们经常面临很大的假设空间，而数据集中的样本通常是有限的。因此，有可能存在多种模型都能拟合数据集的情况，即存在一个与数据集一致的假设空间，称为"版本空间"。机器学习在学习过程中对某种模型的偏好，称为"归纳偏好"，然而，机器学习中没有一个普适的模型能够解决所有的学习问题，这也被称为"没有免费的午餐"定理。"奥卡姆剃刀"是一种常用的从版本空间中选取模型的方法，即在同样的条件下，应该优先选择较为简单的模型。

二、机器学习的分类

根据数据集中包含标签的情况，机器学习大致可以分为监督学习、无监督学习和半监督学习。

（一）监督学习

监督学习又被称为有教师学习，"教师"就是指数据集 D 中的每个样本都能提供对应的真实标签，而监督学习就是在真实标签的指导下进行学习。根据标签属性的不同，监督学习可以分为分类和回归两类问题，前者的标签为离散值，而后者的标签为连续值。分类问题的目标是学习一个从输入 x 映射到输出 y 的分类模型，其中 $y \in \{c_1, c_2, \cdots, c_G\}$ 包含 G 类离散的标签。如果 $G = 2$，这种分类问题称为"二分类问题"；如果 $G > 2$，则称为"多分类问题"。现实世界中常见的分类问题包括医疗影像诊断、文档分类和图像分类等。与分类问题不同的是，回归问题的标签是连续值 $y \in \mathbb{R}$。现实世界中有许多回归问题，如根据当前股市情况预测明天的股价、根据产品信息预测产品销量等。

（二）无监督学习

在无监督学习中，数据集中只有输入数据而没有标签，无监督学习的目标是通过对这些无标签样本的学习来揭示数据的内在特性及规律。因此，无监督学习是没有经验知识的学习，有时也被称为"知识发现"。聚类分析是无监督学习的代表，它能够根据数据的特点将数据划分成多个没有交集的子集，每个子集被称为簇，簇可能对应一些潜在的概念，但需要人为总结和定义。例如，对用户进行精准营销前需要对用户进行细分，就可以通过聚类分析实现。

（三）半监督学习

在许多现实问题中，对样本进行打标签的成本有时很高，因而只能获得少量带有标签的样本。在这种情况下，半监督学习可以让模型不依赖人工，自动地利用未标记样本来提升学习性能，从而充分利用有标签和无标签的样本。例如，在生物学领域，对某种蛋白的结构或功能标记需要花费生物学家多年的功夫，而大量的未标记样本很容易得到，半监督学习就提供了一条利用这些未标记样本的途径。

三、模型评估与选择

（一）训练误差与测试误差

机器学习中的数据集 D 可以进一步分为训练集 S 和测试集 T，训练集和测试集是从原始数据集中独立同分布采样得到的两个互斥集合。模型能够通过在已知标签的训练集上训练得到，并能够在未知标签的测试集上进行预测，因此模型在这两类数据集上产生了两类误差：训练误差与测试误差。

假设训练集 S 中有 m_S 个样本，训练误差就是模型 h 在训练集上的平均损失：

$$e_{\text{train}} = \frac{1}{m_S} \sum_{i=1}^{m_S} \mathcal{L}\left(y_i, h(\boldsymbol{x}_i)\right), \quad (\boldsymbol{x}_i, y_i) \in S \tag{2-74}$$

假设测试集 T 中有 m_T 个样本，训练误差就是模型 h 在测试集上的平均损失：

$$e_{\text{test}} = \frac{1}{m_T} \sum_{i=1}^{m_T} \mathcal{L}\left(y_i, h(\boldsymbol{x}_i)\right), \quad (\boldsymbol{x}_i, y_i) \in T \tag{2-75}$$

（二）模型评估方法

为了通过实验来对模型的泛化能力进行评估并选择泛化能力强的模型，需要使用测试集来评估模型的泛化能力，并且将测试误差作为泛化误差的近似。根据从原始数据集 D 中划分训练集 S 和测试集 T 的方式的不同，模型评估方法主要有留出法、K 折交叉验证和自助法等。

1. 留出法

留出法直接将原始数据集 D 划分为两个互斥的训练集 S 和测试集 T，在 S 上学习到不同的模型后，在 T 上评估各个模型的测试误差并选择测试误差最小的模型。值得注意的是，训练集和测试集的划分要尽可能保持数据分布的一致性，从而避免因数据划分过程引入额外的偏差而对最终的模型评估结果产生影响。例如，在分类问题中，若 D 中包含 1000 个正例和 1000 个反例，可以根据类别对 D 进行随机分层采样得到包含 70% 的样本（700 个正例和 700 个反例）的训练集和包含 30% 的样本（300 个正例和 300 个反例）的测试集。

2. K 折交叉验证

K 折交叉验证是机器学习中应用最多的模型评估方法，它首先将原始数据集随机地划分为 K 个大小相同的互斥子集；其次，每次使用 $K-1$ 个子集作为训练集训练模型，使用余下的一个子集作为测试集评估模型；最后，可以获得 K 次划分的训练集和测试集，并取 K 次评估结果的平均值作为最终的模型评估结果。图 2-3 给出了五折交叉验证的示意图。

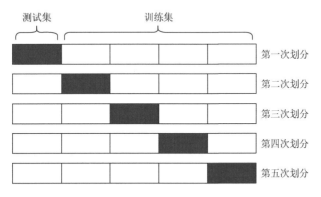

图 2-3　五折交叉验证示意图

假定数据集 D 中包含 m 个样本，若在 K 折交叉验证中有 $K=m$，则得到其特殊情形，称为留一交叉验证。留一交叉验证不受随机样本划分方式的影响，往往在数据缺乏的情况下使用。

3. 自助法

自助法以自助采样为基础，每次随机地从数据集 D 中选取一个样本，然后将其放入

D' 中，该过程重复执行 m 次后可以得到一个包含 m 个样本的数据集 D'。D 和 D' 会有一部分样本的重合，假设 m 足够大，样本在 m 次采样过程中始终不被采到的概率为

$$\lim_{m \to \infty} \left(1 - \frac{1}{m}\right)^m \to \frac{1}{e} \approx 0.368 \tag{2-76}$$

可以看到，D' 中包含的样本大概占原始数据集 D 的 63.2%。

（三）性能度量

性能度量就是对模型的泛化能力进行评估，在对比不同模型的能力时，使用不同的性能度量往往会导致不同的评判结果。下面主要介绍分类和回归问题的性能度量。

对于分类问题，主要有以下的性能度量。

1. 错误率与精度

错误率与精度是分类问题中最常用的两种性能度量。错误率是模型错误分类的样本数占总样本数的比例，而精度是正确分类的样本数占总样本数的比例。假设测试集中有 m_T 个样本，y_i 为样本真实标签，$\hat{y}_i$ 为模型预测标签，分类错误率表示为

$$\text{err} = \frac{1}{m_T} \sum_{i=1}^{m_T} \mathbb{I}(y_i \neq \hat{y}_i) \tag{2-77}$$

分类精度可以表示为

$$\text{acc} = \frac{1}{m_T} \sum_{i=1}^{m_T} \mathbb{I}(y_i = \hat{y}_i) = 1 - \text{err} \tag{2-78}$$

2. 精确率、召回率与 F1 分数

对于二分类问题，模型对样本的预测类别和真实类别有四种组合：真正例（true positive，TP）、假正例（false positive，FP）、真反例（true negative，TN）、假反例（false negative，FN）。这四种组合可以由表 2-1 的混淆矩阵表示。

表 2-1　二分类结果的混淆矩阵

真实类别	预测类别	
	正例	反例
正例	真正例（TP）	假反例（FN）
反例	假正例（FP）	真反例（TN）

精确率定义为

$$\text{precision} = \frac{\text{TP}}{\text{TP} + \text{FP}} \tag{2-79}$$

召回率定义为

$$\text{recall} = \frac{\text{TP}}{\text{TP} + \text{FN}} \tag{2-80}$$

F1 分数是精确率和召回率的调和均值，定义为

$$\text{F1分数} = \frac{2 \times \text{precision} \times \text{recall}}{\text{precision} + \text{recall}} = \frac{2\text{TP}}{2\text{TP} + \text{FP} + \text{FN}} \tag{2-81}$$

若模型的精确率和召回率都高，则模型的 F1 分数也会高。

3. ROC 曲线与 AUC

ROC 曲线的中文名为"受试者工作特征曲线"（receiver operating characteristic curve）。ROC 曲线的纵坐标为"真正例率"（true positive rate，TPR），横坐标为"假正例率"（false positive rate，FPR），两者分别定义为

$$\text{TPR} = \frac{\text{TP}}{\text{TP} + \text{FN}} \tag{2-82}$$

$$\text{FPR} = \frac{\text{FP}}{\text{TN} + \text{FP}} \tag{2-83}$$

如图 2-4 所示，ROC 曲线显示了模型的真正例率和假正例率之间的权衡。

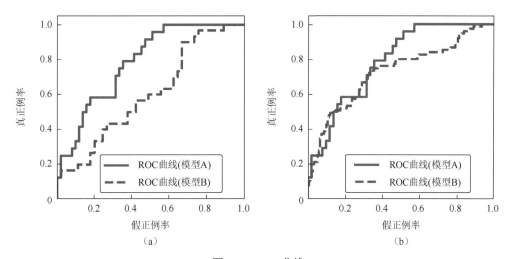

图 2-4　ROC 曲线

如图 2-4（a）所示，若一个模型的 ROC 曲线被另一个模型的曲线完全包住，则后者的性能优于前者；如图 2-4（b）所示，若两个模型的 ROC 曲线有交叉，则很难判断两者的优劣程度。此时，就可以比较 AUC（area under curve，这里指 ROC 曲线下的面积）来进行判断。直观上来看，AUC 是 ROC 曲线下的面积，通过对 ROC 曲线下各部分的面积求和得到。

对于回归问题，则主要有以下性能度量。

1. 均方误差

均方误差（mean square error，MSE）是回归问题常用的性能度量，假设测试集中有 m_T 个样本，MSE 可表示为

$$\text{MSE} = \frac{1}{m_T} \sum_{i=1}^{m_T} (y_i - \hat{y}_i)^2 \tag{2-84}$$

2. 均方根误差

均方根误差（root mean square error，RMSE）可表示为

$$RMSE = \sqrt{\frac{1}{m_T}\sum_{i=1}^{m_T}(y_i - \hat{y}_i)^2} \tag{2-85}$$

3. 平均绝对误差

平均绝对误差（mean absolute error，MAE）可表示为

$$MAE = \frac{1}{m_T}\sum_{i=1}^{m_T}|y_i - \hat{y}_i| \tag{2-86}$$

4. 平均绝对百分比误差

平均绝对百分比误差（mean absolute percentage error，MAPE）可表示为

$$MAPE = \frac{100\%}{m_T}\sum_{i=1}^{m_T}\left|\frac{y_i - \hat{y}_i}{y_i}\right| \tag{2-87}$$

（四）偏置与方差

机器学习模型的泛化误差来源于两个方面，一个是偏置（bias），另一个是方差。假设有多个独立同分布的数据集，每个数据集的大小为 m，对于任意给定的数据集 D 且标签为 y，可以训练得到模型 h 用于逼近理想的目标概念 c，而 $c(\boldsymbol{x})$ 能够得到 $\boldsymbol{x}$ 的真实标签，因此不同的数据集会训练得到不同的模型。假设模型 h 为回归模型，它对 $\boldsymbol{x}$ 的期望预测可以表示为

$$\overline{h}_\theta(\boldsymbol{x}) = E_D[h(\boldsymbol{x})] \tag{2-88}$$

这些模型之间的方差可以表示为

$$方差 = E_D\left[\{h(\boldsymbol{x}) - E_D[h(\boldsymbol{x})]\}^2\right] \tag{2-89}$$

偏差为期望预测与真实标签之间的差别，可以表示为

$$偏置^2 = \{c(\boldsymbol{x}) - E_D[h(\boldsymbol{x})]\}^2 \tag{2-90}$$

因此，模型 $h_\theta(\boldsymbol{x};D)$ 的平方损失可以按以下方式进行分解：

$$\begin{aligned}
\{y - h(\boldsymbol{x})\}^2 &= \{y - E_D[h(\boldsymbol{x})] + h(\boldsymbol{x}) - E_D[h(\boldsymbol{x})]\}^2 \\
&= \{y - E_D[h(\boldsymbol{x})]\}^2 + \{h(\boldsymbol{x}) - E_D[h(\boldsymbol{x})]\}^2 \\
&\quad + 2\{y - E_D[h(\boldsymbol{x})]\}\{h(\boldsymbol{x}) - E_D[h(\boldsymbol{x})]\}
\end{aligned} \tag{2-91}$$

对式（2-91）求期望，可得

$$\begin{aligned}
&E_D\left[\{y - h(\boldsymbol{x})\}^2\right] \\
&= E_D\left[\{y - E_D[h(\boldsymbol{x})]\}^2\right] + E_D\left[\{h(\boldsymbol{x}) - E_D[h(\boldsymbol{x})]\}^2\right]
\end{aligned} \tag{2-92}$$

假定噪声的期望为零，即 $E_D[y - c(\boldsymbol{x})] = 0$，可以进一步得到

$$E_D\left[\left\{y-h(\boldsymbol{x})\right\}^2\right]$$
$$=E_D\left[\left\{y-c(\boldsymbol{x})+c(\boldsymbol{x})-h(\boldsymbol{x})\right\}^2\right]$$
$$=E_D\left[\left\{c(\boldsymbol{x})-E_D\left[h(\boldsymbol{x})\right]\right\}^2\right]+E_D\left[\left\{h(\boldsymbol{x})-E_D\left[h(\boldsymbol{x})\right]\right\}^2\right]$$
$$+E_D\left[\left\{y-c(\boldsymbol{x})\right\}^2\right] \tag{2-93}$$

于是可以得到期望损失的分解结果：

$$期望损失 = 偏置^2 + 方差 + 噪声^2 \tag{2-94}$$

因此，模型的学习目标是最小化期望损失，期望损失为偏置平方、方差和噪声平方之和。对于非常复杂且灵活的模型来说，偏置较小、方差较大；对于简单且相对固定的模型来说，偏置较大、方差较小。因此，模型的偏置和方差之间存在一个折中，模型在偏置和方差之间取得最优的平衡时才能取得最优的预测能力。

（五）过拟合与欠拟合

1. 过拟合和欠拟合现象

过拟合（overfitting）与欠拟合（underfitting）是机器学习中的一组现象。如图 2-5 所示，过拟合是模型过于复杂或参数过多而导致模型对训练数据过度拟合的现象，而欠拟合是模型过于简单或参数过少而导致模型难以训练数据的现象，这两种现象均能导致模型的预测值与真实值之间出现较大的差距。

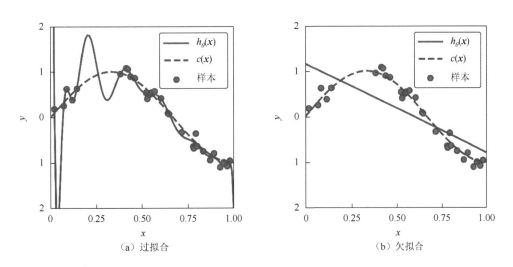

图 2-5　过拟合与欠拟合现象

2. 正则化

正则化（regularization）是典型的模型选择方法，它是在损失函数上加上一个正则化项来对模型的复杂度进行惩罚。正则化项一般是随模型复杂度递增的单调函数，模型复杂

度越高，正则化值越大。因此，正则化能够减缓由模型参数过多而带来的过拟合现象。带有正则化项的损失函数可以表示为

$$J = \frac{1}{m}\sum_{i=1}^{m}\mathcal{L}(y_i, \hat{y}_i) + \lambda J(h), \quad \hat{y}_i = h(\boldsymbol{x}_i) \tag{2-95}$$

式中，第一项为损失函数；第二项为正则化项；$\lambda \geq 0$ 为均衡两者之间关系的系数。正则化项可以取不同的形式。例如，假设 θ 为模型的参数向量，正则化项可以是 θ 的 L_2 范数，即 $\|\theta\|_2$，也可以是 θ 的 L_1 范数，即 $\|\theta\|_1$。正则化的作用是选择损失函数与模型复杂度同时较小的模型，因此符合"奥卡姆剃刀"的原理。

第四节　应　用　案　例

养老金作为国家社会保障体系的重要组成部分，采用以金融机构为主体、以受托人为核心的信托管理模式，具有投资周期长、资产规模大、资金风险承受能力较低且受到市场广泛关注等特点。因此，受托管理对受托人的专业能力提出较高要求。中国人寿保险（集团）公司（以下简称中国人寿）前瞻性地布局大数据，经过多年发展，已经建成了集管理、系统、服务为一体的智能化受托资产管理平台。

第一，中国人寿实现了真正意义上的 MOM（manager of managers，管理人中的管理人）/FOF（fund of funds，基金中的基金）管理。受托人委托投资的管理模式的实质就是 MOM 管理，2013 年的新制度允许企业以 FOF 管理的方式进行受托直投。MOM 管理的核心在于对投资经理的管理，其前提是对投资经理理念、风格、能力的评价。对历史投资大数据的挖掘解决了投资经理评价、动态管理的行业难题，从而分析和评价投资经理专业能力、风格，逐步实现投资经理的优选、优化和执行资产配置策略。

第二，中国人寿创新设计研发的开放性平台——受托资产管理平台，已经成为行业内系统建设样板。该平台具有强大的处理第三方复杂数据的能力。作为行业标准的制定者，该平台打造国寿接口模式，系统通过与 10 家托管行建立数据接口，实现了每日近百万级数据的获取、清洗、计算、校验、分析等全自动化处理，数据时效达到 $T+1$，彻底解决了年金行业投资来源多、格式不统一、频率不一致、数据不全面、获取不及时等多个行业问题。该平台还具有超群的基于大数据挖掘的投资对标分析能力。此外，受托资产管理平台拥有基于大数据挖掘的受托视角投资风险管理。利用卷积神经网络和互联网爬虫等技术进行自然语言文本分析以及情绪挖掘分析，将负面舆情信息与资产持仓纵向穿透、精确关联，实现了对受托资产投资的市场风险、信用风险和流动性风险的智能化系统监控和预警，使受托人视角的投资风险管理能力成为公司受托资产管理核心竞争力之一。基于大数据挖掘，对组合的投资风险进行量化分析，可以从宏观的、事前的角度开展风险管理工作，提升风险管理的有效性。首创国寿年金指数，实现了对投资管理人、投资经理、策略、规模等多个维度的对比分析，成为市场对标的基准指数。在受托资产管理平台中建立养老金产品和投管人数据模型，利用 BI＋AI 技术，实现养老金产品及受托直投多口径、多维度的量化分析，实现投资经理业绩追踪分析及投管人评估报告等功能，中国人寿曾经是全市场

唯一一家计算各投管人以及各投资经理小类资产收益率的机构,该数据可以更加有效准确支撑受托人为受托资产找到更加优秀的、合适的投管人。此外,中国人寿在受托资产管理平台打造开放性应用架构,快速吸收尖端一流技术,提升多元化资源获取与整合能力。通过跨领域、跨行业的技术合作,实现无技术边界的信息流以及对异构、新兴金融科技的快速融合,并高效转化为实际生产力。

第三,中国人寿将创新延伸至客户服务。打造基金监督 E 服务,通过互联网技术将公司受托资产管理的专业化能力、各项管理成果和管理过程清晰明了地展示给客户,方便客户及时查询包括业绩、配置、投资分析等在内的年金计划投资情况,形成了受托管理服务生态圈。此外,利用可视化商业智能(business intelligence,BI)分析工具,整合受托数据仓库,实现受托资产管理各类报告自动生成,大幅提升了一线人员的专业化能力,减轻主动汇报材料制作的工作量;还为职业年金代理人打造职业年金基金监督系统,进一步完善职业年金应用体系,全面覆盖了职业年金受托管理的价值链。

中国人寿的受托资产管理平台,通过大数据和人工智能等新技术的应用,专业性和运行效率得到大幅度提升,不仅支撑年金受托业务的快速发展,还发展成为委外投资方式的资产管理平台;通过"互联网 +"将管理和服务可视化,形成了投资管理、受托管理、客户服务一体化的管理服务生态圈,从而打造公司受托专业化核心竞争力。近年来,大数据挖掘技术和人工智能技术蓬勃发展,金融与科技相结合为提升受托资产管理能力带来新机遇。同时,受托人能够掌握各家投管机构的高频度投资数据,天然优势在于大数据。为提高受托管理手段的有效性,建立行业领先的受托管理平台并实现智能化受托资产管理,有助于更好地服务企业年金和职业年金发展。

思考与练习

1. 大数据在战略管理中的应用体现在哪些方面?
2. 试述大数据在营销管理中有哪些具体应用。
3. 大数据可分为几种类型?并且说明这几种类型数据的特点。
4. 阐述描述性统计和推断性统计的区别。
5. 以监督学习为例,试述机器学习的基本框架。
6. 比较分类问题和回归问题的性能度量。
7. 何为欠拟合与过拟合?如何减缓过拟合现象?

本章拓展阅读

毕秀丽, 邱雨檬, 肖斌, 等. 2021. 基于统计特征的图像直方图均衡化检测方法[J]. 计算机学报, 44(2): 292-303.

陈付幸, 王润生. 2005. 基于预检验的快速随机抽样一致性算法[J]. 软件学报, 16(8): 1431-1437.

宫晓琳, 杨淑振, 孙怡青, 等. 2020. 基于概率统计不确定性模型的 CCA 方法[J]. 管理科学学报, 23(4): 55-64.

李航. 2012. 统计学习方法[M]. 北京: 清华大学出版社.

林子雨. 2017. 大数据技术原理与应用[M]. 2 版. 北京: 人民邮电出版社.

吕云翔, 钟巧灵, 衣志昊. 2017. 大数据基础及应用[M]. 北京: 清华大学出版社.

王通讯. 2016. 大数据人力资源管理[M]. 北京: 中国人事出版社.

肖艳平, 宋海洋, 叶献辉. 2019. 统计能量分析中参数不确定性分析[J]. 应用数学和力学, 40(4): 443-451.

周志华. 2016. 机器学习[M]. 北京: 清华大学出版社.

Chen H, Chiang R H L, Storey V C. 2012. Business intelligence and analytics: from big data to big impact[J]. MIS Quarterly, 36(4): 1165-1188.

Jiménez-Cordero A, Morales J M, Pineda S. 2021. A novel embedded min-max approach for feature selection in nonlinear support vector machine classification[J]. European Journal of Operational Research, 293(1): 24-35.

Yang C G, Jiang Y M, He W, et al. 2018. Adaptive parameter estimation and control design for robot manipulators with finite-time convergence[J]. IEEE Transactions on Industrial Electronics, 65(10): 8112-8123.

第三章

数据采集与数据存储

数据是信息世界的基础性资源，但由于体量巨大、种类繁多、变化迅速、数据质量差等问题难以充分发挥数据的价值。为此，诞生了数据采集与数据存储技术，其主要研究如何管理分析和利用数据。该技术是计算机核心技术之一，以其为核心的各种数据库应用管理，无可争议地改变了政府部门和企事业单位的运营和管理方式，随着数据库的广泛应用和深度扩展，不仅是计算机和信息技术行业，包括技术管理、工程管理甚至决策管理在内的众多行业，都开始关注数据库技术的应用价值。在本章您将掌握数据采集、关系型数据存储、非关系型数据存储和数据仓库。

学习目标

- 理解数据采集的概念、数据采集系统及企业数据采集。
- 掌握关系型数据存储的关系模型及关系规范化方法。
- 掌握非关系型数据存储中的四个基本数据存储模型。
- 理解数据仓库的特征、系统、决策与支持。

知识结构图

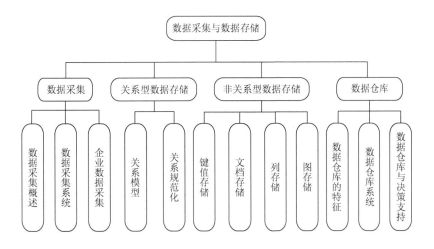

第一节 数 据 采 集

一、数据采集概述

数据采集（data acquisition）是指将要获取的信息通过传感器转换为信号，并经过对信号的调整、采样、量化、编码和传输等步骤，最后送到计算机系统中进行处理、分析、存储和显示的过程。

数据采集是数据分析中的重要一环，它首先通过传感器或社交网络、移动互联网等方式获得各种类型的结构化、半结构化及非结构化的海量数据。由于采集的数据种类错综复杂，对于不同种类的数据进行数据分析，必须通过提取技术将复杂格式的数据进行数据提取。从数据原始格式中提取出需要的数据，丢弃一些不重要的字段。同时，数据源的采集可能存在不准确性，所以对于提取后的数据，还要进行数据清洗，对于那些不准确的数据进行过滤、剔除。针对不同的应用场景，对数据进行分析的工具或者系统不同，还需要对数据进行数据转换操作，将数据转换成不同的数据格式，最终按照预先定义好的数据仓库模型，将数据加载到数据仓库中去。

传统数据采集是从传感器等设备自动采集信息。这种方法数据来源单一，数据结构简单，且存储、管理和分析的数据量也相对较小，大多采用集中式的关系型数据库或并行数据仓库即可处理。但是，在大数据时代，面对数据来源广泛、数据类型复杂、海量数据的井喷式增长和不断增长的用户需求等情况，传统的集中式数据库的弊端日益显现，于是基于分布式数据库的大数据采集方法应运而生。

表 3-1 展示了传统数据采集与大数据采集的区别，基于分布式数据库的大数据采集方法与传统数据采集方法的特点如下。

表 3-1　传统数据采集与大数据采集的区别

传统数据采集	大数据采集
来源单一，数据量相当小	来源广泛，数据量巨大
结构单一	数据类型丰富
集中式数据库	分布式数据库

（一）具有更高的数据访问速度

分布式数据库为了保证数据的高可靠性，往往采用备份的策略实现容错，因此，客户端可以并发地从多个备份服务器同时读取，从而提高了数据访问速度。

（二）具有更强的可扩展性

分布式数据库可以通过增添存储节点来实现存储容量的线性扩展，而集中式数据库的可扩展性较低。

（三）更高的并发访问量

分布式数据库由于采用多台主机组成存储集群，相对集中式数据库，它可以提供更高的用户并发访问量。

大数据采集是在确定用户目标的基础上，针对该范围内的海量数据智能化识别、跟踪及采集的过程。实际应用中，大数据可能是企业内部的经营交易信息，如联机交易数据和联机分析数据；也可能是源于各种网络和社交媒体的半结构化数据和非结构化数据，如Web 文本、手机呼叫详细记录、GPS 和地理定位映射数据、通过管理文件传输协议传送的海量图像文件、评价数据等；还可能是源于各类传感器的地址数据，如摄像头、可穿戴设备、智能家电、工业设备等收集的数据。

大数据采集的技术是对数据进行 ETL（extract-transform-load，抽取-转换-加载）操作，通过对数据进行抽取、转换、加载，挖掘出数据的潜在价值，为用户提供解决方案或决策参考。ETL 用来描述将数据从来源端经过抽取、转换、加载到目的端，然后进行处理分析的过程。用户从数据源抽取出所需的数据，经过数据清洗，最终按照预先定义好的数据模型，将数据加载到数据仓库中，最后对数据仓库中的数据进行分析和处理。

二、数据采集系统

数据采集使用的系统称为数据采集系统，具体地说，数据采集系统的任务就是采集传感器输出的模拟信号并转换成计算机能识别的数字信号，然后送入计算机进行相应的计算和处理，得到所需的数据。与此同时，将计算得到的数据进行存储、显示或打印，以便实现对某些物理量的监视，其中一部分数据还将被生产过程中的计算机控制系统用来控制某些物理量。

（一）传统数据采集系统

数据采集系统性能的好坏，主要取决于它的精度和速度。在保证精度的条件下，应该尽可能提高采样速度，以满足实时采集、实时处理和实时控制等对速度的要求。传统数据采集系统都具有以下几个特点。

（1）一般都包含计算机系统，这使得数据采集的质量和效率等大为提高，同时节省了硬件投资。

（2）软件在数据采集系统中的作用越来越大，增加了系统设计的灵活性。

（3）数据采集与数据处理相互结合、日益紧密，形成了数据采集与处理相互融合的系统，可实现从数据采集、处理到控制的全部工作。

（4）速度快，数据采集过程一般都具有"实时"特性。

（5）随着微电子技术的发展，电路集成度的提高，数据采集系统的体积越来越小，可靠性越来越高。

（二）大数据采集系统

对于大数据采集系统而言，由于数据产生的种类很多，并且不同种类的数据产生的方式不同，大数据采集系统主要分为以下三类。

1. 日志采集系统

许多公司的业务平台每天都会产生大量的日志数据，对于这些日志信息，可以得到很多有价值的数据。通过对这些日志信息进行日志采集、收集，然后进行数据分析，挖掘出公司业务平台日志数据中的潜在价值，为公司决策和公司后台服务器平台性能评估提供可靠的数据保证。日志采集系统就是收集日志数据并提供离线和在线的实时分析，目前常用的开源日志采集系统有 Flume、Scribe 等。

Apache Flume 是一个分布式、可靠、可用的服务，用于高效地收集、聚合和移动大量的日志数据。它具有基于流式数据流的简单灵活的架构，Flume 的可靠性机制和故障转移与恢复机制，使其具有强大的容错能力。Scribe 是 Facebook 的开源日志采集系统。Scribe 实际上是一个分布式共享队列，可以从各种数据源上收集日志数据，然后放入它上面的共享队列中。Scribe 可以接受 Thrift Client 发送过来的数据，将其放入 Scribe 上面的消息队列中，然后通过消息队列将数据推送到分布式存储系统中，并且由分布式存储系统提供可靠的容错性能。如果最后的分布式存储系统宕机，Scribe 中的消息队列还可以提供容错能力，还会将日志数据写入本地磁盘中。Scribe 支持持久化的消息队列，来提高日志采集系统的容错能力。

2. 网络数据采集系统

网络数据采集系统是指通过网络爬虫和一些网站平台提供的公共 API[如 Twitter（推特）和新浪微博 API]等方式从网站上获取数据的系统。这样就可以将非结构化和半结构化的网络数据从网页中提取出来，并对其进行清洗、转换为结构化的数据，再储存为统一的本地文件数据。

网络爬虫是具有自动下载网页功能的计算机程序，按照统一资源定位（uniform resource locator，URL）系统的指向，在互联网上"爬行"，由低到高、由浅入深，逐渐扩充至整个 Web。在科学计算、数据处理及网页开发等多个方面，网络爬虫有着十分重要的应用价值，根据其技术原理，科学、合理地应用，可以充分发挥其功能与价值。

1）网络爬虫的原理

网络爬虫的工作原理是按照一定的规则，自动抓取 Web 信息的程序或者脚本。Web 网络爬虫可以自动采集所有其能够访问到的页面内容，为搜索引擎和大数据分析提供数据来源。从功能上来讲，网络爬虫一般有数据采集、处理和存储三部分功能。

网页中除了包含供用户阅读的文字信息外，还包含一些超链接信息。网络爬虫系统正是通过网页中的超链接信息不断获得网络上的其他网页的内容。网络爬虫从一个或若干个初始网页的 URL 开始，获得初始网页上的 URL，在抓取网页的过程中，不断从当前页面上抽取新的 URL 放入队列，直到满足系统的一定停止条件。

网络爬虫系统一般会选择一些比较重要的、出度（网页中链出的超链接数）较大的网站的 URL 作为种子 URL 集合，以这些种子集合作为初始 URL 开始数据的抓取。因为网页中含有链接信息，通过已有网页的 URL 会得到一些新的 URL。如果把网页之间的指向结构视为一个森林，那么每个种子 URL 对应的网页是森林中的一棵树的根结点，这样网络爬虫系统就可以根据广度优先搜索算法或者深度优先搜索算法遍历所有的网页。由于深度优先搜索算法可能会使网络爬虫系统陷入一个网站内部，不利于搜索比较靠近网站首页的网页信息，因此一般采用广度优先搜索算法采集网页。

网络爬虫系统首先将种子 URL 放入下载队列，并简单地从队首取出一个 URL 下载其对应的网页，得到网页的内容并将其存储后，经过解析网页中的链接信息得到一些新的 URL。其次，根据一定的网页分析算法过滤掉与主题无关的链接，保留有用的链接并将其放入等待抓取的 URL 队列。最后，取出一个 URL，对其对应的网页进行下载，然后解析，如此反复进行，直到遍历了整个网络或者满足某种条件后才会停止下来，网络爬虫示意图如图 3-1 所示。

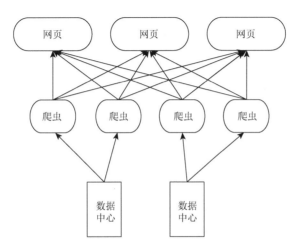

图 3-1　网络爬虫示意图

2）网络爬虫的类型

作为一种计算机程序，网络爬虫具有自动下载网页的功能，可以在互联网里采集数据，满足科学计算、数据处理及网页开发等多个方面的用途。网络爬虫有通用网络爬虫、聚焦网络爬虫、增量式网络爬虫及深层网络爬虫等多种类型。

通用网络爬虫：根据 URL 指向爬行的过程，采取深度优先、广度优先的策略。由 URL 扩充至整个 Web，逐级、逐层访问网页链接，适用于某一主题的广泛搜索，一般应用于搜索引擎。在大型 Web 服务商中，往往也需要应用通用网络爬虫。

聚焦网络爬虫：根据内容评价、链接结构评价，按照预设的主题，有选择性地爬行。在内容评价中输入某一个查询词时，所查询、下载的网络页面均是以查询词为主题。而在链接结构评价的过程中，需要应用到半结构化文档的 Web 页面和 PageRank 算法。聚焦网络爬虫，引入了增强学习，建立语境图，均是制定爬行策略的有效途径。

增量式网络爬虫：其在爬行过程中，网页发生增量式的更新变化。应用统一更新法，按照固定的频率进行网页访问，不会因网页的更新、变化而改变频率。应用个体更新法，遵循个体网页的频率，根据频率的改变情况，进行各页面的重新访问，或根据网页变化频率的差异性进行分类更新。

深层网络爬虫：通过传统搜索引擎和静态链接获取的页面多为表层页面，而为了获取深层页面，则需要利用深层网络爬虫。深层网络爬虫在爬行过程中，基于领域知识，进行表单填写，然后进行语义分析，获取关键词，提交关键词后，获取 Web 页面；或基于网络结构分析，进行表单填写，利用文档对象模型（document object model，DOM）树形式，表示 HTML 网页。

3）网络爬虫的工具

目前常用的网页爬虫系统有 Apache Nutch、Crawler4j、Scrapy 等框架。Apache Nutch 是一个高度可扩展和可伸缩的分布式爬虫框架，由 Hadoop 支持，通过提交 MapReduce 任务来抓取网页数据，并可以将网页数据存储在 Hadoop 分布式文件系统（Hadoop distributed file system，HDFS）中。Nutch 可以进行分布式多任务数据爬取、存储和索引。Nutch 利用多个机器的计算资源和存储能力并行完成爬取任务，大大提高了系统爬取数据的能力。Crawler4j、Scrapy 都是爬虫框架，给开发人员提供了便利的爬虫 API 接口。开发人员只需要关心爬虫 API 接口的实现，不需要关心具体框架如何爬取数据，这样可以很快地完成一个爬虫系统的开发。

4）网络爬虫的基本工作流程

网络爬虫的基本工作流程主要包含四步，如图 3-2 所示。

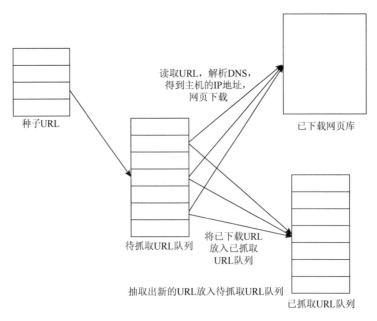

图 3-2   网络爬虫的基本工作流程

第一步：选取一部分种子 URL。

第二步：将这些 URL 放入待抓取 URL 队列。

第三步：从待抓取 URL 队列中取出待抓取 URL，解析 DNS，得到主机的 IP 地址，并将 URL 对应的网页下载下来，存储到已下载网页库中。此外，将这些 URL 放进已抓取 URL 队列。

第四步：分析已抓取 URL 队列中的 URL，并且将这些 URL 放入待抓取 URL 队列，从而进入下一个循环。

3. 数据库采集系统

一些企业会使用传统的关系型数据库如 MySQL、Oracle 等存储数据，此外，Redis 和 MongoDB 的 NoSQL 数据库也常用于企业数据的采集。企业每时每刻产生的业务数据，通过数据库采集系统以业务记录形式写入数据库中，最后由特定的处理分析进行分析与处理。

目前主要流行的大数据采集分析技术是 Hive。Hive 是 Facebook 团队开发的一个可以支持拍字节（PB）级别的、可伸缩性的数据仓库。它是建立在 Hadoop 架构之上的开源数据仓库基础架构，提供了一系列的工具，可以用来进行数据抽取转化加载（ETL），这是一种可以存储、查询和分析存储在 Hadoop 中的大规模数据的机制。Hive 依赖于 HDFS 存储数据，依赖 MapReduce 处理数据，在 Hadoop 中用来处理结构化数据。Hive 定义了简单的类结构化查询语言（structured query language，SQL），称为 Hibernate 查询语言（Hibernate query language，HQL），它允许熟悉 SQL 的用户查询数据。同时，该语言也允许熟悉 MapReduce 的开发者开发自定义的 Mapper 和 Reducer 来处理内建的 Mapper 和 Reducer 无法完成的复杂分析工作。HQL 不是实时查询语言。Hive 降低了那些不熟悉 Hadoop MapReduce 接口的用户学习门槛。Hive 提供一些简单的 Hiveql 语句，可以对数据仓库中的数据进行简要分析与计算。

另外，在大数据采集技术中还有一个关键环节是转换操作，将清洗后的数据转换成不同的数据形式，由不同的数据分析系统和计算系统进行分析和处理。将批量数据从生产数据库加载到 HDFS 中或者从 HDFS 将数据转换到生产数据库中，这项任务非常复杂。用户进行数据转换操作时，必须考虑数据一致性、生产系统资源消耗等细节问题，使用脚本传输数据效率低且耗时，而 Apache Sqoop 能够很好地解决这个问题。Sqoop 是一个用来将 Hadoop 和关系型数据库中的数据相互转移的开源工具，可以将一个关系型数据库（如 MySQL、Oracle、PostgreSQL 等）中的数据导入 HDFS 中，也可以将 HDFS 的数据导入关系型数据库中。运行 Sqoop 时，被传输的数据集被分割成不同的分区，一个只有映射任务的作业被启动，映射任务负责传输这个数据集的一个分区。Sqoop 使用数据库的元数据来推断数据类型，因此每条数据记录都以一种类型安全的方式进行处理。

三、企业数据采集

在企业管理中，数据采集系统是一项高效的工具，可以协助企业获取所需类目的信息，包括企业内部生产、经营信息，自己行业的上下游信息、同行竞争对手的信息等。

（一）企业内部数据采集

企业内部数据来源于各个业务生产系统，包括客户关系管理（customer relationship

management，CRM）数据、呼叫中心（call center，CC）数据、财务数据、仓储数据、门店数据、销售数据、办公自动化（office automation，OA）数据、物流数据、网站数据。

CRM 数据，即企业客户管理系统的相关数据，包含客户所有的人口属性、订单属性、营销属性、状态属性、标签属性等数据。

CC 数据，即企业呼叫中心系统的相关数据，包含语音数据、话务录音、呼叫接通、投诉等数据。

财务数据，包括现金流、资产管理、盈利、负债等数据。财务数据是企业数据的核心，也是成本结算的最终依据。任何业务系统的费用、考核、结算都要以财务数据的核算结果为准。

仓储数据，包括库存周转、库存结构、畅销、滞销等数据。仓储数据是传统品牌商和渠道商企业运转的关键枢纽。

门店数据，除线下销售外，还包括销售终端（point of sale，POS）数据、动线视频数据等非结构化数据。

销售数据，包括渠道、平台、品类等维度的销售数据。销售数据是零售企业数据的核心。

OA 数据，是企业内部办公系统的相关数据，该数据可以为优化企业内部流程服务。

物流数据，包括出库、配送、调度、退换货等数据。

网站数据，即流量数据，包括网站所有的营销数据、用户数据、运营数据、在线销售等行为日志。网站数据量庞大且大多是半结构化数据。

（二）企业外部数据采集

企业外部数据是指由企业外部产生的，企业通过合作、购买、采集等形式获得的数据。企业外部数据通常包括竞争数据、营销数据、物流数据、行业数据等。

竞争数据，通常是通过购买或程序采集等形式，获得关于竞争对手的流量、销售、产品、营销等方面的数据，如竞争对手产品价格、竞争对手会员数据、营销投放渠道等。

营销数据，指企业通过营销或推广合作，获取自身或站外相关媒体或其他渠道的曝光、点击、投放等详细数据。

物流数据，指第三方的物流数据。

行业数据，指通过购买、调研等获得的关于市场整体行情、市场趋势、用户结构、竞争环境等信息，常见于行业报告数据。

第二节　关系型数据存储

一、关系模型

关系模型是目前使用最广泛的数据模型。美国 IBM 公司的研究员 E. F. Codd（埃德加·考特）于 1970 年发表题为"大型共享系统的关系数据库的关系模型"的论文，文中首次提出了数据库系统的关系模型。20 世纪 80 年代以来，计算机厂商新推出的数据库管理系统（database management system，DBMS）几乎都支持关系模型，非关系系统的产品也大都加上了关系接口。数据库领域当前的研究工作都是以关系模型为基础的。

（一）关系模型的数据结构

关系模型与层次模型和网状模型不同，关系模型中数据的逻辑结构是一张二维表，它由行和列组成。每一行称为一个元组，每一列称为一个属性（或字段）。简单地说，用二维表格（关系）表示实体和实体间关系的模型称为关系模型，如表 3-2 所示。每位学生在具体属性上的取值就是一个分量。学号就是此关系的主码。

主码　　元组　　　　　属性　　　　分量

表 3-2　学生基本信息表

学号	姓名	性别	年龄	民族	班级	学院
20130101	王祥	男	19	汉族	信息管理 1 班	管理学院
20130304	马丽	女	18	回族	财务管理 1 班	管理学院
20132321	王文兵	男	20	汉族	经济学 2 班	经济学院

（二）关系模型的数据操作与约束条件

关系模型的数据操作主要包括查询、插入、删除和修改四类，其中查询是最重要、最基本的操作。

关系模型的操作特点：其一，一次操作可以存取多个元组；其二，隐蔽存取数据的路径，使操作语言具有非过程化特点，即用户只需告诉数据库做什么，而无须告诉数据库怎样做。关系模型数据操作的这些特点有力地增强了系统功能和数据独立性，提高了使用的方便性，简化了程序设计。

关系模型为关系的操作提供了三类数据完整性约束的控制，包括实体完整性、参照完整性和用户定义完整性。

（三）关系模型的优缺点

1. 关系模型的主要优点

（1）关系模型与非关系模型不同，它是建立在严格的数学概念的基础上的。

（2）无论是实体还是实体之间的联系都用关系来表示。对数据的检索结果也是关系（即表），概念单一，其数据结构简单、清晰。

（3）关系模型的存取路径对用户透明，从而具有更高的数据独立性，更好的安全保密性，简化了程序员的工作和数据库开发建立的工作。

（4）关系模型具有丰富的完整性约束，如实体完整性、参照完整性和用户定义完整性，大大降低了数据冗余和数据不一致的概率。

2. 关系模型的主要缺点

（1）关系模型数据库的运行效率不高。

（2）不能直接描述复杂的数据对象和数据类型。

二、关系规范化

范式（normal form，NF）是一种关系的状态，也是衡量关系模式好坏的标准。根据关系模式满足的不同性质和规范化的程度，关系模式被分为第一范式、第二范式、第三范式、BC（Boyce-Codd，博伊斯-科德）范式、第四范式和第五范式等，其中范式越高，规范化的程度越高，关系模式也就越好。在函数依赖范畴内讨论规范化最高到 BC 范式，本部分将只讨论函数依赖规范化，且大部分情况下符合第三范式的关系都能够满足应用需求。

（一）第一范式

定义 3-1　在关系模式 R 中，如果每个属性值都是不可再分的原子值，那么称 R 是第一范式（简写为 1NF）的模式。

表 3-3 就是非规范化关系，因为在这个表格中，"负责人"不是最小数据项，它是由"姓名"和"电话"两个基本数据项组成。将表 3-3 转换成规范化关系也非常简单，只需要将所有数据项都表示为不可分的最小数据项。将表 3-3 转换成表 3-4 后就是规范化的 1NF 关系了。

表 3-3　非规范化关系

仓库编号	负责人	
	姓名	电话
W1	李明	130****001
W2	王红	
W3	张小兵	188****001

表 3-4　规范化关系

仓库编号	负责人姓名	负责人电话
W1	李明	130****001
W2	王红	
W3	张小兵	188****001

（二）第二范式

如果关系模式中存在部分函数依赖，那么它就不是一个好的关系模式，因为它很可能出现数据冗余和操作异常的现象。因此，需要对这样的关系模式进行分解，以排除局部函数依赖，使模式达到第二范式（简写为 2NF）的标准。

定义 3-2　如果一个关系模式 R 为 1NF，并且 R 中的每个非主属性（不是组成主键的属性）都完全函数依赖于 R 的每个候选关键字（主要是主关键字），则称 R 是 2NF 的模式。

例如，在关系模式入库清单 R 中，Gno、Gdate、Wno、Wmanager、Pno、Pname、QTY 分别表示入库单号、入库时间、仓库号、仓库负责人、货物号、货物名和入库数量，则此关系满足 1NF，关系的关键字是（Gno，Pno），这是一个复合属性关键字，简称复合关键字，其中 Gdate、Wno、Wmanager 函数依赖于 Gno，Pname 函数依赖于 Pno，即存在非主属性部分依赖于关键字（Gno，Pno）的情况，因此，这个"入库清单"关系不满足 2NF 的要求。

"入库清单"关系之所以不是 2NF，是因为有以下部分函数依赖：（Gno，Pno）$\xrightarrow{P}$ Gdate，（Gno，Pno）$\xrightarrow{P}$ Wno，（Gno，Pno）$\xrightarrow{P}$ Wmanager，（Gno，Pno）$\xrightarrow{P}$ Pname。

出现操作异常现象也是由这些部分函数依赖造成的，为了解决这些操作异常现象，只需要设法消除这些部分函数依赖就可以了，为此可以把"入库清单"关系分解为"入库信息"、"货物信息"和"入库明细"三个关系：入库信息（Gno，Gdate，Wno，Wmanager），货物信息（Pno，Pname），入库明细（Gno，Pno，QTY）。

分解后的"入库明细"关系的关键字是（Gno，Pno），非主属性 QTY 完全函数依赖于关键字，所以此时的"入库明细"是 2NF 关系；"入库信息"和"货物信息"关系的关键字分别是 Gno 和 Pno，都是单属性关键字关系，这样的关系自然是 2NF 关系。

（三）第三范式

定义 3-3 如果一个关系模式 R 为 2NF，且 R 中所有非主属性都不传递依赖于关键字，则称 R 是第三范式（简写为 3NF）的模式。

从定义中可以看出，在 3NF 关系中不存在非主属性对关键字的传递函数依赖情况，或者说不存在非主属性对另一个非主属性的函数依赖情况。

上文分解的关系中，货物信息（Pno，Pname）和入库明细（Gno，Pno，QTY）的非主属性都是单属性，不存在传递依赖的情况，所以它们都属于 3NF。入库信息（Gno，Gdate，Wno，Wmanager）却是 2NF，不是 3NF，它的关键字是 Gno，其他 3 个属性均是非主属性。但是这里 Wno 可以函数决定 Wmanager，即"仓库负责人"函数依赖于"仓库号"，或者"仓库负责人"传递依赖于关键字"入库单号"，因此，这个关系不是 3NF 关系。

当关系不满足 3NF 时，也会出现数据冗余和操作异常的情况。解决非 3NF 关系的操作异常现象的方法仍是分解，即消除非主属性对关键字的传递函数依赖情况。为此，可以对关系"入库信息"分解成如下两个关系：入库单（Gno，Gdate，Wno）、仓库信息（Wno，Wmanager）。

这里，"入库单"关系的关键字是 Gno，非主属性 Gdate、Wno 都函数依赖于关键字 Gno，且不存在传递依赖的情况。"仓库信息"关系的关键字是 Wno，非主属性只有 Wmanager，这时，两个关系都满足了 3NF 要求。同样，分解前的"入库信息"可以通过将这两个关系进行自然连接来恢复成原来的信息。

（四）BC 范式

定义 3-4 如果关系模式 R 为 1NF，且每个属性既不部分依赖于 R 的候选键，也不传递依赖于 R 的候选键，那么称 R 是 BC 范式（简写为 BCNF）的模式。

BCNF 是由 Boyce 和 Codd 共同提出而得名，从 BCNF 的定义知，如果关系模式 R 属于 BCNF，则在 R 中每一个决定因素都包含关键字。

通常情况下，3NF 已经解决了关系模式中大部分的数据冗余和操作异常现象，但是有些关系模式还可能会出现一些问题。

设有关系模式 SRC（教师，教室，课程），用于描述教师、教室和课程三实体间的联系，判断其是否属于 BCNF。关系模式 SRC 包含的语义约束如下：①每位教师不重名；②一位教师可以负责多门课程，但一门课程仅由一位教师负责；③每位教师在一个教室只能上一门课程，但一门课程在不同时间会安排在不同的教室。

根据以上的语义，得出关系模式 SRC 上的函数依赖有：（教师，教室）→课程，（课程，教室）→教师，课程→教师。

由此可以判断关系模式 SRC 的关键字是（教师，教室）或（课程，教室），在这个关系模式 SRC 中属性都是主属性，不存在非主属性对关键字的部分函数依赖和传递函数依赖，因此这个关系模式属于 3NF 关系。

关系模式 SRC 不属于 BCNF，因为该关系模式中存在函数依赖：课程→教师，其决定因素"课程"不包含任何关键字。

若一个模式为 3NF 但非 BCNF，其仍可能存在操作异常。例如，在上面关系模式 SRC 中，如果某门课程确定了负责教师，但这门课程还没安排教室教学，那么会因为关键字"教室"信息是空，这个课程安排的教师会无法在关系模式 SRC 中进行表示。这仍可通过模式分解的方法消除异常，如可将 SRC 模式分解为以下两个关系模式：CS（课程，教师）、RC（教室，课程）。

关系模式 CS 的关键字为"课程"，存在函数依赖（课程→教师），可以得出 CS 属于 BCNF。关系模式 RC 的关键字为"教室、课程"，是个全码关系，所以 RC 也属于 BCNF。

由上面的例子可以得出，BCNF 的限制条件比 3NF 的限制条件更高一些。3NF 与 BCNF 之间，存在如下的关系：如果关系模式 $R \in$ BCNF，则必有 $R \in$ 3NF；如果关系模式 $R \in$ 3NF，则 R 不一定属于 BCNF。

同 BCNF 相比，3NF 的区别在于它可能存在主属性对不包含自己的关键字的部分或传递函数依赖。BCNF 是在函数依赖的范围内，对属性关联进行了彻底的分离，消除了数据冗余和操作异常的情况。

（五）关系模式的规范化要求

满足范式要求的数据库设计是结构清晰的，同时可避免数据冗余和操作异常，这意味着不符合范式要求的设计一定是错误的。

关系模式规范化的基本思想是通过逐步消除不合适的数据依赖，原模式中的各种关系模式会达到某种程度的分离。规范化使得分离后的一个关系只描述一个概念、一个实体或实体间的一种联系，采用"一事一地"的模式设计原则，把多于一个概念的关系模式分离成多个单一的关系模式。因此对关系模式的规范化实质上是对概念的单一化过程。

关系模式的规范化是个逐步求精的过程，通常的规范化过程如图 3-3 所示。

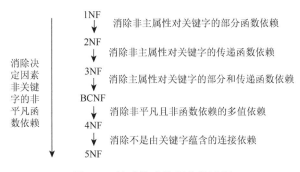

图 3-3　关系模式的规范化过程

　　关系模式的规范化过程是通过对关系模式的分解来实现的,即把属于较低范式的关系模式分解为若干个属于高一级范式的关系模式,但需要注意的是,一个关系模式分解可以得到不同关系模式集合,也就是说分解方法不是唯一的。

第三节　非关系型数据存储

　　在互联网行业,通常需要高并发、高性能、高可用性的数据库系统。传统的关系型数据库主要以表的形式来存储数据,无法应对非结构化数据的挑战,如表连接运算的性能瓶颈、表数据的底层存储导致的 IO(input output,输入输出)瓶颈、表的模式定义带来的设计问题等。在处理大数据时,关系型数据库遭遇了瓶颈,这就促使我们思考从数据存储模式的根源入手,来解决性能上的问题。

　　从数据存储模型的角度来看,NoSQL 可以主要划分为四个基本数据存储模型,包括键值存储、文档存储、列存储和图存储等。本节就对这四个典型的数据存储模型进行讨论。

一、键值存储

(一)基本概念

　　键值存储,也称关联数组,从本质上来讲就是<键,值>对的组合,可理解为一类两列的数组。键值存储没有查询语言,它提供了一种从数据库中新增和移除<键,值>对的方式。键值存储是 NoSQL 中最基本的数据存储模式,在键和值之间建立映射关系。

　　键值存储就像一个字典,一个字典包含很多单词,每个单词都有多个定义。一个字典就是一个简单的键值存储,单词条目即为键,每个词条下的定义条目即为值,而所有的单词按照字母顺序排好序,所以检索起来很快,并且为了找到你想要的单词不需要遍历整个字典。键值存储也按照键建立索引、键关联值,这样就能进行快速检索。

　　键值存储的优势是处理速度非常快,而且不用为值指定一个特定的数据类型,但也具有很明显的缺点,它只能通过键的查询来获取数据,而无法使用查询语言,若键值不可知,则无法进行查询。根据键值对数据的保存方式,键值对存储分为临时性、永久性和两者兼有三类。临时性键值存储把数据存储在随机存取存储器(random access memory，RAM）中，可以进行非常快的存取，但是容易造成数据丢失；永久性键值存储将数据存放在硬盘；两者兼有的键值存储则同时在内存和硬盘上进行存储，融合两者的优势。

键值存储还有两个重要准则，一是键不能重复。键作为键值数据库的唯一标志，永远不会有两行一模一样的键值。只有这样才能唯一地确定一个键值对，并返回一个单一的结果。二是不能按照值来查询。键值存储解决的是通过向应用层传递与值相对应的键，以从大型数据库集中检索和获取数据的问题，这使得键值存储保持了一个简单灵活的结构，但也导致没有基于值的检索。有时需要在事先不知道键名的情况下，查找与某个对象相关的信息。在最为基本的键值数据库中，这是不可能做到的。所幸，键值数据库的开发者添加了一些功能，使得该限制得以缓解。

1. "键"的处理

在使用键值数据库时，我们通过键来标识和检索某个值。而键值存储的一个基本准则便是键不能重复，键值存储中所有的键都是唯一的。键值存储中的键是很灵活的，并且可以用多种格式来表示，如图片或者文件的逻辑路径名、根据值的散列值人工生成的字符值、REST（representational state transfer，代表性状态传输）Web 服务调用和 SQL 语句查询等。

设计键的名称时，有一条重要原则，就是这些名称必须互不相同。与之类似，对于关系数据库的每张表格来说，每一行的主键也必须各有不同。如果使用关系数据库来保存键值，那么可以通过计数器或者序列来生成键。利用计数器和序列每次均能利用函数返回新值的特性，来确保某行数据具有独特的标识符。但是由于关系数据库要通过键来彼此连接，这种数据库应该使用无意义的值充当键名，如 Cart[12346] = 'SKU AK58964'（其中 SKU AK58964 表示库存运输中某种具体的产品类型）。

上面的例子便是关系数据库中常用的主键标识符，12346 便是计数器随机生成的序列号，但是这样的键命名方式在键值数据库的键命名时行不通，因为在实际应用中它无法告诉我们购物车具体对应哪一位顾客，也没有指出该产品应送往何处等。

通常情况下，我们考虑的一种键名构造方法就是将与属性有关的信息囊括进来，使得键名变得更有意义。可以把实体类型、实体标识符、实体属性等信息拼接在一起，如 12346：Firstname。

根据上面这种方式，可以储存一位名为"Firstname"的顾客，该顾客的 ID 号为"12346"，这样便使得创建的键名是有意义的，从而益于简化程序的代码，开发者只需编写少量的代码便可获取及设置相应数值的函数。

2. "值"的处理

值就是与键相关联的存储数据。键值数据库中的值，可以保存很多不同的内容。简单的值可以是字符串，用来表示名称；也可以是数字，用来表示顾客购物车中的商品数量。而复杂的值，则可能用来存放图像及二进制对象等数据。因为这种存储模型的目的是能够存储和检索大量数据，而不是元素之间的关系，所以受到键值数据库的限制，如某些键值数据库通常会限制值的长度。有的数据库允许键值的长度达到数百个字节，有的数据库则不允许这么长。

（二）键值存储的重要特性

1. 简洁

键值存储使用的是一种非常简单的数据结构。在某些情况下我们用不到复杂数据库提供的附加功能。比如，PS 程序具有很多强大的功能，它提供了多种图片处理方式，可用来进行平面设计、修复图片、网页制作或处理三维图等。当你需要制作一幅海报或者设计一个网页时，固然 PS 会是个不错的选择。但是，当你只是想要修改一下图片的格式或者对图片进行剪裁时，那就用不到图片处理软件所提供的强大功能了，一个简单的 Windows 自带的图片编辑器即可满足你的需求。在给应用程序选择合适的数据存储方式时，也是如此。

一般来说，开发者用不到关系数据库表格的 Join（连接）操作，也不会同时查询数据库里的许多种实体，如果要用数据库来保存与顾客的网络购物车有关的数据，固然可以考虑关系数据库，但是，用键值数据库做起来会更简单一些，因为既不需要用 SQL 来定义数据库的结构，也不需要为待保存的每个属性指定数据类型。

简洁的数据结构使得我们可以更为迅速地操作它，因此键值存储使用起来更为灵活，规则也比较宽松，可以通过编写简单的代码添加或修改<键，值>对数据。同时，键值存储的简易性和通用性使得开发者的注意力能够从架构设计转移到其他更多的性能上。

2. 高速

键值存储就是以高速而著称，由于使用了较为简单的关联数组做数据结构，而且又为提升操作速度进行了一些优化，键值数据库能够应用高吞吐量的数据密集型操作。

提升操作速度的一种方法便是把数据保存在内存之中。在 RAM 进行读写要比在硬盘中进行读写快很多。由于 RAM 并非持久化存储介质，当服务器断电之后，其存储的内容会消失。键值数据库可以同时在 RAM 和硬盘中进行数据存储，因此既可以利用 RAM 进行快速存取，又可以利用硬盘持久化储存数据。RAM 管理图如图 3-4 所示。

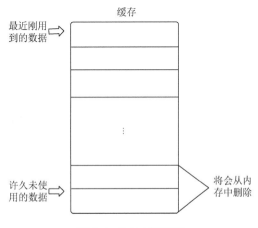

图 3-4　RAM 管理图

值得注意的一个问题是数据大小可能会超过内存的大小，因此键值存储需要对内存的数据进行管理操作。当键值数据库得到一块内存后，键值数据库系统有时需要先释放这些内容中的某些数据，以便存储新数据的副本。

3. 可扩展性和可靠性

如果数据库接口很简单，就会使系统具有更好的可扩展性和可靠性。这意味着可以调用任何解决方案来满足需求。保持接口简单可以使新手以及高级数据建模师都能利用这种能力构建系统。唯一的任务就是要明白如何使用这种能力来解决业务问题。

一个简单的接口使开发者专注于其他更加重要的性能问题。由于键值存储非常容易建立，开发者可以将更多的时间放在关注数据读写所耗费的时间上。

（三）应用案例

1. 保存网页信息

像 Google 这样的搜索引擎是使用一个叫 Web 爬虫的工具自动访问某个站点来提取和保存每个网页的内容的。每个网页上的单词都为快速关键词搜索建立好索引。

当使用 Web 浏览器时，我们输入的网址，如 https://www.sina.com.cn 这种统一的资源定位器，即 URL，代表一个网址或者网页的键，而值便是键所在的网页或资源，如果在网络中所有网页都被存储在一个简单的键值存储系统中，那么系统可能会保存数十亿或者数万亿键值对。但是每个键是唯一的，就像每个 URL 对一个网页来说也是唯一的。

使用 URL 作为键使得可以用键值存储来保存网站中所有静态的部分。这包括图像、静态 HTML 页、CSS（cascading style sheets，层叠样式表）和 JavaScript 代码。许多网站使用这个方法，并且只有网站的动态部分不会被保存到键值存储中，它们是通过脚本生成的。

2. 用户配置信息

几乎所有用户都有 Userid、Username 或其他独特的属性，而且其配置信息也各自独立，如语言、时区、访问过的产品等。这些内容全部放在一个对象里，以便使用一次 GET 操作就能获取某位用户的全部配置信息。同理，产品信息也是这样存放。

3. 物流运输订单信息

在大型的物流运输中心，需要给顾客提供具体的包裹运输情况信息。通常情况下，一份简单的订单可能只有一份国内包裹，而一份相对复杂的订单则可能包含上百件需要跨国运输的大宗货物或者集装箱货品。开发者需要将每位顾客的配置信息都集中存放在一个数据库中，以便顾客可以在任何一台移动设备上查询包裹的运输情况。此时，开发者关注的问题是选择什么样的数据库才能使得上万名顾客在同时进行读取时仍能获得较快的速度。关系数据库确实适合管理多张表格之间的复杂关系，但此刻选择键值数据库则具有更好的可缩放性以及快速响应的读写操作。

二、文档存储

（一）基本概念

文档存储数据库也称为面向文档的数据库，面向文档的数据库是一类以键值数据库为基础，不需要定义表结构，可以使用复杂查询条件的 NoSQL 数据库。文档存储数据库的值是以文档的形式来存储的。它主要用来存储、索引并管理面向文档的数据或者类似的半结构化数据。文档存储是 NoSQL 数据库中最通用、最灵活、最流行的领域。

文档存储的结构主要分为四个层次，从小到大依次是键值对、文档、集合、数据库。

1. 键值对

键值对是文档存储的基本单位，包含数据和类型。键值对的数据包括键和值，键用字符串表示，确保一个键值结构里数据记录的唯一性，同时也能记录信息。值可以是数值、字符串、布尔型等基本数据类型，也可以是数组、对象等结构化数据类型，是键所对应的数值。键值对可以分为基本键值对和嵌套键值对，嵌套键值对即文档中又包含了相关的键值对。

2. 文档

文档是文档存储的核心概念，是数据的基本单元。文档存储数据库并不会把实体的每个属性都单独与某个键相关联，而是把多个属性存储到同一份文档里面，也就是多个键以及其相关值有序地储存在一起。这里的文档与日常所见的文字处理软件或其他办公软件所制作的文件意义完全不同，但文档存储数据库可以保存传统文档。文档的数据结构与 JSON 基本相同，所有存储在集合中的数据都是 BSON 格式。

JSON 是一种轻量级的数据格式，是基于 JavaScript 语法的子集，用数组和对象表示。BSON 是 MongoDB 中常用的一种数据类型，是一种类 JSON 的二进制形式的存储格式，它和 JSON 一样，支持内嵌的文档对象和数组对象。

3. 集合

文档存储数据库比较适合存储较多的文档，一般把相似的文档纳入一个集合，集合就是指一组文档。一个集合里的文档可以是各种各样的。在某些情况下，文档存储中的集合会作为一个 Web 应用包的容器，被打包的应用可以包含脚本及数据。这些打包的特性使文档存储更加通用，扩展了它们的功能，使其作为文档存储的同时也变成了应用服务器。

4. 数据库

在文档存储中，数据库由集合组成。这种数据库能够在文档中写入多项属性，并且提供了查询这些属性的功能。一个文档存储实例可承载多个数据库，彼此独立，在开发过程中，通常将一个应用的所有数据存储到同一个数据库中，文档存储将不同数据库存放在不同文件中。

（二）特性

1. 无须定义表结构

文档存储在保存数据时会将数据和其结构都完整地以 BSON 或 JSON 的形式保存下来，并把这些作为值和特定的键相关联。文档中的键和值不再是固定的类型和大小，开发者在使用时无须预定义关系型数据库中的表对象，更新字段时没有表结构的变更，可以大大地提升开发进度，节省精力，带来方便。

2. 易于查询

文档存储是以文档的形式存储数据，不支持事务和表连接，因此查询的编写、理解和优化都容易得多。虽然无法进行 Join 查询，但可以在标准的对象中事先嵌入其他对象，这也能获得同样效果，且可以灵活地指定查询条件，如通过正则表达式或者通过对数组中特定数据的判断都可以完成查询。

3. 易于拓展

应用数据集的大小在飞速发展。如果应用数据增长非常迅猛，通过不断地添加磁盘容量和内存容量往往是不现实的，而手工地分库分表又会带来非常繁重的工作量和技术复杂度。文档存储可以在多台服务器上分散数据，自动重新分配文档，平衡集群的数据和负载，这样当数据飞速增长时只需要在集群中添加新机器即可。

4. 功能丰富

文档存储除了能够创建、读取、更新和删除数据之外，还能提供索引、聚合、文件存储等功能。它试图保留关系型数据库的许多特性，但并不追求具备所有功能。只要有可能，数据库服务器就会将复杂操作通过驱动程序或用户的应用程序代码来实现。

（三）应用案例

文档存储最主要的数据库就是 CouchDB 和 MongoDB，它们都十分强大且容易上手。

1. CouchDB

CouchDB 是一种分布式的数据库，作为一个开源的文档存储发行，可以把存储系统分布到多个物理节点上，并且很好地协调和同步节点之间的数据读写一致性。对于基于 Web 的大规模应用文档，分布式可以让它不必像传统的关系数据库那样分库拆表，在应用代码层进行大量的改动。同时它也是面向文档的数据库，存储半结构化的数据，很适合 CMS（content management system，内容管理系统）、电话本、地址本等应用，在这些应用场合，文档存储数据库要比关系数据库更加方便，性能更好。

CouchDB 构建在强大的 B 树储存引擎之上。这种引擎负责对 CouchDB 中的数据进行排序，并提供一种能够在对数均摊时间内执行搜索、插入和删除操作的机制。CouchDB 将这个引擎用于所有内部数据、文档和视图。

因为 CouchDB 数据库的结构独立于模式，所以它依赖于使用视图创建文档之间的任意关系，以及提供聚合和报告特性。此外，使用 Map（映射）/Reduce（归约）计算这些视图的结果，Map/Reduce 是一种使用分布式计算来处理和生成大型数据集的模型。Map/Reduce 模型由 Google 引入，可分为 Map 和 Reduce 两个步骤。在 Map 步骤中，由主节点接收文档并将问题划分为多个子问题，然后将这些子问题发布给工作节点，由它处理后再将结果返回给主节点。在 Reduce 步骤中，主节点接收来自工作节点的结果并合并它们，以获得能够解决最初问题的总体结果和答案。

CouchDB 中的 Map/Reduce 特性生成键值对，CouchDB 将它们插入 B 树引擎中并根据它们的键进行排序。这就能通过键进行高效查找，并且提高 B 树中的操作性能。此外，这还意味着可以在多个节点上对数据进行分区，而不需要单独查询每个节点。

2. MongoDB

MongoDB 是一个介于关系数据库和非关系数据库之间的产品，是非关系数据库中功能最丰富、最像关系数据库的。它内置了自动分区、复制、负载均衡、文件存储和数据聚合。它支持的数据结构非常松散，因此可以存储比较复杂的数据类型，适用于内容管理、实时操作型智能、产品数据管理、用户数据管理及大容量数据存储传输等场景应用。

三、列存储

列存储数据库也许是最复杂的一种 NoSQL 数据库，至少从基本的构建单元来看，它的结构是最复杂的。列存储使用行和列的标识符作为通用的键来查找数据。列族存储兼有传统关系型数据库面向行的存储方式与键值存储方式的部分特点，列族数据库类似于关系型表格，仍然以表的方式组织数据，由行和列组成，但不同的是列相当于键值对，并且引入了列族和时间戳。

（一）基本概念

1. 行

每一行代表一个数据对象，包含了若干列族，且每一行中列族及其数量可以不同。行键是对行进行唯一标识的任意字符串，按照字典顺序存储在表中。针对行键建立索引，可以提高检索数据的速度。每一行可以有不同的列。

2. 列族

列族将一列或多列组织在一起，每列必须属于一个列族。列族是访问控制的基本单位。列族支持动态扩展，无须预先定义列的数量和类型，就能够在任意列族下添加任意的列，但是列族使用之前必须先创建，然后才能在列族中任何列下存放数据。一般来说，经常需要同时查询的列被组织为一个列族，以便高效地查询，存储在同一列族下的所有数据通常属于同一类型。

3. 时间戳

列的数据项可以有多个版本，不同版本的数据通过时间戳来索引。BigTable 用精确到毫秒的时间给时间戳赋值，或由用户程序自己给时间戳赋唯一的值。数据项中，不同版本的数据按照时间戳降序排列，最新的数据排在最前面。BigTable 对每个列族有垃圾收集机制，只保存最后几个版本或最近几天写入的数据。

（二）特性

1. 容量巨大

列存储的文件系统如 GFS（谷歌文件系统，Google file system）、HDFS 支持 GB 甚至 TB 级别的文件，整个集群可以存储 TB 级别甚至 PB 级别的数据，读取大文件时采用并行的方式提高吞吐量，所以不会对读写性能造成很大的影响。

2. 读写高效

列存储将相似的经常需要同时查询的列组织在一起，节省大量输入/输出（I/O）操作，提高了这些列的存储和查询效率。实际存储中，数据按照行键的字典顺序排列，支持行键单一索引，从而获得较快的读写速度。

3. 高可扩展性

向系统中添加更多数据时，可以通过增加新节点加入集群去分担存储和处理任务。在不停止现有服务的前提下，可随时增加或删除节点，操作方便。通过保持接口简单，后端系统可以将查询分发至大量处理节点而不执行任何连接操作，所以列存储具有较强的可扩展性，在管理海量数据方面具有优良的特性。

4. 高可用性

列存储是在分布式网络上扩展的系统，保持系统内通信高效时，能够以较低的开销在各节点之间复制数据。不做连接操作也可以在远程计算机中存储一个列族矩阵的任何部分，各节点间有一定的容灾能力，当存储部分数据的节点崩溃了，其他节点仍能够提供这部分数据的服务。

5. 稀疏性

关系型数据库中，如果列在预先定义时被设置了一定的字段长度，创建表时就会为所有列预备足量的存储空间，并且空值以"NULL"值占用存储空间。所以对于存储稀疏数据，关系型数据库会存储大量的"NULL"值，浪费大量的存储空间。而在列族数据库中，不会为空值预留分配存储空间，即不存储空键值对，能够节省大量存储空间。

（三）应用案例

1. Google Earth

Google 公司的产品 Google Earth 能够为用户提供高分辨率地球表面卫星图像。对于数量巨大的卫星图像数据，Google 在 BigTable 中使用一张 Imagery 表存储预处理数据，使用另外一组表存储用户数据。

以 Imagery 表为例，每一行对应一个地理区域，行键的特殊设计确保了毗邻的区域存储在一起。每行包含一个记录每个区域数据源的列族，列族之下包含了许多列，每一列存储一个原始图像数据。由于每个区域下只有很少几张图片，这张表非常稀疏。

此外，还需要使用一张表来索引 GFS 中的数据。这张表相对较小（大约 500GB），但是这张表的读取和写入的延迟必须很小，需针对每个数据中心每秒处理几万个查询请求。因此，这张表必须存储在上百个服务器中，并且包含 In-Memory（内存内）的列族。

2. 个性化查询服务

Google 提供的个性化查询服务，记录用户的各种查询和点击的行为，如查询网页、查看图片和新闻等。用户可以重新访问他们历史上的查询和点击，也可以请求基于他们历史上的 Google 惯用模式的个性化查询结果。

个性化查询使用 BigTable 中的一张表存储每个用户的行为数据。每一行对应一个用户对象，行键是唯一的用户 ID，一个单独的列族被用来储存各种类型的行为，每个数据项将相应的用户动作发生的时间作为时间戳。个性化查询在 BigTable 上使用 MapReduce 生成用户配置文件，实现个性化当前的查询结果。个性化查询的数据在多个集群上备份，以便提高数据可用性，同时减少由客户端的距离而造成的延时。

四、图存储

NoSQL 数据库还有一种特殊的数据存储模式即图存储。图存储在那些需要分析对象之间的关系或者通过一个特定的方式遍历图中所有节点的应用中十分重要。在当今的大数据时代背景下，如社交网络、金融、地理信息系统等领域对图数据存储的要求已经超过了传统关系型数据库的承载范围，而前面三种 NoSQL 数据库在处理图关系数据时表现并不出色，因此图数据库作为新型的数据库系统，可以说是为专门处理这种复杂关系网而诞生的。

图数据库是 NoSQL 世界中的例外。因为想要在集群环境上运行，所以很多 NoSQL 使用面向聚合的模型来描述一些具备简单关联的大型记录组。图数据库的催生动机与之不同，它是为解决关系型数据库的另外一项缺点而设计的，其数据模型适合处理相互关系比较复杂的一小组记录，因此其数据模型也与其他 NoSQL 数据库不同。

（一）图存储概述

1. 图

图存储的"图"字，会让人联想到图形、图片或图像，然而此"图"非彼"图"。在图论中，图是节点与边（或者是节点与关系）的集合，一般用来分析实体之间的联系及连接。图存储数据库是基于图论而构建的，节点是具有标识符和一系列属性的对象。边是两个节点之间的连接，它可以包含与本条边有关的一些特征。

1）节点

节点可以用来表示各种事物，如城市、公司职员、蛋白质、电路、生态系统中的生物、社交网络中的用户等。这些事物有一个共同点就是可以和其他事物建立联系，大多数情况下与之相关联的事物也是同类，如城市与城市之间道路相通，公司职员之间相互合作，蛋白质与蛋白质之间发生交互，生态系统中的生物间存在捕食关系等。

2）边

节点之间的联系用边来表示，边的始端和末端都必须是节点。事物之间的某些联系比较突出，如城市之间的联系一般是铁路，而另外一些事物之间的联系则不是那么清晰，如蛋白质之间的交互作用。

3）属性

属性表示节点和边所具有的特征，节点和边都可以包含多个属性。权重就是一种常见的属性。例如，社交网络中的节点表示人，每个节点可以有姓名、年龄等属性。在家谱数据库中，边的属性可以用来表示两人之间是血缘关系还是婚姻关系等。

一个图包含节点和边两种数据类型，节点和边可以具备属性，节点通过边相连形成关系型网络。

2. 图存储原理

图存储是包含一连串的节点和边的系统，当它们结合在一起时，就构成了一个图。图存储一般有三个数据字段，分别是节点、边、属性。除了这个共同的基本特征外，图存储所用的数据模型有多种机制，尤其是在节点和边的数据存储机制上。例如，FlockDB 只存储节点和边，没有用于存储附加属性的机制；Neo4j 可以用无模式的方式将 Java 对象作为属性，附加到节点与边之中；Infinite Graph（无限图）可以把 Java 对象作为其内建类型的子类对象，存储成节点与边。

1）图计算引擎

与关系型数据库类似，图存储的核心也是建立在一个引擎上的，这就是图计算引擎。图计算引擎多种多样，目前比较流行的有内存的、单机的图计算引擎 Cassovary 和分布式的图计算引擎 Pegasus、Giraph。

图计算引擎技术使我们可以在大数据集上使用全局图算法，旨在识别数据中的集群，即类似回答"在一个社交网络中，平均每个人有多少联系"这样的问题。图 3-5 展示了一个图计算引擎的工作流程。它包括一个具有联机事务处理过程的数据库记录系统，图计算引擎用于响应用户终端或应用进程运行时发来的查询请求，周期性从记录系统中进行数据抽取、转载，然后将数据从记录系统读入图计算引擎并进行离线查询和分析，最后将查询、分析的结果返回给用户终端或应用进程。

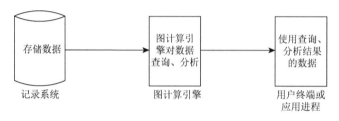

图 3-5　典型图计算引擎工作流程图

2）查询语言

采取图存储的数据库能够更加高效地查询图中各个节点之间的路径。目前常用的查询语言是 Neo4j 推出的 Cyper，其具有丰富的表现力，能高效地查询和更新图数据。Cyper 借鉴了 SQL 语言的结构，查询可由各种各样的语句组合而成。语句被连接在一起，相互之间传递中间结果集。但是目前类似的这种查询语言并不成熟而且缺乏通用性，因此使用存在局限性。

3）索引机制

基于图数据模型的 NoSQL 系统提供 Hash 索引或者 Full-Text 索引以检索节点和边，如 Neo4j 主要提供基于 Lucene 的 Full-Text 索引机制，以实现对节点和边的搜索。按照索引的对象可以将索引分为两类，分别是基于节点的索引和基于关系（边）的索引，与关系数据库系统不同的是，图存储模式的每个索引具有一个名称，根据名称来查找或者创建索引。

（二）图存储特性

1. 快速查询

想要在关系型数据库中寻找联系或链接，就必须执行一种名为 Join（连接）的操作。这种操作能够根据一张表格里的值来查询另一张表格的内容，但是频繁地对两张或者多张表格执行连接操作会花费很长时间，而极速变动的图存储模式无须执行连接操作，只需要沿着节点之间的边来查找，这样找起来比关系型数据库更简单、更快捷。如图 3-6 所示，通过学生与课程之间的边，用户可以迅速查询出某位学生所参加的全部课程，相比于关系型数据库的操作，使用图数据库更占据优势。

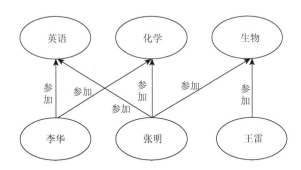

图 3-6　用图数据库表示学生与课程之间的关系

2. 建模简单

图存储支持非常灵活的数据模型，可以用简单直观的方式对数据应用进行建模和管理，可以更方便地将数据单元小型化、规范化；同时还能实现丰富的关系连接，在对数据查询时可以使用任何可想象的方法执行查询操作。传统的关系型数据库一般从领域中的主要实体开始建模。例如，社交网络中，主要实体是人和帖子。多位用户可为同一篇帖子点赞，同一个用户也可点赞多篇帖子，这就涉及多对一、一对多，甚至多对多的问题，使用关系型数据库建模十分复杂,而使用图数据库来建模,不需要为多对多的关系创建表格,图中的各条边可以明确表述这些关系。

图存储在建模上还具备一个明显的优势,就是支持实体之间的关系多样性,因为图数据模型中可以有各种类型的边,数据库设计者能够很容易对实体之间的多种关系进行建模。虽然关系型数据库也可以对多种类型的关系进行建模,但是使用图数据库表述会更加明确、易于理解。

3. 灵活性

图的灵活性来自其可扩展的优势,这意味着我们可以对已经存在的结构添加不同种类的新关系、新节点、新标签和新子图,且不用担心破坏已有的查询或应用程序的功能。图存储的灵活性使我们能增加新的节点和新的关系,并且做到不影响现有网络,也不需要做数据迁移,即原始数据和其意图都保持不变,降低了维护开销和风险。

4. 敏捷性

图数据库缺乏以模式为导向的数据管理机制,即在关系型世界中我们已经熟知的机制,这促使我们采用一种更直观、可操作的管理方式。通过对图数据库的进一步学习,我们会发现图存储的管理通常作用于编程方式,利用测试来驱动数据模型和查询,以及依靠图来断言业务规则。图数据库的开发方式非常符合当今的敏捷软件开发和测试驱动软件开发实践,这使得以图数据库为后端的应用程序可以跟上不断变化的业务环境。

图存储与其他 NoSQL 模式不同的是,由于图中每个节点都有密切的连通性,其很难扩展到多台服务器上。数据可以被复制到多台服务器来增强读和查询功能,但是实现对多台服务器进行写操作和跨多个节点的查询却比较复杂。此外,尽管图存储是围绕节点-边-节点的数据结构建立的,但是图存储以不同方式表现时,有自己复杂和不一致的术语,这就导致图存储出现不统一的执行操作语言,从而缺乏普适性。

(三)图存储应用案例

目前基于图存储的系统有 Neo4j、InfoGrid、Infinite Graph、Hyper Graph DB、Titan等。有些图数据库基于面向对象数据库创建,如 Infinite Graph 在节点的遍历等图数据的操作中,表现出优异的性能。随着社交网络、科学研究(如药物、蛋白质研究等)以及其他应用领域不断发展的需要,更多的数据以图作为基础模型进行表达,更为自然,而且这些数据的量极其庞大,如果要处理的问题是由相互连接的实体所构成的网络,则非常适合用图数据库来解决。下面将从三个方面对图存储应用案例进行介绍。

1. 连接分析

连接分析用于想要进行搜索并从中寻找模式和关系的场景,如社交网络、电话记录或电子邮件记录。以社交网络分析为例,当向朋友列表中添加新的联系人时,我们一般会想知道彼此之间是否有共同的朋友。为了获得这一信息,首先需要获得一个朋友列表,对于列表中的每一位朋友再获得一个他们各自的朋友列表。虽然可以在关系型数据库中执行这样的搜索,但经过第一轮搜索朋友列表之后,系统的性能会急速下降。对于 NoSQL 的图存储模式，由于其使用了一些从内存中移除不必要的节点技术，能够快速执行这些操作。

2. 规则和推理

规则和推理用于对复杂结构（如类库、分类学和基于规则的系统）进行查询。资源描述框架（resource description framework，RDF）是一种为在图存储中用来表述问题的多种类型而设计的标准方法，主要用在存储逻辑和规则上。一旦将这些规则建立起来就能使用一个规则或推理引擎来发现系统的其他事实。以产品评论为例，我们知道信任对于想要吸引并留住客户的业务来说是很重要的。假设有一个允许任何人发布奶茶店评论的网站，当外出遇到需要在多家奶茶店之间做出选择的情况时，如何使用简单的推理来帮我们决定去哪家奶茶店。在推理的第一阶段，能看到自己的朋友是否评论了奶茶店。第二阶段可以看到自己朋友的朋友是否评论了奶茶店。这就是一个使用网络、图和基于某个主题做出推理去获得额外信息的简单例子，图存储模式的数据库能够帮助快速达到这些推理目标。

3. 集成关联数据

集成关联数据用于将大量公开的关联数据实时整合并直接生成一些组合，具体来说就是组织结合一些领域（如媒体、医疗和环境科学、出版物等）公开的可用数据集（关联的开放数据）来执行实时抽取、转换和展示操作。用图来处理公开数据集十分有用，目前使用图存储来处理公开数据集的集成工具 LOD（linked open data，关联开放数据）就是一个很好的例子。LOD 集成通过连接两个或多个符合 LOD 结构的公共数据集来创建新的数据集。LOD 的研究主题包括顾客目标、趋势分析、舆情分析或者创建新的信息服务，将已有可用的公开数据重新组合成新的结构化数据能够为新业务提供机会。

第四节　数 据 仓 库

数据库自产生以来，就主要用于事务型处理，即日常业务操作处理。当前企业越来越关注对管理信息做进一步分析，即分析型处理，来支持企业管理决策。分析型处理与事务型处理的性质完全不同。

用户行为方面，事务型处理的用户对数据系统的要求是数据存取频率高，操作响应速度快，且每次操作持续时间短；而分析型处理中有些决策问题的分析，可能需要运行系统长达数小时，消耗大量的系统资源。

数据期限方面，事务型处理只需要当前数据，所以数据库只存储短期数据，且不同数据的保存期限不一样；而分析型处理以大量历史数据为依托，且存储的数据永远不会删除，随着时间的推移，数据量不断增加，传统数据库满足不了存储的需求。

数据粒度方面，事务型处理需要记录日常运营过程中非常详细的数据；而分析型处理需要的是与决策问题有关的经过高度汇总、概括的集成数据。

两类处理因以上几点差异，无法共用事务型处理环境来支持决策，而必须将分析型处理及数据、事务型处理及数据分离开来，构建一种新的分析处理环境即数据仓库（data warehouse）。

数据仓库之父 W. H. Inmon（因蒙）对数据仓库做了这样的描述：数据仓库是 20 世纪 90 年代信息技术构架的新焦点，它提供集成化和历史化的数据，它集成种类不同的应用系统，数据仓库从事物发展和历史的角度来组织和存储数据以供信息化和分析处理运用。W. H. Inmon 又在 *Building the Data Warehouse* 一书中将数据仓库定义为一个面向主题的、集成性的、时变性的、非易失性的数据集合，用于支持管理层的决策过程。

一、数据仓库的特征

（一）面向主题

主题是一个抽象的概念，是一个在较高管理层次上描述决策分析问题的综合数据集合。面向主题是数据仓库中最基本的数据组织原则，按一个个独立而明确的主题组织数据仓库中的数据，能够保证其内容逻辑清晰，从而使操作效率更高。数据仓库的创建和使用都是围绕主题来实现的。因此，其数据必须按主题来组织，即在较高层次上对分析对象的数据进行一个完整、一致的描述，统一地刻画各个分析对象所涉及的各项数据，以及数据之间的角度和层次关系。

（二）集成性

集成性是指数据仓库构建的过程中，多个外部数据源中的不同类型和定义的数据，经过提取、清洗和转换等一系列处理，最终构成一个有机整体。在数据存储到数据仓库前预处理的过程中，需要解决数据格式、定义、计量单位和属性名称等在不同系统中不一致的问题。数据集成，就是根据决策分析的主题需要，把原先分散的事务数据库、数据文件、Excel 文件等多个异种数据源中的数据，收集并汇总起来形成一个统一并且一致的数据集合的过程。

（三）时变性

时变性是指数据仓库中的数据随着时间的变化不断得到定期的增补和更新，以保证决策的正确性。数据时变性的实质是对既定时点的业务数据库生成"快照"，经过处理后导入数据仓库，各个时点的"快照"综合起来后构成了动态变化的数据仓库。

（四）非易失性

数据的非易失性又称稳定性，一旦数据被导入数据仓库，就永远不会被删除。数据仓库的数据主要供企业决策分析使用，数据处理主要是数据查询和相关的统计分析，因此，基于数据仓库的决策分析处理本身不涉及数据的修改操作。

二、数据仓库系统

数据仓库系统是计算机系统、数据仓库、数据仓库管理系统（data warehouse management system，DWMS）、应用软件、数据库管理员和用户的集合，即数据仓库系统一般由硬件、软件（包括开发工具）、数据仓库、数据仓库管理员等构成。

（一）两层体系结构

两层的数据仓库体系结构包括相互分离的数据源层和数据仓库层,由四个连续的数据流阶段组成，如图 3-7 所示。

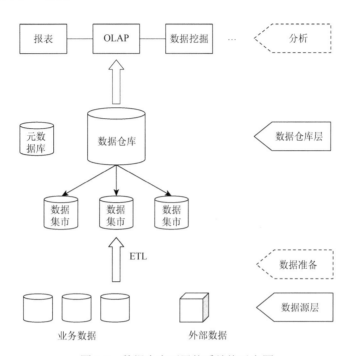

图 3-7　数据仓库两层体系结构示意图

OLAP 的全称为联机分析处理（on-line analytical processing）

1. 数据源层

数据仓库中的数据由来自不同数据源的异构数据组成,主要的数据源有企业内部业务系统中的操作型数据和文件系统中的数据文件,企业外部数据如市场信息、行业报告、统计数据等,外部数据格式多样,如文本、表格和图片等。

2. 数据准备

系统定期从数据源中抽取源数据进入数据准备阶段,进行数据清洗、转换和集成等处理,按照主题重新组织数据,最终将数据加载至数据仓库,并组织存储数据仓库元数据。这个过程用到的就是 ETL 工具,每个过程都有着各自的规则、策略和标准等。

3. 数据仓库层

数据仓库层是数据仓库的主体,存储的数据包括元数据经数据准备后的集成数据、元数据和数据集市。

元数据是关于数据的数据,在数据仓库中,元数据描述数据结构和构建方法,如数据的来源、价值、用法和特点,定义在体系结构的每层如何更改和处理数据。元数据存储在单独的元数据库中,其在数据仓库系统中的作用不可忽视,它和数据仓库有着密切的联系,帮助系统管理和开发人员方便地找到所需要的数据,并且应用程序大量使用元数据来执行数据准备和分析任务。

数据集市是在逻辑上或物理上从数据仓库中划分出来的数据子集,这样的划分是基于面向企业中某个部门或某个主题的需要,只存储有关这个部门或主题的数据,处理相关查询时只在对应的数据集市中检索,从而提高了处理速度和效率。因此将数据仓库划分为若干个数据集市,有利于数据仓库的负载均衡和应用执行效率的提高。

4. 分析

用户通过 SQL 查询语言或分析工具访问数据仓库,并采用适当方法展示查询、分析的结果,如报表、仪表盘、OLAP 和数据挖掘等。

OLAP 是数据仓库的数据分析技术,支持复杂的查询、分析操作,并以简单、直观的方式展示结果。运用 OLAP 可以在多维环境下以交互方式分析和使用数据。根据存储方式的不同,OLAP 分为 ROLAP(relational OLAP,关系型联机分析处理)、MOLAP(multi-dimensional OLAP,多维联机分析处理)和 HOLAP(hybrid OLAP,混合型联机分析处理)三类。其中,MOLAP 基于多维数据组织,响应速度快,执行效率高;ROLAP 基于关系数据库,灵活性和扩展性最好,处理海量和高维数据的能力强,现实应用中 OLAP 大多基于 ROLAP。OLAP 对多维数据操作时,有切片、切块、旋转、上卷、下钻、钻取和钻透等典型操作。OLAP 工具还可以和数据挖掘工具、统计分析工具等结合起来,增强决策分析功能。

(二)三层体系结构

三层体系结构和两层体系结构不同的是在数据源层和数据仓库层之间增加了操作型数据存储(operational data store,ODS),用于存储源数据处理、集成后获得的操作型数据,并将数据填充到数据仓库中,如图 3-8 所示。ODS 的提出源于企业对于业务型和分析型数据处理的需求,即对短期的数据进行分析,同时要求较快的响应速度。

ODS 数据是面向主题的、集成的、可变的、当前的或接近当前的数据。"面向主题"和"集成"与数据仓库相同,"可变"指可以联机进行增加、删除和更新等操作,"当前或接近当前"指存取的是短期数据。

ODS 将源数据抽取与集成和数据仓库填充清晰地分离开来,以减少数据仓库抽取数据的工作量。ODS 与数据仓库的不同之处在于,ODS 保存短期的细节数据,且数据量远少于数据仓库,支持企业的全局联机事务处理(on-line transaction processing,OLTP)和即时决策分析应用。

三、数据仓库与决策支持

(一)决策支持系统

决策支持系统(decision support system,DSS)是管理信息系统(management information

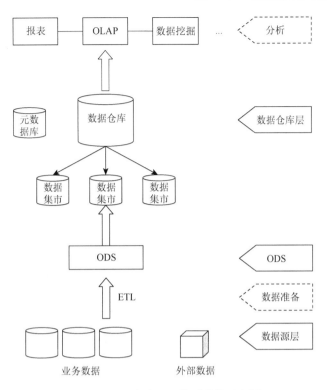

图 3-8 数据仓库三层体系结构示意图

system，MIS）的高级发展形式，DSS 是可扩展交互式 IT 技术和工具的集合，处理和分析获得的数据，辅助管理人员决策。20 世纪 80 年代，DSS 形成了基于关系型数据库的四库结构，即数据库、模型库、方法库和知识库，但基于这种结构实现的 DSS 只限于简单的查询与报表功能，无法辅助决策，原因主要在于：DSS 需要以大量的历史数据和集成的数据组织形式为基础，而传统数据库存储的数据量有限，且大多分散在异构数据平台中，无法满足 DSS 对数据的要求。

（二）数据仓库在 DSS 中的应用

20 世纪 90 年代起，数据仓库系统开始用于管理 DSS 的数据后台，为 DSS 提供了适当的数据组织形式。数据仓库从各个数据源中抽取数据，数据经过清洗、转换等处理后成为基本数据，基本数据在时间机制下生成历史数据，在综合机制下生成综合数据。DSS 接收到用户的决策请求后，通过数据挖掘工具从数据仓库中获取相关数据，进行后续处理、分析，并将结果提交给用户辅助其决策。

第五节 应用案例

传统征信所使用的数据只依赖于银行信贷数据等，数据来源相对单一，而大数据征信所使用的数据不仅包括传统的信贷数据，也包括与消费者还款能力、还款意愿相关的一些描述性风险特征。ZestFinance 旨在利用大数据技术，通过提供信用评估服务，原先传统信用评估服务无法覆盖的申请人可以获得金融服务，并降低其借贷成本。具体来说，ZestFinance 利用大数据技术搜集更多的数据维度来加强数据与消费者的信用状况相关性，提取与筛选出描述性风险特征，使大数据征信不依赖于传统信贷数据，从而可以对传统征信无法服务的人群进行征信，实现对整个消费者人群的覆盖，其信用评估模型如图 3-9 所示。

图 3-9　ZestFinance 的信用评估模型

　　在数据采集方面，ZestFinance 以大数据技术为基础采集多源数据，一方面，继承了传统征信体系的决策变量，重视深度挖掘授信对象的信贷历史。另一方面，将能够影响用户信贷水平的其他因素也考虑在内，如社交网络信息、用户申请信息等，从而实现了深度和广度的高度融合。ZestFinance 的数据来源十分丰富，依赖结构化数据的同时也导入了大量的非结构化数据。另外，它还包括大量的非常规数据，如借款人的房租缴纳记录、典当行记录、网络数据信息等，甚至将借款人填写表格时使用大小写的习惯、在线提交申请之前是否阅读文字说明等极边缘的信息作为信用评价的考量因素。类似地，非常规数据是客观世界的传感器，反映了借款人真实的状态，是客户真实的社会网络的映射。只有充分考察借款人借款行为背后的线索及线索间的关联性，才能提供深度、有效的数据分析服务，从而降低贷款违约率。

　　ZestFinance 的数据来源多元化体现在以下方面。首先，对于 ZestFinance 进行信用评估最重要的数据还是通过购买或者交换来的第三方数据，既包含银行和信用卡数据，也包括法律记录、搬家次数等非传统数据。其次，网络数据，如 IP 地址、浏览器版本，甚至电脑的屏幕分辨率，通过这些数据可以挖掘出用户的位置信息、性格和行为特征，有利于评估信贷风险。此外，社交网络数据也是大数据征信的重要数据源。最后，直接询问用户。为了证明自己的还款能力，用户会有详细、准确回答的动机，另外用户还会提交相关的公共记录的凭证，如水电气账单、手机账单等。多维度的征信大数据可以使 ZestFinance 能够不完全依赖于传统的征信体系对个人消费者从不同的角度进行描述和进一步深入地量化信用评估。此外，ZestFinance 在延续评分卡决策变量的基础上，导入了大量结构化数据和非结构化数据，包括借款人的消费、纳税等信息，以及借款人的输入习惯、网页浏览时间、日常关注的网站等极边缘信息。传统的评分模型大约收集了 500 个数据项，而 ZestFinance 大约需要收集 1 万条信息，其认为这些看似和借款没有关系的信息，是借款人真实状态的表现，对预测违约概率具有重要的参考价值。对于易出现的数据丢失现象，ZestFinance 不仅改进其评分模型，增强其处理丢失数据的能力（最新的评分模型可以处理超过 30%的丢失数据），还在理解消费者的行为模式基础上充分利用丢失数据之间的关联和正常数据的交叉以探寻数据丢失的原因。

在模型建立方面，ZestFinance 的信用评估分析原理是融合多源信息，采用先进机器学习的预测模型和集成学习的策略，进行大数据挖掘。首先，数千种来源于第三方（如电话账单和租赁历史等）和借贷者的原始数据将被输入系统。其次，寻找数据间的关联性并对数据进行转换，将相关变量整合成反映申请人特征的测量指标。再次，在关联性的基础上将变量重新整合成较大的测量指标，每一种变量反映借款人的某一方面特点，如诈骗概率、长期和短期内的信用风险和偿还能力等，然后根据不同分析模型的需要，选取相应的测量指标，将这些指标输入不同的数据分析模型中去，如欺诈模型、身份验证模型、预付能力模型、还款能力模型、还款意愿模型及稳定性模型等。最后，将每一个模型输出的结论按照模型投票的原则，形成最终的信用分数。模型的类型由原先的信贷审批模型，向市场营销、助学贷款、法律催收等方面扩展。其中，ZestFinance 开发了 10 个基于机器学习的分析模型，从超过 1 万条信息中抽取超过 7 万个变量进行分析，在 5 秒内就能全部完成。

思考与练习

1. 什么是数据采集？大数据采集方法和传统数据采集方法有什么区别？
2. 什么是数据采集系统，包含哪些类型？
3. 网络爬虫的工作原理是什么，有哪些类型？
4. 范式是根据什么来进行划分的？简述关系模式的规范化过程。
5. 关系型数据库有哪些类型？请简要介绍。
6. 数据库的适用范围是什么，有什么优势？
7. 什么是数据仓库，具有哪些特征？
8. 论述数据仓库的两层体系结构和三层体系结构。
9. 数据库在各行各业中得到了广泛的应用，如学校的教务系统、图书馆的档案管理系统等，请搜集一个数据库设计应用的案例并进行讨论。

本章拓展阅读

查伟. 2016. 数据存储技术与实践[M]. 北京: 清华大学出版社.

周林. 2005. 数据采集与分析技术[M]. 西安: 西安电子科技大学出版社.

Davidson L. 2020. Pro SQL Server Relational Database Design and Implementation[M]. Berkeley: Apress.

Dilling T J. 2020. Artificial intelligence research: the utility and design of a relational database system[J]. Advances in Radiation Oncology, 5(6): 1280-1285.

Gupta N, Jolly S. 2021. Enhancing data quality at ETL stage of data warehousing[J]. International Journal of

Data Warehousing and Mining, 17(1): 74-91.

Park C S, Lim S. 2015. Efficient processing of keyword queries over graph databases for finding effective answers[J]. Information Processing and Management, 51(1): 42-57.

Rajiv S, Navaneethan C. 2021. Keyword weight optimization using gradient strategies in event focused web crawling[J]. Pattern Recognition Letters, 142: 3-10.

第四章

数据预处理

当前，在各行各业中正不断累积海量的数据资源，受到采集方式、存储手段等各种因素的影响，实践中所收集到的原始数据信息往往容易出现数据缺失、解释性不足等问题，利用这些低质量的数据进行分析将会影响后续分析的有效性和合理性。数据预处理的目标就是要以数据分析所要解决的问题为出发点，通过相应的预处理，产生高质量、满足分析需求的数据资源。在本章中您将理解数据预处理中数据质量的相关性质，掌握数据清洗方式和数据清洗方法、数据变换的相关策略，掌握数据集成及其他预处理方法。

学习目标

- 理解数据预处理中数据质量的相关性质。
- 掌握数据清洗方式和数据清洗方法。
- 掌握数据变换的相关策略。
- 掌握数据集成及其他预处理方法。

知识结构图

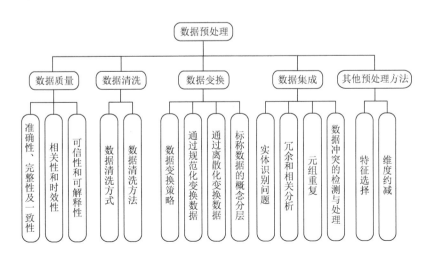

第一节　数据质量

数据质量是指在具体的业务场景或环境中，数据符合使用者的预期，并能满足相应需求的程度。数据质量涉及许多因素，包括准确性、完整性、一致性、相关性、时效性、可信性和可解释性。

一、准确性、完整性及一致性

在实际应用中，大型数据库和数据仓库往往容易出现数据不正确、不完整和不一致等情况。

出现数据不正确的原因有很多。例如，用于收集数据的设备出现了故障；在数据输入时，人或计算机的原因导致数据输入错误；用户在不希望提交个人信息时，故意向强制输入字段输入不正确的数值（如为生日选择默认值"1 月 1 日"），我们称之为被掩盖的缺失数据；在数据传输中，也有可能因为技术的原因而出现不正确的数据；此外，也有可能因为命名约定、所用的数据代码不一致或输入字段（如日期）的格式不一致而产生不正确的数据。

不完整数据的出现可能有多种原因：由于涉及个人隐私等原因有些属性无法获得，如销售事务数据中顾客的收入和年龄等信息；在输入记录时由于人为（认为不重要或理解错误等）的疏漏或机器的故障数据不完整，这些不完整的数据需要进行重新构建。

不一致数据也有可能由多种原因导致。例如，在我们采集的客户通讯录数据中，地址字段列出了邮政编码和城市名，但是有的邮政编码区域与响应的城市并不对应，导致这种现象出现的原因可能是人工输入该信息时颠倒了某些数字，或者在手写体扫描时错读了其中的数字。无论造成数据不一致的原因是什么，都需要事先检测出这些不一致的数据并加以纠正。

有些不一致的数据容易被检测，如对人的身高进行采集，身高不应该是负的；当保险公司处理赔偿要求时，相关人员将对照顾客数据库核对赔偿单上的姓名与地址。检测到采集数据的不一致后，我们需要对数据进行更正。通过一个备案的已知产品代码列表或者"校验"数字来复核产品代码，一旦发现它不正确但接近一个一致代码时，我们就对它进行纠正。但是，纠正不一致的数据往往需要额外的信息。

二、相关性和时效性

对采集到的数据进行应用时，会涉及数据的相关性与时效性问题，而且这两个因素直接关系到数据是否具备应有的价值。

在工商业界，对数据质量的相关性要求是一个重要问题。类似的观点也出现在统计学和实验科学中，上述学科十分强调精心设计实验来收集与特定假设相关的数据。与测量和数据收集一样，许多数据质量问题与特定的应用和领域有关。例如，考虑构造一个模型，预测交通事故发生率。如果忽略了驾驶员的年龄和性别信息，并且这些信息不可以间接地通过其他属性得到，那么模型的精度可能会受到影响，在这种情况下，我们需要尽量采集全面的、相关的数据信息。此外，对某个公司的大型客户数据库来说，由于时间和统计的原因，其顾客地址列表的准确性为 80%，其他地址可能过时或不正确。当市场分析人员访问公司的数据库，获取顾客地址列表时，基于目标市场营销考虑，市场分析人员对该数据库的准确性满意度较高，而当销售经理访问该数据库时，由于地址的缺失和过时，对该数据库的满意度则可能较低。我们可以从以上的例子中发现，对给定的数据库，两个不同的用户可能有完全不同的评估结果，这主要归因于这两个用户所面向的应用领域不同。

有些数据收集后就开始老化，使用老化后的数据进行数据分析与挖掘，将会产生不同的分析结果。如果数据反映的是正在发生的现象或过程的快照，如顾客的购买行为或 Web 浏览模式，则数据只代表有限时间内的真实情况；如果数据已经过时，基于它构建的模型和模式也就已经过时，在这种情况下，我们需要考虑重新采集数据信息，及时对数据进行更新。在没有智能手机和智能汽车的时代，交管中心收集的路况信息存在较大滞后，这意味着用户所看到的，很有可能已经不是当前的路况了，这样的信息几乎就不具备相应的价值。但是，能定位的智能手机开始普及后，大部分用户开放了实时位置信息，这样便于获取实时的人员流动信息，并且根据流动速度和所在位置，区分步行的人群和汽车，然后提供实时的交通路况信息，给用户带来便利，这就是大数据的时效性带来的好处。

三、可信性和可解释性

影响数据质量的另外两个因素是可信性和可解释性。数据的可信性是指数据在适用性、准确性、完整性、及时性和有效性方面是否能满足用户的应用要求，反映出有多少数据是用户信赖的。如果把数据可信性定义得过窄，会使得人们容易将问题归因于数据采入或者系统误差，导致数据的可信性差。虽然这是一种影响数据可信性的情况，但是更多的情况是由系统之间的尺度不一致（如在消费者和产品检验人之间），或者在各部门之间所采集的数据的标准定义不一致导致的。所以保证数据尺度的一致性，对于企业获取数据和分析数据来说非常重要。

数据的可解释性反映数据是否容易理解，是在数据科学的"有用性"中至关重要的方面之一，它确保使用的数据与想要解决的问题保持一致。当某一数据库在某一时刻存在错误时，恰巧该时刻销售部门使用了该数据库的数据，虽然数据库的错误在之后被及时修正，但之前的错误已经给销售部门造成困扰。此外，数据库中还存在许多销售部门难以读懂的会计编码，即便该数据库经过修正后是正确的、完整的、一致的、及时的，但由于较低的可信性和可解释性，销售部门依然可能会把它当作低质量的数据。

第二节　数据清洗

在收集数据时，由于收集条件的限制或者人为的原因，通常会存在部分数据的元组数据缺失的情况，数据缺失会造成原始数据集中信息量的减少，影响数据挖掘的结果，因此需要在数据挖掘前对缺失的数据进行处理。

大型数据库和数据仓库往往容易出现不正确、不完整和不一致等情况。为了提高数据的质量，需对数据进行清洗处理。数据清洗（data cleaning）能够填补空缺数据，平滑噪声，识别、去除孤立点，纠正不一致的数据，从而改善数据质量，提高数据挖掘的精度和性能。

一、数据清洗方式

对数据进行清洗时，必须以分析数据源的特点为出发点，利用回溯的思想，深入分析产生数据质量问题的原因。仔细分析数据流经的每一个环节，不断归纳相应的方法、方案，建立理论清洗模型，逐渐转化出可应用于实际的清洗算法和方案，并将这些算法、方案应用到对数据的识别、处理中，实现对数据质量的控制。数据清洗一般分为全人工、全机器、人机同步、人机异步四种清洗方式。数据清洗的原理如图 4-1 所示。

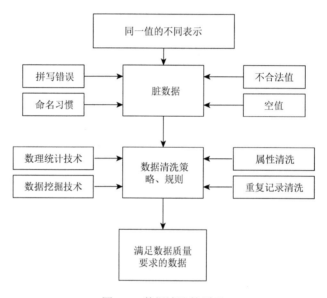

图 4-1　数据清洗的原理

（一）全人工清洗

这种清洗方式的特点是速度慢，准确度较高，一般应用于数据量较小的数据集中。在庞大的数据集中，由于人工清洗的局限性，清洗的速度与准确度会明显下降，因此一般在某些小的公司业务系统中会使用这种清洗方式。

（二）全机器清洗

这种清洗方式的优点是清洗完全自动化，将人从繁杂的逻辑任务中解脱出来，去完成更重要的事。该方式主要根据特定的清洗算法和清洗方案，编写清洗程序，使机器自动执行清洗过程。缺点是实现过程难度较大，后期维护困难。

（三）人机同步清洗

由于某些特殊的清洗要求，无法单纯依靠清洗程序，因此需要人工和机器同步合作的方式，通过设计一个供人机交互的界面，在遇到清洗程序无法处理的情况时，由人工干预进行处理。该方式不仅降低了编写程序的复杂度和难度，同时也不需要大量的人工操作，但缺点是人必须要实时参与清洗过程。

（四）人机异步清洗

这种清洗的原理与人机同步清洗基本一致，唯一不同的是在遇到程序不能处理的问题时，不直接要求人工参与，而是以生成报告的形式记录下异常情况，然后继续进行清洗工作。人工只需要根据清洗报告在后期进行相应处理。这是一种非常可行的清洗方式，既节约了人力，又能提高清洗效果。目前多数清洗软件采用这种方式设计。

二、数据清洗方法

（一）填补空缺值

当数据集过于庞大时，常常会存在数据缺失的情况，对这些不完整的数据进行分析时，需要对这些数据进行填补，但是在进行数据填补时，我们需要在填补空缺数据带来的风险和数据空缺造成的误解之间进行权衡与选择，下面我们将介绍几种填补空缺值的方法。

（1）忽略元组：当缺少类标号时，通常采用忽略元组的方法。除非元组中空缺值的属性较多，否则忽略元组不是有效的方法。

（2）人工填补空缺值：该方法耗费时间，尤其是当数据集很大、缺少的数据很多时，该方法可能行不通。

（3）全局常量填补空缺值：用同一个常数替换空缺的属性值，该方法虽然简单，但可能得出有偏差甚至错误的数据挖掘结论，因此应谨慎使用。

（4）属性的平均值填补空缺值：计算某一属性的平均值，再用该平均值来进行填充。

（5）同类样本的平均值填补空缺值：使用与给定元组同一类的所有样本的平均值。

（6）用最可能的值填补空缺值：用回归分析或决策树归纳确定最有可能的值。

（7）最近邻方法填补空缺值：相互之间"接近"的对象具有相似的预测值，如果知道一个对象的值，就可以预测其最近的邻居对象，但该方法在预测之前必须确定数据之间的距离，且距离的定义对最近邻的预测结果影响很大。

（二）消除噪声数据

噪声是测量中产生的随机错误或偏差，常使用数据平滑技术来消除噪声，主要方法如下。

（1）分箱：其通过考察周围的值来平滑存储的数据值。它将存储的值分布到一些箱中，由于分箱需要参考相邻的值，它能对数据进行局部平滑。

（2）聚类：其按照个体相似性把它们划归到若干类别（簇）中，使同一类数据之间的相似性尽可能大，不同类数据之间的相似性尽可能小。如果产生的模式无法理解或不可以使用，则该模式可能毫无意义。在这种情况下，我们就需要回到上一阶段重新组织数据，通过聚类形成一些簇，落在簇之外的值称为孤立点，孤立点被视为噪声。

（3）计算机与人工检查结合：识别孤立点还可以利用计算机和人工检查结合的办法。例如，在针对银行信用欺诈行为的探测中，孤立点可能包含有用信息，也可能包含噪声。计算机将差异程度大于阈值的模式记录到一张表中，通过审查表中的模式可以识别真正的噪声。在搜索数据库的过程中，计算机与人工检查相结合比人工检查更有效。

（4）回归：可以采用线性回归和非线性回归找出合适的回归函数，用以平滑数据、消除噪声。

（三）实现数据一致性

从多数据源集成的数据可能存在语义冲突，因此需要定义完整性约束来检测不一致性，或者通过分析数据，发现联系，从而使得数据保持一致。对于数据集中存在的不一致数据，可以使用纠正编码不一致问题的程序，也可以用知识工程工具来检测不符合条件约束的数据。例如，若已知属性间的函数依赖关系，就可以查找出不满足函数依赖的值。

第三节　数　据　变　换

数据变换是将数据从一种表示形式变成另一种表示形式的过程，通过对数据进行规范化处理，其将适用于后续的数据挖掘。各行各业中时刻都在产生海量的数据，为了对这些数据进行管理，需要依据每个行业的需求设计与之匹配的数据管理系统，由此产生的数据格式千差万别。在对这些数据进行挖掘时，挖掘算法对数据的格式有着一定的限制，所以要求在进行数据挖掘时，对这些格式不一样的数据集进行数据格式转换，使得所有数据的格式统一化。

数据变换是将数据集中数据的表示形式转换成便于数据挖掘的形式。例如，使用基于距离的数据挖掘算法时，将数据项进行归一化，即映射到[0, 1]之间，能够使数据挖掘产生比较好的结果。数据变换主要包含数据平滑、数据聚集、数据概化和数据规范化。经过数据转换后的数据集，能够使数据分析过程更为方便，分析结果更为准确。

一、数据变换策略

数据变换策略包括如下 6 种。

（1）平滑：目的是去掉数据中的噪声，这种技术包括分箱、聚类和回归。

（2）属性构造（或特征构造）：可以由给定的属性构造新的属性并添加到属性集中，以帮助挖掘过程。

（3）聚集：对数据进行汇总和聚集，如可以聚集日销售数据，计算月和年销售量。通常，这一步用来为多个抽象层的数据分析构造数据立方体。

（4）规范化：把属性数据按比例缩放，使之落入一个特定的小区间，如 0~1。

（5）离散化：数值属性的原始值用区间标签或概念标签替换，这些标签可以递归地组织成更高层概念，从而实现数值属性的概念分层。

（6）由标称数据产生概念分层：概念分层可以将数据变换到不同粒度值，根据给定属性集中每个属性不同值的个数，自动产生概念分层。

二、通过规范化变换数据

数据规范化的方法有很多种，本部分主要介绍 3 种常用的规范化方法：最小-最大规范化、z-score 规范化（零-均值规范化）和小数定标规范化。在我们的讨论中，令 A 是数值属性，同时具有 n 个观测值 $v_1, v_2, \cdots, v_n$。

最小-最大规范化是对原始数据进行线性变换。假定 $\min_A$ 和 $\max_A$ 分别为属性 A 的最小值和最大值，最小-最大规范化通过式（4-1）计算，把 A 的值 v 映射到区间 $[\text{new\_min}_A, \text{new\_max}_A]$ 中，得到规范化矩阵 v'。

$$v' = \frac{v - \min_A}{\max_A - \min_A}(\text{new\_max}_A - \text{new\_min}_A) + \text{new\_min}_A \qquad (4\text{-}1)$$

最小-最大规范化保持原始数据值之间的联系，如果今后的输入实例落在 A 的原数据值域之外，则该方法将面临"越界"错误。

在 z-score 规范化中，主要基于 A 的平均值和标准差进行规范化。A 的值 v 被规范化为 v'，由式（4-2）计算。

$$v' = \frac{v - \overline{A}}{\sigma_A} \qquad (4\text{-}2)$$

当属性 A 的实际最大值和最小值未知或离群点左右了最小-最大规范化时，该方法是有用的。

小数定标规范化通过移动属性 A 的值的小数点位置进行规范化，小数点的移动位数依赖于 A 的最大绝对值，v 被规范化为 v'，由式（4-3）计算。

$$v' = \frac{v}{10^j} \qquad (4\text{-}3)$$

其中，j 为使 $\max(|v'|) < 1$ 的最小整数。

三、通过离散化变换数据

（一）通过分箱离散化

分箱是一种基于指定箱个数的自顶向下的分裂技术，而分箱离散化是一种无监督离散化方法，主要分为以下三类。

（1）等宽分箱：将变量的取值范围分为 k 个等宽的区间，每个区间当作一个分箱。

（2）等频分箱：把观测值按照从小到大的顺序排列，根据观测的个数等分为 k 部分，每部分当作一个分箱，如数值最小的 $1/k$ 比例的观测形成第一个分箱等。

（3）基于 k 均值聚类的分箱：使用 k 均值聚类法将观测值聚为 k 类，但在聚类过程中需要保证分箱的有序性，第一个分箱中的所有观测值都要小于第二个分箱中的观测值，第二个分箱中的所有观测值都要小于第三个分箱中的观测值等。

这些方法也可以用作数据归约和概念分层产生的离散化方法。例如，使用等宽分箱或等频分箱，然后用箱均值或中位数替换箱中的每个值，可以将属性值离散化，就像用箱的均值或箱的中位数光滑一样。分箱并不使用类信息，因此是一种无监督的离散化技术，它对用户指定的箱个数很敏感，也容易受离群点的影响。

（二）通过直方图分析离散化

像分箱一样，直方图分析也是一种无监督的离散化技术，因为它也不使用类信息。直方图把属性 A 的值划分成不相交的区间，相应的区间被称作桶或箱。

可以使用各种划分规则定义直方图，如等宽直方图将值分成相等分区或区间。在理想情况下，使用等频直方图，值会被均匀划分，使每个分区包括相同个数的数据元组。

直方图分析算法可以递归地用于每个分区，自动地产生多级概念分层，直到达到一个预先设定的概念层数，过程终止；也可以对每一层使用最小区间长度来控制递归过程。最小区间长度决定每层每个分区的最小宽度，或每层每个分区中值的最少数目。此外，直方图也可以根据数据分布的聚类分析进行划分。

（三）通过聚类、决策树和相关性分析离散化

聚类分析是一种常见的离散化方法，将属性 A 的值划分成簇或组。聚类算法可以用来离散化数值属性 A。聚类考虑 A 的分布及数据点的邻近性，因此可以产生高质量的离散化结果。由图 4-2 可以看出，聚类将类似的值组织成群或簇，因此，落在簇集合之外的值被视为离群点。

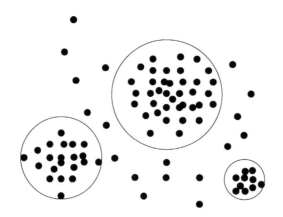

图 4-2   基于聚类分析的数据离散化

主要用于处理模式分类问题的决策树生成技术同样也可用于离散化分析，这类技术使用自顶向下的划分方法。离散化的决策树方法是监督的，因为它使用类标号，其主要思想是选择划分点使一个给定的结果分区包含尽可能多的同类元组。

相关性分析是指对两个或多个具备相关性的变量元素进行分析，从而衡量变量之间的

相关密切程度。在进行离散变量之间的相关性分析时，我们常常使用卡方检验。卡方检验是一种用途很广的计数资料的假设检验方法，属于非参数检验的范畴，主要用于比较两个及两个以上样本率（构成比）以及两个分类变量的关联性分析，根本思想在于比较理论频数和实际频数的吻合程度或拟合优度。

四、标称数据的概念分层

概念分层可以用来把数据变换到多个粒度值，下面是四种标称数据的概念分层的产生方法。

（1）由用户或专家在模式级显式地说明属性的部分序。通常分类属性或维的概念分层涉及一组属性，用户或专家在模式级通过说明属性的部分序或全序，可以很容易地定义概念分层。

（2）通过显式数据分组说明分层结构的一部分。这基本上是人工定义概念分层结构的一部分。在大型数据库中，通过显式的值枚举定义整个概念分层是不现实的，然而对一小部分中间层数据，我们可以很容易地显式说明分组。

（3）说明属性集，但不说明它们的偏序。用户可以说明一个属性集，形成概念分层，但并不显式说明它们的偏序，然后系统可以试图自动地产生属性的序，从而构造有意义的概念分层。由于一个较高层的概念通常包含若干从属的较低层概念，定义在高概念层的属性与定义在较低概念层的属性相比，通常包含较少数目的不同值。根据这一事实，可以根据给定属性集中每个属性不同值的个数，自动地产生概念分层。具有最多不同值的属性放在分层结构的最低层。一个属性的不同值个数越少，它在所产生的概念分层结构中所处的层就越高，在许多情况下，这种启发式规则都很有用。在进行分层之后，必要的情况下，局部层次交换或调整可以由用户或专家来做。

（4）只说明部分属性集。在定义分层时，用户可能对分层结构中应当包含什么只是有一个很模糊的想法，或者说用户在分层结构的说明中只包含了相关属性的一部分。这时，为了处理这部分说明的分层结构，要在数据库模式中嵌入数据语义，使语义密切相关的属性能够在一起。利用这种办法，一个属性的说明可能会触发整个语义密切相关的属性被"拖进"，从而形成一个完整的分层结构。然而，必要时用户可以忽略这一特性。

总之，模式和属性值计数信息都可以用来产生标称数据的概念分层，使用概念分层变换数据使得较高的知识模式可以被发现。

第四节 数据集成

数据挖掘经常需要数据集成——合并来自多个数据源的数据。数据往往来自多个数据源，如数据库、数据立方、普通文件等，通过结合在一起形成一个统一的数据集合，以便为数据处理工作的顺利完成提供完整的数据基础。数据集成有助于减少结果数据集的冗余和不一致，这有助于提高其后挖掘过程的准确性和速度。数据集成过程如图 4-3 所示。

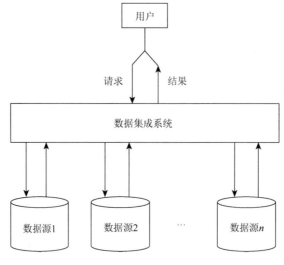

图 4-3　数据集成过程

一、实体识别问题

在实际应用中,来自多个信息源的等价实体如何进行匹配涉及实体识别问题。例如,每个属性的元数据包括名字、含义、数据类型和属性的允许取值范围,以及处理空白、零或"NULL"值的空值规则。通常数据库和数据仓库有元数据,即关于数据的数据,这种元数据可以帮助避免模式集成的错误,元数据还可以用来帮助变换数据。在集成期间,当一个数据库的属性与另一个数据库的属性匹配时,必须特别注意数据的结构。这旨在确保源系统中的函数依赖和参照约束与目标系统中的匹配。

数据实体识别是提高数据实体同一性质量的一个重要步骤,最早关于实体识别问题的研究是独立于数据可用性概念的。到目前为止,已有的研究工作提出了解决该问题的很多方法和框架。解决实体识别问题一般需要匹配及消解过程,这个过程也被称作清洗或合并。在关系数据中,实体匹配比较两个数据实体是否有可能表示一个物理实体,消解过程是对匹配结果做出最优的识别结果解释。具体地说,实体识别问题的任务就是要寻获数据中描述同一实体的若干元组。解决实体识别问题的常用方法有两类:第一类方法是"实体匹配 + 实体消解",该方法通过逐对比较实体来判定实体之间的两两关系,再利用匹配结果的消解方法得到实体识别问题的结果,也就是基于规则的实体识别方法;第二类方法是利用统计模型直接求解实体识别结果,也就是基于统计方法的实体识别。

(一)基于规则的实体识别方法

利用相似性度量函数度量数据实体之间的相似性是解决实体识别问题的重要思路,然而大多数时候,我们无法在现实世界中找到一个完美的相似性度量函数来衡量实体之间的相似性。因此我们需要利用语义规则引入额外的专家用户信息来引导实体识别过程。结合语义规则的方法可以修正相似函数产生的误差,提高识别的精度,该方法的极限情况是完全用语义规则来解决实体识别问题。

（二）基于统计方法的实体识别

常规的统计方法需要设置参数或者给定训练数据，而有专家提出了一种两阶段的统计学习方法，该方法可完全自动地执行实体识别过程，其思想是将第一阶段在数据实体上两两匹配结果较好的一部分抽取出来，并将其作为第二阶段的支持向量机方法的训练数据。该工作基于最近邻方法和支持向量机方法分别给出了对应的实体识别算法。

二、冗余和相关分析

冗余是数据集成的另一个重要问题，一个属性如果能由另一个或另一组属性推断出，则这个属性可能是冗余的，属性命名的不一致也有可能导致数据集成的冗余。

有些冗余可以被相关分析检测到，如给定两个属性，根据可用的数据，相关分析可以度量一个属性能在多大程度上蕴涵另一个。对于标称数据，我们使用卡方检验；对于数值数据，我们使用相关系数和协方差，它们都评估一个属性的值如何随另一个变化。

（一）标称数据的卡方检验

属性 A 有 $\{a_1, a_2, \cdots, a_c\}$，属性 B 有 $\{b_1, b_2, \cdots, b_r\}$，$(A_i, B_j)$ 代表属性 A 取 a_i，属性 B 取 b_j 时的联合事件，那么

$$\chi^2 = \sum_{i=1}^{c} \sum_{j=1}^{r} \frac{\left(o_{ij} - e_{ij}\right)^2}{e_{ij}} \tag{4-4}$$

其中，o_{ij} 为联合事件 (A_i, B_j) 的观测频数；e_{ij} 为联合事件的期望频数。

$$e_{ij} = \frac{\mathrm{count}(A=a_i) \times \mathrm{count}(B=b_j)}{n} \tag{4-5}$$

其中，n 为数据元组个数；$\mathrm{count}(A=a_i)$ 为 A 上具有值 a_i 的元组个数，$\mathrm{count}(B=b_j)$ 也是同理。该卡方检验的自由度为 $r=1$、$c=1$，最后可以通过假设检验来判度属性之间是否具有相关性。

（二）数值数据的相关系数

$$r_{A,B} = \frac{\sum_{i=1}^{n}(a_i - \overline{A})(b_i - \overline{B})}{n\sigma_A \sigma_B} = \frac{\sum_{i=1}^{n}(a_i b_i) - n\overline{A}\,\overline{B}}{n\sigma_A \sigma_B} \tag{4-6}$$

其中，$\overline{A}$ 为属性 A 的均值；σ_A 为属性 A 的标准差；$-1 \leqslant r_{A,B} \leqslant 1$。如果 $r_{A,B}$ 大于 0，则 A 和 B 呈正相关，值越大相关性越强，否则为负相关。具有较高相关系数的说明某个属性可以作为冗余而剔除。

（三）数值数据的协方差

$$\mathrm{cov}(A,B) = E\left[(A - \overline{A})(B - \overline{B})\right] = \frac{\sum_{i=1}^{n}(a_i - \overline{A})(b_i - \overline{B})}{n} \tag{4-7}$$

$$R_{A,B} = \frac{\mathrm{cov}(A,B)}{\sigma_A \sigma_B} \tag{4-8}$$

其中，$\mathrm{cov}(A,B)$ 为属性 A 与属性 B 之间的协方差；$R_{A,B}$ 为相关系数和协方差之间的关系。

三、元组重复

除了检测属性间的冗余外，还应当在元组间进行重复性的检测。例如，对给定的唯一数据实体，检测是否存在两个或多个相同的元组。我们把对表示同一现实实体的多个记录进行识别的过程称为记录的匹配过程，相似重复记录的匹配过程为相似重复记录的清洗工作奠定了基础，并对相似重复记录的检测工作进行了总结。

（一）数据准备

数据准备阶段又称为数据的预处理阶段，在相似重复数据检测工作中用来解决结构方面的异质问题，从而使得来自不同数据源的数据以统一的方式存储在一个数据库中，主要包括解析、数据转换和标准化等阶段。

（二）减小查询空间

由于数据库存储的信息量巨大，如果所有的元组都进行相似重复数据检测，不仅耗费大量的时间，而且效率也比较低，因此通常使用启发式的搜索方法来缩小检测的空间。采用临近分类法可以大幅度地减少计算次数并提高检测的效率。

（三）相似重复记录的识别

虽然在数据准备阶段对数据进行了一系列的标准化操作，但是记录中还会存在一些语义上或者语法上的不规范，因此需要使用一些技术手段进一步对相似重复记录进行检测。相似重复记录的检测过程分为属性值的相似度度量和记录的相似度度量两个阶段，记录的相似度通常由一个或多个属性值的相似度来决定：如果只考虑单属性记录的相似度，可以直接使用某一种匹配算法计算记录的相似度；对于多属性的记录，需要分别计算各属性的相似度，然后使用某种特定规则对这些属性相似度进行综合计算。

（四）验证

为了验证检测方法的有效性和准确性，有专家制定了查准率和查全率两个度量标准。如果对于检测的结果不满意，则需要进一步设定更合适的阈值，采用更合适的方法重新处理，以达到满意的效果。

四、数据冲突的检测与处理

在数据库集成领域内建立异构数据源之间的语义互操作越来越成为一个核心问题，而语义互操作问题最后归结为解决数据冲突的问题，这是数据集成最主要的任务。数据冲突包括模式层次和语义层次上的冲突，相比较而言，后者更难解决。在异构和分布式数据库系统中，各局部数据库均是独立运行、独立管理的，具有自治性，因而造成局部数据库的数据彼此之间的语义和数据值有可能不一致，从而造成各局部数据库中的数据源冲突，使得对象的描述产生二义性。

·语义互操作问题一般有两种解决方法：全局模式方法和域本体方法。全局模式方法通过构建一个全局模式来建立全局模式和局部数据源模式之间的映射关系，这种方法的缺点是严重依赖相关的应用系统或者参与的局部数据源模式。域本体方法是利用机器可理解的概念以及概念之间的关系，这些概念和概念之间的关系用一个共享本体来表示，各个数据源都可以理解该本体的含义。域本体中的知识在特定的域中，但是独立于特定的应用系统和模式。在这种方法中还需要辅助工具来捕获和表示各种知识，从而解决语义冲突。

第五节 其他预处理方法

一、特征选择

特征选择是一个很重要的数据预处理过程，主要作用有以下两点：①减少特征数量，降维；②去除不相关特征。特征选择的基本流程如图4-4所示。虽然现实中存在特征不足和特征冗余两种情况，但是在实际应用中，往往都是特征冗余的情况，这需要我们减少一些特征。

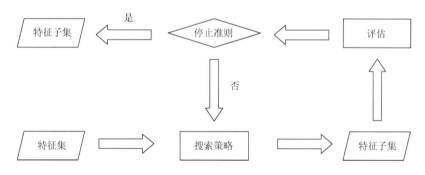

图4-4 特征选择的基本流程

首先，筛选出无关的特征，如通过空气的湿度、环境的温度、风力和当地人的男女比例来预测明天是否会下雨，其中男女比例就是典型的无关特征。

其次，还需要剔除一些多余的特征，如通过房屋的面积、卧室的面积、车库的面积、所在城市的消费水平、所在城市的税收水平等特征来预测房价，那么消费水平（或税收水平）就是多余特征。证据表明，消费水平和税收水平存在相关性，我们只需要其中一个特征就足够了，因为另一个能从其中一个推演出来（若是线性相关，则用线性模型做回归时会出现多重共线性问题，将会导致过拟合）。

减少特征具有重要的现实意义，不仅可以减少过拟合、减少特征数量（降维）、提高模型泛化能力，还可以使模型获得更好的解释性，增强对特征和特征值之间的理解，加快模型的训练速度。但是在减少特征时，也会面临一些问题。在面对未知领域时，判断特征与目标之间的相关性、特征与特征之间的相关性是一件很困难的事，这时就需要用一些数学或工程上的方法来帮助我们更好地进行特征选择。

根据特征选择的形式又可以将特征选择方法分为三种。①过滤法，按照发散性或者相关性对各个特征进行评分，设定阈值或者待选择阈值的个数，选择特征。②包裹法，根据目标函数，每次选择若干特征或者排除若干特征，直到选择出最佳的子集。③嵌入法，先使用某些机器学习的算法和模型进行训练，得到各个特征的权值系数，根据系数从大到小选择特征，类似于过滤法，嵌入法通过训练来确定特征的优劣。

（一）过滤法

在排除取值变化小的特征中，假设某特征的特征值只有 0 和 1，并且在所有输入样本中，95%的实例的该特征取值都是 1，在这种情况下可以认为这个特征作用不大。如果100%都是 1，则表明这个特征没有意义。此外，当特征值都是离散型变量时，这种方法才能被使用，如果是连续型变量，需要将连续变量离散化。而且实际中，95%的实例的该特征取值都是 1 的可能性很小，因此这种方法虽然简单，但是实际能用到的场景很少，可以把它作为特征选择的预处理，先去掉那些取值变化小的特征，然后从接下来提到的特征选择方法中选择合适的进行进一步的特征选择。过滤法的基本原理如图 4-5 所示。

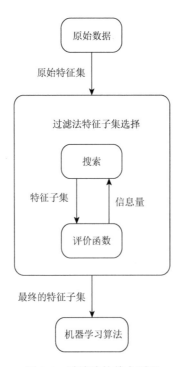

图 4-5　过滤法的基本原理

单变量特征选择的原理是分别单独地计算每个变量的某个统计指标，根据该指标来判断哪些指标重要，剔除那些不重要的指标。对于分类问题（Y 离散）可采用卡方检验、互信息。对于回归问题（Y 连续）可采用皮尔逊相关系数、最大信息系数。这种方法比较简单，易于运行，易于理解，通常对于理解数据有较好的效果（但对特征优化、提高泛化能力来说不一定有效）。单变量特征选择基于单变量的统计测试来选择最佳特征，它可以看作预测模型的一项预处理过程。

（二）包裹法

递归消除特征法属于包裹法的一种，递归消除特征法使用一个基模型来进行多轮训练，每轮训练后，移除若干权值系数的特征，再基于新的特征集进行下一轮训练。对特征含有权重的预测模型，通过递归减少考察的特征集规模来选择特征。首先，预测模型在原始特征上训练，每个特征指定一个权重。其次，那些拥有最小绝对值权重的特征被踢出特征集。如此往复递归，直至剩余的特征数量达到所需的特征数量。

（三）嵌入法

嵌入法是一种让算法自己决定使用哪些特征的方法，即特征选择和模型训练同时进行。在使用嵌入法时，我们先使用某些机器学习的算法或模型进行训练，得到各个特征的权值系数，根据权值系数从大到小选择特征。这些权值系数往往代表了特征对于模型的某种贡献或某种重要性。比如，决策树集成模型中的 feature importances 属性，可以列出每个特征对决策树建立的贡献，我们可以基于这种贡献进行评估，找出对模型建立最有用的特征。因此相对于过滤法，嵌入法的结果会更加精确到模型的效用本身，对提高模型效力有更好的作用。由于嵌入法考虑了特征对模型的重要性，因此无关的特征（需要相关性过滤的特征）和一些区分度不大的特征（需要方差过滤的特征）都会因为缺乏对模型的贡献而被删除。

二、维度约减

（一）线性降维方法

1. 主成分分析

主成分分析（principal components analysis，PCA）是较传统的降维方法之一。在数据压缩消除冗余和数据噪声消除等领域都有广泛的应用。

在介绍 PCA 之前，不妨先考虑这样一个问题：对于正交属性空间中的样本点，如何用一个超平面（直线的高维推广）对所有样本进行恰当的表达。容易想到，若存在这样的超平面，那么该超平面应具有这样的性质：最近重构性，样本点到这个超平面的距离都足够近；最大可分性，样本点在这个超平面上的投影能尽可能分开。

有趣的是，基于最近重构性和最大可分性，能分别得到 PCA 的两种等价推导，首先从最近重构性来推导。

假定数据样本进行了中心化，即 $\sum_i x_i = 0$；再假定投影变换后得到的新坐标系为 $\{\boldsymbol{\omega}_1, \boldsymbol{\omega}_2, \cdots, \boldsymbol{\omega}_d\}$，其中 $\boldsymbol{\omega}_i$ 为标准正交基向量，$\|\boldsymbol{\omega}_i\|_2 = 1$，$\boldsymbol{\omega}_i^{\mathrm{T}} \boldsymbol{\omega}_j = 0 (i \neq j)$。若丢弃新坐标

系中的部分坐标，即将维度降低到 $d' < d$，则样本点 x_i 在低维坐标系中的投影是 $z_i = (z_{i1}, z_{i2}, \cdots, z_{id'})$，其中 $z_{ij} = \boldsymbol{\omega}_j^{\mathrm{T}} x_i$ 为 x_i 在低维坐标系下第 j 维的坐标。若基于 z_i 来重构 x_i，则会得到 $\hat{x}_i = \sum_{j=1}^{d'} z_{ij} \boldsymbol{\omega}_j$。

考虑到整个训练集，原样本点 x_i 与基于投影重构的样本点 $\hat{x}_i$ 之间的距离为

$$\sum_{i=1}^{m} \left\| \sum_{j=2}^{d'} z_{ij} w_i - x_i \right\|_2^2 = \sum_{i=1}^{m} z_i^{\mathrm{T}} z_i - \sum_{i=1}^{m} z_i^{\mathrm{T}} w^{\mathrm{T}} x_i + \mathrm{const}$$

$$\propto -\mathrm{tr}\left(w^{\mathrm{T}} \left(\sum_{i=1}^{m} x_i x_i^{\mathrm{T}} \right) w \right) \tag{4-9}$$

$W = \{\boldsymbol{\omega}_1, \boldsymbol{\omega}_2, \cdots, \boldsymbol{\omega}_d\}$，根据最近重构性，式（4-9）应被最小化，考虑到 $\boldsymbol{\omega}_j$ 是标准正交基，$\sum_i x_i x_i^{\mathrm{T}}$ 是协方差矩阵，有

$$\min_w \ \mathrm{tr}(W^{\mathrm{T}} X X^{\mathrm{T}} W)$$
$$\mathrm{s.t.} \ W^{\mathrm{T}} W = I \tag{4-10}$$

这就是 PCA 的优化目标。

从最大可分性出发，能得到 PCA 的另一种解释。样本点 x_i 在新空间中超平面上的投影是 $W^{\mathrm{T}} x_i$，若所有样本点的投影能尽可能分开，则应该使投影后样本点的方差最大化。

投影后的样本点的方差是 $\sum_i W^{\mathrm{T}} x_i x_i^{\mathrm{T}} W$，于是优化目标可以写为

$$\min_w \ \mathrm{tr}(W^{\mathrm{T}} X X^{\mathrm{T}} W)$$
$$\mathrm{s.t.} \ W^{\mathrm{T}} W = I \tag{4-11}$$

显然，式（4-10）与式（4-11）等价。对其中一个公式使用拉格朗日乘子法可得

$$X X^{\mathrm{T}} \boldsymbol{\omega}_i = \lambda_i \boldsymbol{\omega}_i \tag{4-12}$$

于是，只需对协方差矩阵 $X X^{\mathrm{T}}$ 进行特征值分解，将求得的特征值排序：$\lambda_1 \geqslant \lambda_2 \geqslant \cdots \geqslant \lambda_d$，再取前 d' 个特征值对应的特征向量构成 $W^* = \{\boldsymbol{\omega}_1, \boldsymbol{\omega}_2, \cdots, \boldsymbol{\omega}_d\}$，这就是 PCA 的解。

降维后低维空间的维数 d' 通常是由用户事先指定，或通过在 d' 值不同的低维空间中对 k 近邻分类器（或其他开销较小的学习器）进行交叉验证来选取较好的 d' 值。对 PCA 来说，还可从重构的角度设置一个重构阈值，如 $t = 95\%$，然后选取使式（4-13）成立的最小 d' 值：

$$\frac{\sum_{i=1}^{d'} \lambda_i}{\sum_{i=1}^{d} \lambda_i} \geqslant t \tag{4-13}$$

PCA 仅需保留 W^* 与样本的均值向量即可通过简单的向量减法和矩阵-向量乘法将新

样本投影至低维空间中，显然低维空间与原始高维空间必有不同，因为对应于最小的 $d-d'$ 个特征值的特征向量被舍弃了，这是降维导致的结果，但舍弃这部分信息往往是必要的：一方面，舍弃这部分信息之后能使样本的采样密度增大，这正是降维的重要动机；另一方面，当数据受到噪声影响时，最小的特征值所对应的特征向量往往与噪声有关，将它们舍弃能在一定程度上起到去噪的效果。

2. 线性判别

在自然语言处理领域，隐含狄利克雷分布（latent Dirichlet allocation，LDA）是一种处理文档的主题模型。本部分只讨论线性判别分析，因此后面所有的 LDA 均指线性判别分析。

LDA 是一种监督学习的降维技术，也就是说数据集的每个样本是有类别输出的。这点和 PCA 不同，PCA 是不考虑样本类别输出的无监督降维技术。LDA 的思想可以用一句话概括，就是"投影后类内方差最小，类间方差最大"。我们需要将数据在低维度上进行投影，投影后希望每一种类别数据的投影点尽可能地接近，而不同类别的数据的类别中心之间的距离尽可能大。

LDA 的原理是，将带上标签的数据点，通过投影的方法，投影到维度更低的空间中，使得投影后的点会形成按类别区分，一簇一簇的情况，相同类别的点将会在投影后的空间中更接近。要说明白 LDA，首先得弄明白线性分类器，因为 LDA 是一种线性分类器。对于 K-分类的一个分类问题，会有 K 个线性函数：

$$y_k(x) = w_k^{\mathrm{T}} + w_{k_0} \tag{4-14}$$

当满足对于所有的 j，都有 $y_k > y_j$ 这一条件时，我们就说 x 属于类别 k。对于每一个分类，都有一个公式去算一个分值，在所有的公式得到的分值中，找一个最大的，就是所属的分类了。

（二）基于核函数的非线性降维方法

线性降维方法假设从高维空间到低维空间的函数映射是线性的，然而在有些时候，高维空间是线性不可分的，需要找到一个非线性函数映射才能进行恰当的降维，这就是非线性降维。基于核函数的非线性降维方法是一种典型的非线性降维方法，它基于核技巧对线性降维方法进行"核化"，然后再降维。下面介绍的核主成分分析（kernel principal components analysis，KPCA）就是一种经典的非线性降维方法。

KPCA 利用核技巧将 d 维线性不可分的输入空间映射到线性可分的高维特征空间中，然后对特征空间进行 PCA 降维，将维度降到 d' 维，并利用核技巧简化计算。这就是一个先升维后降维的过程，这里的维度满足 $d' < d < D$。

KPCA 原理是原始输入空间中的样本 $X = \{x_1, x_2, \cdots, x_m\}$ 通过映射 Φ 得到高维（D 维）特征空间的样本 $\Phi(X) = (\Phi(x_1), \cdots, \Phi(x_i), \cdots, \Phi(x_m))$（假设高维空间的数据样本已经进行了中心化），之后利用投影矩阵 $W = \{\omega_1, \omega_2, \cdots, \omega_{d'}\}$ 将高维空间的样本投影到低维空间。

我们只需要对高维空间的协方差矩阵 $\Phi(X)\Phi(X)^{\mathrm{T}}$ 进行特征值分解，将求得的特征值排序，取前 d' 个特征值对应的特征向量构成 $W = \{\omega_1, \omega_2, \cdots, \omega_{d'}\}$，这就是 KPCA 的解。

首先求解式（4-15）：

$$\boldsymbol{\Phi}(\boldsymbol{X})\boldsymbol{\Phi}(\boldsymbol{X})^{\mathrm{T}}\boldsymbol{W} = \lambda\boldsymbol{W} \tag{4-15}$$

由式（4-15）可得式（4-16）：

$$\boldsymbol{W} = \frac{1}{\lambda}\boldsymbol{\Phi}(\boldsymbol{X})\boldsymbol{\Phi}(\boldsymbol{X})^{\mathrm{T}}\boldsymbol{W} = \boldsymbol{\Phi}(\boldsymbol{X})\boldsymbol{A} \tag{4-16}$$

其中，投影矩阵的第 j 维为 $\boldsymbol{\omega}_j = \dfrac{1}{\lambda_j}\left(\sum\limits_{i=1}^{m}\boldsymbol{\Phi}(x_i)\boldsymbol{\Phi}(x_i)^{\mathrm{T}}\right)\boldsymbol{\omega}_j = \sum\limits_{i=1}^{m}\boldsymbol{\Phi}(x_i)\dfrac{\boldsymbol{\Phi}(x_i)^{\mathrm{T}}\boldsymbol{\omega}_j}{\lambda_j} = \sum\limits_{i=1}^{m}\boldsymbol{\Phi}(x_i)\alpha_i^j$ ，

而 $\alpha_i^j = \dfrac{\boldsymbol{\Phi}(x_i)^{\mathrm{T}}\boldsymbol{\omega}_j}{\lambda_j}$ 为 α_i 的第 j 个分量；矩阵 $\boldsymbol{A} = (\alpha_1, \cdots, \alpha_i, \cdots, \alpha_m)$ 。

高维空间的样本内积计算量非常大，在这里，利用核技巧避免对特征空间上的样本内积直接进行计算，于是需要引入核函数 $k(x_i, x_j) = \boldsymbol{\Phi}(x_i)^{\mathrm{T}}\boldsymbol{\Phi}(x_j)$ 和核矩阵 $\boldsymbol{K}$ ，其中 $(\boldsymbol{K})_{ij} = k(x_i, x_j)$ 。

先将式（4-16）代入式（4-15）得到

$$\boldsymbol{\Phi}(\boldsymbol{X})\boldsymbol{\Phi}(\boldsymbol{X})^{\mathrm{T}}\boldsymbol{\Phi}(\boldsymbol{X})\boldsymbol{A} = \lambda\boldsymbol{\Phi}(\boldsymbol{X})\boldsymbol{A} \tag{4-17}$$

两边左乘 $\boldsymbol{\Phi}(\boldsymbol{X})^{\mathrm{T}}$ ：

$$\boldsymbol{\Phi}(\boldsymbol{X})^{\mathrm{T}}\boldsymbol{\Phi}(\boldsymbol{X})\boldsymbol{\Phi}(\boldsymbol{X})^{\mathrm{T}}\boldsymbol{\Phi}(\boldsymbol{X})\boldsymbol{A} = \lambda\boldsymbol{\Phi}(\boldsymbol{X})^{\mathrm{T}}\boldsymbol{\Phi}(\boldsymbol{X})\boldsymbol{A} \tag{4-18}$$

构造出 $\boldsymbol{\Phi}(\boldsymbol{X})^{\mathrm{T}}\boldsymbol{\Phi}(\boldsymbol{X})$ ，进一步用核矩阵 $\boldsymbol{K}$ 代替得

$$\begin{aligned} \boldsymbol{K}^2\boldsymbol{A} &= \lambda\boldsymbol{K}\boldsymbol{A} \\ \boldsymbol{K}\boldsymbol{A} &= \lambda\boldsymbol{A} \end{aligned} \tag{4-19}$$

由此，式（4-15）中的特征值分解问题就变成了式（4-19）中的特征值分解问题。将求得的特征值排序（ $\lambda_1 \geqslant \lambda_2 \geqslant \cdots \geqslant \lambda_d$ ），取 $\boldsymbol{K}$ 中特征值最大的 d' 个特征值对应的特征向量。注意这里的特征向量是核矩阵 $\boldsymbol{K}$ 的特征向量，而不是投影矩阵 $\boldsymbol{W}$ 的特征向量，接下来还要代回到式（4-16）中，得到从高维空间到低维空间的投影矩阵 $\boldsymbol{W}$ 。

对于一个新样本 x ，假设其投影后为 z ，其第 j 维坐标为

$$z_j = \boldsymbol{\omega}_j^{\mathrm{T}}\boldsymbol{\Phi}(x) = \sum_{i=1}^{m}\alpha_i^j\boldsymbol{\Phi}(x_i)^{\mathrm{T}}\boldsymbol{\Phi}(x) = \sum_{i=1}^{m}\alpha_i^j k(x_i, x) \tag{4-20}$$

（三）基于特征值的非线性降维方法

1. 等度量映射

等度量映射（isometric mapping，简写为 ISOMAP）算法是在多维缩放（multidimensional scaling，MDS）算法的基础上衍生出来的一种算法，MDS 算法保持降维后的样本间距离不变，而 ISOMAP 算法则是引进了邻域图，样本只与其相邻的样本连接，它们之间的距离可直接计算，较远的点可通过最小路径算出距离，在此基础上进行降维保距。

计算流程如下：①设定邻域点个数，计算邻接距离矩阵，在邻域之外的距离设为无穷大；②求每对点之间的最小路径，将邻接距离矩阵转为最小路径矩阵；③输入 MDS 算法，得出结果，即为 ISOMAP 算法的结果。

在计算最小路径时采用 Floyd 算法：输入邻接矩阵，邻接矩阵中，除了邻域点之外，其余距离都是无穷大，输出完整的距离矩阵。

2. 局部线性嵌入

局部线性嵌入（locally linear embedding，LLE）在处理流形降维的时候，效果比 PCA 要好很多。提到流形，我们脑海里最直观的印象就是瑞士卷，在吃它的时候喜欢把它整个摊开成一张饼再吃，其实这个过程就实现了对瑞士卷的降维操作，即从三维降到了两维。降维前，我们看到相邻的卷层之间距离很近，但摊开成饼状后才发现其实距离很远，所以如果不进行降维操作，而是直接根据近邻原则去判断相似性其实是不准确的。

3. 拉普拉斯特征映射

拉普拉斯特征映射（Laplacian eigenmaps，LE）与 LLE 算法有些相似，是从局部近似的角度去构建数据之间的关系。LE 是基于图的降维算法，它把要降维的数据构建成图，图中的每个节点和距离它最近的 K 个节点建立边关系。它希望图中相连的点（原始空间中相互靠近的点）在降维后的空间中也尽可能地靠近，从而在降维后仍能保持原有的局部结构关系以及得到一个能反映流形结构的解。

LE 通过构建邻接矩阵为 W 的图来重构数据流形的局部结构特征 $L = (D - W)$，如果两个数据实例 i 和 j 很相似（具有边），那么 i 和 j 在降维后的目标子空间中应该尽量接近。LE 优化的目标函数如下：

$$\min \sum_{i,j} \left(\left\| y_i - y_j \right\|^2 \times w_{ij} \right) \tag{4-21}$$

式（4-21）可推导为拉普拉斯矩阵的特征值矩阵的迹，即特征值的和。为了找到使目标函数最小化的降维向量，同时又不让降维后的向量坍塌到过低的维度，设置了一个约束条件 $YDY = 1$，再根据拉格朗日乘子法求解带约束的优化问题，得到 $LY = -\Lambda DY$ 的广义特征值问题。

4. 局部保留投影算法

局部保留投影（locality preserving projections，LPP）算法主要通过线性近似 LE 算法来保留局部信息。

在高维空间中，数据点 x_i 和数据点 x_j 是相邻关系，在降维后 y_i 和 y_j 的关系必须跟其对应的高维空间中的 x_i 和 x_j 的关系相同。

LPP 的思路和 LE 类似，核心思想为通过保持一个数据集的邻居结构信息来构造投影映射，但 LPP 不同于 LE 的直接得到投影结果，它需要求解投影矩阵，即

$$W_{ij} = \mathrm{e}^{\frac{-\|x_i - y_j\|^2}{t}} \tag{4-22}$$

其中，W_{ij} 为原始空间中 i 和 j 之间的距离权重系数组成的矩阵，如果 i 和 j 是近邻关系，那么 W_{ij} 的值就比较大；如果原始空间中 i 和 j 是比较远的，那么 W_{ij} 的值就比较小。

第六节　应用案例

　　东莞证券有限责任公司（以下简称东莞证券）经过多年的信息化建设发展，已积累了海量的数据，但并未有效利用这些数据来支持公司决策。为了解决数据分散化、数据标准不统一、数据质量低等问题，让数据发挥价值为企业的经营服务，证券公司亟须开展数据治理工作。东莞证券从 2017 年开始提出数据治理工作计划，并启动大数据平台建设工作，基于大数据平台来开展数据治理工作。

　　为了进行数据治理，东莞证券实施了多项措施。第一，建立数据治理组织架构与制度，明确职责。为有效开展数据治理工作，东莞证券借鉴银行业数据治理的经验，依据公司实际情况，建立了科学合理的数据治理委员会、数据治理工作小组、数据治理专员三层组织架构，制定了围绕数据生命周期管理的数据治理制度，形成了较为完备的数据治理管理体系。数据治理委员会主要进行数据治理战略上的规划，包括规划公司数据治理工作蓝图，发挥企业数据价值，制定数据治理战略、方针及政策；领导、协调开展数据治理具体工作；审议数据治理制度、组织架构、管理流程；评审数据应用规划；听取和指导数据治理工作小组的工作；制定数据治理工作考核机制。数据治理工作小组是数据治理委员会的下设机构，负责制定数据治理的相关制度、流程；负责掌握公司数据治理状况，评估数据治理方法，制订可行的实施方案；负责评估公司各单位数据治理工作；负责组织和牵头数据治理评估、建设、推广工作，形成数据治理文化。为将数据治理工作落到实处，东莞证券特别要求各单位设置一名数据治理专员来落实本单位的数据治理相关工作。数据治理专员负责梳理本单位常用业务指标、定义指标口径标准、掌握自助数据分析平台工具的使用、负责本单位的业务数据分析工作。其中分支机构的数据分析需求，由经纪业务管理总部的数据治理专员负责。

　　第二，业务驱动治理，咨询与实施并行。数据治理的一大难点是业务单位在一开始很难看到治理的直接成效，因此东莞证券优先深入挖掘业务人员数据使用的痛点：不能及时获取数据、不能清晰理解数据指标的含义、由于业务人员与技术人员的理解差异获取了错误的数据。上述痛点问题，归根结底是数据标准的问题，因为缺乏统一的标准，对数据没有统一的认识，所以存在理解差异的风险，需要做好数据标准管理。东莞证券通过建设标准化数据指标体系，构建自助数据分析平台，这样业务人员可以直接获取并清楚理解自己使用的数据。在向业务单位推广自助数据分析平台的过程中，业务人员能够真实地体会什么是数据治理，理解数据治理的文化及价值。考虑到证券行业数据治理起步较晚，相关咨询公司案例缺乏且咨询费用较高两个因素，数据治理管理单位牵头组织各公司各业务单位的数据治理专员，组成数据治理业务咨询与实施团队。数据治理管理单位依据过往三年全公司的数据分析需求和已有的数据分析报表，梳理出常用的业务数据指标，整理出业务数据指标口径。口径包含两种描述，一种是业务定义，具体到系统、菜单、字段名、加工过程，这种口径是业务人员和技术人员都能理解的；另一种是技术口径，是具体的 SQL 加工语句，是技术人员能理解的。将整理出来的业务数据标准文档发送至各业务单位，并经过与各业务单位的数据治理专员沟通确认，数据治理专员在整理的业务数据标准文档的基础上补充所需的业务数据指标标准描述，删除已不再使用的数据口径，修正口径有误的数据指标标准。

第三，建立公司业务数据字典。利用大数据平台的海量存储能力，把各业务系统的数据采集到大数据平台，经过数据清洗、整合，数据治理管理单位依据业务数据指标标准文档，加工出对应的数据指标池，将指标池数据部署到自助数据分析平台，给到各相关业务单位进行测试。测试完成后，将业务数据指标标准给到各单位进行最后评审，评审通过后，将业务数据指标标准发布为公司业务数据字典。后续公司涉及数据开发相关的需求，以公司业务数据字典为依据进行开发，如果涉及新指标，需业务人员描述清楚指标标准口径，后续统一纳入公司业务数据字典进行管理。

第四，制定质量保障规范，加强源头系统质量治理。在案例实施过程中，质量问题主要分为两类：数据源和加工逻辑问题。数据源问题需要反馈到业务单位，通过数据治理委员会进行督办整改，从根本上解决问题，形成良性循环；针对加工逻辑问题，要做好血缘分析、代码复核、数据质量稽核规则配置及监控，保障数据质量。最后在制度上将质量问题与各单位考核挂钩，保障问题得到治理。

第五，上线自助数据分析平台，推广数据治理文化。以日常实际数据需求为例，通过视频、操作指引、远程培训等方式，为各单位数据治理专员指导自助数据分析平台的使用，提高各单位自助数据分析能力，让各单位的数据获取从流程等待转变为自己动手，体会自助数据分析的便捷。

通过以上措施，东莞证券形成了公司业务数据字典，提高了业务人员数据分析便捷性，提高了数据共享能力并降低使用风险，未来将进一步利用数据治理发挥数据价值，助推公司转型。

思考与练习

1. 试分析大数据环境下，海量数据预处理的发展趋势。

2. 请简述规范化变化数据与离散化变化数据的区别与联系。

3. 在对高维数据降维前应该先进行"中心化"，常见的方法是将协方差矩阵 XX^T 转换为 $XHH^\mathrm{T}X^\mathrm{T}$，其中 $H = I - \dfrac{1}{m}\mathbf{1}\mathbf{1}^\mathrm{T}$，试分析其效果。

4. 如下表是三个用户 2018.9.1～2018.9.10 的用电情况，有部分数据存在缺失情况，请分别用均值法和插值法对其进行填充。

日期	用电量/千瓦时			
	用户 A	用户 B	用户 C	线路供入
2018.9.1	235.153	324.582	201.010	877.559
2018.9.2	234.254	324.035	478.323	1166.054
2018.9.3	238.421	325.425	515.456	1208.717
2018.9.4	236.278	328.421	517.593	1247.392

续表

日期	用电量/千瓦时			
	用户 A	用户 B	用户 C	线路供入
2018.9.5	236.760		514.592	1252.342
2018.9.6	235.835	268.524		1151.350
2018.9.7	237.142	312.554	492.358	1170.043
2018.9.8	236.466	396.422	516.548	1291.756
2018.9.9		352.543	496.258	1273.394
2018.9.10	237.417	206.452	516.254	1257.069

5. 下表存在数据冗余的情况，试分析如何进行处理可以消除以下数据的冗余。

学号	姓名	课程名	成绩
001	张三	数学	90
001	张三	语文	91
002	李四	数学	89
002	李四	语文	93

本章拓展阅读

李学龙, 龚海刚. 2015. 大数据系统综述[J]. 中国科学: 信息科学, 45(1): 1-44.

吕晓玲, 宋捷. 2016. 大数据挖掘与统计机器学习[M]. 北京: 中国人民大学出版社.

马秀麟, 姚自明, 邬彤, 等. 2015. 数据分析方法及应用[M]. 北京: 人民邮电出版社.

任永功, 王玉玲, 刘洋, 等. 2018. 基于用户相关性的动态网络媒体数据无监督特征选择算法[J]. 计算机学报, 41(7): 1517-1535.

徐林明, 李美娟. 2020. 动态综合评价中的数据预处理方法研究[J]. 中国管理科学, 28(1): 162-169.

Holloway-Brown J, Helmstedt K J, Mengersen K L. 2021. Spatial random forest(S-RF): a random forest approach for spatially interpolating missing land-cover data with multiple classes[J]. International Journal of Remote Sensing, 42(10): 3756-3776.

Jiménez-Cordero A, Morales J M, Pineda S. 2021. A novel embedded min-max approach for feature selection in nonlinear Support Vector Machine classification[J]. European Journal of Operational Research, 293(1): 24-35.

Laborda J, Ryoo S. 2021. Feature selection in a credit scoring model[J]. Mathematics, 9(7): 746.

Li Y, Li T, Liu H. 2017. Recent advances in feature selection and its applications[J]. Knowledge and Information Systems, 53(3): 551-577.

Wang T, Ke H, Zheng X, et al. 2019. Big data cleaning based on mobile edge computing in industrial sensor-cloud[J]. IEEE Transactions on Industrial Informatics, 16(2): 1321-1329.

Witten D M, Tibshirani R. 2010. A framework for feature selection in clustering[J]. Journal of the American Statistical Association, 105(490): 713-726.

第五章

数据基础分析

在信息化时代，数据基础分析作为一种技术分析方法被广泛应用于处理分析海量、高增长率和多样化的数据，进而进行管理决策。在本章中您将掌握数据基础分析的几类分析方法，包括数据回归分析、数据分类分析、数据聚类分析及数据关联分析，并结合具体案例进一步了解数据基础分析在实际场景中的应用。

学习目标

- 掌握数据回归分析的基本概念、类型及基本方法。
- 掌握数据分类分析的基本概念、类型及基本方法。
- 掌握数据聚类分析的基本概念、类型及基本方法。
- 掌握数据关联分析的基本概念、类型及基本方法。

知识结构图

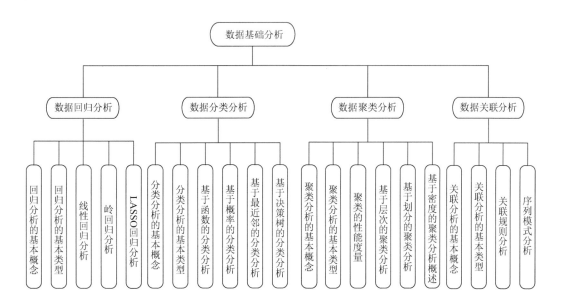

第一节　数据回归分析

一、回归分析的基本概念

"回归"是由英国著名统计学家弗朗西斯·高尔顿（Francis Galton，1822~1911 年）提出的"Regression"一词演变而来的。1855 年，高尔顿发表了《遗传的身高向平均数方向的回归》一文，主要从生物遗传问题中发现了关于父母身高、儿女身高以及总人口平均身高之间的关系，并用"回归"这一概念拟合了关于儿女身高和父母身高之间的关系。具体来看，高尔顿选取了 1078 对夫妇来研究关于儿女身高与父母身高之间的关系，以每对夫妇的平均身高作为特征变量，以儿女的身高作为样本标签，得到了关于父母身高和儿女身高的回归方程，发现当父母身高每增加一个单位，儿女身高仅增加半个单位左右。此外，高尔顿发现在父母的身高已知的条件下，其儿女的身高仍是趋向于总人口平均身高的，即在父母处于异常高或者矮的条件下，其儿女的身高仍然是回归于总人口平均身高的水平而并非普遍的异常高或者矮。总的来说，后代的平均身高具有向总人口平均身高回归的趋势，使得人类身高始终向着相对稳定的方向发展而并未出现明显的身高两极分化现象，这也是"回归"一词的由来。

"回归"描述了样本标签随着特征变量的变化而变化的过程，是研究样本标签对特征变量的依赖关系的一种统计分析方法，主要通过在给定特征变量值的条件下估计或预测样本标签。回归的一般形式可以表示为

$$y = h(x) + \varepsilon \tag{5-1}$$

其中，y 为样本标签；x 为特征向量；ε 为随机误差项，各 ε 相互独立且服从正态分布 $N(0, \sigma^2)$。随机误差项包括了在描述某一现象中可能存在着由于认识的局限性或者其他客观原因而未考虑到的某种偶然因素，包括时间、费用的制约，样本采集过程中的误差等因素。

二、回归分析的基本类型

根据回归的定义，回归描述了两种及两种以上的变量间的相关关系。因而，按照涉及的特征变量的多少，可以将回归分为一元回归分析和多元回归分析；按照变量间的关系类型，分为线性回归分析和非线性回归分析。具体回归分析的类型如表 5-1 所示。此外，岭回归分析及 LASSO 分析是基于正则化的回归方法。并且，线性回归模型通常需要满足样本标签服从正态分布的假设前提，然而在实际问题中，样本标签的分布有时并不能满足上述假设，广义线性回归方法可以用来分析连续型样本标签和任意型特征变量之间的关系，这也是回归分析中的一类经典方法，后续将依次对其进行介绍。

表 5-1　回归分析基本类型

变量间关系	变量的数量	回归类型
线性回归	单个样本标签，单个特征变量	一元线性回归
	单个样本标签，多个特征变量	多元线性回归

续表

变量间关系	变量的数量	回归类型
线性回归	多个样本标签，多个特征变量	多个样本标签与多个特征变量的回归
非线性回归	单个样本标签，单个特征变量	一元非线性回归
	单个样本标签，多个特征变量	多元非线性回归

三、线性回归分析

线性回归是回归分析方法中的一类，主要是对一个或多个特征变量和样本标签之间的关系进行建模的一种回归分析方法。在线性回归过程中，使用线性回归方程对已知数据进行建模，并利用这些数据对未知的模型参数进行估计，最终模拟关于特征变量和样本标签的线性变化关系。线性回归函数是一个或多个回归系数与特征变量的线性组合，当线性回归函数中只有一个特征变量时称之为一元线性回归，当线性回归函数有大于一个特征变量时称之为多元线性回归。

线性回归分析具有实现方法直接、建模速度快、计算简单的特点。此外，线性回归分析具有可解释性强的优点，各个特征变量对样本标签的影响强弱都可以通过特征变量前面的系数进行体现，因而线性回归函数在实际应用中被广泛使用，当使用线性回归函数进行预测时，线性回归能够根据观测的数据集中的特征变量和样本标签的关系拟合出线性预测模型，从而对于特征变量的每一个新增单位值都能够得到预测的样本标签的对应变化量。除此之外，当使用线性回归进行变量间的相关性描述时，线性回归可以用来对特征变量和样本标签之间的相关性进行量化，从而识别出与样本标签不相关的特征变量以及对样本标签具有重要影响力的特征变量。线性回归分析的应用场景广泛，在金融预测、经济预测以及探究观测数据的因果关系的观察性研究中被普遍应用。

（一）一元线性回归模型

1. 数据

对于 m 个样本组成的训练数据集 $D = \{(x_1, y_1), (x_2, y_2), \cdots, (x_m, y_m)\}$，$(x_i, y_i)$ 表示第 i 个样本点，其中样本 $x_i \in \mathbb{R}$ 是样本的属性特征，$y_i \in \mathbb{R}$ 表示样本 x_i 的标签。

2. 模型

一元线性回归模型主要通过一个特征变量与回归系数的线性组合拟合真实样本的特征变量与样本标签之间的关系，如图 5-1 所示，特征变量与样本标签之间的关系可以近似用拟合的线性关系进行表示，从而在已知某一特征变量的条件下，对未知的样本标签进行预测。

由上述可知，一元线性回归模型指只含有单个特征变量和样本标签的线性组合函数，可运用函数形式表示为

$$h(x_i) = \theta_1 x_i + \theta_0 \tag{5-2}$$

其中，θ_1 为线性回归模型的权重系数；θ_0 为线性回归模型的偏置。

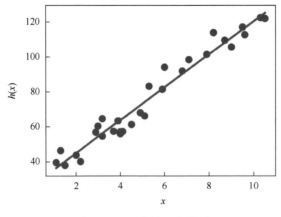

图 5-1　一元线性回归模型

3. 策略

　　为使得估计的 $h(x_i)$ 更加接近真实值 y_i，采用最小二乘法（least squares）策略对模型参数进行估计。最小二乘法最早出现在法国数学家勒让德（A. M. Legendre）1805 年发表的论著《计算彗星轨道的新方法》的附录中。勒让德在该书 72～75 页描述了最小二乘法的思想、具体做法及优点，但没有进行误差分析。1809 年德国数学家高斯（C. F. Gauss，1777～1855 年）在其著作《天体运动论》中发表了最小二乘法，还包括了最小二乘法的误差分析。该方法的核心思想如图 5-2 所示，最小二乘法的主要思想是试图找到一条直线，与观察样本足够接近，即使得所有样本的真实值与估计值之差（残差）的平方和达到最小。

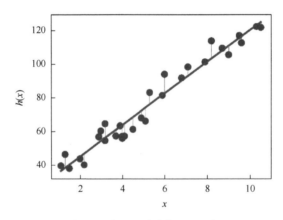

图 5-2　最小二乘法的主要思想

　　由上文可知，最小二乘法策略的实现公式可表示如下：

$$
\begin{aligned}
J(\theta_1, \theta_0) &= \sum_{i=1}^{m} \left(y_i - h(x_i) \right)^2 \\
&= \sum_{i=1}^{m} \left(y_i - \theta_1 x_i - \theta_0 \right)^2
\end{aligned}
$$

（5-3）

其中，m 为所有样本数。最小二乘法主要通过最小化损失函数 $J(\theta_1, \theta_0)$ 对模型参数进行估计。

4. 算法

最小二乘法的策略中需要进行求解的参数分别有 θ_1 和 θ_0，因而接下来利用损失函数分别对 θ_1 和 θ_0 进行求导，并令导数为 0，对参数进行求解。

接下来，利用损失函数对 θ_0 进行求导，可以得到

$$
\begin{aligned}
\frac{\partial J}{\partial \theta_0} &= \frac{\partial}{\partial \theta_0}\left(\sum_{i=1}^{m}\left(y_i - \theta_1 x_i - \theta_0\right)^2 \right) \\
&= \sum_{i=1}^{m} 2\left(y_i - \theta_1 x_i - \theta_0\right)(-1) \\
&= 2\left(m\theta_0 - \sum_{i=1}^{m}\left(y_i - \theta_1 x_i\right) \right) \\
&= 0
\end{aligned}
\tag{5-4}
$$

据此可以得到

$$
\theta_0 = \frac{1}{m}\sum_{i=1}^{m}(y_i - \theta_1 x_i)
\tag{5-5}
$$

接下来，利用损失函数对 θ_1 进行求导，并令导数为 0，可以得到

$$
\begin{aligned}
\frac{\partial J}{\partial \theta_1} &= \frac{\partial}{\partial \theta_1}\left(\sum_{i=1}^{m}(y_i - \theta_1 x_i - \theta_0)^2 \right) \\
&= \sum_{i=1}^{m}\left[2(y_i - \theta_1 x_i - \theta_0)(-x_i) \right] \\
&= 2\left(\theta_1 \sum_{i=1}^{m} x_i^2 - \sum_{i=1}^{m}(y_i - \theta_0)x_i \right) \\
&= 0
\end{aligned}
\tag{5-6}
$$

据此可以得到

$$
\theta_1 = \frac{\displaystyle\sum_{i=1}^{m} x_i y_i - \theta_0 \sum_{i=1}^{m} x_i}{\displaystyle\sum_{i=1}^{m} x_i^2} = \frac{\displaystyle\sum_{i=1}^{m} x_i y_i - \sum_{i=1}^{m} x_i \left(\frac{1}{m}\sum_{i=1}^{m} y_i - \theta_1 \frac{1}{m}\sum_{i=1}^{m} x_i \right)}{\displaystyle\sum_{i=1}^{m} x_i^2}
\tag{5-7}
$$

进而得到

$$
\theta_1 \sum_{i=1}^{m} x_i^2 = \sum_{i=1}^{m} x_i y_i - \frac{1}{m}\sum_{i=1}^{m} x_i \sum_{i=1}^{m} y_i + \theta_1 \frac{1}{m}\left(\sum_{i=1}^{m} x_i \right)^2
\tag{5-8}
$$

求得

$$
\theta_1 = \frac{m\displaystyle\sum_{i=1}^{m} x_i y_i - \sum_{i=1}^{m} x_i \sum_{i=1}^{m} y_i}{m\displaystyle\sum_{i=1}^{m} x_i^2 - \left(\sum_{i=1}^{m} x_i \right)^2}
\tag{5-9}
$$

根据式（5-9）及式（5-5），即可得到关于一元线性回归的参数 θ_1 和 θ_0 的解。

（二）多元线性回归模型

1. 数据

对于 m 个样本组成的训练数据集 $D = \{(\boldsymbol{x}_1, y_1), (\boldsymbol{x}_2, y_2), \cdots, (\boldsymbol{x}_i, y_m)\}$，$(\boldsymbol{x}_i, y_i)$ 为第 i 个样本点，其中样本 $\boldsymbol{x}_i = \left[x_i^{(1)}, x_i^{(2)}, \cdots, x_i^{(n)}\right]^{\mathrm{T}} \in \mathbb{R}^n$，$x_i^{(j)}$ 是样本 x_i 在第 j 个属性上的取值。$y_i \in \mathbb{R}$ 为样本的标签。

2. 模型

多元线性回归模型指多个特征变量和单个样本标签的线性组合函数，可表示为

$$h(x) = \theta^{(1)}x^{(1)} + \theta^{(2)}x^{(2)} + \cdots + \theta^{(n)}x^{(n)} + \theta_0 \tag{5-10}$$

一般向量形式写为

$$h(\boldsymbol{x}) = \boldsymbol{\theta}^{\mathrm{T}}\boldsymbol{x} \tag{5-11}$$

其中，为了更好地表示，将 $\boldsymbol{x}_i$ 进行了扩充，$\boldsymbol{x}_i = \left[x_i^{(1)}, x_i^{(2)}, \cdots, x_i^{(n)}, 1\right]^{\mathrm{T}}$。$\boldsymbol{\theta} = \left[\theta^{(1)}, \theta^{(2)}, \cdots, \theta^{(n)}, \theta_0\right]^{\mathrm{T}}$ 为线性回归模型的权重向量，其中，θ_0 为线性回归模型的偏置。

3. 策略

多元线性回归对参数的求解所采用的策略同样是最小二乘法，这使得估计的 $h(x_i)$ 更加接近真实值 y_i。如上所述，最小二乘法的主要思想是利用均方误差最小化进行模型求解，将最小二乘法运用到线性回归中主要目的是通过寻找一条直线，所有样本的均方误差可以最小化。最小二乘法实现公式如下所示：

$$J(\boldsymbol{\theta}) = \| h(\boldsymbol{x}) - \boldsymbol{y} \|_2^2 \tag{5-12}$$

其中，$\boldsymbol{y}$ 为样本真实值；$h(\boldsymbol{x})$ 为样本估计值，最小二乘法主要通过最小化损失函数 $J(\boldsymbol{\theta})$ 对模型参数进行估计。

4. 算法

同理，最小二乘法的策略中需要进行估计的参数是 $\boldsymbol{\theta} = \left[\theta^{(1)}, \theta^{(2)}, \cdots, \theta^{(n)}, \theta_0\right]^{\mathrm{T}}$，因而接下来利用损失函数对 $\{\theta^{(1)}, \theta^{(2)}, \cdots, \theta^{(n)}, \theta_0\}$ 的每一项分别进行求导，并令导数为 0，对参数进行求解。

$$\begin{aligned}
\arg\min_{(\boldsymbol{\theta})} J(\boldsymbol{\theta}) &= \arg\min_{(\boldsymbol{\theta})} \left(\| \hat{\boldsymbol{y}} - \boldsymbol{y} \|_2^2 \right) \\
&= \arg\min_{(\boldsymbol{\theta})} \left(\| \boldsymbol{X}\boldsymbol{\theta} - \boldsymbol{y} \|_2^2 \right) \\
&= \arg\min_{(\boldsymbol{\theta})} \left[(\boldsymbol{X}\boldsymbol{\theta} - \boldsymbol{y})^{\mathrm{T}} (\boldsymbol{X}\boldsymbol{\theta} - \boldsymbol{y}) \right] \\
&= \arg\min_{(\boldsymbol{\theta})} \left(\boldsymbol{\theta}^{\mathrm{T}}\boldsymbol{X}^{\mathrm{T}}\boldsymbol{X}\boldsymbol{\theta} - \boldsymbol{\theta}^{\mathrm{T}}\boldsymbol{X}^{\mathrm{T}}\boldsymbol{y} - \boldsymbol{y}^{\mathrm{T}}\boldsymbol{X}\boldsymbol{\theta} + \boldsymbol{y}^{\mathrm{T}}\boldsymbol{y} \right)
\end{aligned} \tag{5-13}$$

利用矩阵求导对参数 $\boldsymbol{\theta}$ 进行求解，可以得到

$$\frac{\partial}{\partial \boldsymbol{\theta}}(\boldsymbol{\theta}^{\mathrm{T}}\boldsymbol{X}^{\mathrm{T}}\boldsymbol{X}\boldsymbol{\theta}) = (\boldsymbol{X}^{\mathrm{T}}\boldsymbol{X} + (\boldsymbol{X}^{\mathrm{T}}\boldsymbol{X})^{\mathrm{T}})\boldsymbol{\theta} = 2\boldsymbol{X}^{\mathrm{T}}\boldsymbol{X}\boldsymbol{\theta} \tag{5-14}$$

$$\frac{\partial}{\partial \boldsymbol{\theta}}(\boldsymbol{\theta}^{\mathrm{T}}\boldsymbol{X}^{\mathrm{T}}\boldsymbol{y}) = \frac{\partial}{\partial \boldsymbol{\theta}}(\boldsymbol{y}^{\mathrm{T}}\boldsymbol{X}\boldsymbol{\theta}) = \frac{\partial}{\partial \boldsymbol{\theta}}(\boldsymbol{\theta}\boldsymbol{y}^{\mathrm{T}}\boldsymbol{X}) = (\boldsymbol{y}^{\mathrm{T}}\boldsymbol{X})^{\mathrm{T}} = \boldsymbol{X}^{\mathrm{T}}\boldsymbol{y} \tag{5-15}$$

$$\frac{\partial}{\partial \boldsymbol{\theta}}(\boldsymbol{y}^{\mathrm{T}}\boldsymbol{X}\boldsymbol{\theta}) = \frac{\partial}{\partial \boldsymbol{\theta}}(\boldsymbol{\theta}\boldsymbol{y}^{\mathrm{T}}\boldsymbol{X}) = (\boldsymbol{y}^{\mathrm{T}}\boldsymbol{X})^{\mathrm{T}} = \boldsymbol{X}^{\mathrm{T}}y \tag{5-16}$$

即

$$2\boldsymbol{X}^{\mathrm{T}}\boldsymbol{X}\boldsymbol{\theta} - 2\boldsymbol{X}^{\mathrm{T}}\boldsymbol{y} = 0 \tag{5-17}$$

可以得到，最终 $\boldsymbol{\theta}$ 的表达式为

$$\boldsymbol{\theta} = (\boldsymbol{X}^{\mathrm{T}}\boldsymbol{X})^{-1}\boldsymbol{X}^{\mathrm{T}}\boldsymbol{y} \tag{5-18}$$

线性回归的算法伪代码如算法 5-1 所示。

算法 5-1：线性回归算法

输入：训练集 $D = \{(\boldsymbol{x}_1, y_1), (\boldsymbol{x}_2, y_2), \cdots, (\boldsymbol{x}_m, y_m)\}$；

　　　特征集 $A = \{\boldsymbol{x}^{(1)}, \cdots, \boldsymbol{x}^{(n)}\}$；

过程：函数 linear_regression(D)

1.　令 $\boldsymbol{X} = \{(1, \boldsymbol{x}_1), (1, \boldsymbol{x}_2), \cdots, (1, \boldsymbol{x}_m)\}$，　$\boldsymbol{y} = \{y_1, y_2, \cdots, y_m\}$；

2.　根据式（5-18）计算 $\boldsymbol{\theta}$；

输出：$h(\boldsymbol{x}) = \boldsymbol{\theta}^{\mathrm{T}}\boldsymbol{x}$

四、岭回归分析

（一）岭回归分析概述

多元线性回归分析在运用最小二乘法进行估计的过程中得到权重向量的表达式 $\boldsymbol{\theta} = (\boldsymbol{X}^{\mathrm{T}}\boldsymbol{X})^{-1}\boldsymbol{X}^{\mathrm{T}}\boldsymbol{y}$，可以看出，当 $\boldsymbol{X}^{\mathrm{T}}\boldsymbol{X}$ 不可逆时无法求出 $\boldsymbol{\theta}$，并且当 $\boldsymbol{X}^{\mathrm{T}}\boldsymbol{X}$ 趋近于 0 时，$\boldsymbol{\theta}$ 会趋向于无穷大，这说明此时的回归系数是没有意义的，传统的普通最小二乘法的效果会受到影响。基于此，霍尔（A.E. Hoerl）在 1962 年首先提出岭回归（ridge regression）方法，这是一种改良的最小二乘估计法，是以损失部分信息、降低精度为代价获得回归系数的更为符合实际、更可靠的回归方法。岭回归的主要思想是通过对普通最小二乘法引入 L2 正则化项来对相关系数进行收缩，为改善传统的多元线性回归问题提供思路。

（二）岭回归分析建模过程

1. 数据

对于 m 个样本组成的训练数据集 $D = \{(\boldsymbol{x}_1, y_1), (\boldsymbol{x}_2, y_2), \cdots, (\boldsymbol{x}_m, y_m)\}$，$(\boldsymbol{x}_i, y_i)$ 为第 i 个

样本点,其中样本 $\boldsymbol{x}_i = \left[x_i^{(1)}, x_i^{(2)}, \cdots, x_i^{(n)}\right]^{\mathrm{T}} \in \mathbb{R}^n$,$x_i^{(j)}$ 是样本 $\boldsymbol{x}_i$ 在第 j 个属性上的取值。$y_i \in \mathbb{R}$ 为样本的标签。

2. 模型

岭回归的模型表达形式与线性回归相同,可以表示为

$$h(x_i) = \theta^{(1)} x_i^{(1)} + \theta^{(2)} x_i^{(2)} + \cdots + \theta^{(n)} x_i^{(n)} + \theta_0 \tag{5-19}$$

一般向量形式写成

$$h(\boldsymbol{x}) = \boldsymbol{\theta}^{\mathrm{T}} \boldsymbol{x} \tag{5-20}$$

其中,为了更好地表示,将 $\boldsymbol{x}_i$ 进行了扩充,$\boldsymbol{x}_i = \left[x_i^{(1)}, x_i^{(2)}, \cdots, x_i^{(n)}, 1\right]^{\mathrm{T}}$。$\boldsymbol{\theta} = \left[\theta^{(1)}, \theta^{(2)}, \cdots, \theta^{(n)}, \theta_0\right]^{\mathrm{T}}$ 为线性回归模型的权重向量,其中,θ_0 为线性回归模型的偏置。

3. 策略

岭回归采用的策略主要是在普通最小二乘法的基础上加入了对系数的 L2 正则约束,因而岭回归的损失函数可以表示为

$$J(\boldsymbol{\theta}) = \| h(\boldsymbol{x}) - \boldsymbol{y} \|_2^2 + \lambda \| \boldsymbol{\theta} \|_2^2 \tag{5-21}$$

其中,等号右端第一项为最小二乘法损失函数,第二项为 L2 正则化项。λ 为惩罚系数,当 $\lambda = 0$ 时,得到最小二乘解;当 λ 值趋向更大时,$\theta^{(j)}$ 值估计趋向于 0。

4. 算法

将岭回归的损失函数用向量形式可以表示为

$$\begin{aligned}
\arg\min_{(\boldsymbol{\theta})} J(\boldsymbol{\theta}) &= \arg\min_{(\boldsymbol{\theta})} \left(\| h(\boldsymbol{x}) - \boldsymbol{y} \|_2^2 + \lambda \boldsymbol{\theta}^{\mathrm{T}} \boldsymbol{\theta} \right) \\
&= \arg\min_{(\boldsymbol{\theta})} \left(\| \boldsymbol{X}\boldsymbol{\theta} - \boldsymbol{y} \|_2^2 + \lambda \boldsymbol{\theta}^{\mathrm{T}} \boldsymbol{\theta} \right) \\
&= \arg\min_{(\boldsymbol{\theta})} \left((\boldsymbol{X}\boldsymbol{\theta} - \boldsymbol{y})^{\mathrm{T}} (\boldsymbol{X}\boldsymbol{\theta} - \boldsymbol{y}) + \lambda \boldsymbol{\theta}^{\mathrm{T}} \boldsymbol{\theta} \right) \\
&= \arg\min_{(\boldsymbol{\theta})} \left(\boldsymbol{\theta}^{\mathrm{T}} \boldsymbol{X}^{\mathrm{T}} \boldsymbol{X}\boldsymbol{\theta} - \boldsymbol{\theta}^{\mathrm{T}} \boldsymbol{X}^{\mathrm{T}} \boldsymbol{y} - \boldsymbol{y}^{\mathrm{T}} \boldsymbol{X}\boldsymbol{\theta} + \boldsymbol{y}^{\mathrm{T}} \boldsymbol{y} + \lambda \boldsymbol{\theta}^{\mathrm{T}} \boldsymbol{\theta} \right)
\end{aligned} \tag{5-22}$$

进而,对 $\boldsymbol{\theta}$ 进行求导,并令其导数为 0,可以得到

$$\begin{aligned}
\frac{\partial J(\boldsymbol{\theta})}{\partial \boldsymbol{\theta}} &= \frac{\partial}{\partial \boldsymbol{\theta}} (\boldsymbol{\theta}^{\mathrm{T}} \boldsymbol{X}^{\mathrm{T}} \boldsymbol{X}\boldsymbol{\theta} - \boldsymbol{\theta}^{\mathrm{T}} \boldsymbol{X}^{\mathrm{T}} \boldsymbol{y} - \boldsymbol{y}^{\mathrm{T}} \boldsymbol{X}\boldsymbol{\theta} + \boldsymbol{y}^{\mathrm{T}} \boldsymbol{y} + \lambda \boldsymbol{\theta}^{\mathrm{T}} \boldsymbol{\theta}) \\
&= \frac{\partial}{\partial \boldsymbol{\theta}} (\boldsymbol{\theta}^{\mathrm{T}} \boldsymbol{X}^{\mathrm{T}} \boldsymbol{X}\boldsymbol{\theta}) - \frac{\partial}{\partial \boldsymbol{\theta}} (\boldsymbol{\theta}^{\mathrm{T}} \boldsymbol{X}^{\mathrm{T}} \boldsymbol{y}) - \frac{\partial}{\partial \boldsymbol{\theta}} (\boldsymbol{y}^{\mathrm{T}} \boldsymbol{X}\boldsymbol{\theta}) + \frac{\partial}{\partial \boldsymbol{\theta}} (\lambda \boldsymbol{\theta}^{\mathrm{T}} \boldsymbol{\theta}) \\
&= 0
\end{aligned} \tag{5-23}$$

其中,由矩阵求导公式可得相关项的求导结果如下所示:

$$\frac{\partial}{\partial \boldsymbol{\theta}} (\boldsymbol{\theta}^{\mathrm{T}} \boldsymbol{X}^{\mathrm{T}} \boldsymbol{X}\boldsymbol{\theta}) = (\boldsymbol{X}^{\mathrm{T}} \boldsymbol{X} + (\boldsymbol{X}^{\mathrm{T}} \boldsymbol{X})^{\mathrm{T}})\boldsymbol{\theta} = 2\boldsymbol{X}^{\mathrm{T}} \boldsymbol{X}\boldsymbol{\theta} \tag{5-24}$$

$$\frac{\partial}{\partial \boldsymbol{\theta}} (\boldsymbol{\theta}^{\mathrm{T}} \boldsymbol{X}^{\mathrm{T}} \boldsymbol{y}) = \frac{\partial}{\partial \boldsymbol{\theta}} (\boldsymbol{y}^{\mathrm{T}} \boldsymbol{X}\boldsymbol{\theta}) = \frac{\partial}{\partial \boldsymbol{\theta}} (\boldsymbol{\theta} \boldsymbol{y}^{\mathrm{T}} \boldsymbol{X}) = (\boldsymbol{y}^{\mathrm{T}} \boldsymbol{X})^{\mathrm{T}} = \boldsymbol{X}^{\mathrm{T}} \boldsymbol{y} \tag{5-25}$$

$$\frac{\partial}{\partial \boldsymbol{\theta}}(\boldsymbol{y}^{\mathrm{T}}\boldsymbol{X}\boldsymbol{\theta}) = \frac{\partial}{\partial \boldsymbol{\theta}}(\boldsymbol{\theta}\boldsymbol{y}^{\mathrm{T}}\boldsymbol{X}) = (\boldsymbol{y}^{\mathrm{T}}\boldsymbol{X})^{\mathrm{T}} = \boldsymbol{X}^{\mathrm{T}}\boldsymbol{y} \tag{5-26}$$

$$\frac{\partial}{\partial \boldsymbol{\theta}}(\lambda \boldsymbol{\theta}^{\mathrm{T}}\boldsymbol{\theta}) = 2\lambda \boldsymbol{\theta} \tag{5-27}$$

此时，式（5-23）可表示为

$$2\boldsymbol{X}^{\mathrm{T}}\boldsymbol{X}\boldsymbol{\theta} - 2\boldsymbol{X}^{\mathrm{T}}\boldsymbol{y} + 2\lambda \boldsymbol{\theta} = 0 \tag{5-28}$$

$$2(\boldsymbol{X}^{\mathrm{T}}\boldsymbol{X} + \lambda \boldsymbol{I})\boldsymbol{\theta} = 2\boldsymbol{X}^{\mathrm{T}}\boldsymbol{y} \tag{5-29}$$

进而得到关于 $\boldsymbol{\theta}$ 的表达式：

$$\boldsymbol{\theta} = \left(\boldsymbol{X}^{\mathrm{T}}\boldsymbol{X} + \lambda \boldsymbol{I}\right)^{-1}\boldsymbol{X}^{\mathrm{T}}\boldsymbol{y} \tag{5-30}$$

其中，$\boldsymbol{X} = \begin{pmatrix} (\boldsymbol{x}_1)^{\mathrm{T}} \\ (\boldsymbol{x}_2)^{\mathrm{T}} \\ \vdots \\ (\boldsymbol{x}_m)^{\mathrm{T}} \end{pmatrix}$；$\boldsymbol{y} = [y_1, \quad y_2, \quad \cdots, \quad y_m]$；$\boldsymbol{I}$ 为 $(n+1) \times (n+1)$ 维的单位矩阵。从式（5-30）可以看出，随着 λ 值的不断增加，$\boldsymbol{\theta}$ 值不断变小，当 λ 趋于无穷大时，$\boldsymbol{\theta}$ 值趋于 0。其中，$\boldsymbol{\theta}$ 值随 λ 的变化而变化的轨迹，称为岭迹。

岭回归的算法伪代码由算法 5-2 所示。

算法 5-2：岭回归算法

输入：训练集 $D = \{(\boldsymbol{x}_1, y_1), (\boldsymbol{x}_2, y_2), \cdots, (\boldsymbol{x}_m, y_m)\}$；

　　　特征集 $A = \{\boldsymbol{x}^{(1)}, \cdots, \boldsymbol{x}^{(n)}\}$；

　　　迭代次数 m_iter；

过程：函数 ridge_regression(D)

1.　令 $\boldsymbol{X} = \{(1, \boldsymbol{x}_1), (1, \boldsymbol{x}_2), \cdots, (1, \boldsymbol{x}_m)\}$，$\boldsymbol{Y} = \{y_1, y_2, \cdots, y_m\}$；

2.　根据式（5-30）计算 $\boldsymbol{\theta}$；

输出：$h(\boldsymbol{x}) = \boldsymbol{\theta}^{\mathrm{T}}\boldsymbol{x}$

五、LASSO 回归分析

（一）LASSO 回归分析概述

LASSO（least absolute shrinkage and selection operator）回归中文名为套索回归，是 1996 年由 Robert Tibshirani（罗伯特·蒂伯沙拉尼）首次提出，其主要通过在最小二乘法的基础上添加一个惩罚函数，压缩回归系数，使得其同时具有子集选择和岭回归的优点。LASSO 回归的主要思想是通过限制回归系数绝对值之和小于某个固定值来实现对最小二乘的约束，其同时能够使一些回归系数为零，从而实现其变量选择的作用。由此可以看出，LASSO 回归具有较好地防止过拟合的作用，如第三章所提及的，这是因为在样本的特征变量过多的情况下，通过训练模型能够较好地拟合训练数据，达到损失函数接近于 0 的效果，而这一过程也会造成训练的模型无法在新的数据样本中继续保持较好的预测效果。在这种情况下，LASSO 回归通过加入正则项，对样本的特征变量实现变量选择的作用，降低在训练模型过程中的过拟合风险。

（二）LASSO 回归建模过程

1. 数据

对于 m 个样本组成的训练数据集 $D=\{(\boldsymbol{x}_1,y_1),(\boldsymbol{x}_2,y_2),\cdots,(\boldsymbol{x}_m,y_m)\}$，$(\boldsymbol{x}_i,y_i)$ 为第 i 个样本点，其中样本 $\boldsymbol{x}_i=\left[x_i^{(1)},x_i^{(2)},\cdots,x_i^{(n)}\right]^{\mathrm{T}}\in\mathbb{R}^n$，$x_i^{(j)}$ 为样本 x_i 在第 j 个属性上的取值。$y_i\in\mathbb{R}$ 为样本的标签。

2. 模型

LASSO 回归的模型表达形式与线性回归相同，可以表示为

$$h(\boldsymbol{x})=\theta^{(1)}x^{(1)}+\theta^{(2)}x^{(2)}+\cdots+\theta^{(n)}x^{(n)}+\theta_0$$
$$=\sum_{j=1}^n\theta^{(j)}x^{(j)}+\theta_0 \tag{5-31}$$

3. 策略

LASSO 回归采用的策略主要是在普通最小二乘法的基础上加入了对系数的 L1 正则约束，因而 LASSO 回归的损失函数可以表示为

$$J(\boldsymbol{\theta})=\sum_{i=1}^m\left(h(\boldsymbol{x}_i)-y_i\right)^2+\lambda\sum_{j=1}^n\left|\theta^{(j)}\right|$$
$$=\sum_{i=1}^m\left(\sum_{j=1}^n\theta^{(j)}x_i^{(j)}+\theta_0-y_i\right)^2+\lambda\sum_{j=1}^n\left|\theta^{(j)}\right| \tag{5-32}$$

其中，$\lambda\sum_{j=1}^n\left|\theta^{(j)}\right|$ 为L1 正则化项，表示回归系数 $\theta^{(j)}$ 的绝对值之和；λ 为惩罚系数，当 $\lambda=0$ 时，得到最小二乘解，当 λ 值趋向更大时，$\theta^{(j)}$ 值估计趋于 0。

如图 5-3 所示，假设只有两维特征变量的条件下，图 5-3（a）为 LASSO 模型，图 5-3（b）为岭回归模型，灰色实心部分为约束区域，分别代表着 $\left|\theta^{(1)}\right|+\left|\theta^{(2)}\right|\leqslant\lambda$ 以及 $(\theta^{(1)})^2+(\theta^{(2)})^2\leqslant\lambda$，椭圆线则代表着最小二乘误差函数的等值线。由图 5-3 可以看出，LASSO 模型和岭回归模型中椭圆线都会与约束区域相切，然而区别于岭回归的圆形约束区域，LASSO 中的菱形约束区域有棱角，当最优参数估计在棱角点时，则有参数 $\boldsymbol{\theta}$ 置于 0，从而当参数维度持续增加时，会出现更多的棱角点，从而使更多的估计参数置于 0，以此实现特征稀疏的目的。接下来详细对 LASSO 的参数估计过程进行说明。

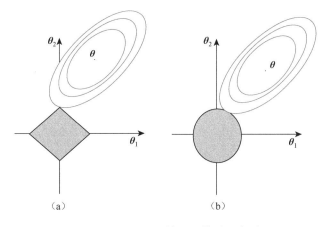

图 5-3 LASSO 及岭回归模型示意图

4. 算法

由 LASSO 回归的损失函数可以看出,由于 LASSO 采用的是 L1 正则化项,为所有回归系数的绝对值之和,因而损失函数不是连续可导的,依照岭回归的求解算法直接对 LASSO 回归进行求解是不可行的。因而,对于 LASSO 的求解通常采用的方法有坐标下降法和最小角回归法,本章以坐标下降法为例对 LASSO 求解过程进行阐述。坐标下降法由 Wu(吴)和 Lange(兰格)在"Coordinate descent algorithms for LASSO penalized regression"一文中提出,主要思想是在对多元函数进行最小化求解时,每一次迭代的过程中固定其他变量,只改变某一特征变量的值,在该变量维度上寻找使函数达到最小的值。

对于目标函数:

$$\arg\min_{\boldsymbol{\theta}} J(\boldsymbol{\theta}) = \arg\min_{\boldsymbol{\theta}} \left(y_i - \sum_{j=1}^{n} \theta^{(j)} x_i^{(j)} - \theta_0 \right)^2 + \lambda \sum_{j=1}^{n} \left| \theta^{(j)} \right| \tag{5-33}$$

基于坐标下降法的思想,在每轮迭代过程中对 $\theta^{(j)}$ 进行优化而固定 $\theta^{(k)} \neq \theta^{(j)}$ 的变量,从 $j=1$ 依次到 $j=n$ 进行迭代。因此,当其他变量固定时,对目标函数的求解等价于一元 LASSO 求解:

$$\arg\min_{\boldsymbol{\theta}} J(\boldsymbol{\theta}) = \arg\min_{\boldsymbol{\theta}} \frac{1}{m} \sum_{i=1}^{m} \left(r_i - \theta^{(j)} x_i^{(j)} \right)^2 + \lambda \left| \theta^{(j)} \right| \tag{5-34}$$

其中, $r_i = y_i - \sum_{k \neq j} \theta^{(k)} x_i^{(k)} - \theta^{(0)}$ 为除 $\theta^{(j)}$ 外其他变量对目标变量 y_i 拟合的残差。

对式(5-34)进行化简,得到

$$\arg\min_{\boldsymbol{\theta}} J(\boldsymbol{\theta}) = \arg\min_{\boldsymbol{\theta}} \left((\theta^{(j)})^2 \frac{\sum_{i=1}^{m} (x_i^{(j)})^2}{m} - 2\theta^{(j)} \frac{\sum_{i=1}^{m} r_i x_i^{(j)}}{m} + \frac{\sum_{i=1}^{m} r_i^2}{m} + \lambda \left| \theta^{(j)} \right| \right) \tag{5-35}$$

由于式(5-35)存在绝对值,因此需分别进行讨论。

(1)当 $\theta^{(j)} > 0$ 时,对式(5-35)的 $\theta^{(j)}$ 进行求导,并令导数为 0,可以得到

$$\theta^{(j)} = \frac{2\sum\limits_{i=1}^{m} r_i x_i^{(j)} - m\lambda}{2\sum\limits_{i=1}^{m} (x_i^{(j)})^2} \tag{5-36}$$

此时对 $\theta^{(j)}$ 的定义域为 $\theta^{(j)} > 0$，因此当 $2\sum\limits_{i=1}^{m} r_i x_i^{(j)} - m\lambda > 0$ 时，$\theta^{(j)} = \dfrac{2\sum\limits_{i=1}^{m} r_i x_i^{(j)} - m\lambda}{2\sum\limits_{i=1}^{m} (x_i^{(j)})^2}$，

否则，$\theta^{(j)} = 0$。

（2）当 $\theta^{(j)} < 0$ 时，对式（5-35）的 $\theta^{(j)}$ 进行求导，并令其导数为 0，可以得到

$$\theta^{(j)} = \frac{2\sum\limits_{i=1}^{m} r_i x_i^{(j)} + m\lambda}{2\sum\limits_{i=1}^{m} (x_i^{(j)})^2} \tag{5-37}$$

此时对 $\theta^{(j)}$ 的定义域为 $\theta^{(j)} < 0$，因此当 $2\sum\limits_{i=1}^{m} r_i x_i^{(j)} + m\lambda < 0$ 时，$\theta^{(j)} = \dfrac{2\sum\limits_{i=1}^{m} r_i x_i^{(j)} + m\lambda}{2\sum\limits_{i=1}^{m} (x_i^{(j)})^2}$，

否则，$\theta^{(j)} = 0$。

综上，可以得到关于 $\theta^{(j)}$ 的估计值：

$$\theta^{(j)} = \begin{cases} \dfrac{2\sum\limits_{i=1}^{m} r_i x_i^{(j)} - m\lambda}{2\sum\limits_{i=1}^{m} (x_i^{(j)})^2}, & \dfrac{2}{m}\sum\limits_{i=1}^{m} r_i x_i^{(j)} > \lambda \\[4mm] 0, & -\lambda \leqslant \dfrac{2}{m}\sum\limits_{i=1}^{m} r_i x_i^{(j)} \leqslant \lambda \\[4mm] \dfrac{2\sum\limits_{i=1}^{m} r_i x_i^{(j)} + m\lambda}{2\sum\limits_{i=1}^{m} (x_i^{(j)})^2}, & \dfrac{2}{m}\sum\limits_{i=1}^{m} r_i x_i^{(j)} < \lambda \end{cases} \tag{5-38}$$

LASSO 回归的算法伪代码由算法 5-3 所示。

算法 5-3：LASSO 回归算法

输入：训练集 $D = \{(\boldsymbol{x}_1, y_1), (\boldsymbol{x}_2, y_2), \cdots, (\boldsymbol{x}_m, y_m)\}$；

　　　　迭代次数 n_iter；

过程：函数 Lasso_regression(D)

1.　初始化当前拟合回归系数 $\boldsymbol{\theta}$；

2.　令 $X = \{(1, x_1), (1, x_2), \cdots, (1, x_m)\}$, $\quad Y = \{y_1, y_2, \cdots, y_m\}$;

3.　For $i \in \{1, 2, \cdots, n\_iter\}$ do:

4.　　For $j \in \{1, 2, \cdots, m\}$ do:

5.　　　根据式（5-38）计算 $\theta^{(j)}$;

6.　End For

7.　End For

输出： $h(x) = \theta^\mathrm{T} x$

第二节　数据分类分析

一、分类分析的基本概念

分类分析是一种重要的数据分析形式，它通过学习得到一个模型 h，把特征向量 x 映射到预先定义的类标签 y，其中 $y \in \{1, 2, \cdots, C\}$，包含 C 种离散的标签。当 $C = 2$ 时，该分类问题也被称为"二分类"问题；当 $C > 2$ 时，该分类问题也被称为"多分类"问题。分类分析主要包含两个步骤：第一步，给定数据集 $D = \{(x_1, y_1), (x_2, y_2), \cdots, (x_m, y_m)\}$，构建并学习一个分类模型 h 来描述特征与类标签之间的对应关系，该分类模型也被称为分类器；第二步，利用学到的分类器对新的输入特征进行输出预测，该过程称为分类，可能的输出称为类。

二、分类分析的基本类型

分类分析的基本类型主要可以分为以下六类。

（1）基于函数的分类分析。在基于函数的分类分析中，分类模型 h 能够通过显式的函数解析式对分类数据的决策边界直接进行表示。

（2）基于概率的分类分析。基于概率的分类分析对训练数据集的联合概率分布 $P(X, Y)$ 或条件概率分布 $P(Y \mid X)$ 进行建模，从而得到样本在不同类别下的概率分布。

（3）基于最近邻的分类分析。基于最近邻的分类分析利用距离样本最近的若干个训练样本的标签来确定其预测分类。

（4）基于决策树的分类分析。决策树模型是一种由一个根节点、若干个内部节点和叶节点构成的树形结构，从根节点到叶节点的不同路径对应不同的判别规则。

（5）基于规则的分类分析。基于规则的分类分析利用由一组"If...Then..."构成的规则集合来对新样本的类别进行预测。

（6）集成分类分析。集成分类模型由多个分类器组成，这些分类器成为基分类器（base classifier），集成分类则利用基分类器的准确性和多样性来提升分类模型的预测性能。

三、基于函数的分类分析

在基于函数的分类分析中，分类模型能够通过函数解析式进行表示。例如，二维平面上的两类数据，可以通过一条显式的直线 $h_\theta(x) = \theta x + b$ 将两类数据进行划分。比较常见的基于函数的分类分析方法有 Logistic 回归、支持向量机（support vector machine，SVM）、感知机（perceptron），以及更复杂的函数模型如多层感知机（multilayer perceptron，简写为 MLP）等。下面主要对 Logistic 回归模型进行介绍。

（一）Logistic 回归模型概述

Logistic 回归模型是一种用于估计某种事件在二值变量上发生的概率的机器学习方法。逻辑回归与线性回归都是一种广义线性模型，该方法的名字虽然是"回归"，但实际上它是一种用于二分类任务的机器学习方法。

Logistic 回归模型起源于 19 世纪 50 年代至 19 世纪 60 年代统计学家对流行病的研究。在流行病的研究中，一个人不患病或患病是一个离散的变量，即 $y \in \{0,1\}$。当标签为离散值时，直接使用线性回归的方法效果较差，因此统计学家开始尝试使用逻辑函数将离散的二值变量转换为 0 至 1 之间的概率值。统计学家 David Roxbee Cox（戴维·罗斯贝·科克斯）在 19 世纪 60 年代发表了一系列关于回归模型中离散标签处理的论文，逐渐形成了现在看到的 Logistic 回归模型。

（二）Logistic 回归的建模过程

1. 数据

对于 m 个样本组成的训练集 $D = \{(\boldsymbol{x}_1, y_1), (\boldsymbol{x}_2, y_2), \cdots, (\boldsymbol{x}_m, y_m)\}$，$(\boldsymbol{x}_i, y_i)$ 为第 i 个样本点，其中 $\boldsymbol{x}_i = [x_i^{(1)}, \cdots, x_i^{(j)}, \cdots, x_i^{(n)}]^T \in \mathbb{R}^n$ 为由 n 个特征描述的 n 维列向量，$x_i^{(j)} \in \mathbb{R}$ 为第 i 个样本在第 j 个特征上的取值，$y_i \in \{0,1\}$ 为样本的类别标签。

2. 模型

Logistic 回归模型使用逻辑函数对线性回归模型的非线性转换可表示为

$$h_\theta(\boldsymbol{x}) = g(\boldsymbol{\theta}^T \boldsymbol{x}) = \frac{1}{1 + e^{-(\boldsymbol{\theta}^T \boldsymbol{x} + b)}} \tag{5-39}$$

其中，$\boldsymbol{\theta}$ 为 Logistic 回归的权值向量，且 $\boldsymbol{\theta} \in \mathbb{R}^n$。为表示方便，将 $\boldsymbol{x}_i$ 与 $\boldsymbol{\theta}$ 进行扩充，即 $\boldsymbol{\theta} = [\theta_1, \theta_2, \cdots, \theta_n, b]^T$，$\boldsymbol{x}_i = [x_i^{(1)}, x_i^{(2)}, \cdots, x_i^{(n)}, 1]^T$。这时，Logistic 回归模型可表示为

$$h_\theta(\boldsymbol{x}) = g(\boldsymbol{\theta}^T \boldsymbol{x}) = \frac{1}{1 + e^{-\boldsymbol{\theta}^T \boldsymbol{x}}} \tag{5-40}$$

其中，函数 $g(z)$ 表示为

$$g(z) = \frac{1}{1 + e^{-z}} \tag{5-41}$$

这个函数就是逻辑函数，或者叫作双弯曲"S"形函数。$g(z)$ 的函数图像如图 5-4 所示。

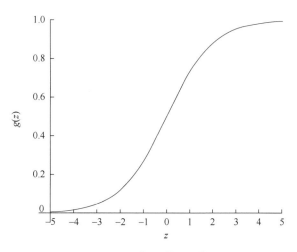

图 5-4　逻辑函数的图像

　　从图 5-4 中可以看到，当 $z \to \infty$ 时，$g(z) \to 1$，而当 $z \to -\infty$ 时，$g(z) \to 0$。因此，无论 $\boldsymbol{\theta}^{\mathrm{T}}\boldsymbol{x}$ 多大，$g(\boldsymbol{\theta}^{\mathrm{T}}\boldsymbol{x})$ 始终能将其转换到 0 至 1 之间的概率值。逻辑函数 $g(z)$ 具有良好的数学性质：

$$
\begin{aligned}
g'(z) &= \frac{\mathrm{d}}{\mathrm{d}z}\frac{1}{1+\mathrm{e}^{-z}} = \frac{1}{(1+\mathrm{e}^{-z})^2}(\mathrm{e}^{-z}) \\
&= \frac{1}{(1+\mathrm{e}^{-z})} \cdot \left(1 - \frac{1}{(1+\mathrm{e}^{-z})}\right) \\
&= g(z)(1 - g(z))
\end{aligned}
\tag{5-42}
$$

3. 策略

　　在估计 Logistic 回归模型的参数时，需要对模型进行一些统计学假设，然后使用极大似然估计法对参数 $\boldsymbol{\theta}$ 进行拟合。假设数据的标签服从伯努利分布，即

$$
\begin{aligned}
P(y = 1 \mid \boldsymbol{x}) &= h_{\boldsymbol{\theta}}(\boldsymbol{x}) \\
P(y = 0 \mid \boldsymbol{x}) &= 1 - h_{\boldsymbol{\theta}}(\boldsymbol{x})
\end{aligned}
\tag{5-43}
$$

式（5-43）也可写为

$$
P(y \mid \boldsymbol{x}) = \left(h_{\boldsymbol{\theta}}(\boldsymbol{x})\right)^y \left(1 - h_{\boldsymbol{\theta}}(\boldsymbol{x})\right)^{1-y}
\tag{5-44}
$$

假设 m 个训练样本独立同分布，Logistic 回归模型的似然函数可以写为

$$
\begin{aligned}
L(\boldsymbol{\theta}) &= \prod_{i=1}^{m} P\left(y_i \mid \boldsymbol{x}_i; \boldsymbol{\theta}\right) \\
&= \prod_{i=1}^{m} \left(h_{\boldsymbol{\theta}}(\boldsymbol{x}_i)\right)^{y_i} \left(1 - h_{\boldsymbol{\theta}}(\boldsymbol{x}_i)\right)^{1-y_i}
\end{aligned}
\tag{5-45}
$$

对式（5-45）两边同时取对数，得到该式的对数似然函数：

$$l(\boldsymbol{\theta}) = \ln L(\boldsymbol{\theta})$$

$$= \sum_{i=1}^{m} \left[y_i \ln h_{\boldsymbol{\theta}}(\boldsymbol{x}_i) + (1 - y_i) \ln \left(1 - h_{\boldsymbol{\theta}}(\boldsymbol{x}_i) \right) \right] \tag{5-46}$$

最大化式（5-46）等价于最小化其相反数，于是可以得到 Logistic 回归模型的损失函数：

$$J(\boldsymbol{\theta}) = \sum_{i=1}^{m} \left[-y_i \ln h_{\boldsymbol{\theta}}(\boldsymbol{x}_i) - (1 - y_i) \ln \left(1 - h_{\boldsymbol{\theta}}(\boldsymbol{x}_i) \right) \right] \tag{5-47}$$

式（5-47）又被称为交叉熵损失函数，因此可以看到，这种损失函数可以看成数据标签在伯努利分布假设下的最大对数似然。下面我们从函数观点解释交叉熵损失函数。对于训练样本 $(\boldsymbol{x}_i, y_i)$，当 $y_i = 1$ 时，损失为 $-\ln h_{\boldsymbol{\theta}}(\boldsymbol{x}_i)$，其函数图像如图 5-5（a）所示，若 $h_{\boldsymbol{\theta}}(\boldsymbol{x}_i)$ 接近 1，损失趋向于 0，否则损失越来越大；$y_i = 0$ 时，损失为 $-\ln\left(1 - h_{\boldsymbol{\theta}}(\boldsymbol{x}_i)\right)$，其函数图像如图 5-5（b）所示，若 $h_{\boldsymbol{\theta}}(\boldsymbol{x}_i)$ 接近 0，损失趋向于 0，否则损失越来越大。

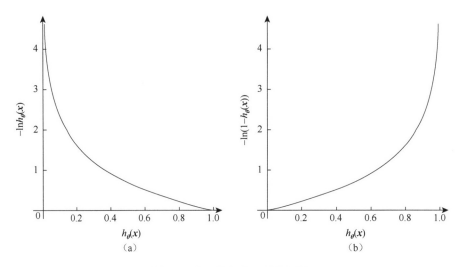

图 5-5　交叉熵损失函数的图像

4. 算法

下面使用梯度下降方法使 Logistic 回归模型的损失函数最小，并得到相应的 $\boldsymbol{\theta}^*$。首先，对损失函数进行求导：

$$\begin{aligned} \frac{\partial}{\partial \boldsymbol{\theta}} J(\boldsymbol{\theta}) &= \sum_{i=1}^{m} \left(-y \frac{1}{g(\boldsymbol{\theta}^{\mathrm{T}} \boldsymbol{x}_i)} + (1 - y_i) \frac{1}{1 - g(\boldsymbol{\theta}^{\mathrm{T}} \boldsymbol{x}_i)} \right) \frac{\partial}{\partial \boldsymbol{\theta}} g(\boldsymbol{\theta}^{\mathrm{T}} \boldsymbol{x}_i) \\ &= \sum_{i=1}^{m} \left(-y \frac{1}{g(\boldsymbol{\theta}^{\mathrm{T}} \boldsymbol{x}_i)} + (1 - y_i) \frac{1}{1 - g(\boldsymbol{\theta}^{\mathrm{T}} \boldsymbol{x}_i)} \right) g(\boldsymbol{\theta}^{\mathrm{T}} \boldsymbol{x}_i)\left(1 - g(\boldsymbol{\theta}^{\mathrm{T}} \boldsymbol{x}_i)\right) \frac{\partial}{\partial \boldsymbol{\theta}} \boldsymbol{\theta}^{\mathrm{T}} \boldsymbol{x}_i \\ &= \sum_{i=1}^{m} \left[-y(1 - g(\boldsymbol{\theta}^{\mathrm{T}} \boldsymbol{x}_i)) + (1 - y_i) g(\boldsymbol{\theta}^{\mathrm{T}} \boldsymbol{x}_i) \right] \boldsymbol{x}_i \\ &= \sum_{i=1}^{m} \left(h_{\boldsymbol{\theta}}(\boldsymbol{x}_i) - y_i \right) \boldsymbol{x}_i \end{aligned} \tag{5-48}$$

上面的求导过程使用了逻辑函数的数学性质 $g'(z) = g(z)(1 - g(z))$，因此得到了权值参数的更新规则：

$$\boldsymbol{\theta} = \boldsymbol{\theta} - \alpha \frac{\partial}{\partial \boldsymbol{\theta}} J(\boldsymbol{\theta})$$

$$= \boldsymbol{\theta} - \alpha \sum_{i=1}^{m} \left(h_{\theta}(\boldsymbol{x}_i) - y_i \right) \boldsymbol{x}_i \qquad (5\text{-}49)$$

其中，α 为学习率。Logistic 回归模型的算法伪代码如算法 5-4 所示。

算法 5-4：Logistic 回归算法

输入：训练集 $D = \{(\boldsymbol{x}_1, y_1), (\boldsymbol{x}_2, y_2), \cdots, (\boldsymbol{x}_m, y_m)\}$；

　　　学习率 α；

　　　迭代次数 n_iter；

过程：函数 logistic_regression(D)

1.　初始化权重向量 $\boldsymbol{\theta}$；

2.　令 $\boldsymbol{X} = \{(1, \boldsymbol{x}_1), (1, \boldsymbol{x}_2), \cdots, (1, \boldsymbol{x}_m)\}$，　$\boldsymbol{y} = \{y_1, y_2, \cdots, y_m\}$；

3.　For　$k \in \{1, 2, \cdots, n\_\text{iter}\}$　do：

4.　　　$\boldsymbol{\theta} = \boldsymbol{\theta} - \alpha \boldsymbol{X}^{\mathrm{T}} \left(h_{\theta}(\boldsymbol{X}) - \boldsymbol{y} \right)$；

5.　End For

输出：$h_{\theta}(\boldsymbol{x}) = g(\boldsymbol{\theta}^{\mathrm{T}} \boldsymbol{x})$

四、基于概率的分类分析

基于概率的分类分析假设训练数据集是由联合概率分布 $P(X, Y)$ 独立同分布产生的，其中，$P(X, Y)$ 是 X 和 Y 的联合概率分布，X 和 Y 分别表示定义在输入空间 $\mathcal{X}$ 和输出空间 $\mathcal{Y}$ 上的随机变量。在贝叶斯定理中，先验概率是基于已有知识对随机事件进行概率预估，但不考虑任何相关因素；后验概率则是基于已有知识对随机事件进行概率预估，并且考虑相关因素。贝叶斯定理允许我们通过计算取得先验概率 $P(Y)$、类条件概率 $P(X \mid Y)$ 和归一化证据因子 $P(X)$ 来表示后验概率：

$$P(Y \mid X) = \frac{P(X \mid Y) P(Y)}{P(X)} \qquad (5\text{-}50)$$

因此，基于概率的分类分析对训练数据集的联合概率分布 $P(X, Y)$ 或条件概率分布 $P(Y \mid X)$ 进行建模，能够得到样本在不同类别下的概率分布。比较常见的基于概率的分类分析方法有朴素贝叶斯（naive Bayes）模型、隐马尔可夫模型（hidden Markov model，HMM）和最大熵（maximum entropy）模型等。下面主要对朴素贝叶斯模型进行介绍。

（一）朴素贝叶斯模型概述

朴素贝叶斯模型是一种简单而高效的分类模型,可以基于贝叶斯定理和条件独立假设计算出待分类项在其当前条件下各个可能类别出现的概率,并将取得最大值的那个类别作为最终输出结果。

朴素贝叶斯模型主要的思想就是在已给定特征属性值的前提下找到出现概率最大的类别标签。"朴素"是指模型在估计类条件概率时假设各个特征属性之间条件独立,这也是其易于操作的原因。

（二）朴素贝叶斯模型的建模过程

1. 数据

对于 m 个样本组成的训练集 $D = \{(\boldsymbol{x}_1, y_1), (\boldsymbol{x}_2, y_2), \cdots, (\boldsymbol{x}_m, y_m)\}$，$(\boldsymbol{x}_i, y_i)$ 为第 i 个样本点，其中 $\boldsymbol{x}_i \in \{1, 2, \cdots, K\}^n$ 是由 K 种离散的特征值描述的 n 维列向量，$x_i^{(j)}$ 为样本在第 j 个特征上的取值，$y_i \in \mathcal{Y} = \{1, 2, \cdots, C\}$ 为样本的 C 个可能的类别。

2. 模型

朴素贝叶斯模型假设特征在类标签的情况下条件独立,其目的是在给定样本 $\boldsymbol{x}$ 的前提下得到每个类的概率，使用贝叶斯定理，朴素贝叶斯模型可以表示为

$$
\begin{aligned}
h_{\boldsymbol{\theta}}(\boldsymbol{x}) &= \arg\max_c P(y = c \mid \boldsymbol{x}, \boldsymbol{\pi}, \boldsymbol{\theta}) \\
&= \arg\max_c P(y = c \mid \boldsymbol{\pi}) P(\boldsymbol{x} \mid y = c, \boldsymbol{\theta}) \\
&= \arg\max_c P(y = c \mid \boldsymbol{\pi}) \prod_{j=1}^n P(x^{(j)} \mid y = c, \boldsymbol{\theta})
\end{aligned}
\tag{5-51}
$$

其中，$\boldsymbol{\pi}$ 为类别标签的先验概率参数向量；先验概率 $P(y = c \mid \boldsymbol{\pi})$ 为在知道样本特征 $\boldsymbol{x}$ 之前，该样本被分到第 c 个类的概率；$P(y = c \mid \boldsymbol{x}, \boldsymbol{\pi}, \boldsymbol{\theta})$ 为使用样本特征 $\boldsymbol{x}$ 后得到的后验概率。

3. 策略

朴素贝叶斯模型采用最大似然估计对模型的参数进行估计。假设样本标签的先验服从 Multinoulli 分布，对于任意一个样本 $(\boldsymbol{x}_i, y_i)$，其概率可以表示为

$$
\begin{aligned}
P(\boldsymbol{x}_i, y_i \mid \boldsymbol{\theta}) &= P(y_i \mid \boldsymbol{\pi}) \prod_{j=1}^n P(x_i^{(j)} \mid y_i, \boldsymbol{\theta}_j) \\
&= \prod_{c=1}^C \pi_c^{\mathbb{I}(y_i = c)} \prod_{j=1}^n \prod_{c=1}^C P(x_i^{(j)} \mid \boldsymbol{\theta}_{jc})^{\mathbb{I}(y_i = c)}
\end{aligned}
\tag{5-52}
$$

假设 m 个训练样本独立同分布，朴素贝叶斯模型的对数似然函数可以写为

$$
\begin{aligned}
l(\boldsymbol{\pi}, \boldsymbol{\theta}) &= \ln P(D \mid \boldsymbol{\theta}) \\
&= \sum_{i=1}^m \sum_{c=1}^C m_c \ln \pi_c + \sum_{j=1}^D \sum_{c=1}^C \sum_{i: y_i = c} \ln P(x_i^{(j)} \mid \boldsymbol{\theta}_{jc})
\end{aligned}
\tag{5-53}
$$

其中，π_c 为第 c 类的先验概率参数；$m_c = \sum_{i=1}^{m} \mathbb{I}(y_i = c)$ 为训练集 D 中被分为第 c 类的样本个数。因此，朴素贝叶斯模型的策略为最大化式（5-53）。

4. 算法

下面利用拉格朗日法使朴素贝叶斯模型的对数似然函数最大，并得到相应的 $\boldsymbol{\pi}^*$ 和 $\boldsymbol{\theta}^*$。注意到 $\boldsymbol{\pi}$ 的限制条件为 $\sum_{c=1}^{C} \pi_c = 1$，式（5-53）可表示为以下拉格朗日函数的形式：

$$L(\boldsymbol{\pi}, \boldsymbol{\theta}, \alpha) = l(\boldsymbol{\pi}, \boldsymbol{\theta}) + \alpha(1 - \sum_{c=1}^{C} \pi_c) \tag{5-54}$$

其中，α 为拉格朗日乘子。式（5-54）对 π_c 求偏导，令偏导数为零：

$$\frac{\partial L(\boldsymbol{\pi}, \boldsymbol{\theta}, \alpha)}{\partial \pi_c} = \frac{m_c}{\pi_c} - \alpha = 0 \tag{5-55}$$

得到 $\pi_c = m_c / \alpha$。对 π_c 求和，有

$$\sum_{c=1}^{C} \pi_c = \sum_{c=1}^{C} \frac{m_c}{\alpha} = 1 \tag{5-56}$$

可以得到 $\alpha = \sum_{c=1}^{C} m_c = m$。因此，可以得到 π_c 的估计值：

$$\hat{\pi}_c = \frac{m_c}{m} \tag{5-57}$$

同理，假设每个特征的 K 种取值在每个类标签下的条件分布 $P(x_i^{(j)} | \boldsymbol{\theta}_{jc})$ 服从 Multinoulli 分布，可以得到 $\boldsymbol{\theta}_{jc}$ 的估计值：

$$\hat{\boldsymbol{\theta}}_{jc} = \frac{m_{jc}}{m_c} \tag{5-58}$$

其中，$m_{jc} = \sum_{i=1}^{m} \mathbb{I}(x_i^{(j)} = x^{(j)}, y_i = c)$ 为训练集 D 中被分为第 c 类且第 j 个特征取值为 $x^{(j)}$ 的样本个数。

为避免特征的取值未在训练集中出现而导致所求参数为零的情况，在估计参数时需要进行平滑处理，常用方法为"拉普拉斯修正"。假设 m_j 为第 j 个特征可能的取值数，式（5-57）和式（5-58）分别修正为

$$\hat{P}(y = c | \boldsymbol{\pi}) = \hat{\pi}_c = \frac{m_c + 1}{m + C} \tag{5-59}$$

$$\hat{P}(x^{(j)} | y = c, \boldsymbol{\theta}) = \hat{\boldsymbol{\theta}}_{jc} = \frac{\sum_{i=1}^{m} \mathbb{I}(x_i^{(j)} = x^{(j)}, y_i = c) + 1}{m_c + m_j} \tag{5-60}$$

朴素贝叶斯模型的算法伪代码由算法 5-5 所示。

算法 5-5：朴素贝叶斯模型算法

输入：训练集 $D = \{(\boldsymbol{x}_1, y_1), (\boldsymbol{x}_2, y_2), \cdots, (\boldsymbol{x}_m, y_m)\}$；

新样本 $\boldsymbol{x} = [x^{(1)}, \cdots, x^{(j)}, \cdots, x^{(n)}]^{\mathrm{T}}$；

过程：函数 naive_bayes(D)

1. 根据式（5-59）计算先验概率 $\hat{P}(y = c)$；

2. For $c \in \{1, 2, \cdots, C\}$ do:

3.   For $j \in \{1, 2, \cdots, n\}$ do:

4.   根据式（5-60）计算条件概率 $\hat{P}(x^{(j)} \mid y = c)$；

5.   End For

6. End For

7. 根据式（5-51）计算条件概率；

输出：$h_{\theta}(\boldsymbol{x}) = \underset{c}{\arg\max} \, P(y = c \mid \boldsymbol{x}, \boldsymbol{\pi}, \boldsymbol{\theta})$

五、基于最近邻的分类分析

基于最近邻的分类分析将一组已分类点中最接近的分类分配给一个未分类的样本点，与其他分类方法不同，最近邻分类法是一种惰性学习方法，不需要在给定样本的基础上进行训练，而是在给出需要预测的新样本后，通过新样本最邻近的样本标签来确定其预测分类。最近邻分类分析是一种非参数方法，比较简单、直观、易于实现。

为了解决最近邻算法对噪声数据过于敏感的缺陷，扩大了参与决策的样本量，使用 K 个邻近点进行决策，形成了 KNN（K-nearest neighbor，K-近邻）分类法。KNN 分类法可以生成任意形状的决策边界，较其他分类器更为灵活，特别适合多分类问题，目前该方法已广泛应用于新闻文本分类和遥感图像分类等。

（一）KNN 模型概述

KNN 模型是对最近邻分类法的推广，是一种基于样本的惰性学习方法，如果一个样本的 K 个最邻近样本中的大多数属于某个类别，则该样本也属于这个类别。

KNN 模型的基本思想：假设给定一个训练数据集，其中的样本类别已定，对于新的样本，根据其 K 个最近邻的训练样本的类别，通过多数表决等方式来进行预测，输出预测新样本的类别标签。

（二）KNN 模型的建模过程

1. 数据

对于 m 个样本组成的训练数据集 $D = \{(\boldsymbol{x}_1, y_1), (\boldsymbol{x}_2, y_2), \cdots, (\boldsymbol{x}_m, y_m)\}$，$(\boldsymbol{x}_i, y_i)$ 为第 i 个样本点，其中 $\boldsymbol{x}_i \in \mathbb{R}^n$ 为样本特征，$y_i \in \mathcal{Y} = \{1, 2, \cdots, C\}$ 为样本的 C 个可能的类别。

2. 模型

KNN 对给定样本几乎没有训练，并且是非参数的方法，其模型的思想是根据距离新样本最近的 K 个样本的标签来确定新样本类别。

令预测样本 $\boldsymbol{x}$ 的 y 个近邻为 $H_K(\boldsymbol{x})$，根据 $H_K(\boldsymbol{x})$ 对应的出现次数最多的标签，确定样本 $\boldsymbol{x}$ 的类别，具体公式如下：

$$h(\boldsymbol{x}) = \arg\max_{c} \sum_{i:\boldsymbol{x}_i \in N_K(\boldsymbol{x})} \mathrm{II}(y_i = c) \tag{5-61}$$

3. 策略

KNN 模型由 K 值、距离度量和分类决策规则决定。给定训练样本和对应的标签，对于需要预测的输入样本，根据距离其最近的 K 个样本的标签，通过多数投票等决策规则进行预测。

首先，K 值的选择对分类结果有较大影响。如果选择较小的 K 值，则容易发生过拟合，对于邻近点过于敏感，若邻近点是噪声，那么预测结果很可能出错。如果选择较大的 K 值，在选择 K 个近邻的时候，与样本较远的训练样本即实际上并不相似的样本也被包含进来，造成噪声增加而导致分类效果的降低。因此，对于 K 值的选择需要反复验证，慎重选择。

其次，在距离度量方面，对距离度量进行定义：设实例空间为 H，该空间中的一个距离函数可定义为映射 $\mathrm{dis}: H \times H \to R$，则对任意 $\boldsymbol{x}, \boldsymbol{y}, \boldsymbol{z} \in H$，有以下特征。①正定性：$\mathrm{dis}(\boldsymbol{x}, \boldsymbol{y}) \geqslant 0$，当且仅当 $\boldsymbol{x} = \boldsymbol{y}$ 时 $\mathrm{dis}(\boldsymbol{x}, \boldsymbol{y}) = 0$。②对称性：$\mathrm{dis}(\boldsymbol{x}, \boldsymbol{y}) = \mathrm{dis}(\boldsymbol{y}, \boldsymbol{x})$。③三角不等式：$\mathrm{dis}(\boldsymbol{x}, \boldsymbol{y}) \leqslant \mathrm{dis}(\boldsymbol{x}, \boldsymbol{z}) + \mathrm{dis}(\boldsymbol{z}, \boldsymbol{y})$。

如果把第一条改为：当 $\boldsymbol{x} \neq \boldsymbol{y}$ 时 $\mathrm{dis}(\boldsymbol{x}, \boldsymbol{y}) = 0$ 也成立，则 dis 为伪度量（pseudo-metric）。在 KNN 分类中，一般选取欧氏距离度量两个样本间的距离。

最后，KNN 的分类决策规则一般使用多数投票法，即根据离样本最近的 K 个训练样本中的多数类，决定预测样本类别。此外，还可以根据距离远近进行加权投票，距离越近的样本权重越大。

4. 算法

KNN 模型的实现主要分为以下五个步骤：第一步，计算新样本与各个训练样本之间的距离；第二步，按照距离递增关系对训练样本进行排序；第三步，选取距离最小的 K 个训练样本；第四步，确定前 K 个点对应类标签的出现次数；第五步，返回前 K 个点中出现次数最多的类别作为新样本的预测分类。

KNN 模型的算法伪代码如算法 5-6 所示。

算法 5-6：KNN 模型算法

输入：训练集 $D = \{(\boldsymbol{x}_1, y_1), (\boldsymbol{x}_2, y_2), \cdots, (\boldsymbol{x}_i, y_i), \cdots, (\boldsymbol{x}_m, y_m)\}$；

新样本 $\boldsymbol{x} = \left[x^{(1)}, \cdots, x^{(j)}, \cdots, x^{(n)}\right]^{\mathrm{T}}$；

最近邻个数 K；

过程：函数 KNN(D)

1.　　For $i \in \{1, 2, \ldots, m\}$ do：

2.　　　　$\text{dis}(\boldsymbol{x}, \boldsymbol{x}_i) = \sqrt{(\boldsymbol{x} - \boldsymbol{x}_i)^{\mathrm{T}}(\boldsymbol{x} - \boldsymbol{x}_i)}$；

3.　　按 $\text{dis}(\boldsymbol{x}, \boldsymbol{x}_i)$ 升序排序，选取距离最小的 K 个样本 $N_K(\boldsymbol{x})$；

4.　　End For

输出：$h(\boldsymbol{x}) = \underset{c}{\arg\max} \sum_{i:\boldsymbol{x}_i \in N_K(\boldsymbol{x})} \mathrm{II}(y_i = c)$

六、基于决策树的分类分析

决策树模型是一种呈树形结构的机器学习模型，它由一个根节点、若干个内部节点和叶节点构成，其中，根节点和内部节点表示特征，叶节点表示类标签。从根节点到一个叶节点对应了一条判定规则，决策树模型的学习目标就是通过递归的手段对特征空间进行划分，从而构造一个从根节点连通到不同叶节点的决策树。因此，在分类问题中，决策树模型可以认为是 If-Then 规则的集合。决策树模型虽然概念简单，但其学习能力十分强大，并且具有不错的可解释效果。

最早的决策树模型由 Hunt（亨特）等于 1966 年提出，该模型也是许多决策树模型的基础，包括 ID3、C4.5、C5.0 和 CART（classification and regression trees，分类回归树）等。决策树模型的学习分为特征选择、决策树生成和利用决策树预测三个步骤。特征选择是决策树模型进行特征空间划分的依据，也是构建决策树模型的核心。Quinlan（昆兰）在 1986 年和 1993 年提出的 ID3 和 C4.5 模型分别使用信息增益（information gain）和信息增益率（information gain ratio）进行特征选择，Breiman（布莱曼）等在 1984 年提出的CART 模型则使用了基尼（Gini）系数作为特征选择的依据。下面主要对 ID3 决策树模型进行介绍。

（一）ID3 决策树模型概述

ID3 决策树模型是一种通过信息增益对特征空间进行划分的决策树模型。ID3 决策树模型的主要思想就是使得最终的叶节点中的样本尽可能为同类样本，即样本尽可能"纯"，但是决策树无法直接得到整个模型的结构，需要采用递归算法通过选择特征不断地对特征空间进行切分，使得切分后得到的子样本集尽可能"纯"。ID3 决策树模型引进信息熵理论描述样本的"不纯度"，即使用信息增益选择最优划分特征。

（二）ID3 决策树模型的建模过程

1. 数据

对于 m 个样本组成的训练集 $D = \{(\boldsymbol{x}_1, y_1), (\boldsymbol{x}_2, y_2), \cdots, (\boldsymbol{x}_m, y_m)\}$，$(\boldsymbol{x}_i, y_i)$ 为第 i 个样本点，

其中样本 $\boldsymbol{x}_i = [x_i^{(1)}, \cdots, x_i^{(j)}, \cdots, x_i^{(n)}]^{\mathrm{T}} \in \mathbb{R}^n$ 为由 n 个特征描述的 n 维列向量，$x_i^{(j)}$ 为第 i 个样本在第 j 个特征上的取值，$y_i \in \mathcal{Y} = \{1, 2, \cdots, C\}$ 为样本的 C 个可能的类别。令 $\boldsymbol{x}^{(j)}$ 表示训练集的第 j 个特征向量，则特征集可以表示为 $A = \{\boldsymbol{x}^{(1)}, \boldsymbol{x}^{(2)}, \cdots, \boldsymbol{x}^{(n)}\}$。假设特征 $\boldsymbol{x}^{(j)}$ 中均为离散值，且共有 V 个可能的取值 $\{a^{(1)}, a^{(2)}, \cdots, a^{(V)}\}$，特征 $\boldsymbol{x}^{(j)}$ 中取值为 $\boldsymbol{a}^v$ 的样本集合记为 D_v。

2. 模型

ID3 决策树模型本质上是从训练数据集中归纳出一组分类规则，能对训练数据进行正确分类的决策树可能有多个，要求最终的决策树模型尽量能对大部分训练数据正确分类。假设 ID3 决策树模型 T 共有 $|T|$ 个节点，且模型在第 t 个节点上的特征划分为 R_t，R_t 中有 n_t 个样本。那么在第 t 个节点，模型将样本分为第 c 类的概率可以表示为

$$p_{tc} = \frac{1}{n_t} \sum_{\boldsymbol{x}_i \in R_t} \mathbb{I}(y_i = c) \tag{5-62}$$

其中，$\mathbb{I}(\cdot)$ 为指示函数。

在第 t 个节点，ID3 决策树模型使用多数类投票确定样本的标签，即

$$h_{\boldsymbol{\theta}}^t(\boldsymbol{x}) = \arg\max_c p_{tc} \tag{5-63}$$

3. 策略

假设在第 t 个节点中，R_t 中有 n_{tc} 个第 c 类样本，ID3 决策树模型的策略是使以下损失函数最小化：

$$J = \sum_{t=1}^{|T|} n_t \cdot \mathrm{Ent}(R_t) + \alpha |T| \tag{5-64}$$

其中，$\mathrm{Ent}(R_t)$ 为 ID3 决策树模型 T 在第 t 个节点上的熵，可定义为

$$\mathrm{Ent}(R_t) = -\sum_c \frac{n_{tc}}{n_t} \log \frac{n_{tc}}{n_t} \tag{5-65}$$

对于式（5-64），其等号右端第一项为模型对训练数据的拟合程度，第二项为模型的复杂度。当 ID3 决策树模型越大时，即 $|T|$ 越大，往往更加容易拟合训练数据，但是会导致模型的复杂度增加，因此需要超参数 $\alpha \geqslant 0$ 来权衡两者之间的影响，从而控制过拟合。

4. 算法

为使得式（5-64）中的目标函数最小，需要使得 ID3 决策树总体的熵最小，因此 ID3 决策树模型的优化算法是一个使 ID3 决策树的熵不断减少的过程。然而，对式（5-64）进行最小化是一个复杂的优化问题，ID3 决策树模型算法采用"分而治之"的策略，以递归的手段生成决策树，使得式（5-64）右端第一项最小，然后对生成的决策树进行剪枝（pruning），使式（5-64）右端第二项的值减小。递归方法将决策树的每个节点的优化作为子问题，即每个节点进行特征划分后使得熵减少的程度最大。ID3 决策树模型算法采用信息增益衡量熵减少的程度，则内部结点的最优划分特征可以定义为

$$\boldsymbol{x}^{(*)} = \arg\max_{\boldsymbol{x}^{(j)} \in A} \mathrm{Gain}(R_t, \boldsymbol{x}^{(j)}) \tag{5-66}$$

其中，$\mathrm{Gain}(R_t, \boldsymbol{x}^{(j)})$ 为信息增益，可以表示为

$$\mathrm{Gain}(R_t, \boldsymbol{x}^{(j)}) = \mathrm{Ent}(R_t) - \mathrm{Ent}(R_t \mid \boldsymbol{x}^{(j)}) \tag{5-67}$$

其中，$\mathrm{Ent}(R_t \mid \boldsymbol{x}^{(j)})$ 为条件熵，表示 R_t 以 $\boldsymbol{x}^{(j)}$ 进行划分后的熵，可通过以下方式计算：

$$\mathrm{Ent}(R_t \mid \boldsymbol{x}^{(j)}) = \sum_{v=1}^{V} \frac{|D_v|}{|D|} \mathrm{Ent}(D_v) \tag{5-68}$$

生成决策树后还要对其剪枝来减少模型的复杂度，剪枝策略可以从叶节点向根节点递归，将节点的分支减除并在验证集上验证剪枝后的精度，若剪枝后模型在验证集上的精度提升则保留剪枝。ID3 决策树模型的算法伪代码如算法 5-7 所示。

算法 5-7：ID3 决策树模型算法

输入：训练集 $D = \{(\boldsymbol{x}_1, y_1), \cdots, (\boldsymbol{x}_m, y_m)\}$，特征集 $A = \{\boldsymbol{x}^{(1)}, \cdots, \boldsymbol{x}^{(n)}\}$；

　　　超参数 α；

过程：函数 ID3(D)

1.　If D 中所有样本属于第 g 类 Then：

2.　　该节点的类标记为 c_g；

3.　　Return ID3；

4.　If $A = \{\varnothing\}$ Then：

5.　　$h_\theta^t(x) = \arg\max_c p_{tc}$；

6.　　Return ID3；

7.　$\boldsymbol{x}^{(*)} = \arg\max_{\boldsymbol{x}^{(j)} \in A} \mathrm{Gain}(R_t, \boldsymbol{x}^{(j)})$；

8.　For $v \in \{1, 2, \cdots, V\}$ do：

9.　　根据 $\boldsymbol{x}^{(*)}$ 中的取值将 D 分为若干非空子集 D_v；

10.　　$h_\theta^t(x) = \arg\max_c p_{tc}$

11.　　以 D_v 为样本集、$A - \{\boldsymbol{x}^{(*)}\}$ 作为特征集构造训练集 D'；

12.　　Return ID3；

输出：ID3

第三节　数据聚类分析

一、聚类分析的基本概念

聚类分析（clustering analysis）是大数据管理与应用的一个重要内容。它能够依据一

定的准则将大规模杂乱无序的数据归并成若干个有意义的类别,使得同一个类别内数据的差异尽可能小,不同类别间数据的差异尽可能大,进而揭示出海量数据之间的深层次结构信息。聚类分析中得到的一组数据对象的集合,称为簇。同一簇中的数据彼此相似,不同簇的数据彼此相异,具有良好的簇内相似性与簇间分离性。

从形式化来说,给定由 m 个样本组成的数据集 $D = \{\boldsymbol{x}_1, \boldsymbol{x}_2, \cdots, \boldsymbol{x}_m\}$,$\boldsymbol{x}_i$ 为第 i 个样本点,其中样本 $\boldsymbol{x}_i = [x_i^{(1)}, \cdots, x_i^{(j)}, \cdots, x_i^{(n)}]^{\mathrm{T}} \in \mathbb{R}^n$ 为由 n 个特征描述的 n 维列向量,$x_i^{(j)} \in \mathbb{R}$ 为第 I 个样本在第 j 个特征上的取值,聚类分析依据一定的准则归并成若干个簇 $C = \{C_1, \cdots, C_k, \cdots, C_K\}$,其中 $\bigcup_{k=1}^{K} C_k = D$ 且 $C_k \bigcap C_{k'} = \varnothing$ $(k \neq k')$。相应地,可以用 $\boldsymbol{y} = \{y_1, \cdots, y_i, \cdots, y_m\}$ 表示数据集 D 的簇标记向量,$y_i \in \{1, \cdots, K\}$ 为样本 $\boldsymbol{x}_i$ 对应的簇标记。

一个完整的聚类分析过程主要包括数据预处理、特征构建、相似度计算、聚类分析算法选择、聚类结果性能度量等,如图 5-6 所示。首先,对数据经过预处理后进行特征构建,计算样本或簇之间的相似度;其次,依据分析目标与数据分布,选择合适的聚类分析算法得到相应的聚类结果;最后,对聚类结果进行性能度量来分析其有效性,若未达到理想效果,需要进行回馈循环,对前面几个重要环节进行优化。

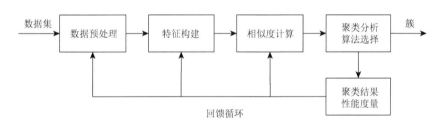

图 5-6　聚类分析过程

聚类分析的一个重要判断准则就是相似性,主要包括样本与样本之间的相似性以及簇与簇之间的相似性。

（一）样本间的相似性度量

样本之间的相似性描述样本之间的亲疏远近程度,是归并类的一个重要准则。将样本看成向量空间中的点,该空间中点与点之间的距离可以用于衡量样本与样本之间的相似性程度,这是一种常用的度量样本间相似性的方法。

对于函数 $d(\cdot, \cdot)$,若满足以下四个条件,则为距离函数。

（1）非负性：$d(\boldsymbol{x}_i, \boldsymbol{x}_j) \geqslant 0$。

（2）同一性：$d(\boldsymbol{x}_i, \boldsymbol{x}_j) = 0$ 当且仅当 $\boldsymbol{x}_i = \boldsymbol{x}_j$。

（3）对称性：$d(\boldsymbol{x}_i, \boldsymbol{x}_j) = d(\boldsymbol{x}_j, \boldsymbol{x}_i)$。

（4）直递性：$d(\boldsymbol{x}_i, \boldsymbol{x}_q) + d(\boldsymbol{x}_q, \boldsymbol{x}_j) \geqslant d(\boldsymbol{x}_i, \boldsymbol{x}_j)$。

$d(\cdot, \cdot)$ 越接近于 0,说明这两个样本越相似。常用的距离函数是闵可夫斯基距离（Minkowski distance）：

$$d_{\mathrm{mk}}(\boldsymbol{x}_i, \boldsymbol{x}_j) = \left(\sum_{u=1}^{n} \left| x_i^{(u)} - x_j^{(u)} \right|^p \right)^{1/p} \tag{5-69}$$

当 $p \geqslant 1$ 时，式（5-69）显然满足距离函数的上述四个条件。

当 $p = 1$ 时，闵可夫斯基距离又称为曼哈顿距离（Manhattan distance）。

$$d_{\mathrm{man}}(\boldsymbol{x}_i, \boldsymbol{x}_j) = \left\| \boldsymbol{x}_i - \boldsymbol{x}_j \right\|_1 = \sum_{u=1}^{n} \left| x_i^{(u)} - x_j^{(u)} \right| \tag{5-70}$$

当 $p = 2$ 时，闵可夫斯基距离又称为欧氏距离（Euclidean distance）。

$$d_{\mathrm{ed}}(\boldsymbol{x}_i, \boldsymbol{x}_j) = \left\| \boldsymbol{x}_i - \boldsymbol{x}_j \right\|_2 = \sqrt{\sum_{u=1}^{n} \left| x_i^{(u)} - x_j^{(u)} \right|^2} \tag{5-71}$$

当 $p \to \infty$ 时，闵可夫斯基距离又称为切比雪夫距离（Chebyshev distance）。

$$d_{\mathrm{che}}(\boldsymbol{x}_i, \boldsymbol{x}_j) = \lim_{p \to \infty} \left(\sum_{u=1}^{n} \left| x_i^{(u)} - x_j^{(u)} \right|^p \right)^{1/p} = \max_u \left| x_i^{(u)} - x_j^{(u)} \right| \tag{5-72}$$

（二）簇间的相似性度量

除了需要定义样本之间的相似性，聚类分析中还需要度量簇与簇之间的相似性。簇是一组相似样本的集合。令 C 表示有若干个样本的集合，$\boldsymbol{x}_i$ 与 $\boldsymbol{x}_j$ 表示集合 C 中的样本，$d(\boldsymbol{x}_i, \boldsymbol{x}_j)$ 表示两样本的距离，T 和 V 为给定的两个正数，则可以进行以下定义。

（1）若对于任意两个样本 $\boldsymbol{x}_i$，$\boldsymbol{x}_j \in C$，都有 $d(\boldsymbol{x}_i, \boldsymbol{x}_j) \leqslant T$，则称 C 为一个簇。

（2）若对于任意样本 $\boldsymbol{x}_i \in C$，一定存在另一样本 $\boldsymbol{x}_j \in C$ 满足 $d(\boldsymbol{x}_i, \boldsymbol{x}_j) \leqslant T$，则称 C 为一个簇。

（3）若对于任意样本 $\boldsymbol{x}_i \in C$，都有另一样本 $\boldsymbol{x}_j \in C$ 满足 $\dfrac{1}{|C|} \sum_{\boldsymbol{x}_j \in C} d(\boldsymbol{x}_i, \boldsymbol{x}_j) \leqslant T$，则称 C 为一个簇。

（4）若对于任意两个样本 $\boldsymbol{x}_i$，$\boldsymbol{x}_j \in C$，都有 $\dfrac{1}{|C|(|C|-1)} \sum_{\boldsymbol{x}_i \in C} \sum_{\boldsymbol{x}_j \in C} d(\boldsymbol{x}_i, \boldsymbol{x}_j) \leqslant T$ 且 $d(\boldsymbol{x}_i, \boldsymbol{x}_j) \leqslant V$，则称 C 为一个簇。

上述四种定义皆是通过样本之间的距离来定义簇。第一个定义可以推出其他定义，且相对简洁，因此更为常用。

簇的特征可以从不同角度进行构建，常用的有以下几种。

（1）簇中心 $\mathrm{avg}(C)$，即簇中所有样本的均值。

$$\mathrm{avg}(C) = \frac{1}{|C|} \sum_{i=1}^{|C|} \boldsymbol{x}_i \tag{5-73}$$

（2）簇直径 $\mathrm{diam}(C)$，即簇中任意两个样本间的最大距离。

$$\mathrm{diam}(C) = \max_{\boldsymbol{x}_i, \boldsymbol{x}_j \in C} d(\boldsymbol{x}_i, \boldsymbol{x}_j) \tag{5-74}$$

簇间的相似性一般采用距离进行度量，一般有以下几种。

（1）最小距离：通过两个簇的最近样本的距离描述簇间的相似性，也称单连接（single link）或最近邻连接。

$$d_{\min}(C_i, C_j) = \min\left(d(\boldsymbol{x}, \boldsymbol{y}) \middle| \boldsymbol{x} \in C_i, \boldsymbol{y} \in C_j\right) \tag{5-75}$$

（2）最大距离：通过两个簇的最远样本的距离描述簇间的相似性，也称全连接（complete link）或最远近邻连接。

$$d_{\max}(C_i, C_j) = \max\left(d(\boldsymbol{x}, \boldsymbol{y}) \middle| \boldsymbol{x} \in C_i, \boldsymbol{y} \in C_j\right) \tag{5-76}$$

（3）平均距离：通过两个簇的所有样本的平均距离描述簇间的相似性，也称均连接（average link）。

$$d_{\text{avg}}(C_i, C_j) = \frac{1}{|C_i| \times |C_j|} \sum_{\boldsymbol{x} \in C_i} \sum_{\boldsymbol{y} \in C_j} d(\boldsymbol{x}, \boldsymbol{y}) \tag{5-77}$$

（4）中心距离：通过两个簇中心的距离描述簇间的相似性。

$$d_{\text{cent}}(C_i, C_j) = d\left(\text{avg}(C_i), \text{avg}(C_j)\right) \tag{5-78}$$

二、聚类分析的基本类型

在聚类研究领域中，已经存在大量的聚类算法，具体选择某种聚类算法主要取决于数据的类型、聚类分析的场景。大体上，现有的聚类分析方法可以分为：基于划分的聚类分析、基于层次的聚类分析、基于密度的聚类分析、基于网格的聚类分析、基于模型的聚类分析及基于集成的聚类分析。

（一）基于划分的聚类分析

基于划分的聚类分析采用目标函数最小化的策略，把 m 个样本数据划分成 k（$k \leqslant m$）个簇，并同时满足：①每个簇至少包含一个样本；②每个样本属于且仅属于一个簇。值得注意的是，在某些模糊划分聚类算法中，第二个要求可以适当放宽。该算法简单高效，适用于任意规模的数据集，但只能发现球形簇，聚类结果受初始划分的影响较大，不够稳定，且对噪声敏感，不够鲁棒。

（二）基于层次的聚类分析

基于层次的聚类分析对样本数据进行层次分解，创建一个树状结构层次，根据树状结构层次判断聚类结果。根据层次分解的形成方式，可进一步分为自上而下的分裂式聚类和自下而上的凝聚式聚类。该算法能够在不同粒度上对数据进行聚类，但一旦凝聚或分裂的步骤完成，该操作难以撤销，且算法复杂度较高，不适合大规模数据集。

（三）基于密度的聚类分析

基于密度的聚类分析以样本的密度判断样本之间的可连接性，并基于可连接样本不断扩展簇，使得每一簇中的样本密度超过某个阈值，即给定簇中的每个数据，在一个给定范围的区域中必须至少包含某个数目的样本。该算法可以过滤噪声数据，有效处理异常数据，并能够发现任意形状的簇，但对参数比较敏感，算法的稳定性一般。

（四）基于网格的聚类分析

基于网格的聚类分析将样本数据量化成有限数目的单元，形成多分辨率的网格结构，所有的聚类操作都是在这个网格结构上进行的。该算法的执行时间与样本数据的数目无关，只受网格单元数目的影响，计算速度快，且对输入顺序和噪声不敏感，可以进行增量更新，但由于网格的确定化，聚类精度难以达到很好的效果。

（五）基于模型的聚类分析

基于模型的聚类分析根据数据由潜在的概率分布生成这一假设，先假定每一目标簇满足某种分布，再根据样本数据对给定模型进行最佳拟合，实现对数据的聚类。该算法通过构建反应数据在空间分布的密度函数来定位聚类，考虑到噪声和异常值，鲁棒性较高，但现有算法大都假设每一簇的分布是高斯分布，这使得该算法仅在具有凸形结构的数据上有良好的聚类效果，难以推广到具有任意分布的复杂形式聚类问题上。

（六）基于集成的聚类分析

基于集成的聚类分析通过合并多个好而不同的聚类结果得到最终的簇标记，使得最终的簇标记共享所有聚类结果的信息，进而提供一个性能更好的结果。该算法基于集成学习的理论，首先生成多个聚类结果，得到聚类成员，其次对这些聚类结果进行有效合并集成，来获得更好的聚类性能。关于集成聚类的有效性已经存在一定的理论分析与实验证明，但集成聚类算法计算复杂度也会相应提高。

三、聚类的性能度量

聚类的性能度量大致可以分为两类：一类是外部指标（external index），需要利用数据结构的先验知识进行评价，即将聚类结果与某个参考标签进行比较；另一类是内部指标（internal index），直接利用数据的内在结构特性进行评价，即直接考察聚类结果而不利用任何参考标签。

（一）外部指标

对数据集 D，假设参考标签对应的簇划分为 $C^* = \{C_1^*, \cdots, C_s^*, \cdots, C_S^*\}$，聚类算法得到的簇划分为 $C = \{C_1, \cdots, C_k, \cdots, C_K\}$，$\boldsymbol{y}^*$ 和 $\boldsymbol{y}$ 分别表示样本在簇划分集合 C^* 和 C 中的簇标记，可以通过样本的两两对比得到：

$$m_{00} = |\text{SS}|, \quad \text{SS} = \left\{(\boldsymbol{x}_i, \boldsymbol{x}_j) \middle| y_i = y_j, y_i^* = y_j^*, i < j\right\} \tag{5-79}$$

$$m_{01} = |\text{SD}|, \quad \text{SD} = \left\{(\boldsymbol{x}_i, \boldsymbol{x}_j) \middle| y_i = y_j, y_i^* \neq y_j^*, i < j\right\} \tag{5-80}$$

$$m_{10} = |\text{DS}|, \quad \text{DS} = \left\{(\boldsymbol{x}_i, \boldsymbol{x}_j) \middle| y_i \neq y_j, y_i^* = y_j^*, i < j\right\} \tag{5-81}$$

$$m_{11} = |\text{DD}|, \quad \text{DD} = \left\{(\boldsymbol{x}_i, \boldsymbol{x}_j) \middle| y_i \neq y_j, y_i^* \neq y_j^*, i < j\right\} \tag{5-82}$$

其中，集合 SS 包含在 C^* 和 C 中都属于相同簇的样本对，集合 SD 包含在 C 中属于相同簇但在 C^* 中属于不同簇的样本对，集合 DS 包含在 C 中属于不同簇但在 C^* 中属于相同簇的样本对，集合 DD 包含在 C^* 和 C 中都属于不同簇的样本对。考虑到每一样本对仅能出现在一个集合中，可以得到 $m_{00}+m_{01}+m_{10}+m_{11}=\dfrac{1}{2}m(m-1)$。

根据以上四个集合可以得到以下外部指标。

（1）兰德系数（Rand index，RI）为

$$RI = \frac{m_{00}+m_{11}}{m_{00}+m_{01}+m_{10}+m_{11}} \tag{5-83}$$

（2）杰卡德系数（Jaccard coefficient，JC）为

$$JC = \frac{m_{00}}{m_{00}+m_{01}+m_{10}} \tag{5-84}$$

（3）FM 指数（Fowlkes and Mallows index，FMI）为

$$FMI = \sqrt{\frac{m_{00}^2}{(m_{00}+m_{01})\times(m_{00}+m_{02})}} \tag{5-85}$$

上述外部指标的值域是[0, 1]，值越大说明聚类效果越好。

（二）内部指标

对数据集 D 以及聚类算法得到的簇划分 $C=\{C_1,\cdots,C_k,\cdots,C_K\}$，有以下内部指标。

（1）DB 指数（Davies-Bouldin index，DBI）为

$$DBI = \frac{1}{K}\sum_{k=1}^{K}\max_{k'\neq k}\left(\frac{\mathrm{avg}(C_k)+\mathrm{avg}(C_{k'})}{d_{\mathrm{cent}}(C_k,C_{k'})}\right) \tag{5-86}$$

（2）Dunn 指数（Dunn index，DI）为

$$DI = \min_{1\leqslant k\leqslant K}\left[\min_{k'\neq k}\left(\frac{d_{\min}(C_k,C_{k'})}{\max_{1\leqslant l\leqslant K}\mathrm{diam}(C_l)}\right)\right] \tag{5-87}$$

（3）CH 指数（Calinski-Harabasz index，CHI）为

$$CHI = \frac{\mathrm{Tr}\left[\sum\limits_{k=1}^{K}|C_k|\left(\mathrm{avg}(C_k)-\sum\limits_{i=1}^{m}\boldsymbol{x}_i\right)\left(\mathrm{avg}(C_k)-\sum\limits_{i=1}^{m}\boldsymbol{x}_i\right)^{\mathrm{T}}\right]}{\mathrm{Tr}\left[\sum\limits_{k=1}^{K}\sum\limits_{\boldsymbol{x}_i\in C_k}\left(\boldsymbol{x}_i-\mathrm{avg}(C_k)\right)\left(\boldsymbol{x}_i-\mathrm{avg}(C_k)\right)^{\mathrm{T}}\right]}\times\frac{m-K}{K-1} \tag{5-88}$$

其中，DI 和 CHI 的值越大越好，而 DBI 则相反，值越小越好。

四、基于层次的聚类分析

基于层次的聚类分析通过对样本数据的递归划分创建一个相应的树状结构层次进行聚类。对于样本数据的划分，可以采用自下而上的凝聚策略，也可以采用自上而下的分裂策略。具体而言，自下而上的凝聚式聚类首先将数据集中的每个样本分别视为一个初始簇，然后根据距离大小不断迭代，合并相近的两个簇，直至达到预设的簇个数，或者所有的样本都在一个簇中。绝大多数的层次聚类算法都属于这一类，如层次凝聚类（hierarchical agglomerative clustering，简写为 AGNES）、链接鲁棒聚类（robust clustering using links，

简写为 ROCK）等。自上而下的分裂式聚类则与凝聚式聚类相反，它首先将数据集中的所有样本视为一个初始簇，然后逐渐迭代分裂成越来越小的簇，直到达到预设的簇个数，或者每个样本自成一簇。常见的分裂式聚类算法有单元分裂方法、分裂分析（divisive analysis，简写为 DIANA）等。

以在由 5 个样本组成的数据集中进行层次聚类为例，图 5-7 具体描述了凝聚式聚类分析和分裂式聚类分析的过程。在凝聚式聚类过程中，样本 x_1 至 x_5 分别视为一个簇，接着不断迭代合并两个距离相近的簇，直至合并成一个簇。若设定簇的数目是 2 个，则 x_1 与 x_2 属于同一个簇，其余样本属于一个簇。在分裂式聚类过程中，所有样本视为同一个簇，接着不断分裂直至每个簇只有一个样本。若设定簇的数目是 3 个，则 x_1 与 x_2 属于同一个簇，x_4 与 x_5 属于同一个簇，x_3 为一个簇。

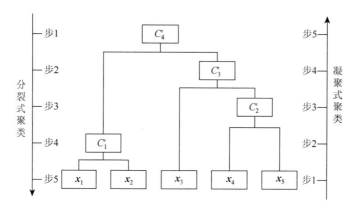

图 5-7　层次聚类的简单例子

（一）AGNES 模型概述

AGNES 模型是一种典型的自下而上的凝聚式聚类分析方法。该聚类模型历史比较悠久，1951 年 Florek（弗洛赖克）等依据最小距离作为簇距离实现聚类目标，不久，不同学者选择不同指标度量簇距离，这些可以理解为 AGNES 模型的雏形。1990 年，Kaufman（卡夫曼）和 Rousseeuw（卢梭）对这些凝聚策略进行总结，并提出 AGNES 模型及其建模过程。

AGNES 模型的主要思想是采用自下而上的凝聚策略创建树状层次结构，先对样本数据进行初始化，即把每个样本当成一个簇，然后不断重复迭代合并簇间距离最小的两个簇，直至达到终止条件。这样一个树状的层次结构已经形成，每层连接一组聚类簇，在特定层次下进行分割就可以得到相应的聚类结果。

（二）AGNES 模型的建模过程

1. 数据

对于 m 个样本组成的数据集 $D=\{x_1, x_2, \cdots, x_m\}$，$x_i$ 为第 i 个样本点，其中样本 $x_i = [x_i^{(1)}, \cdots, x_i^{(j)}, \cdots, x_i^{(n)}]^{\mathrm{T}} \in \mathbb{R}^n$ 为由 n 个特征描述的 n 维列向量，$x_i^{(j)} \in \mathbb{R}$ 为第 i 个样本在第 j 个特征上的取值。

2. 模型

AGNES 模型主要通过在给定数据集 D 上形成的层次树状结构进行聚类。先将 D 中所有样本当成一个簇，再依据簇与簇之间的距离不断合并两个相近的簇，进而构建一个层次树状结构，并根据该结构实现聚类目标，即簇标签的确定。图 5-8 是一个在 20 个随机数样本上形成的树状结构，每层连接一组聚类簇，根据给定的聚类数目进行分割，即可得到每一样本相应的簇标签。综上所述，AGNES 也是一个构建层次树状结构的过程，其模型也就是特定的树状层次结构。

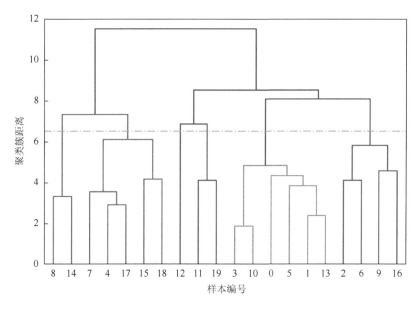

图 5-8 AGNES 树状图

3. 策略

AGNES 模型首先需要确定簇间距离的度量标准，当根据式（5-75）、式（5-76）、式（5-77）计算簇间距离时，AGNES 模型又可分别称为"单链接""全链接""均链接"算法。AGNES 模型主要采用贪心策略每次合并簇间距离最小的两个簇，最终形成一种层次的树状结构，使得该树状结构在任一层次的同一分支上的簇内距离最小，且每一层次对应的簇的数目也不相同。

4. 算法

AGNES 模型先初始化数据集中的簇，再通过不断迭代遍历所有簇并合并最小簇间距离的两个簇，直至达到一定停止条件。算法 5-8 详细描述了其具体流程。第一步是将数据集中每一样本初始化为一个簇并对簇间距离矩阵进行初始化，主要在第 1～8 行；第二步是不断迭代合并最小簇间距离的两个簇，并更新簇间距离矩阵，直至达到预设的聚类数目，主要在第 9～15 行。

算法 5-8：AGNES 模型算法

输入：训练集 $D = \{x_1, x_2, \cdots, x_m\}$ ；

聚类数目 K ；

簇间距离函数 d ；

1. For $i \in \{1, 2, \cdots, m\}$ do：
2. $C_i = \{x_i\}$ %把训练集 D 中每个样本初始化为一个簇
3. End For
4. For $i \in \{1, 2, \cdots, m\}$ do：
5.   For $j \in \{1, 2, \cdots, m\}$ do：
6. $M(i,j) = M(j,i) = d(C_i, C_j)$ %计算簇之间的距离
7.   End For
8. End For
9. 令当前簇的数目 $q = n$
10. Do：
11. 找到距离最近的两个簇 C_i 和 C_j ，并进行合并，赋值给 C_i
12. 在集合 C 中删除 C_j ，并更新 C_{j+1} 至 C_q 的下标
13. 删除 M 的第 j 行和第 j 列，并更新 M 的第 i 行和第 i 列
14. $q = q - 1$
15. While $q = K$

输出：簇划分 $C = \{C_1, \cdots, C_K\}$

五、基于划分的聚类分析

基于划分的聚类分析把聚类问题转化成一个组合优化问题，一般先对数据集进行初始划分，接下来通过不断迭代优化目标函数来调整划分，直至逐渐收敛，得到一个最终划分作为聚类结果。该方法需要事先确定初始聚类划分和聚类数目，根据一定的划分准则，使得每个样本与其簇中心的差异性之和最小，进而实现簇内样本相似、簇间样本相异的目标。根据在聚类过程中样本是否仅能属于一个簇，可以进一步分为硬划分聚类分析和模糊划分聚类分析。硬划分聚类分析方法假定样本能够明确地划分到一个簇中，如 K-Means（K-均值）、K-Medoids（K-中心点）等；模糊划分聚类分析方法以隶属度将样本分配到不同的簇中，簇与簇之间边界的严格性大大降低，如模糊 C 均值（Fuzzy C-Means，FCM）等。下面主要对 K-Means 模型进行介绍。

（一）K-Means 模型概述

K-Means 模型的发展历史比较悠久。20 世纪 50 年代，Hugo Steinhaus（胡果·施坦因豪斯）提出 K-Means 模型的基本想法，1957 年 Stuart Lloyd（斯图尔特·劳埃德）设计出

第一个可行的算法，1967 年 James Macqueen（詹姆斯·麦昆）正式提出并使用这一术语。经过 70 多年的发展，K-Means 模型已经被公认为经典的划分聚类方法，在图像分割、模式识别、客户行为分析等领域中也有着广泛的应用。此外，为满足日益变化的数据分析需求，针对该算法存在的缺陷，不同领域的学者对其进行改进，衍生出多个变体。

K-Means 模型中的"K"指划分簇的数量，即聚类类别数目，"Means"则代表将每个簇的平均值作为聚类中心。其主要思想是先对给定的数据集初始划分成 K 个互斥子集，构成 K 个簇，使得每个簇至少包含一个对象，每个对象仅属于一个簇，然后不断迭代更新求解，使得每个簇内数据的相似度尽可能高，每个簇间数据的相似度尽可能低。

（二）K-Means 模型的建模过程

1. 数据

对于 m 个样本组成的数据集 $D = \{\boldsymbol{x}_1, \boldsymbol{x}_2, \cdots, \boldsymbol{x}_m\}$，$\boldsymbol{x}_i$ 为第 i 个样本点，其中样本 $\boldsymbol{x}_i = [x_i^{(1)}, \cdots, x_i^{(j)}, \cdots, x_i^{(n)}]^{\mathrm{T}} \in \mathbb{R}^n$ 为由 n 个特征描述的 n 维列向量，$x_i^{(j)} \in \mathbb{R}$ 为第 i 个样本在第 j 个特征上的取值。

2. 模型

K-Means 模型的目标是把 m 个样本分到 K 个簇中，一般假设 $K < m$。K-Means 模型寻找一个合适的多对一的映射函数将样本映射到相应的簇中，得到最终的样本划分集合，即簇集合 $C = \{C_1, \cdots, C_k, \cdots, C_K\}$，其中 $\bigcup_{k=1}^{K} C_k = D$ 且 $C_k \bigcap C_{k'} = \varnothing$（$k \neq k'$）。也就是说，$K$-Means 模型是一个从样本到类的函数。具体来说，K-Means 模型选择最小的样本和簇中心的距离作为其簇标记，这里采用欧氏距离即式（5-71）来度量样本间的距离，所以，K-Means 模型可具体表示为

$$h(\boldsymbol{x}) = \arg\min_k \left\| \boldsymbol{x} - \boldsymbol{u}_k \right\|^2 \tag{5-89}$$

其中，$\boldsymbol{u}_k$ 为簇 C_k 的均值向量，即簇中心。

3. 策略

K-Means 模型可以归结为样本集合的划分问题，或者样本到类的映射问题。而 K-Means 模型的策略是通过最小化损失函数选择最优的样本集合划分或映射函数。一般选择欧氏距离即式（5-71）来度量样本间的距离，再使用所有样本与其所属簇中心的距离之和作为损失函数，即

$$J(C) = \sum_{k=1}^{K} \sum_{\boldsymbol{x}_i \in C_k} \left\| \boldsymbol{x}_i - \boldsymbol{u}_k \right\|^2 = \left\| \boldsymbol{x} - \boldsymbol{Z}\boldsymbol{Z}^{\mathrm{T}}\boldsymbol{x} \right\|_F^2 \tag{5-90}$$

其中，$\boldsymbol{u}_k = \dfrac{1}{|C_k|} \sum_{\boldsymbol{x}_i \in C_k} \boldsymbol{x}_i$ 为簇 C_k 的簇中心；$\boldsymbol{Z} \in \mathbb{R}^{m \times K}$ 为表示样本到类关系的指示矩阵，且满足 $z_i^{(k)} = \begin{cases} 1/\sqrt{|C_k|}, \boldsymbol{x}_i \in C_k \\ 0, \qquad \boldsymbol{x}_i \notin C_k \end{cases}$。

该模型的策略是最小化损失函数 $J(C)$。不难发现，这个损失函数的优化是个组合优化问题，将 m 个样本分配到 K 类，可能的分法的数量为 $S(m,k) = \dfrac{1}{K!}\sum_{k=1}^{K}(-1)^{K-1}\binom{K}{k}K^m$，已经达到指数级。因此，考虑到样本集 D 所有可能的簇划分是个 NP 难问题，在实际解决这一优化问题时，一般采用迭代的方法进行求解，即在每一次迭代步骤中最小化 $J(C)$。

4. 算法

K-Means 模型的算法是一种迭代求解的过程，需要不断更新簇中心和簇集合，其具体过程如算法 5-9 所示。该算法主要包括两个步骤：首先，选择 K 个簇的中心，根据距离度量准则将样本逐一分配到距其最近的中心的簇中，得到一个聚类结果，主要在第 1～7 行；其次，更新每个簇的均值向量，作为新的簇中心，主要在第 8～12 行。重复上述两个步骤，直到达到收敛或符合停止条件。

算法 5-9：K-Means 模型算法

输入：训练集 $D = \{\boldsymbol{x}_1, \boldsymbol{x}_2, \cdots, \boldsymbol{x}_m\}$；

　　　　聚类数目 K；

1. 随机选择 K 个样本初始化聚类中心 $\boldsymbol{u} = (\boldsymbol{u}_1, \cdots, \boldsymbol{u}_k, \cdots, \boldsymbol{u}_K)$
2. Do：
3. 　　初始化簇集合 $C = \{C_1, C_2, \cdots, C_K\} = \{\varnothing, \varnothing, \cdots, \varnothing\}$
4. 　　For $i \in \{1, 2, \cdots, m\}$ do：
5. 　　　　根据式（5-89）将样本 $\boldsymbol{x}_i$ 指派到距其最近的中心的簇 $h(\boldsymbol{x}_i)$
6. 　　　　将样本 $\boldsymbol{x}_i$ 划分到相应的簇里 $C_{h(\boldsymbol{x}_i)} = C_{h(\boldsymbol{x}_i)} \bigcup \{\boldsymbol{x}_i\}$
7. 　　End For
8. 　　For $k \in \{1, 2, \cdots, K\}$ do：
9. 　　　　计算各个簇的新的均值向量 $\boldsymbol{u}'_k = \dfrac{1}{|C_k|}\sum_{\boldsymbol{x}_i \in C_k}\boldsymbol{x}_i$
10. 　　　　更新各个簇的中心 $\boldsymbol{u}_k \leftarrow \boldsymbol{u}'_k$
11. 　　End For
12. While 达到停止条件或已经收敛

输出：簇划分 $C = \{C_1, \cdots, C_K\}$

六、基于密度的聚类分析概述

基于密度的聚类分析假设数据分布的紧密程度能够确定隐藏的聚类结构，基于样本密度来考察样本之间的可连接性，并根据可连接样本不断扩展聚类簇，使得高密度的数据集合成为一个簇，簇与簇之间都是由低密度的区域分割开来。该算法能够过滤噪声或异常点，以很好地识别出任意形状的聚类簇，对数据分布没有偏好。其代表算法有基于密度的噪声应用空间聚类（density-based spatial clustering of applications with noise，DBSCAN）、样本点排序聚类结构识别（ordering point to identify the cluster structure，OPTICS）等。下面主要对 DBSCAN 模型进行介绍。

（一）DBSCAN 模型概述

DBSCAN 模型是一种经典的密度聚类算法。它在 1996 年被 Ester（埃斯特尔）等提出，自发表后受到学术界的广泛关注，也得到不断的改进。2014 年，该模型在国际数据挖掘与知识发现大会中获得经典论文奖，再次说明该模型的经典性与重要程度。

该模型以一组"邻域"参数 $(\varepsilon, \min \text{Pts})$ 来刻画样本的紧密程度，并定义簇为密度相连的样本的最大集合。该模型根据样本的可连接性从密度足够高的核心样本出发不断扩展簇，不包含在任何簇内的样本被视为噪声，进而得到最终的聚类结果。该模型在噪声干扰和不同数据分布的情况下也可以很好的识别簇，如图 5-9 所示，可以识别出环状和半环状簇。

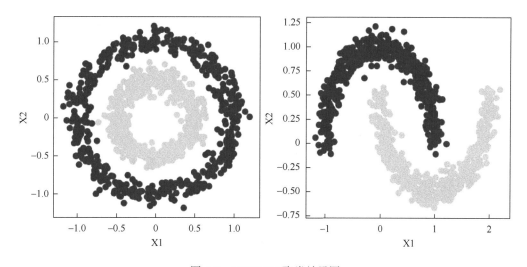

图 5-9　DBSCAN 聚类效果图

（二）DBSCAN 模型的建模过程

在介绍 DBSCAN 模型的建模过程之前，先简单定义以下几个概念。

（1） ε 邻域：对于样本 $\boldsymbol{x}_i \in D$，样本 $\boldsymbol{x}_i$ 在半径 ε 内的区域称为该样本 $\boldsymbol{x}_i$ 的 ε 邻域，可以用 $N_\varepsilon(\boldsymbol{x}_i) = \left\{ \boldsymbol{x}_j \middle| d(\boldsymbol{x}_i, \boldsymbol{x}_j) \leqslant \varepsilon, \boldsymbol{x}_j \in D \right\}$ 表示样本 $\boldsymbol{x}_i$ 的 ε 邻域内的样本集合。

（2）核心对象：对于样本 $\boldsymbol{x}_i \in D$，如果样本 $\boldsymbol{x}_i$ 的 ε 邻域至少包含 $\min \text{Pts}$ 个样本，即 $|N_\varepsilon(\boldsymbol{x}_i)| \geqslant \min \text{Pts}$，则称样本 $\boldsymbol{x}_i$ 为核心对象。

（3）边界对象：对于样本 $\boldsymbol{x}_i \in D$，如果样本 $\boldsymbol{x}_i$ 不是核心对象但属于某个核心对象的 ε 邻域内，即 $|N_\varepsilon(\boldsymbol{x}_i)| < \min \text{Pts} \ \left(\boldsymbol{x}_i \in N_\varepsilon(\boldsymbol{x}_j) \right)$ 且 $|N_\varepsilon(\boldsymbol{x}_j)| \geqslant \min \text{Pts}$，则称样本 $\boldsymbol{x}_i$ 为边界对象。

（4）噪声对象：对于样本 $\boldsymbol{x}_i \in D$，如果样本 $\boldsymbol{x}_i$ 既不是核心对象也不是边界对象，则称样本 $\boldsymbol{x}_i$ 为噪声对象。

（5）密度直达：如果样本 x_j 位于样本 x_i 的 ε 邻域，且样本 x_i 是核心对象，即 $x_j \in N_\varepsilon(x_i)$ 且 $|N_\varepsilon(x_i)| \geqslant \min \text{Pts}$ ，则称 x_j 由 x_i 密度直达。

（6）密度可达：对于样本 $x_i, x_j \in D$ ，如果存在样本序列 $p_1, p_2, \cdots, p_t$ ，满足 $p_1 = x_i$ ，$p_t = x_j$ ， p_{r+1} 由 p_r 密度直达，则称 x_j 由 x_i 密度可达。

（7）密度相连：对于样本 $x_i, x_j \in D$ ，如果存在核心对象 x_r ，使 x_i 和 x_j 均由 x_r 密度可达，则称 x_i 与 x_j 密度相连。

图 5-10 形象化地显示了上述基本概念。不难发现，密度相连、密度可达、密度直达依次对样本之间的可连接性条件逐渐严格。其中，密度直达关系通常不满足对称性；密度可达关系满足直递性，但可能不满足对称性；密度相连关系满足对称性。

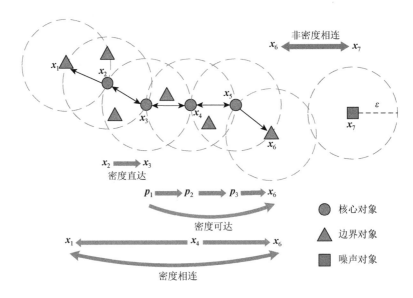

图 5-10　DBSCAN 模型基本概念（ $\min \text{Pts} = 4$ ）

下面分别从数据、模型、策略和算法方面介绍 DBSCAN 模型的建模过程。

1. 数据

对于 m 个样本组成的数据集 $D = \{x_1, x_2, \cdots, x_m\}$ ， x_i 为第 i 个样本点，其中样本 $x_i = [x_i^{(1)}, \cdots, x_i^{(j)}, \cdots, x_i^{(n)}]^T \in \mathbb{R}^n$ 为由 n 个特征描述的 n 维列向量， $x_i^{(j)} \in \mathbb{R}$ 为第 i 个样本在第 j 个特征上的取值。

2. 模型

DBSCAN 模型选择由密度可达关系扩展的最大的密度相连的样本集合为簇集合，以实现样本到簇的映射。也就是说，簇需要满足两个性质：连接性与最大性。

连接性： $x_i \in C$ ， $x_j \in C \Rightarrow x_i$ 与 x_j 密度相连。

最大性： $x_i \in C$ ， x_j 由 x_i 密度可达 $\Rightarrow x_j \in C$ 。

由核心对象 $\boldsymbol{x}_i$ 密度可达的所有样本组成的集合是一个满足连接性与最大性的簇，即 DBSCAN 模型可以表示为：若 $\boldsymbol{x}_j$ 由 $\boldsymbol{x}_i$ 密度可达且 $\left|N_\varepsilon(\boldsymbol{x}_i)\right| \geqslant \min\mathrm{Pts}$，则 $y_j = y_i$。

3. 策略

DBSCAN 模型是在满足密度可达关系的基础上寻找最大的密度相连的样本，也就是说，DBSCAN 模型的策略是通过遍历搜索的策略，探索数据集合中的每一个样本和核心对象的密度关系，寻找与核心对象密度可达的最大的样本集合，生成最终的聚类簇集合，而不属于任何簇的样本被认为是噪声或异常样本。可以发现，通过这种策略得到的簇集合是满足连接性和最大性的。

4. 算法

DBSCAN 模型主要通过遍历搜索显式产生最佳的类簇集合，具体过程如算法 5-10 所示。主要包括以下步骤：首先，搜索全部的样本集合，根据"邻域"参数确定核心对象集合，主要在第 1～7 行；其次，遍历核心对象集合，基于密度可达关系寻找包括非核心对象的样本，不断扩展簇，寻找满足连接性的最大样本集合，直至核心对象遍历结束，主要在第 8～24 行；最后，没有被访问到的样本被认为是噪声，主要在第 25 行。

算法 5-10：DBSCAN 模型算法

输入：训练集 $D = \{\boldsymbol{x}_1, \boldsymbol{x}_2, \cdots, \boldsymbol{x}_m\}$；

　　　　邻域参数 $(\varepsilon, \min\mathrm{Pts})$；

1. 初始化核心对象集合 $\Omega = \varnothing$
2. For $i \in \{1, 2, \cdots, m\}$ do：
3. 　　计算 $\boldsymbol{x}_i$ 的邻域 $N_\varepsilon(\boldsymbol{x}_i) = \{\boldsymbol{x}_j \in D \mid d(\boldsymbol{x}_i, \boldsymbol{x}_j) \leqslant \varepsilon\}$
4. 　　If $\left|N_\varepsilon(\boldsymbol{x}_i)\right| \geqslant \min\mathrm{Pts}$ do：
5. 　　　　把样本 $\boldsymbol{x}_i$ 加到核心对象集合 $\Omega = \Omega \bigcup \{\boldsymbol{x}_i\}$
6. 　　End If
7. End For
8. 初始化聚类数目 $K = 0$
9. 初始化未访问样本集合 $D^{(0)} = D$
10. Do：
11. 　记录当前未访问的样本集合 $D_{\mathrm{old}}^{(0)} = D^{(0)}$
12. 随机选择一个核心对象 $\alpha \in \Omega$，初始化队列 $Q = <\alpha>$
13. 在未访问样本集合中删除 α，即 $D^{(0)} = D^{(0)} \setminus \{\alpha\}$
14. While $Q \neq \varnothing$ do：
15. 　　取出队列 Q 的首个样本 q，即 $Q = Q - \{q\}$
16. 　　If $\left|N_\varepsilon(\boldsymbol{x}_q)\right| \geqslant \min\mathrm{Pts}$ do：
17. 　　　　将 $N_\varepsilon(\boldsymbol{x}_q) \bigcap D^{(0)}$ 的样本加入队列 Q 中

18.　　　　更新未访问样本集合 $D^{(0)} = D^{(0)} \setminus \left(N_\varepsilon(\boldsymbol{x}_q) \bigcap D^{(0)} \right)$

19.　　　　End If

20. End While

21. 更新聚类数目 $K = K + 1$

22. 生成新的聚类簇 $C_K = D_{\text{old}}^{(0)} \setminus D^{(0)}$

23. 更新核心对象集合 $\Omega = \Omega \setminus C_K$

24. Until　$\Omega = \varnothing$

25. 生成噪声对象的聚类簇 $C_0 = D^{(0)}$

输出：簇划分 $C = \{C_0, C_1, \cdots, C_K\}$

第四节　数据关联分析

一、关联分析的基本概念

数据关联分析（association analysis）又称数据关联挖掘，是数据挖掘（data mining）中一项基础又重要的方法，旨在挖掘隐藏在数据间的相互关系，即通过对给定的一组项目和一个记录集分析，得出项目集中项目之间的相关性。关联分析包括两个方面，即关联规则分析（association rules analysis）与序列模式分析（sequence pattern analysis）。

关联规则分析用于寻找数据集中各项之间的关联关系。例如，某条关联规则为牛奶 $\Rightarrow$ 面包（支持度：30%，置信度：60%），支持度 30%表明 30%的顾客会同时购买牛奶和面包，置信度 60%则表明购买牛奶的顾客中有 60%也会购买面包。关联分析对商业决策具有重要的价值，常用于实体商店或电商的跨品类推荐、购物车联合营销、货架布局陈列等，以达到关联项销量互相提升、改善用户体验、减少上货员与用户的投入时间、寻找高潜力用户的目的。

序列模式分析侧重于分析数据间的前后序列关系，发现某一时间段内数据的相关处理，预测将来可能出现的值的分布。由于大型连锁超市的交易数据不仅包含用户 ID 及事务涉及的项目，还记录着每条事务发生的时间，如果能在其中挖掘涉及事务之间关联关系的模式，即用户几次购买行为间的联系，就可以采取更有针对性的营销措施。例如，某条序列模式为牛奶 $\Rightarrow$ 面包（支持度：50%），其表明 50%的顾客在买过牛奶之后会购买面包。

二、关联分析的基本类型

关联分析可以分为以下几种类型。

（1）按照规则中处理的变量类型，关联规则可以分为布尔型和数值型。

布尔型关联规则处理的是离散的、种类化的值，它显示了这些变量之间的关系；而数值型关联规则可以和多维关联或多层关联规则结合起来，对数值型字段进行处理，将其进行动态的分割，或者直接对原始的数据进行处理，当然数值型关联规则中也可以包含种类变量。例如，（性别＝"女"）⇒（职业＝"秘书"）是布尔型关联规则；（性别＝"女"）⇒（平均收入＝2300）涉及的收入是数值类型，所以是一个数值型关联规则。

（2）按照规则中数据的抽象层次，可以分为单层关联规则和多层关联规则。

在单层关联规则中，所有的变量都没有考虑到现实的数据是具有多个不同的层次的。而在多层关联规则中，对数据的多层性进行了充分的考虑。例如，（IBM 台式机）⇒（Sony 打印机）是一个细节数据上的单层关联规则，而（台式机）⇒（Sony 打印机）是一个较高层次和细节层次之间的多层关联规则。

（3）按照规则中涉及的数据的维数，关联规则可以分为单维的和多维的。

在单维的关联规则中，只涉及数据的一个维度，而在多维的关联规则中，要处理的数据将会涉及多个维度，即单维关联规则处理单个属性中的一些关系，多维关联规则处理多个属性之间的某些关系。例如，对于啤酒⇒尿布，这条规则只涉及用户购买的物品这一个维度；对于（性别＝"女"）⇒（职业＝"秘书"），这条规则涉及两个字段的信息，是两个维度上的一条关联规则。

三、关联规则分析

（一）关联规则概述

关联规则（association rules）是形如 $X \rightarrow Y$ 的蕴含式，其中，X 和 Y 分别称为关联规则的先导（antecedent）和后继（consequent）。关联规则的挖掘过程主要包含两个阶段。

第一阶段，从事务数据库中找出所有的频繁项集（frequent itemset），以下称频繁项集集合。其中，事务数据库中每一条事务称为一个项集，项集是项的集合，包含 K 个项的项集称为 K-项集。频繁项集中的"频繁"是指某一项集出现的频率（该项集出现频次与所有事务数的比值）必须达到某一水平。项集出现的频率称为支持度，如式（5-91）所示，若某项集支持度大于等于所设定的最小支持度阈值，则该项集为频繁项集。一个满足最小支持度的 K-项集，则称为频繁 K-项集。以一个包含 X 与 Y 两个项目的 2-项集为例，该项集的支持度为

$$\text{Support}(X,Y) = P(XY) = \frac{\text{Number}(XY)}{\text{num}(\text{AllSamples})} \tag{5-91}$$

其中，$\text{Number}(XY)$ 为同时出现 X 与 Y 的项集数量；$\text{num}(\text{AllSamples})$ 为事务数据库中所有事务（项集）的数量。

第二阶段，基于频繁项集集合产生关联规则。该阶段基于前一阶段的频繁 K-项集集合，利用置信度产生规则。若某频繁项集的置信度大于等于最小置信度，则关联规则成立。置信度是指一个项（集）出现后，另一个项（集）出现的概率，即该项（集）的条件概率，其计算表达式见式（5-92）：

$$\text{Confidence}(X \Rightarrow Y) = P(Y|X) = \frac{P(XY)}{P(X)} \tag{5-92}$$

尽管最小支持度和置信度阈值有助于排除大量无趣规则，但仍然会产生一些没有价值的规则。尤其当设置的最小支持度较低时，这种情况特别严重，这是关联规则挖掘应用的主要瓶颈之一，所以引入提升度[式（5-93）]以判断该关联规则是否有效。提升度是指含有 X 的条件下同时含有 Y 的概率，与含有 Y 的概率之比。提升度反映了关联规则中 X 与 Y 的相关性，提升度 >1 且越高表明 X 与 Y 的正相关性越高，提升度 <1 且越低表明 X 与 Y 的负相关性越高，提升度 $=1$ 表明 X 与 Y 没有相关性，即相互独立。

$$\text{Lift}(X \Rightarrow Y) = \frac{\text{Confidence}(X \Rightarrow Y)}{P(Y)} = \frac{P(Y \mid X)}{P(Y)} \qquad (5\text{-}93)$$

判断关联规则的有效因素可以总结为以下两条。

（1）满足最小支持度和最小置信度的规则，叫作"关联规则"。

（2）关联规则也分为有效的关联规则和无效的关联规则。如果 $\text{Lift}(X \Rightarrow Y) > 1$，则规则 " $X \Rightarrow Y$ " 是有效的关联规则；如果 $\text{Lift}(X \Rightarrow Y) \leqslant 1$，则规则 " $X \Rightarrow Y$ " 是无效的关联规则；特别地，$\text{Lift}(X \Rightarrow Y) = 1$ 则表示 X 与 Y 相互独立。

（二）关联规则分析的建模

1. 数据

关联规则分析用到的基本数据集记为 D，它由事务构成，一般多储存于事务数据库中，表示为 $D = \{t_1, t_2, \cdots, t_m, \cdots, t_q\}$，其中 $t_m (m = 1, 2, \cdots, q)$ 为事务。每个事务可以用唯一的 TID 来标识。每个事务可再细分，表示为 $t_m = \{i_1, i_2, \cdots, i_n, \cdots, i_p\}$，其中 $i_n (n = 1, 2, \cdots, p)$ 为项（item），即事务是由若干项组成的集合，称为项集。

2. 模型

关联规则分析的模型是基于数据发现的关联规则，如牛奶 $\Rightarrow$ 面包（支持度：30%，置信度：60%）。

3. 策略

关联规则分析主要分为两步，首先，利用频繁项集挖掘相关算法找出事务数据库中的频繁项集集合。本章对于频繁项集挖掘算法主要讲解 Apriori 算法。其次，基于频繁项集集合通过置信度的计算产生关联规则。

4. 算法

Apriori 算法是一种最有影响力的挖掘关联规则中频繁项集的算法。假设一个商店中有四种在售商品，工作人员想分析出顾客经常同时购买哪几种商品，从而确定销售策略。假设这四种商品分别为商品 1、商品 2、商品 3、商品 4，那么一位顾客可能购买的商品组合如图 5-11 所示。

如何计算每一个购买组合的支持度呢？以{1, 3}这个项集为例，需要遍历每条交易记录并检查该记录是否同时购买了商品 1 和商品 3，如果记录中确实包含这两项，那么就增加{1, 3}购买次数的总计数值。扫描完所有交易记录后，利用式（5-91），即通过项集{1, 3}

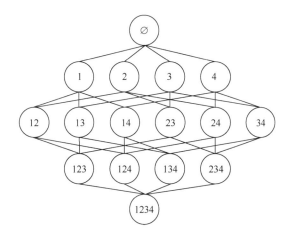

图 5-11 可能购买的商品组合

出现的次数除以事务总数就可以计算项集{1, 3}的支持度。上述过程只得到了一个项集的支持度，由此可知，要完成一家只售卖四种商品的频繁项集挖掘，需要扫描全部交易记录15 次。随着商店中商品种类的增加，需要遍历的次数呈现指数增长。

为了提高频繁项集挖掘的效率，Agrawal（阿格拉瓦尔）提出了一种 Apriori 原理，其可以大大减少扫描次数。具体原理为：如果某个项集是频繁的，那么它的所有子集都是频繁的。对于图 5-11 的例子，如果{1, 2, 3}是频繁项集，那么它的子集{1, 2}、{1, 3}、{2, 3}、{1}、{2}、{3}都是频繁项集。这个原理反过来也非常有价值，即如果某个项集不是频繁项集，那么它的所有超集也都不是频繁项集，其作用如图 5-12 所示。

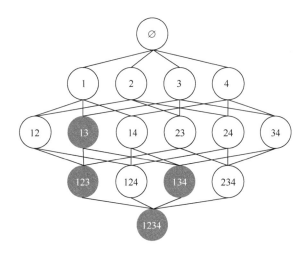

图 5-12 Apriori 原理示例

灰色部分表示非频繁项集

在图 5-12 中，如果已知{1, 3}是非频繁项集，利用 Apriori 原理，可以推理出{1, 2, 3}、{1, 3, 4}、{1, 2, 3, 4}都是非频繁项集，这样就可以减少三次扫描。使用该原理可以避免项集数量的指数增长，也可以避免极长的项集出现，从而可以在合理时间内找到频繁项集集合。

Apriori 算法建模：Apriori 算法的基本思路是采用层次搜索的迭代方法，由频繁（$k-1$）-项集来寻找候选 k-项集，并判断其是否是频繁 k-项集。设 C_k 是长度为 k 的候选项集集合，L_k 是长度为 k 的频繁项集集合。首先扫描全部事务数据库，找出频繁 1-项集，用 L_1 表示；由 L_1 寻找 C_2，再由 C_2 产生 L_2，以此类推，直到不能发现新的候选 k-项集。确定每个频繁 k-项集时都要对所有数据进行一次完全的扫描。在上述步骤中，利用 L_{k-1} 寻找 C_k 为 Apriori 算法中的连接步，从 C_k 确定 L_k 是 Apriori 算法中的剪枝步。这里通过例 5-1 对 Apriori 算法中的连接步和剪枝步进行解释。

Apriori 性质 1：如果一个集合是频繁项集，则它的所有子集都是频繁项集。举例来说，集合 $\{A, B\}$ 是频繁项集，即 $\{A, B\}$ 的支持度大于等于最小支持度，也就是说，A、B 同时出现的事务数与总事务数的比大于等于最小支持度，由于总事务数是固定的，则它的子集 $\{A\}$、$\{B\}$ 出现次数与总事务数的比必定大于等于最小支持度，因此是频繁项集。

Apriori 性质 2：如果一个集合不是频繁项集，则它的所有超集都不是频繁项集。例如，集合 $\{A\}$ 不是频繁项集，即 A 出现的次数与总事务数的比小于最小支持度，由于总事务数是固定的，则它的任何超集如 $\{A, B\}$ 出现的次数与总事务数的比必定小于最小支持度，因此必定不是频繁项集。

例 5-1 表 5-2 表示事务数据库 D，频繁项集挖掘中最小支持度为 50%，请利用 Apriori 算法挖掘 D 中的频繁项集集合。

表 5-2　事务数据库 D

TID	项集
1	面包、牛奶、啤酒、尿布
2	面包、牛奶、啤酒
3	啤酒、尿布
4	面包、牛奶、花生

首先，扫描全部数据集，生成候选 1-项集 C_1 = {{面包}, {牛奶}, {啤酒}, {花生}, {尿布}}。扫描数据集，计算 C_1 中每个项集在 D 中的支持度。从事务数据库 D 中可以得出每个项集的支持数分别为 3、3、3、1、2，事务数据库 D 的项集总数为 4，由式（5-91）计算得出 C_1 中项集的支持度分别为 75%、75%、75%、25%、50%。由于最小支持度为 50%，可以得出频繁 1-项集 L_1 = {{面包}, {牛奶}, {啤酒}, {尿布}}。

其次，L_{k-1}（长度为 $k-1$ 的频繁项集集合）通过连接步产生候选 k-项集集合，即 C_k。设 t_1 和 t_2 是 L_{k-1} 中的成员，$t_i[j]$ 表示 t_i 中的第 j 项。假设 Apriori 算法对事务中的项按字典次序排序，即对于 $(k-1)$-项集 t_i，$t_i[1] < t_i[2] < \cdots < t_i[k-1]$。将 L_{k-1} 与自身连接，如果 $\left(t_1[1] = t_2[1]\right) \&\& \left(t_1[2] = t_2[2]\right) \&\& \cdots \&\& \left(t_1[k-2] = t_2[k-2]\right) \&\& \left(t_1[k-1] < t_2[k-1]\right)$，则认为 t_1 和 t_2 是可连接的，连接 t_1 和 t_2 产生的结果是 $\{t_1[1], t_1[2], \cdots, t_1[k-1], t_2[k-1]\}$。

就例 5-1 而言，第一次进行连接步操作时根据 L_1 生成候选 2-项集。组成 L_1 的都是频繁 1-项集，那么直接将两两连接得到候选 2-项集集合 $C_2 = \{\{面包, 牛奶\}, \{面包, 啤酒\}, \{面包, 尿布\}, \{牛奶, 啤酒\}, \{牛奶, 尿布\}, \{啤酒, 尿布\}\}$。

连接步 Apriori - gen(L_{k-1}) 的伪代码如算法 5-11 所示，其中 has_infrequent_subset (c, L_{k-1}) 的功能是确认 C（候选 K-项集）是否要被减枝，详见式（5-92）。

算法 5-11：　Apriori - gen(L_{k-1}) 连接步

输入：L_{k-1} 项集集合

过程：Apriori - gen(L_{k-1})

1.　$C_k = \{\}$
2.　For　$t_1 \in L_{k-1}$ do：
3.　For　$t_2 \in L_{k-1}$　do：
4.　　　If　$t_1[1] = t_2[1] \,\&\,\& t_1[2] = t_2[2] \,\&\,\& \cdots \,\&\,\& t_1[k-2] = t_2[k-2]$：
5.　　　　　$c = t_1 t_2$，　$c = t_1 \infty t_2$ //执行连接，产生候选
6.　　　If　has_infrequent_subset(c, L_{k-1}) == False：
7.　　　　　Add　c　To　C_k
8.　　End For
9.　End For
10.　Return　C_k

输出：候选 k-项集集合 C_k

C_k 是 L_k 的超集，也就是说，C_k 的成员可能是，也可能不是频繁的。通过扫描所有的事务数据，确定 C_k 中每个候选项集的支持度，判断其是否满足最小支持度，如果满足，则该候选项集是频繁的。为了压缩 C_k，减少扫描的次数，Apriori 算法利用 Apriori 性质 2，如果通过自连接生成的 C 存在不属于 L_{k-1} 的非空子集时，C 肯定不是频繁项集，因此不会被加入候选项集集合 C_k 中。剪枝步 has_infrequent_subset(c, L_{k-1}) 的伪代码如算法 5-12 所示。

算法 5-12：　has_infrequent_subset(c, L_{k-1}) 剪枝步

输入：L_{k-1} 项集

过程：has_infrequent_subset(c, L_{k-1})

1. For　$(k-1)$ -Sunset S Of C do：
2.　If　$s \notin L_{k-1}$：
3.　　Return True
4. End For
5. Return Flase

输出：是否要进行剪枝

在例 5-1 中，通过扫描事务数据库 D，计算 C_2 中每个项集在 D 中的支持度。从事务数据库 D 中利用式（5-91）可以得出 C_2 中每个项集的支持数分别为 3、2、1、2、1、2，事务数据库 D 的项集总数为 4，因此可得出 C_2 中每个项集的支持度分别为 75%、50%、25%、50%、25%、50%。由于最小支持度是 50%，因此频繁 2-项集集合 $L_2 = \{\{面包, 牛奶\}, \{面包, 啤酒\}, \{牛奶, 啤酒\}, \{啤酒, 尿布\}\}$。重复进行连接步和剪枝步，直到没有频繁项集生成。根据 L_2 生成候选 3-项集 $C_3 = \{\{面包, 牛奶, 啤酒\}, \{面包, 牛奶, 尿布\}, \{面包, 啤酒, 尿布\}, \{牛奶, 啤酒, 尿布\}\}$，由于 C_3 中项集{面包, 牛奶, 尿布}中的 2-项子集{牛奶, 尿布}在 L_2 中不存在，{面包, 牛奶, 尿布}将不会加入 C_3 中，同理，项集{面包, 啤酒, 尿布}和{牛奶, 啤酒, 尿布}也不会加入 C_3。因此，$C_3 = \{面包, 牛奶, 啤酒\}$。再次扫描事务数据库 D，计算 C_3 中每个项集在 D 中的支持度。从事务数据库 D 中可以得出此 3-项集的支持数为 2，事务数据库 D 的项集总数为 4，因此可得出 C_3 中项集的支持度为 50%。根据最小支持度为 50%，可以得出频繁 3-项集集合 $L_3 = \{\{面包, 牛奶, 啤酒\}\}$。

最终生成的频繁项集的集合 $L = L_1 \bigcup L_2 \bigcup L_3 = \{\{面包\}, \{牛奶\}, \{啤酒\}, \{尿布\}, \{面包, 牛奶\}, \{面包, 啤酒\}, \{牛奶, 啤酒\}, \{啤酒, 尿布\}, \{面包, 牛奶, 啤酒\}\}$。

Apriori 算法产生频繁项集的伪代码如算法 5-13 所示，其中 $\sigma(C)$ 表示项集 C 在事务数据库中出现的次数。

算法 5-13：Apriori 算法

输入：事务数据库 $D = \{t_1, t_2, \cdots, t_m, \cdots, t_q\}$；最小支持度 min_support

过程：Apriori(D, min_support)

$L_1 = \{i \mid \sigma\{i\}) \geqslant q \times \text{min\_support}\}$ //发现所有的频繁 1-项集

$L = L_1$

$k = 2$

1. While $L_{k-1} \neq 0$：
2. $\quad C_k = \text{Apriori-gen}(L_{k-1})$ [式（5-11）]
3. $\quad$ For $c \in C_k$ do：
4. $\quad\quad \sigma(c) = 0$
5. $\quad\quad$ For $t \in D$ do：
6. $\quad\quad\quad$ If subset(c,t)：//判断 C 是否是 T 的子集
7. $\quad\quad\quad\quad \sigma(c) = \sigma(c) + 1$
$\quad\quad$ End For
8. $\quad$ End For
9. $\quad L_k = \{c \in C_k \mid \sigma(c) \geqslant q \times \text{min\_support}\}$ //提取频繁 k-项集集合
10. $\quad L = L \bigcup L_k$
11. $\quad k = k + 1$

输出：频繁项集集合 L

四、序列模式分析

序列模式挖掘（sequential pattern mining，SPM）是指从序列数据库中寻找频繁子序列作为模式的知识发现过程，它是数据挖掘的一个重要的研究课题，在很多领域都有实际的应用价值，如 DNA 分析等尖端科学研究领域、Web 访问等新型应用。通过对这些领域的数据开展序列模式挖掘，可以发现隐藏的知识，从而帮助决策者做出更好的决策，以获得巨大的社会价值和经济价值。

与关联规则挖掘不同，序列模式挖掘的对象以及结果都是有序的，即序列数据库中每个序列的事件在时间或空间上是有序的，序列模式的输出结果也是有序的。例如，<{1}，{2}>和<{2}，{1}>是两个不同的序列。

序列模式挖掘与关联规则挖掘又有一定的互通性，其也需要利用支持度的概念（详见式（5-91））。序列模式挖掘的问题可以定义为：给定一个客户交易数据库 D 及最小支持度，从中找出大于等于最小支持度的频繁序列，这些频繁序列也称为序列模式。

（一）序列模式分析概述

迄今为止，出现了大量的序列模式挖掘算法，主要包括以下四种类型。

1. 基于 Apriori 特性的算法

早期的序列模式挖掘算法都是基于 Apriori 特性发展起来的。Rakesh Agrawal（拉凯什·阿格拉瓦尔）和 Ramakrishnan Srikan（拉马克里希南·司瑞侃）在 1995 年最早提出了序列模式挖掘的概念，并且提出了三个基于 Apriori 特性的算法：AprioriAll、AprioriSome 和 DynamicSome。在此基础上，研究者又提出了广义序列模式（generalized sequential patterns，GSP）算法，它对 AprioriAll 算法的效率进行了改进，并且加入了时间限制，放宽了交易的定义，加入了分类等条件，使序列模式挖掘更符合实际需要。GSP 算法是最典型的类 Apriori 算法，后来又提出了最大频率集（maximal frequent set，MFS）算法和前缀树序列模式（prefix-tree for sequential patterns，PSP）算法以改进 GSP 算法的执行效率。

基于 Apriori 特性的算法思想来源于经典的关联规则挖掘算法 Apriori，其使用了Apriori 算法中的先验知识。这类算法可以有效地发现事务数据库中所有频繁序列，但是与 Apriori 算法相同，这类算法最大的缺点是需要多次扫描数据库并且会产生大量的候选集，当支持度阈值较小或者序列模式较长时这个问题会更加突出。

2. 基于垂直格式的算法

最典型的基于垂直格式的算法是基于等价类的序列模式发现（sequential pattern discovery using equivalence classes，简写为 SPADE）算法，它的基本思想是：首先把序列数据库转换成垂直数据库格式，然后利用格理论和简单的连接方法挖掘频繁序列模式。SPADE 算法最大的优点是大大减少了扫描数据库的次数，整个挖掘过程仅需要扫描三次数据库，比GSP 算法更优越。然而，SPADE 算法需要额外的计算时间和存储空间，用以把水平格式的数据库转换成垂直格式,并且它的基本遍历方法仍然是广度优先遍历,需要付出候选码巨大的代价。

3. 基于投影数据库的算法

类 Apriori 算法会产生大量的候选集并且需要多次扫描数据库,因此在挖掘长序列模式时效率很低。为了克服以上缺点,一些研究者开始另辟蹊径,提出了基于投影数据库的算法。此类算法采取了分而治之的思想,利用投影数据库减小了搜索空间,从而提高了算法的性能。比较典型的算法有 FreeSpan 算法和 PrefixSpan 算法。

FreeSpan 算法的基本思想是:利用当前挖掘的频繁序列集将数据库递归地投影到一组更小的投影数据库上,分别在每个投影数据库上增长子序列。FreeSpan 算法的优点是能够有效地发现完整的序列模式,同时大大减少产生候选序列所需的开销,与 GSP 算法相比性能更优越。然而,利用 FreeSpan 算法可能会产生很多投影数据库,如果一个模式在数据库中的每个序列中都出现,该模式的投影数据库将不会缩减;另外,由于长度为 k 的子序列可能在任何位置增长,搜索长度为 $k+1$ 的候选序列需要检查每一个可能的组合,这是相当费时的。

针对 FreeSpan 算法的缺点,提出了 PrefixSpan 算法。它的基本思想是:在对数据库进行投影时,不考虑所有可能的频繁子序列,而只是基于频繁前缀来构造投影数据库,因为频繁子序列总可以通过增长频繁前缀而被发现。PrefixSpan 算法会使投影数据库逐步缩减,比 FreeSpan 算法效率更高,并且它还采用了双层投影和伪投影两种优化技术以减少投影数据库的数量。PrefixSpan 算法的主要代价是构造投影数据库。在最坏的情况下,PrefixSpan 算法需要为每个序列模式构造投影数据库,如果序列模式数量巨大,那么代价也是不可忽视的。

4. 基于内存索引的算法

典型的基于内存索引的算法是内存索引序列模式(memory index for sequential patterns,简写为 MEMISP)。MEMISP 算法整个过程只需要扫描数据库一次,并且不产生候选序列,也不产生投影数据库,大大提高了 CPU 和内存的利用率。实验表明,MEMISP 算法比 GSP 算法和 PrefixSpan 算法更高效,而且对于数据库的大小和数据序列的数量也有较好的线性可伸缩性。

(二)GSP 算法的建模

GSP 是一种宽度优先算法,利用了序列模式的向下封闭性,采用多次扫描、候选产生-测试的方法来产生序列模式。

1. 数据

序列模式挖掘用到的数据集记为 S,表示为 $S =< s_1, s_2, \cdots, s_k, \cdots, s_n >$,$s_k (k=1,2,\cdots,n)$ 称为序列。每个序列由若干事件构成,在序列数据库中每个序列的事件在时间或空间上是有序排列的。序列 $s_k =< t_1, t_2, \cdots, t_m, \cdots, t_q >$,其中 $t_m (m=1,2,\cdots,q)$ 表示事件,也称为 s_k 的元素。每个事件是一个项集,在购物篮场景中,一个事件表示一个客户在特定商店的一次购物,一次可以购买多种商品，所以在序列模式挖掘中，每个事件也可再分，即事件 $t_m = \{x_1, x_2, \cdots, x_h, \cdots, x_p\}$，每个事件用一个项集表示，通常用花括号将包含的项括起来，当一个事件只含有一个项时，有时候会简写花括号，如序列 $s = <\{1,2\}, \{3\}, \{4\}>$ 可以简写为 $s = <\{1,2\}, 3, 4>$。项集中的各项是不分前后顺序的，但是为了方便数据处理，一般同一项集中将项按照字母顺序排序。如果一个序列 s 含有项的数量为 k，则称之为长度为 k 的序列。

2. 模型

GSP 的模型为一组具有时序先后性的序列模式构成的集合。例如，一条序列模式为<{奔腾电脑}, {CPU 芯片}>，最小支持度 = 30%，最小间隔 = 0，最大间隔 = 1 年，表示数据集中有 30% 的顾客在购买奔腾电脑后的一年内购买了新的 CPU 芯片。

3. 策略

GSP 算法寻找频繁序列时与 Apriori 算法类似。此外，GSP 算法引入了时间约束、滑动时间窗和分类层次技术，增加了扫描的约束条件，有效地减少了需要扫描的候选序列的数量，同时还克服了基本序列模型的局限性，更切合实际，减少了多余的无用模式的产生。GSP 算法利用哈希树来存储候选序列，减少了需要扫描的序列数量，同时对数据序列的表示方法进行了转换，由此可以有效地确定一个候选项是否是数据序列的子序列。

4. 算法

GSP 算法与 Apriori 算法类似，其主要步骤如下。

第一步，扫描序列数据库，得到长度为 1 的序列模式 L_1，作为初始的种子集。

第二步，基于长度为 $k-1$ 的序列模式集 L_{k-1}，通过连接步和剪枝步生成长度为 k 的候选序列模式集合 C_k；然后扫描序列数据库，计算每个候选序列模式的支持度，产生长度为 k 的序列模式集合 L_k，并将 L_k 作为新的种子集。其中，GSP 算法的连接步和剪枝步如下。

连接步：如果去掉序列模式 s_1 的第一个项与去掉序列模式 s_2 的最后一个项所得到的序列相同，则可以将 s_1 与 s_2 进行连接，即将 s_2 的最后一个项添加到 s_1 中。连接步 GSP_gen(L_{k-1}) 伪代码如算法 5-14 所示。

算法 5-14：GSP_gen(L_{k-1}) 连接步

输入：L_{k-1} 序列模式集合

过程：GSP_gen(L_{k-1})
1. $C_k = \{\ \}$
2. For $s_1 \in L_{k-1}$ do:
3. 　For $s_2 \in L_{k-1}$ do:
4. 　　If $s_1[2] = s_2[1]$ && $s_1[3] = s_2[2]$ && $\cdots$ && $s_1[k-1] = s_2[k-2]$:
5. 　　　$c = s_1 \infty s_2$ //执行连接，产生候选

---

6.   If has_infrequent_subset(c, L_{k-1}) == False：

7.   Add c To C_k

8.   End For

9.   End For

10. Return C_k

输出：候选序列集合 C_k

剪枝步：若某候选序列的某个子序列不是序列模式，则此候选序列不可能是序列模式，从而通过连接步生成的 c 不会加入候选序列模式集合 C_k 中。剪枝步 has_infrequent_subset(c, L_{k-1}) 伪代码如算法 5-15 所示。

算法 5-15： has_infrequent_subset(c, L_{k-1}) 剪枝步

输入： L_{k-1} 序列模式集合

过程： has_infrequent_subset(c, L_{k-1})

1. For $(k-1)$-Subsequence S Of C do：

2.   If $s \notin L_{k-1}$：

3.   Return True

4. End For

5. Return False

输出：是否要进行剪枝

重复第二步，直到没有新的候选序列模式产生为止。整个过程为 $L_1 \rightarrow C_2 \rightarrow L_2 \rightarrow C_3 \rightarrow L_3 \rightarrow C_4 \rightarrow L_4 \rightarrow \cdots$，GSP 算法伪代码如算法 5-16 所示。

算法 5-16：GSP 算法

输入：序列数据库 $S = <s_1, s_2, \cdots, s_k, \cdots, s_n>$；最小支持度 min_support

过程： GSP$(S, \text{min\_support})$

1. $L_1 = \{i \mid \sigma\{i\}) \geqslant n \times \text{min\_support}\}$ //发现所有的长度为 1 的序列模式

2. $L = L_1$

3. $k = 2$

4. While $L_{k-1} \neq 0$：

5. $C_k = \text{GSP\_gen}(L_{k-1})$ [式（5-14）]

6.   For $c \in C_k$ do：

7. $\sigma(c) = 0$

8.   For $t \in S$ do：

9.   If subsequence(c, t)：//判断 C 是否是 T 的子序列

10. $\quad\quad \sigma(c) = \sigma(c) + 1$

11. $\quad$ End For

12. $\quad$ End For

13. $L_k = \{c \in C_k \,|\, \sigma(c) \geq n \times \min\_support\}$ //识别长度为 k 的序列模式

14. $L = L \bigcup L_k$

15. $k = k + 1$

输出：序列模式集合 L

　　例 5-2　由表 5-3 所示的长度为 3 的序列模式集合（L_3）生成长度为 4 的候选序列模式集合（C_4）的连接阶段和剪枝阶段的主要工作如下。

表 5-3　由序列模式集合生成候选序列模式集合

L_3	C_4	
	连接后	减枝后
<{1, 2}, {3}> <{1, 2}, {4}> <{1}, {3, 4}> <{1, 3}, {5}> <{2}, {3, 4}> <{2}, {3}, {5}>	<{1, 2}, {3, 4}> <{1, 2}, {3}, {5}>	<{1, 2}, {3, 4}>

　　连接阶段：对于序列<{1, 2}, {3}>和<{2}, {3, 4}>，由于<{1, 2}, {3}>中删除第一项 1 和<{2}, {3, 4}>中删除最后一项 4 的结果均为<{2}, {3}>，所以可以连接。将后者 4 加入前者的最后一个事件中作为最后项，从而生成长度为 4 的候选序列<{1, 2}, {3, 4}>。对于序列<{1, 2}, {3}>和<{2}, {3}, {5}>，由于<{1, 2}, {3}>中删除第一个项 1 和<{2}, {3}, {5}>中删除最后一项 5 的结果均为<{2}, {3}>，所以可以连接。将后者{5}作为前者的最后一个事件，从而生成长度为 4 的候选序列<{1, 2}, {3}, {5}>。L_3 的剩余序列都不满足连接条件，如<{1, 2}, {4}>不能与 L_3 中任何序列连接，这是因为其他序列没有<{2}, {4,*}>或<{2}, {4}, *>的形式（*表示任意项）。

　　剪枝阶段：若某候选序列的某个子序列不是序列模式，则此候选序列不可能是序列模式，因此它不会加入候选序列集合中。例如，表 5-3 中，连接后产生的候选序列<{1, 2}, {3}, {5}>不会被加入到 C_4 中，这是因为<{1}, {3}, {5}>并不在 L_3 中；而<{1, 2}, {3, 4}>的所有长度为 3 的子序列都在 L_3 中，因而被加入到 C_4 中。

（三）利用哈希树存储候选序列

　　GSP 算法采用哈希树存储候选序列。哈希树的节点分为三类：根节点、内部节点和叶子节点。根节点和内部节点中存放的是一个哈希表，每个哈希表指向其他的节点，而叶子节点内存放的是一组候选序列。对于一组候选序列，其构造哈希树的过程为：从根节点开始，用哈希函数对序列的第一个项做映射来决定从哪个分支向下，依次在第 K 层对序

列的第 L 个项做映射来决定从哪个分支向下，直到到达一个叶子节点。将候选序列储存在此叶子节点。初始时所有节点都是叶子节点，当一个叶子节点所存放的序列个数达到一个阈值，它将转化为内部节点。

候选序列的支持度计算按照如下方法进行：对于序列数据库 S 中的每个序列 s 的每一项进行哈希，从而确定应该考虑哈希树哪些叶子节点的候选序列。对于叶子节点中的每个候选序列，需考察其是否是 s 的子序列，如果是，则该候选序列的支持数增加 1。这种计算候选序列支持度的方法避免了大量无用的扫描，因为对于一个序列，仅需要检验最有可能是其子序列的候选序列。

（四）GSP 中的时间约束技术

GSP 引入了时间约束、滑动时间窗和分类层次技术，为用户提供了挖掘定制模式的方法。例如，通过分析大量曾经患 A 类疾病的病人发病记录，发现了如下症状序列模式 <{眩晕}, {两天后低烧 35～38 度}>，如果病人具有以上症状，则可能患 A 类病。用户可以通过设置一些时间参数对挖掘的范围进行限制。常用的时间参数如下。

（1）序列时间长度与宽度的约束：序列的时间长度是指序列中事件的个数，宽度是指最长事件的长度。

（2）最小间隔的约束：指事件之间的最小时间间隔（mingap）。

（3）最大间隔的约束：指事件之间的最大时间间隔（maxgap）。

（4）时间窗口的约束：指整个序列都必须发生在某个时间窗口（Ws）内。

基于时间约束的序列模式挖掘问题就是要找到支持度不小于最小支持度且满足时间约束的序列模式。显然，当 mingap = 0、maxgap = ∞、Ws = ∞的时候就相当于没有时间约束的序列模式挖掘。

在考察某个候选序列 c 是否是某个数据序列 s 的子序列时，需要分成以下两个阶段。

向前阶段：在 s 中寻找从 c 的首项开始的连续子序列 $<t_i, t_j, \cdots, t_n>$，直至 $\text{time}(t_n) - \text{time}(t_{n-1}) > \text{maxgap}$（ $\text{time}(t_n)$ 表示 t_n 的事件时间），此时转入向后阶段。如果在 s 中不能找到 c 的某个事件，则 c 不是 s 的子序列。

向后阶段：此时 $\text{time}(t_n) - \text{time}(t_{n-1}) > \text{maxgap}$，故应从时间值为 $\text{time}(t_n) - \text{maxgap}$ 后重新搜索 t_{n-1}，但同时应该保持 t_{n-2} 位置不变。当新找到的 t_{n-1} 的事件时间不满足 $\text{time}(t_{n-1}) - \text{time}(t_{n-2}) \leqslant \text{maxgap}$ 时，从时间值为 $\text{time}(t_{n-1}) - \text{maxgap}$ 后重新搜索 t_{n-2}，同时保持 t_{n-3} 位置不变，直至某位置事件 t_{n-i} 满足条件或重新找到 t_1 的事件时间时，返回向前阶段。

例 5-3　给定表 5-4 中的数据序列，假设 maxgap = 20 天，mingap = 5 天，Ws = ∞，考察候选序列 $c = <\{1, 2\}, \{3\}, \{5\}>$ 是否是数据序列 s 的子序列。

表 5-4　数据序列 s

事件时间	事件
2020-5-10	{1, 2}
2020-5-20	{4, 5}
2020-6-9	{3}

续表

事件时间	事件
2020-6-19	{1, 2}
2020-6-29	{3}
2020-7-1	{3, 4}
2020-7-11	{5}

首先寻找 c 的第一个事件{1，2}在该数据序列中第一次出现的位置，对应的事件时间为 2020 年 5 月 10 日。由于 mingap = 5 天，故应在事件时间 2020 年 5 月 15 日之后寻找 c 的下一个事件{3}，事件{3}在下次出现的时间为 2020 年 6 月 9 日。因为相隔 30 天，大于 20 天（maxgap），所以进入向后阶段，在时间 2020 年 6 月 9 日前 20 天，即 2020 年 5 月 20 日之后重新寻找第一个事件{1，2}出现的位置。下一次{1，2}出现的时间为 2020 年 6 月 19 日，下一步寻找{3}在 2020 年 6 月 24 日之后出现的时间，因为 2020 年 6 月 29 日与 2020 年 6 月 19 日相隔 10 天，满足最大的时间间隔约束条件，此时转入向前阶段，继续寻找事件{5}。事件{5}下一次出现的时间为 2020 年 7 月 11 日，因为相隔 12 天，小于 20 天，所以候选序列 c 是数据序列 s 的子序列，考察结束。

因为在考察候选序列 c 是否是数据序列 s 的子序列时，需要在数据序列 s 中不断寻找候选序列 c 中的单个事件，所以可以将数据序列 s 做如下转换：针对 s 中的每一项建立一个时间链表。若寻找项 X 在事件时间 T 后第一次出现的事件时间，只要顺序遍历 X 的时间链表找到第一个大于 T 的事务时间。以此类推，直到找完所有的项。

表 5-4 中的数据经转换后可以得到项的时间链表，如表 5-5 所示。

表 5-5 项的时间链表

项	时间链
1	→2020-5-10→2020-6-9→NULL
2	→2020-6-9→2020-6-29→2020-7-1→NULL
3	→2020-5-20→2020-7-1→NULL
4	→2020-5-20→2020-7-11→NULL

第五节 应 用 案 例

随着"互保互联"现象的增多，风险在贷款主体和银行间的扩散速度加快，梳理、分析、防范和化解担保圈风险对相关机构十分重要。恒丰银行股份有限公司（以下简称恒丰银行）正处于高速增长的新阶段，信贷业务与日俱增，客户贷后违约案例也随之上升，为了控制信贷违约风险，恒丰银行应用了大数据技术和机器学习方法，综合客户行内信息、外部数据以及客户担保网络图等信息，深度挖掘和揭示了其担保圈风险，构建了贷后违约风险预警模型。

具体来说，恒丰银行基于复杂网络技术深入挖掘担保违约风险影响因子，并运用分布式机器学习算法进行建模，预测企业贷后违约概率。构建动态的担保链网络监控平台，基于客户所在担保链的图特征以及客户行为特征进行建模，提供风险客户名单，基于担保链网络模型找出高风险的担保链和高风险企业客户，从而加强风控力度、重点监控。

首先，根据业务流程定位模型数据。模型数据主要包括三大类，分别为行内数据、人行征信数据、外部数据。行内数据直接描述企业在整个业务流程中的行为以及担保关系的形成，从概念数据模型（conceptual data model，CDM）（对各个系统的数据按主题进行汇总整理的公共数据模型层，模型需要的数据主要从该层获取）获取客户、担保、贷款以及借据相关的所有数据。人行征信数据记录企业以及企业法人等相关的信用信息。外部数据作为补充。企业互联网上的负面信息，以及企业所在行业的经济趋势对企业是否逾期都会产生一定的影响。数据取出来之后，根据主键进行关联汇总，并对数据进行去噪、去缺省值/异常值等的处理，加工成模型标准特征输入表。

其次，对取出的数据进行处理，提取相关输入特征，具体包括数据预处理、特征提取等。第一，数据预处理。对于类别型的变量，视缺失值为一种特征值进行处理，而对于连续型变量，用均值、中位数替代或者运用 K-近邻方法预估。然后，数据中违约客户远远少于未违约的客户，针对类别不平衡问题进行了过采样处理，对数值类型的特征采用等量划分的离散化方式。对于无序的变量，进行 One-Hot（独热）编码，解决了分类器不能处理类别特征的问题。为了防止异常值对模型的影响，对离群值进行处理。此外，为了统一量纲，对特征进行了归一化等操作。第二，特征提取。基于以上处理好的数据，从多个角度提取特征，主要包括以下几类特征。基本信息特征：定性地反映客户的资历、信用及还款能力，描述了授信企业基本情况。行为特征：根据客户的历史行为判断客户未来违约的可能，如历史逾期天数、历史逾期次数、历史逾期本金利息等。图结构特征：描述客户所在担保图的图结构特征，如企业在图中的影响度值、中心程度等。图行为特征：描述客户所在担保图中的行为特征，如子图违约率、子图违约天数、子图违约额度等。社区行为特征：描述客户所在社区中的行为特征，如客户所在社区的违约率、逾期天数、罚息等。

最后，根据提取的特征进行模型构建。模型训练之前，先提取特征和标签，以每个季度为时间窗提取特征，时间窗设置为一个季度是因为统计发现近几年担保贷款逾期呈现出季节性周期规律，每个季度具有相似的走势和分布。建模过程中，选取多种机器学习分类算法，并做相应的融合。其中用到基于树模型的集成学习方法，其基本思想是把成百上千个分类准确率较低的树模型组合起来成为一个准确率较高的模型。它的最大特点在于能够自动利用 CPU 的多线程进行并行计算，同时在算法上加以改进，从而提高了精度。考虑到后期数据量不断增长，开发了该算法的分布式实现，部署于生产环境。在部署生产环境之前，利用近三年的数据进行多次模型验证、优化和调参，以达到较高的精度和模型稳定性。模型用数仓近三年的真实数据进行了验证，AUC 均在 0.85 以上。模型上线以来，对客户信贷中后期进行检测，提前发现大量违约风险，贷后违约坏账率逐渐下降，较之前的贷后违约数量平均减少 30%，有效遏制了客户贷后违约风险，极大地减少了贷后违约损失并提升了风险运营效率。从整个实施过程来看，深入挖掘分析复杂网络对识别企业风险信息至关重要，恒丰银行基于担保网络挖掘风险信息，后期会不断探索交易图谱，供应链图谱，投资、高管任职图谱等对企业风险的影响，以进一步提高模型识别违约客户的精度。

思考与练习

1. 试简述数据回归分析与数据分类分析的区别与联系。
2. 请利用最小角回归算法对 LASSO 回归进行求解，并简述 LASSO 与岭回归的异同。
3. 请对决策树中的 CART 模型进行建模分析（详细列举数据、模型、策略、算法）。
4. 请对基于层次的聚类分析中的 ROCK 模型进行建模求解。
5. 请写出伽马分布的指数族分布形式。
6. Logistic 回归模型在函数和概率视角下有什么联系？
7. 证明由核心对象密度可达的所有样本组成的集合满足连接性与最大性。
8. 列出序列<{1, 3}, {2}, {2, 3}, {4}>的所有子序列。

本章拓展阅读

李航. 2012. 统计学习方法[M]. 北京: 清华大学出版社.

周志华. 2016. 机器学习[M]. 北京: 清华大学出版社.

Bishop C M. 2006. Pattern Recognition and Machine Learning[M]. Berlin: Springer.

Breiman L. 1996. Bagging predictors[J]. Machine Learning, 24(2): 123-140.

Hosmer Jr D W, Lemeshow S, Sturdivant R X. 2013. Applied Logistic Regression[M]. Hoboken: John Wiley & Sons.

Kaufman L, Rousseeuw P J. 2009. Finding Groups in Data: An Introduction to Cluster Analysis[M]. Hoboken: John Wiley & Sons.

Murphy K P. 2012. Machine Learning: A Probabilistic Perspective[M]. Cambridge: The MIT Press.

Pei W, Xue B, Shang L, et al. 2021. Developing interval-based cost-sensitive classifiers by genetic programming for binary high-dimensional unbalanced classification[J]. IEEE Computational Intelligence Magazine, 16(1): 84-98.

Peng Y, Bao Y, Chen Y, et al. 2021. DL2: a deep learning-driven scheduler for deep learning clusters[J]. IEEE Transactions on Parallel and Distributed Systems, 32(8): 1947-1960.

Quinlan J R. 1986. Induction of decision trees[J]. Machine Learning, 1(1): 81-106.

Sapatinas T. 2004. The elements of statistical learning[J]. Journal of the Royal Statistical Society: Series A (Statistics in Society), 167(1): 192.

Tibshirani R. 2011. Regression shrinkage and selection via the LASSO: a retrospective[J]. Journal of the Royal Statistical Society: Series B (Statistical Methodology), 73(3): 273-282.

第六章

文 本 分 析

文本分析技术是一种分析、挖掘非结构化自然语言文本的方法，其能挖掘出非结构化文本中的深层语义信息，近年来被广泛应用于医疗、金融、管理等诸多领域。在本章中您将理解文本分析的概念，掌握常用的文本预处理技术、特征提取和文本表示技术、文本分类分析技术、文本聚类分析技术及文本分析应用案例。

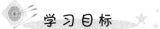 学习目标

- 理解文本分析的概念。
- 掌握文本预处理技术。
- 掌握特征提取和文本表示技术。
- 掌握文本分类分析技术。
- 掌握文本聚类分析技术。

知识结构图

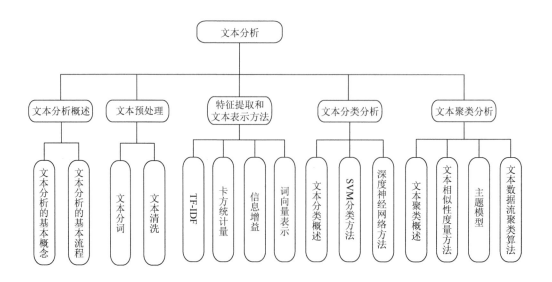

第一节 文本分析概述

一、文本分析的基本概念

文本分析是从原始自然语言文本中提炼出的研究者需要的信息。与常见的数据相比，文本数据大多是半结构化、非结构化的，维度可能是普通数据的几十倍或上百倍，数据量庞大，处理的工作量大，此外，更重要的是需要理解自然语言文本中所传达出的语义信息。因此，文本分析需要涉及自然语言处理（natural language processing）、模式识别（pattern recognition）和机器学习（machine learning）等多个领域的知识，才可以尽可能地挖掘出文本中深层的语义信息，是一项交叉性的技术。

文本分析经历了四代进程，分别是符号主义、语法规则、统计学习及深度学习。符号主义是通过逻辑推理方法来进行文本分析。语法规则是基于专家制定的规则来进行语义的抽取。统计学习通过对文本中词频、词语共现等特征进行语义的抽取。深度学习是通过建立的深度神经网络模型，根据训练语料，自主学习特征，从而完成文本分析任务。

文本分析是大数据分析中的一种重要方法。随着计算机技术与网络技术的快速发展，所产生的应用数据中包含了大量文本类型的数据，如网页新闻报道、用户评论、微博信息发布及电子文档等，因此文本分析在医疗、金融、社会管理等领域都有着广阔的应用前景。在医疗领域，医学电子诊疗信息大多是以自然语言描述的，研究者通过这些信息建立相关的知识库，提取关键的知识，辅助医生完成诊疗，也方便后续的医学研究。在金融领域，分析新闻报道、经济政策、公司公告等文本，可辅助用户掌握市场动向和股市走向，提高抵抗风险的能力。在社会管理领域，通过社交网络上发布的文本信息，获取社会的热点事件和舆情走向。各个品牌公司根据网站上有关产品的评论，提取消费者对产品的情感倾向，挖掘消费者所关注的重点，设计出更加适合消费者的产品。

目前，文本分析还面临着如下几个方面的挑战。第一，随着计算机技术的快速发展，文本数据的数量呈指数级增长，如何从海量的文本中提取关键信息，成为一个值得研究的问题。第二，文本数据是半结构化或者非结构化的，计算机无法直接理解其中的语义信息，这需要研究者构建基于语义的模型，以高效地识别出文本中的内容。第三，简单的一句话中可能包含着多层意思，不仅需要基础的语言处理，还需要运用文本推理等其他技术来挖掘语义信息。第四，标注数据获取十分困难，人工标注语言文本费时费力，并且不能保证标注全部正确，但是有效的模型往往都是在大量的文本中训练而来的。第五，文本分析的目的无法用数学模型直接表示出来。文本分析后的结果有时也需要将其转换成人类能够读懂的自然语言，这中间的转换复杂又困难。

二、文本分析的基本流程

针对文本数据非结构化、高维、具有丰富语义的特征，文本分析流程要比传统的结构化数据分析流程复杂一些，其基本流程如图 6-1 所示，包含文本预处理、构建分析挖掘模型及应用三个阶段。在文本预处理阶段，通常要将文本数据转换成计算机可以处理的结构化数据，其核心步骤一般包括分词、去除停用词、语义分析（如词性分析及句法分析等），在此基础上针对高维特征利用特征提取方法提取出文本的主要特征，以降低维度。构建分析挖掘模型是在文本预处理的基础上针对具体的应用问题选取和设计算法，常用的技术包括文本分类、文本聚类等。文本分析典型的应用包括信息抽取、情感分析、知识图谱构建、问答系统等。下面简要介绍几个典型的文本分析应用场景的含义。

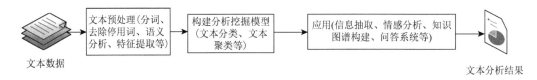

图 6-1　文本分析的一般流程图

（1）信息抽取。其是指从非结构化或半结构化的自然语言文本中抽取出如实体、关系、事件等实际信息并进而形成结构化的描述，如我们从新闻文本中抽取出发生的事件信息。

（2）情感分析。其是目前比较常见的一种应用，简单地说就是从非结构化或半结构化的自然语言文本中分析出情感倾向或观点。

（3）知识图谱构建。其中的文本分析应用与信息抽取类似，只是其抽取的是知识。知识图谱是指从非结构化或半结构化的自然语言文本中抽取知识，并以图结构形式将知识表示出来，即包括实体及实体关系的语义网络。由于知识图谱含有丰富的语义信息，它的应用较为广泛，往往可以辅助其他任务的完成，如在情感分析中引入知识图谱能够更好地提取出在不同语义环境下词语的情感差异，从而提高情感分析准确性。

（4）问答系统。其是一种信息检索领域的应用，即通过自然语言回答用户用自然语言产生的询问。这里的重点是对语义的理解。

由于文本分析的应用场景通常较为复杂，往往需要分解成多个任务才能达到预期的结果。比如，构建一个知识图谱，需要进行知识体系构建、实体识别、关系抽取、知识推理等一系列任务才能完成；构建一个问答系统需要完成问句解析、意图识别、知识库搜索、答句推理与生成等任务。针对不同的应用任务形成了一些方法和技术，其中常用的文本分析技术包括文本表示、文本分类和文本聚类，因此本章将重点介绍这些常用技术。

第二节　文本预处理

原始的文本数据往往需要进行预处理才能满足文本分类、文本聚类等下游任务的需求。文本预处理的主要任务包括文本分词和文本清洗。

一、文本分词

文本分词是利用分词方法将文本分成一个字、词语或者短语等词汇单位的过程。文本分词会根据语言的不同而采用不同的分词方法。英文文本词汇与词汇之间用空格分开,因此英文文本可以直接使用空格和标点符号进行分词,然而中文文本字词之间并没有天然的分隔标记,一句话可以根据每个人理解的不同而被切分成不同的词汇单位,如表 6-1 所示。因此,对于中文分词需要额外考虑如何更精准地进行分词操作。

表 6-1　歧义句

原句	切分结果
无鸡鸭亦可,无鱼肉亦可,白菜豆腐不能少。	无/鸡/鸭/亦可,无/鱼/肉亦可,白菜/豆腐/不能/少。
	无/鸡鸭/亦可,无/鱼肉/亦可,白菜/豆腐/不能/少。
这个桃子不大好吃。	这个/桃子/不大/好吃。
	这个/桃子/不大好吃。

常用的分词方法主要有基于词典的分词方法、基于统计的分词方法及基于理解的分词方法三种。

(1)基于词典的分词方法:此类方法依赖于词表,将文本切分的字符串跟词表中的词语进行匹配,匹配成功,则按词表中的词语进行切分。这类方法简单、效率高,但是迁移能力差,对于特定领域的词汇以及新涌现的词汇切分能力较差。常用方法有最大匹配法、最佳匹配法等。

(2)基于统计的分词方法:此类方法是基于统计的思想,根据大规模语料上表现出来的词汇共现特征如词频、互信息熵进行分词。这类方法迁移能力较强,但是识别效率较低。常用方法有最大熵模型、隐马尔可夫模型、条件随机场模型等。近年来利用深度学习进行分词的算法也逐渐增多,如长短时记忆(long-short-term memory,LSTM)模型可以获得较好的分词效果,但是需要大量的语料以及较长的训练时间,并且模型的可解释性较弱。实际应用过程中,此类方法可以与基于词典的分词方法结合,融合两者的优点,从而更好地进行中文分词。

(3)基于理解的分词方法:此类方法是利用计算机模拟人的思维对句子进行理解,从而达到分词的目的。这类方法需要大量的语言背景知识来划分文本结构、分析语义,但是由于汉语语言过于复杂,不能将所有的语言知识信息穷尽,因此这种分词技术还不是很成熟。

常用的开源分词工具有 NLTK、Jieba、PKUSeg、LTP 等。NLTK(natural language toolkit,自然语言工具包)是自然语言处理领域中最常使用的一个 Python 库,它不仅封装了分词、词性标记等算法的调用函数,而且提供了访问许多常用的语料库和词汇资源的接口,不过现在还不支持中文分词。Jieba 一般是中文分词的首选工具包,分词较为准确,支持精确模式、全模式、搜索引擎模式三种模式。PKUSeg 是由北京大学开发的中文分词工具包,具有较高的分词准确率;此外还有两个主要特点,一是支持多领域分词,根据不同的领域特点,定制不同的分词模型,二是支持用户使用自己的标注数据来进行训练。LTP(language technology platform,语言技术平台)是哈尔滨工业大学研发的中文处理系统,PyLTP 是

LTP 的 Python 封装，提供了分词、词性标注等功能，支持用户使用自定义的词典，以满足不同用户的个性化需求。表 6-2 是三种分词工具的分词结果。

表 6-2　三种分词工具的分词结果

原句	分词工具		
	Jieba	PKUSeg	PyLTP
2020 年 8 月 8 日天晴。	2020/年/8/月/8/日/天晴/。	2020/年/8 月/8 日/天晴/。	2020 年/8 月/8 日/天晴/。
吃葡萄不吐葡萄皮。	吃/葡萄/不吐/葡萄/皮/。	吃/葡萄/不/吐/葡萄皮/。	吃/葡萄/不/吐/葡萄皮/。
小明说他想要回家。	小/明说/他/想要/回家/。	小明/说/他/想要/回家/。	小明/说/他/想要/回家/。
我爱自然语言处理。	我/爱/自然语言/处理/。	我/爱/自然/语言/处理/。	我/爱/自然/语言/处理/。

二、文本清洗

文本清洗是剔除文本中的无效信息，将词形统一规范化，提升文本的质量，确保下游任务的顺利进行。其主要过程有去除停用词，去除非法字符、网页特殊符号，清除噪声数据，词形统一化（如繁体简体转换以及词汇还原）。

（1）去除停用词。停用词是指一些在文档中频繁出现的、极少表达语义的词汇或者标点符号，如中文中的"的""哈""了"、英文中的"Is""Are""The"。这些词汇的存在对下游任务没有实用价值，剔除这些词汇可以减少下游任务所占的存储空间，从而提升下游任务的运行效率。在实际操作过程中，会建立一个停用词表，读取文本时直接删除停用词表中的文本。

（2）去除非法字符、网页特殊符号。实际操作过程中，使用的训练文本数据大多都是从网页上爬取的，会带有很多 HTML 的标签和特定符号（如"/r""/n"等）、URL 地址等与文本处理工作无关的字符，因此，在进行下游任务前，需要将这些符号去除。一般通过正则表达式将这些符号去除。

（3）清除噪声数据。噪声数据会影响下游训练模型的准确性，因此要根据文本处理任务去除对应不需要的文本，如删去较短的无意义文本、删去没有对应标签的文本。

（4）词形统一化。中文文本一般需要统一转换成简体或者繁体。英文文本需要词汇还原以及词干提取，如将"Were"还原成"Are"，提取"Successful"的词干"Success"。词形统一化可以减少数据稀疏问题，以提升下游任务的运行效率。NLTK 中提供了相应的 API 可供调用。

第三节　特征提取和文本表示方法

在文本挖掘中，若将语料中的所有出现的特征项作为特征，则输入模型的特征维数将达到几万至几十万维，这会影响到数据处理的效率和准确率。因此，我们需要通过一些特征选择方法或者文本表示方法,在语料中提取合适的特征项,这样在节省计算资源的同时,也能使模型的性能达到最优。

一、TF-IDF

特征频率–逆文档频率(term frequency-inverse document frequency,TF-IDF)是自然语言处理中较为经典的特征权重算法。TF-IDF 算法给予在当前文本出现频率较高而在其他文本中出现频率较低的词语更高的权重。该算法由两部分组成:特征频率(term frequency,TF)和逆文档频率(inverse document frequency,IDF)。

(1)TF 是该特征项在当前文档中出现的次数。一个特征项在当前文档中出现频率越高,则 TF 越大。通常用式(6-1)表示:

$$tf_{ij} = \frac{n_{i,j}}{\sum_k n_{k,j}}$$ (6-1)

其中,$n_{i,j}$ 为特征项 i 在当前文档 j 中出现的次数;$\sum_k n_{k,j}$ 为全部文档包含的特征项的总和。

(2)IDF 反映一个特征项在全部语料中的重要程度。文档频率(document frequency,DF)是包含该特征项的文档数,一个特征项的 DF 越高,就说明这个特征项携带所在文档的语义信息越少。通常用式(6-2)表示:

$$idf_i = \log \frac{N}{df_i}$$ (6-2)

其中,N 为当前语料中文档的总数;df_i 为包含特征项 i 的文档频率。

(3)TF-IDF 是 TF 和 IDF 的乘积。公式如下:

$$tf_i \text{-} idf_i = tf_i \times idf_i$$ (6-3)

TF-IDF 算法综合考虑 TF 和 IDF,给予当前文本中较为常见的,而在其他文本中较为少见的特征项更高的权重。但是,该算法是基于词袋模型的算法,并没有考虑词语自身以及词语之间的语义信息。

目前很多工具包括 NLTK、Jieba 都封装了 TF-IDF 算法,实际操作中调用该算法十分方便。表 6-3 是使用 NLTK 调用 TF-IDF 算法的一个实例。

表 6-3 NLTK 调用 TF-IDF 算法结果

语料库	"我"的 TF 值	"我"的 IDF 值	"我"的 TF-IDF 值
1.我爱自然语言处理。 2.编程语言,我选 Python。 3.我选择文本挖掘。 4.深度学习很难。	0.125	0.693 147	0.086 643

二、卡方统计量

卡方统计量(chi-square statistic,简写为 χ^2)是计算类别 C 和特征项 T 之间的相关程度的指标。通过统计实际观测值和理论期望值之间的差距来确定 χ^2 的大小。通常用式（6-4）表示：

$$\chi^2(T,C) = N \times \left\{ \frac{[P(t,c) - P(t) \times P(c)]^2}{P(t) \times P(c)} + \frac{[P(t,\overline{c}) - P(t) \times P(\overline{c})]^2}{P(t) \times P(\overline{c})} + \frac{[P(\overline{t},c) - P(\overline{t}) \times P(c)]^2}{P(\overline{t}) \times P(c)} + \frac{[P(\overline{t},\overline{c}) - P(\overline{t}) \times P(\overline{c})]^2}{P(\overline{t}) \times P(\overline{c})} \right\} \quad (6-4)$$

经过简化得

$$\chi^2(T,C) = N \times \frac{[P(t,c) \times P(\overline{t},\overline{c}) - P(t,\overline{c}) \times P(\overline{t},c)]^2}{P(t) \times P(\overline{t}) \times P(c) \times P(\overline{c})} \quad (6-5)$$

其中，N 为文档总数；$P(t,c)$ 为类别 C 和特征项 T 一起出现的概率；$P(t,\overline{c})$ 为特征项 T 出现在不是类别 C 中的概率；$P(\overline{t},c)$ 为特征项 T 不出现在类别 C 中的概率；$P(\overline{t},\overline{c})$ 为类别 C 和特征项 T 都不出现的概率。而这些概率通常以特征项在类别中出现的频率来近似替代，因此 χ^2 的计算式如下：

$$\chi^2(T,C) = N \times \frac{[N(t,c) \times N(\overline{t},\overline{c}) - N(t,\overline{c}) \times N(\overline{t},c)]^2}{N(t) \times N(\overline{t}) \times N(c) \times N(\overline{c})} \quad (6-6)$$

其中，N 为文档总数；$N(t,c)$ 为类别 C 和特征项 T 一起出现的频率；$N(t,\overline{c})$ 为特征项 T 出现在不是类别 C 中的频率；$N(\overline{t},c)$ 为特征项 T 不出现在类别 C 中的频率；$N(\overline{t},\overline{c})$ 为类别 C 和特征项 T 都不出现的频率。$\chi^2(T,C)$ 越大，说明实际观测值与理论期望值相差越大，说明类别 C 和特征项 T 越相关；若 $\chi^2(T,C)$ 等于 0，则类别 C 和特征项 T 不相关。

下面是一个 χ^2 计算的例子：一共 100 篇文档，类别有文本挖掘和非文本挖掘，要计算特征项"词向量"与类别"文本挖掘"的相关程度。表 6-4 是关于类别和特征项出现的文档频率。

表 6-4　类别和特征项出现的文档频率

特征项	类别		
	文本挖掘	非文本挖掘	总和
出现"词向量"	78	6	84
没有出现"词向量"	6	10	16
总和	84	16	100

通过计算，χ^2(词向量, 文本挖掘)约为 30.64，因此特征项"词向量"与类别"文本挖掘"是十分相关的，但是 χ^2 只是统计了特征项出现的频率，并没有考虑其他因素，因此有时并不能选择比较具有代表性的特征项，需要加入其他特征来弥补这个缺点。

三、信息增益

信息增益（information gain，IG）是指在预测变量 Y 时，给定随机变量 X，Y 不确定状态减少的程度。不确定状态减少的程度由信息熵减少的程度来决定。信息熵的计算公式如下：

$$H = -\sum_{i=1}^{N} P(x_i)\log_2 P(x_i) \tag{6-7}$$

其中， $P(x_i)$ 为 x_i 出现的概率。信息增益的计算公式如下：

$$\text{IG}(t_i) = H(C) - H\left(C|t_i\right) \tag{6-8}$$

其中， $\text{IG}(t_i)$ 为特征项 t_i 的信息增益； $H(C)$ 为类别 C 的信息熵； $H\left(C|t_i\right)$ 为特征项 t_i 在类别 C 下的条件熵。信息增益就是两者的差值。通过信息增益来挑选携带信息量较大的特征项 t_i ，以达到降维的效果。

下面是在搜狗新闻语料上利用信息增益进行特征选择的一个计算实例。搜狗新闻语料一共有 25 910 篇文档，共分为"汽车""财经""IT""健康""体育""旅游""教育""招聘""文化""军事" 10 类。本章利用信息增益进行特征选择，部分特征的信息增益计算结果如表 6-5 所示。

表 6-5 利用信息增益对搜狗新闻语料数据集进行特征选择的部分结果

序号	特征	信息增益值
1	汽车	0.202 913 1
2	车型	0.198 643 4
3	轿车	0.128 543 9
4	找到	0.121 639 8
5	比赛	0.110 559 4
6	一页	0.095 270 1
7	发动机	0.094 539 3
8	消费者	0.093 528 2

四、词向量表示

词向量表示是文本表示方法，即将输入到模型的词汇或者句子映射成词向量。词向量的表征技术有静态词向量表征技术和动态词向量表征技术。

（一）静态词向量表征技术

1. One-Hot 词向量

One-Hot 词向量是最简单的词向量表征技术。根据前文的特征选择方法，选择合适的特征项，这些特征项组成的集合就是整个语料的词表。假设词表的长度为 N ，则第 i 个词的词向量的长度为 N ，向量第 i 位值为 1，其余值为 0，这样每个词可以表征成一个向量，如表 6-6 所示。One-Hot 词向量离散稀疏，维度大，且不考虑上下文语义联系，因此近年来随着计算机技术的发展，基于深度学习的文本分布式表示方法取得了较大的进展。文本分布式表示方法的核心思想是通过模型训练得到低维连续的实数向量来表示词语。下面对几种常用的模型进行介绍。

表 6-6　One-Hot 词向量示例

原句	我爱自然语言处理
词表	{'我': 1, '爱': 2, '自然': 3, '语言': 4, '处理': 5}
'语言'的向量	[0, 0, 0, 1, 0]

2. Word2Vec

2013 年，Mikolov（米科洛夫）提出了 Word2Vec：CBOW（continuous bag-of-words，连续词袋）模型和 Skip- Gram 模型。

1）CBOW 模型

CBOW 模型的主要思想是用上下文的词语来预测中心目标词语，如图 6-2 所示。输入层为上下文词语的 One-Hot 向量。假设词表大小为 V，上下文单词窗口为 C，图 6-2 中的窗口大小为 2，每一个输入的 One-Hot 向量乘以一个相同的权重矩阵 W_1。投影层将该窗口所得向量的平均值作为隐层向量。隐层向量乘以权重矩阵 W_2，得到输出层的输出向量，输出向量的维数为 V，最后经过 Softmax，获得每个词的输出概率，概率最大的为预测的中心词。模型训练完成后隐层的输出就是词向量。

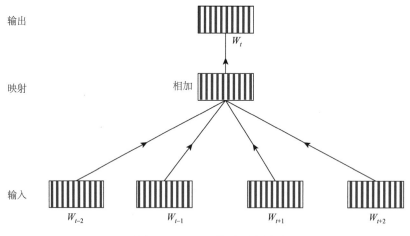

图 6-2　CBOW 模型示意图

2）Skip-Gram 模型

Skip-Gram 模型的主要思想是用中心目标词语来预测上下文词语，如图 6-3 所示。整体计算过程其实与 CBOW 相似，只不过过程相反。输入层为中心词的 One-Hot 向量，乘以权重矩阵 W_1 得到隐层向量，隐层向量乘以共享的权重矩阵 W_2 得到输出层向量，经过 Softmax 获得每个词的概率，概率最大的为当前节点的词语。同样地，当模型训练完成后隐层的输出就是词向量。

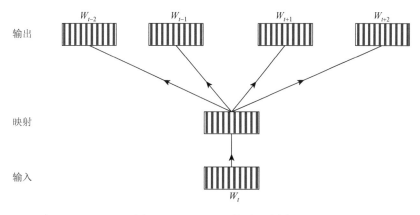

图 6-3　Skip-Gram 模型示意图

　　Word2Vec 的训练速度很快，不仅考虑了上下文词语之间的联系，而且用低维稠密的向量来取代高维稀疏的 One-Hot 向量，但 Word2Vec 无法解决多义词的问题，无法根据词语在不同语境中语义的不同做动态优化。

（二）动态词向量表征技术

　　静态词向量表征技术无法解决一词多义的问题，如英文中的"Bank"不仅有"银行"的意思，还有"存款"的意思，只有联系这个词汇的上下文，我们才能知道这个词汇的具体含义。动态词向量表征技术能够根据上下文语义来动态地改变词向量，使意思相近的词汇拥有相差不多的词向量。

1. ELMo

　　ELMo（embeddings from language models，基于语言模型嵌入）是最先提出解决多义词的预训练词向量模型。模型结构如图 6-4 所示，ELMo 主要使用了 Bi-LSTM（bidirectional long short-term memory，双向长短时记忆）模型来构建语言模型。通过使用大规模的语料库来训练这个语言模型，获得各层 Bi-LSTM（图中为两层）的特征，将这些特征拼接起来，得到的就是 ELMo 词向量。语言模型是根据前面出现的词汇预测下一个词汇来获得

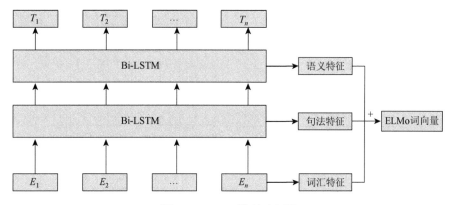

图 6-4　ELMo 模型示意图

语料特征的模型，因此，语言模型不需要进行人工标注就可以获得大量的数据。由于 Bi-LSTM 能够同时获取上下文的信息，因此 ELMo 利用 Bi-LSTM 构建语言模型，从中学习语义特征，获取词向量。ELMo 是将每一层 Bi-LSTM 的输出以及最开始的词向量进行线性相加，相加的权重是从下游任务中学习出来的。虽然 ELMo 通过考虑上下文语境及语义，解决了一词多义的问题，但 ELMo 用的是 Bi-LSTM，训练时间长，不能并行化预算，与 Transformer 等近年来提出的预训练模型相比，提取特征的能力较弱。

2. BERT

BERT（bidirectional encoder representation from transformers，基于 Transformer 的双向编码器表示）是谷歌 2019 年提出的预训练模型。该模型是由 Transformer 的 Encoder 部分组成。Transformer 是谷歌 2017 年在论文 "Attention is all you need" 中提出的模型，模型结构如图 6-5 所示。模型由 Encoder（图 6-5 左边部分）和 Decoder（图 6-5 右边部分）组成。Encoder 部分由多头注意力层以及前馈神经网络层组成，多层 Encoder 的堆叠就是 BERT 模型的基本架构。

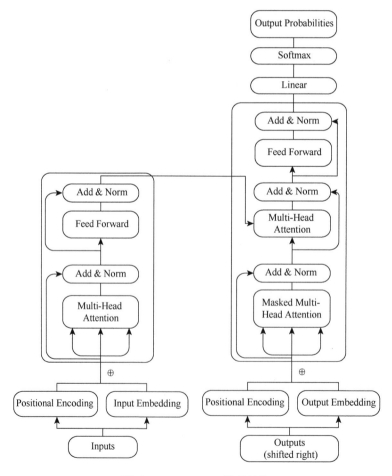

图 6-5　Transformer 模型结构

BERT 采用两个特殊的预训练任务进行模型的训练。第一个任务是遮蔽语言模型（masked language model，MLM），用[MASK]随机替换词汇序列中的部分词语，再根据上下文来预测[MASK]位置原有的词，如图 6-6 所示。第二个任务是下一句预测（next sentence predict，NSP），给定一篇文章的一句话，判断下一句是否紧跟在该句之后，并会在句子之前增加一个向量，用来存储判断结果，如图 6-7 所示。预训练完成之后，再根据下游任务微调 BERT 模型。BERT 模型提供了四种微调方式，分别是句对关系判断、单句分类任务、问答类任务及序列标注任务。

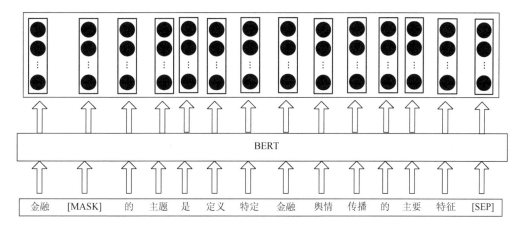

图 6-6　BERT 模型 MLM 输出图

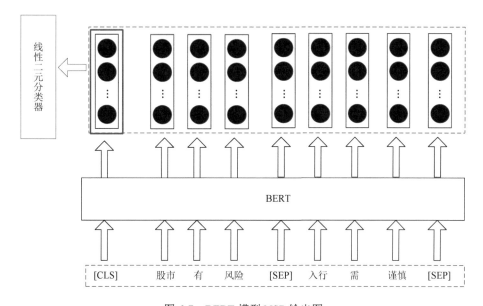

图 6-7　BERT 模型 NSP 输出图

　　BERT 是在大规模语料库上训练而来的，具有强大的迁移能力。与静态词向量表征技术相比，BERT 进一步增加了词向量的泛化能力，可以更加准确地描述字符级、词级、句子级的关系特征，刷新了自然语言处理领域的 11 项基本任务的分数，具有划时代的意义。自此之后，在 BERT 上进行修改的模型层出不穷。

3. XLNet

XLNet 是一种泛化的自回归语言模型，根据 BERT 存在的一些问题进行了创新性的改进，在 20 个自然语言处理任务上的表现都超过了 BERT。

BERT 是自编码（autoencoding，AE）模型，虽然可以用上下文来预测[MASK]的原词汇，但是在微调过程中，语料库中并不会有[MASK]这个词汇，这样就会造成预训练过程和微调过程不匹配；此外，BERT 随机遮蔽词汇的前提是假设每个词汇都是独立的，但在实际语料库中，有些词汇是相关的，如"纽约是一座城市"这句话，"纽"和"约"是相关的，并不是相互独立的。

自回归（autoregressive，简写为 AR）模型通过上文或者下文来预测目标，是单向的。XLNet 是 AR 模型，但是 XLNet 提出了排列语言模型、双流自注意力机制及循环机制，将 AR 模型变成了真"双向"预测目标。排列语言模型能够巧妙地获取上下文信息。双流自注意力机制能够将内容信息和位置信息分开，根据预测词汇的不同，决定内容信息和位置信息的使用。循环机制能够使模型记住长距离的信息，因此，XLNet 比 BERT 更擅长处理长文本的任务。

4. ERNIE

ERNIE（enhanced representation through knowledge integration，使用信息实体增强语言表示）是百度提出的针对中文文本的预训练语言模型。ERNIE 模型的结构与 BERT 模型差不多，主要创新在[MASK]的设置上。BERT 是随机遮蔽掉一些字，如"华[MASK]手机很好用"，这样会造成词法信息的丢失，而 ERNIE 随机遮蔽的是短语或者实体名。比如，上面的句子，在处理时为"[MASK] [MASK] [MASK] [MASK]很好用"，这样使得模型的泛化能力更强，通用语义表示能力更强。在多项公开的中文数据集上的测试结果发现 ERNIE 的表现相较于 BERT 要好。可以看出在 BERT 提出之后，许多研究都以其为基础进行改进。除上述模型外，还出现了如 ALBERT、RoBERTa、SpanBERT 等模型。利用这些预训练模型能提升模型性能，降低模型训练收敛速度，因此近年来这些预训练模型在文本分析中得到了较好的应用和发展。

第四节　文本分类分析

一、文本分类概述

文本分类是自然语言处理领域的一项基础性任务，主要目标是根据指定的分类体系，对文本进行自动类别标注以及有效的整理和归纳。文本分类的主要步骤包括文本预处理、文本特征提取与表示、分类模型构建与训练。常见的应用方向有垃圾邮件识别、文本主题分类、情感分析等。

早期的文本分类方法是专家制定推理规则和模板来进行文本分类,然而规则集的建立与更新都需要大量人力。直至 20 世纪 90 年代,随着统计机器学习算法的提出与发展,文本分类技术有了一定程度的提升。常见的基于监督的机器学习分类算法有朴素贝叶斯(Naive Bayes,NB)、SVM、Logistic 回归、KNN 等。统计机器学习主要利用词频、共现词汇信息进行分类,这会造成文本特征稀疏,影响分类精度。近年来,随着深度学习的兴起,基于卷积神经网络(convolution neural network,CNN)和循环神经网络(recurrent neural network,RNN)的文本分类技术取得了较大的进步,逐渐成了目前的主流方法。

　　本书第五章介绍了常用的数据分类算法,故本节只介绍在文本分类任务上有着良好性能的 SVM 算法、近年来发展起来的基于深度学习的文本分类算法。

二、SVM 分类方法

　　SVM 在文本分类任务上有着良好的性能,具有优异的泛化能力。SVM 的核心思想是根据数据集的分布情况,找到一个划分超平面,使得不同类别之间的距离最大化,如图 6-8 中的 L_2 所示,其到两类训练样本的距离都是最大的。

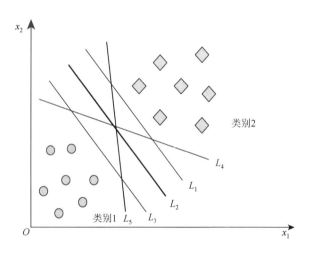

图 6-8　SVM 超平面划分图

　　假设给定训练样本集合 $D = \left\{ (\boldsymbol{x}_1, y_1), (\boldsymbol{x}_2, y_2), \cdots, (\boldsymbol{x}_m, y_m) \right\}$, $y_i \in \{-1, +1\}$ ($i = 1, 2, \cdots, m$),在样本空间中,划分超平面方程为

$$\boldsymbol{w}^{\mathrm{T}} \boldsymbol{x}_i + b = 0 \tag{6-9}$$

其中, $\boldsymbol{w} = (w_1, w_2, \cdots, w_d)$ 为超平面的法向量,决定超平面的方向; b 为位移项,决定了超平面与原点之间的距离。

　　训练样本 $\boldsymbol{x}_i$ 到超平面的距离为

$$d = \frac{\left| \boldsymbol{w}^{\mathrm{T}} \boldsymbol{x}_i + b \right|}{\| \boldsymbol{w} \|} \tag{6-10}$$

若使超平面划分能够完全准确，则需满足：

$$\begin{cases} \boldsymbol{w}^{\mathrm{T}} \boldsymbol{x}_i + b \geqslant +1, & y_i = +1 \\ \boldsymbol{w}^{\mathrm{T}} \boldsymbol{x}_i + b \leqslant -1, & y_i = -1 \end{cases} \tag{6-11}$$

根据算法的思想，要使得这个超平面有最大类间距离，则要使两个类别的间距最大，间距方程如下：

$$r = \frac{2}{\|\boldsymbol{w}\|} \tag{6-12}$$

间距最大化可表示为

$$\max_{\boldsymbol{w},b} \frac{2}{\|\boldsymbol{w}\|} \\ \text{s.t.} \quad y_i \left(\boldsymbol{w}^{\mathrm{T}} \boldsymbol{x}_i + b \right) \geqslant 1, \quad i = 1, 2, \cdots, m \tag{6-13}$$

式（6-13）等价于：

$$\min_{\boldsymbol{w},b} \frac{1}{2} \|\boldsymbol{w}\|^2 \\ \text{s.t.} \quad y_i \left(\boldsymbol{w}^{\mathrm{T}} \boldsymbol{x}_i + b \right) \geqslant 1, \quad i = 1, 2, \cdots, m \tag{6-14}$$

这是一个凸二次规划问题，其目标函数是二次的，第一种方法是利用二次规划优化算法进行计算，第二种方法是通过拉格朗日乘子法转化为对偶问题求解。

该问题的拉格朗日函数为

$$L = \frac{1}{2} \|\boldsymbol{w}\|^2 + \sum_{i=1}^{m} \alpha_i \left[1 - y_i (\boldsymbol{w}^{\mathrm{T}} \boldsymbol{x}_i + b) \right] \tag{6-15}$$

其中，α_i 为拉格朗日乘子。接下来将 L 对 $\boldsymbol{w}$ 和 b 求偏导等于 0 得到的方程，代入式（6-14），将 $\boldsymbol{w}$ 和 b 消去可得"对偶问题"：

$$\max_{\alpha} \sum_{i=1}^{m} \alpha_i - \frac{1}{2} \sum_{i=1}^{m} \sum_{j=1}^{m} \alpha_i \alpha_j y_i y_j \boldsymbol{x}_i^{\mathrm{T}} \boldsymbol{x}_j \\ \text{s.t.} \sum_{i=1}^{m} \alpha_i y_i = 0 \\ \alpha_i \geqslant 0, \quad i = 1, 2, \cdots, m \tag{6-16}$$

对偶问题符合卡罗需-库恩-塔克（Karush-Kuhn-Tucker，KKT）条件，根据该条件，可得出以下结论：

$$\begin{cases} \alpha_i > 0, \text{样本在最大间隔边界上} \\ \alpha_i = 0, \text{样本不在最大间隔边界上} \end{cases} \tag{6-17}$$

如果样本在分类边界上，则这就是一个支持向量，划分超平面的方程就由这些在分类边界上的样本决定。该对偶问题也是二次规划问题，可以使用 SMO（sequential minimal optimization，序列最小优化）算法解决。

在实际操作中，问题往往不是线性可分的，因此，SVM 将原始样本空间映射到高维空间，使得样本在这个高维空间线性可分。$\varnothing(\boldsymbol{x})$ 为 $\boldsymbol{x}$ 在高维空间的映射函数，核函数（kernel function）是 $\varnothing(\boldsymbol{x}_i)^{\mathrm{T}}\varnothing(\boldsymbol{x}_j)$ 的乘积，该对偶问题就转化为

$$\max_{\alpha} \quad \sum_{i=1}^{m}\alpha_i - \frac{1}{2}\sum_{i=1}^{m}\sum_{j=1}^{m}\alpha_i\alpha_j y_i y_j \varnothing(\boldsymbol{x}_i)^{\mathrm{T}}\varnothing(\boldsymbol{x}_j)$$

$$\text{s.t.} \sum_{i=1}^{m}\alpha_i y_i = 0 \tag{6-18}$$

$$\alpha_i \geqslant 0, \quad i = 1, 2, \cdots, m$$

常见的核函数有以下三种。①线性核函数：$K(\boldsymbol{x}_i, \boldsymbol{x}_j) = \boldsymbol{x}_i^{\mathrm{T}}\boldsymbol{x}_j$。②多项式核函数：$K(\boldsymbol{x}_i, \boldsymbol{x}_j) = (\boldsymbol{x}_i^{\mathrm{T}}\boldsymbol{x}_j)^d$。③高斯核函数：$K(\boldsymbol{x}_i, \boldsymbol{x}_j) = \exp\left(-\dfrac{\left\|\boldsymbol{x}_i - \boldsymbol{x}_j\right\|^2}{2\partial^2}\right)$。

SVM 是由在分类边界上的样本决定的，其可以只关注关键样本，避免"维数灾难"，并且有较优的泛化能力，可以根据问题的不同，替换不同的核函数进行更好的拟合，但是 SVM 对特征的选择十分敏感，数据量大时，SVM 的训练时间过长，内存消耗较大。

三、深度神经网络方法

传统的文本分类算法依赖人工构建特征工程，耗时耗力，并且这样的文本特征表示具有高维稀疏的特点，无法自动捕捉文本中的语义信息。深度神经网络拥有强大的特征自学能力，在文本分类的诸多任务上都有着较成功的应用。下面简要介绍两种常见的应用于文本分类任务中的深度神经网络模型。

（一）卷积神经网络

卷积神经网络由输入层、卷积层、池化层及全连接层组成，如图 6-9 所示。

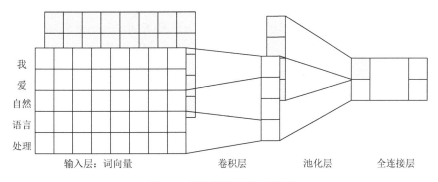

图 6-9 卷积神经网络结构图

（1）输入层：文本进行分词、初始化词向量之后得到的矩阵向量，作为卷积神经网络的输入。实际操作中词向量的维度一般为 100 维、200 维，预训练模型如 BERT 的词向量大小为 768 维。

（2）卷积层：其是卷积神经网络的核心层，具有局部连接、共享权重的特点。通过设置不同大小的卷积核，可以提取不同大小的特征。卷积核的大小根据实际需要进行选择。

（3）池化层：对数据进行下采样，之后进行拼接得到语义组合信息。下采样策略有最大池化（max-pooling）、平均池化（mean-pooling）等。通过池化层可以将不同长度的文本转化为相同长度的维度。

（4）全连接层：通过全连接层，将池化层的输出映射成标签数量大小的输出维度。卷积神经网络所需的参数较少，与循环神经网络相比，训练时间更短，但是，卷积神经网络不能捕捉长距离的语义信息，因此循环神经网络更适合进行自然语言处理。

（二）循环神经网络

循环神经网络可以存储短距离的信息，擅长处理序列数据，但是，最基本的循环神经网络往往会出现梯度消失或者梯度爆炸问题，LSTM 是循环神经网络的一种变形，可避免上述问题。

LSTM 由输入门、遗忘门及输出门来进行信息的存储与遗忘。与最基本的循环神经网络相比，LSTM 能够考虑长距离的语义依赖。

（1）输入门：将预先训练好的词向量，按照顺序输入模型中。

（2）遗忘门：决定携带多少信息传送到下一个记忆单元里。

（3）输出门：输出当前的隐层状态。

如图 6-10 所示的 x_t 位置，不仅与 x_{t-1} 有关，也与 x_{t+1} 有关，因此，为了获取更加完整的语义，有研究者提出了 Bi-LSTM，前向 LSTM 得到的隐层状态和后向 LSTM 得到的隐层状态拼接起来，共同决定最终的输出，模型结构如图 6-10 所示。

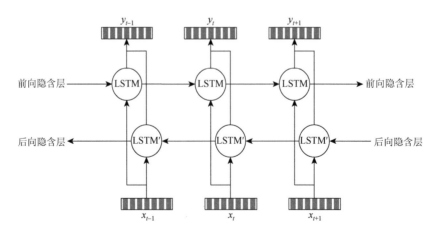

图 6-10　Bi-LSTM 结构图

在长文本序列下，并不是所有的记忆单元中的信息都是重要的，因此可以借鉴注意力机制（attention mechanism），对不同的记忆单元赋予不同的权重，选择关键的信息进行处理，以提高模型的运行效率。

由于 LSTM 网络结构较为复杂，有研究者提出了门控循环单元（gated recurrent unit，GRU），GRU 将 LSTM 的遗忘门和输入门合并成更新门，在保证性能的情况下，结构上简化很多。

第五节　文本聚类分析

一、文本聚类概述

文本分类分析是一种有监督的分析方法，而文本聚类分析是一种无监督的分析方法。文本聚类分析的目的是将文档集合划分成不同的子集，使得同一子集中的文档具有较高的相似性，而不同子集中的文档相似性较低。在此基础上，针对不同子集可以展开进一步分析，归纳出它们的特点。因此，文本聚类分析有利于我们对文档集合有更全面的认识。

在实际应用中，我们所获取的文本数据很多都是无标签的，因此文本聚类分析的应用场景是比较广泛的。例如，在信息检索中，对检索出的文档信息进行聚类，可以使用户快速找到自己所需要的信息，从而提高检索效率；在电子商务领域中，通过对用户评论的聚类，可以将信息进行有效组织，找出用户评论的主题，从而解决信息过载问题，辅助用户做出决策，此外，还可以通过对用户评论中讨论的产品特征进行聚类，明确用户所感兴趣的产品特征；在医学领域中，通过对电子病历文档进行聚类，可以实现对不同病种的归类分析。

在第五章中已经对常用的聚类算法和聚类的相似性度量方法进行了介绍。在这里将常用的方法分为两大类：一类是基于相似度的聚类算法，另一类是基于模型的聚类算法。其中，基于相似度的聚类算法，主要利用相似性将相似的样本聚为一类，其核心在于相似性度量方法的定义，第五章中介绍的几种常用聚类算法如基于划分的聚类算法、基于层次的聚类算法、基于密度的聚类算法都属于这一类。基于模型的聚类算法的基本思想是具有相似分布的对象可以聚成相同的类。针对文本数据常用的基于模型的聚类算法为主题模型方法，即对文档的生成过程进行建模的概率生成模型。在该方法中假设文本数据的分布符合一系列的概率分布，用概率分布模型进行聚类。随着互联网技术的不断发展，电商和各类社交媒体平台中产生了大量的文本数据流，为了适应数据流的实时特征，研究者提出了面向文本数据流特征的聚类算法。文本数据流聚类算法往往是基于传统文本聚类算法的修改，使算法适用于动态环境。所采用的策略通常有两种：可扩展方法（scalable method）和适应性方法（adaptive method）。本节将介绍基于相似度的聚类算法中的文本相似性度量方法、基于模型的聚类算法中的主题模型方法以及数据流环境下几种常见的文本数据流聚类算法。

二、文本相似性度量方法

在聚类算法中，样本之间的相似性度量方法已在第五章中进行了介绍，然而，文本数据具有特殊性，相对于结构化数据，文本数据具有高维、语义相关性等特征，因此如何在充分考虑语义关系的基础上计算文本之间的相似性是一个关键。此外，文本实体的粒度可能是不同的，可以是词项（如单词），也可以是句子、段落，甚至整篇文档。本节将针对文本数据的特征介绍目前主要的文本相似性度量方法。根据粒度的不同，相似性度量方法可以分为基于词项的相似性度量方法、基于向量的相似性度量方法、基于分布的相似性度量方法、基于深度学习的相似性度量方法。

（一）基于词项的相似性度量方法

基于词项的相似度也称为字面相似度或关键词相似度，是指原文本中词项之间的相似度。计算词项间的相似度常用的度量方法有如下几种。

1. Jaccard 相似度

Jaccard 系数度量了两个集合之间的关系，其定义如式（6-19）所示。

$$J(A,B) = \frac{|A \cap B|}{|A \cup B|} \tag{6-19}$$

从式（6-19）可以看出，Jaccard 系数关注的是两个集合中的共有元素。共有元素越多，则 Jaccard 系数越大，两个集合的相似度越大。集合中的元素可以是字符、词语、N 元组等，利用 Jaccard 系数计算两个文本的相似度，可先将文本分词再根据两个文本中共有的词项利用式（6-19）计算相似度。

下面是一个计算实例。假设有两个样本文档 A、B，计算两者的 Jaccard 相似度，其中，样本 A 为"文本分析技术非常厉害"，样本 B 为"文本分析技术很实用"。针对这两个样本首先将文档样本分割成词项，这里采用本章第二节介绍的 Jieba 默认的精准模式进行分词，则样本 A 和样本 B 的分词结果分别为：A = {'文本', '分析', '技术', '非常', '厉害'}，B = {'文本', '分析', '技术', '很', '实用'}。

根据式（6-19）可知，$J(A,B) = \frac{3}{7} \approx 0.4286$。

在实际运用时也可以定义 Jaccard 距离 $J_d(A,B) = 1 - J(A,B)$，即用 1 减去 Jaccard 系数，此时 J_d 越大说明两者相似度越小。

2. 编辑距离

编辑距离又称 Levenshtein（莱文斯坦）距离，Levenshtein 距离关注的是两个词项之间的差异性，即由一个词项转换成另一个词项所需要的最小编辑操作次数。这里的编辑操作是基于字符的操作，即一次操作编辑一个字符。编辑操作包括插入、删除或者替换。以两个词项（字符串）a 和 b 为例，它们之间的编辑距离可以定义如下：

$$\text{lev}_{ab}(i, j) = \begin{cases} \max(i, j), \ \min(i, j) = 0 \\ \min \begin{cases} \text{lev}_{ab}(i-1, j)+1 \\ \text{lev}_{ab}(i, j-1)+1 \\ \text{lev}_{ab}(i-1, j-1)+1_{(\text{if } a_i \neq b_j)} \end{cases} ,\text{其他} \end{cases} \qquad (6\text{-}20)$$

其中，i、j 为两个词项 a、b 中的第 i 个和第 j 个字符。由式（6-20）可知，编辑距离是在上一步最小编辑距离的基础上推导出的，从上一步状态经过任何一种编辑操作（式（6-20）中的最小值中对应的式子分别为删除、插入和替换操作）得到的当前状态成本都会是加 1 的。编辑距离越大，相似度越小。

下面是一个计算实例，假设有两个词项 A、B，分别为"文本"和"文具"，则可知两者的编辑距离为 1，即从词项 A 经过一次替换操作变为词项 B。

3. 汉明距离

汉明距离（Hamming distance）度量两个长度相等的词项之间的距离。根据两个词项中对应位不同的数量来度量相似度大小。汉明距离越大表明相似度越低。假设两个词项 A、B，分别为"文本分析""文本挖掘"，则根据汉明距离的定义可知 A 和 B 两者对应位不同的个数为 2，因此 Hamming $(A, B) = 2$；若两个词项 A、B 分别为"文本分析""挖掘文本"，则根据汉明距离的定义可知 A 和 B 两者对应位不同的个数为 4，此时 Hamming $(A, B) = 4$。

4. Jaro 距离

Jaro 距离衡量两个字符串之间的距离，其公式定义如下：

$$d_J = \begin{cases} 0, \ m = 0 \\ \dfrac{1}{3}\left(\dfrac{m}{|A|} + \dfrac{m}{|B|} + \dfrac{m-t}{m} \right), \text{否则} \end{cases} \qquad (6\text{-}21)$$

其中，m 为两个词项 A、B 匹配的字符个数；$|A|$ 和 $|B|$ 为词项的长度；t 为换位的次数，其计算方法为将两个词项 A、B 中相匹配的字符进行比较，相同位置但字符不同的个数除以 2 即为换位次数。需要注意的是这里的匹配是指来自 A 和 B 两个字符串中的相同字符距离不超过 $\left\lfloor \dfrac{\max(|a|, |b|)}{2} \right\rfloor - 1$。例如，假设词项 A 为"文本分析"，词项 B 为"文本挖掘"，则匹配字符为'文'、'本'，$t = 0$，则 $d_J \approx 0.667$。若词项 A 为"文本分析"，词项 B 为"本文挖掘"，$t = 1$，则 $d_J = 0.5$。

（二）基于向量的相似性度量方法

基于词项的相似性度量方法主要用于计算两个词项之间的相似度，而基于向量的相似性度量方法则是将整个文档映射成一个向量，再通过计算向量间的距离计算文档之间的相似度，即度量文档与文档之间的相似度。这种方式的基本模型称为向量空间模型，即文档集可以看作一系列特征词组成的向量空间模型,在向量空间模型中不考虑文档集中词语之间的顺序关系。图 6-11 描述了向量空间模型的构造过程。

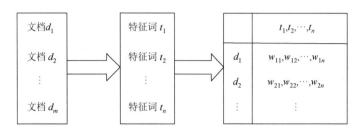

图 6-11　向量空间模型的构造过程

由图 6-11 可知一组文档集合 $\{d_1, d_2, \cdots, d_m\}$,每一篇文档 d_i 可以表示成一组向量 $(w_{i1}, w_{i2}, \cdots, w_{in})$,其中 w_{ij} 为特征词 t_j 的权重,如图 6-11 所示。通常特征词表征文档能力越强,所赋予的权重越高。一种最简单的方式就是利用词频来表示特征词的权重,假设文本语料库包含三个文档,有四个特征词项,分别为"大数据""文本""分析""技术"。利用向量空间模型,表示成如下矩阵形式。

$$W = \begin{pmatrix} 2 & 3 & 5 & 1 \\ 3 & 7 & 2 & 3 \\ 0 & 0 & 0 & 3 \end{pmatrix} \qquad (6\text{-}22)$$

其中,矩阵的行表示文档,列表示特征词项;矩阵中的元素 w_{ij} 为第 i 篇文档中的第 j 个特征词项出现的次数。通过这样的表示后,每篇文档都可以表征成一个向量,如文档 $d_1 = (2,3,5,1)$ 。文档与文档之间的相似度计算则变为向量与向量之间的相似度计算。余弦距离是常用的向量与向量之间的相似度计算方法。余弦相似度公式如下:

$$\mathrm{Sim}(d_i, d_j) = \cos \frac{v(d_i) \cdot v(d_j)}{|v(d_i)| \cdot |v(d_j)|} = \frac{\sum_{t=1}^{n}(w_{it}, w_{jt})}{\sqrt{\sum_{t=1}^{n}(w_{it})^2} \times \sqrt{\sum_{t=1}^{n}(w_{jt})^2}} \qquad (6\text{-}23)$$

仅仅利用词频作为特征词权重具有一定的缺点,易产生偏斜问题,即易于向文档数量多的倾斜。因此有很多其他改进方法计算特征权重,如本章第三节中介绍的 TF-IDF 方法等。

(三)基于分布的相似性度量方法

文档除了表示成上述的向量空间模型以外,还可以利用主题概率模型进行表示。主题概率模型是一种生成式模型,模型中主题表现为文档集合中若干词语的条件概率分布,文档是在多个主题上的概率分布。我们将在下文详细介绍主题模型。在此,仅讨论文档表示成概率分布以后如何求解文档与文档之间的相似度。这时可以通过统计距离来度量两者之间的相似度,其中最常使用的两种方法是 K-L 散度和 J-S 散度。

1. K-L 散度

K-L 散度的定义公式如下:

$$D_{\mathrm{KL}}(P\|Q) = \sum_{i=1}^{N} P(x_i) \log\left(\frac{P(x_i)}{Q(x_i)}\right) \tag{6-24}$$

其中，P 和 Q 分别为概率分布，因此 K-L 散度度量了概率分布 P 和概率分布 Q 的对数差的期望，即反映了两者的差异。

2. J-S 散度

由于 K-L 散度不具有对称性，J-S 散度主要用于解决 K-L 散度的非对称性问题，其公式如下：

$$D_{\mathrm{JS}}(P\|Q) = \frac{1}{2}\mathrm{KL}\left(P\left\|\frac{P+Q}{2}\right.\right) + \frac{1}{2}\mathrm{KL}\left(Q\left\|\frac{P+Q}{2}\right.\right) \tag{6-25}$$

通过式（6-25）可以看出 J-S 散度对于 P、Q 来说是对称的。

（四）基于深度学习的相似性度量方法

向量空间模型和主题模型都是基于词的表示，但是未能将文档集合中词与词之间的顺序关系以及上下文的语义关系考虑到建模过程中。为了更好地表达语义关系，近年来深度学习方法得到迅速发展。本章第三节中我们已经介绍了常用的基于深度学习的词向量表示模型。通过表示后可以直接根据词向量之间的距离计算相似度。其中距离公式仍然可以采用余弦相似度计算公式。下面以 Word2Vec 为例介绍相似度的计算过程。以两个文档为例，假设文档 A = {"文本聚类十分重要"}，B = {"文本分类很实用"}。首先将文档 A 和 B 分别进行分词处理，处理结果如下：

$$A = \{\text{'文本', '聚类', '十分', '重要'}\}$$
$$B = \{\text{'文本', '分类', '很', '实用'}\}$$

利用 Word2Vec 对词语进行表征，实验中以维基百科语料作为训练语料，选取向量维度为 100 维，使用 Python 中的 gensim（http://pypi.org/project/gensim）工具包实现 Word2Vec。以特征词 "聚类" 为例，最终得到的 100 维词向量示例如下：$[-7.215\,937\,8\times10^{-1}, 7.250\,042\,0\times10^{-1}, 4.551\,939\,7\times10^{-1}, 1.349\,772\,23\times10^{-1}, -4.467\,505\,2\times10^{-2}, -3.116\,581\,4\times10^{-1}, \cdots, -3.975\,320\,5\times10^{-1}, -1.739\,670\,5\times10^{-1}]$。

按照上述方法可以得到 A、B 两个文档中每个特征词的词向量，将词向量取平均值作为每个特征词的表示，这样每个文档可以表示成一个由特征词词向量组成的向量模型，对于向量模型可以采用余弦相似度计算两个向量的相似度，进而计算出两个文档的相似度。上述 A、B 两个文档经过上述步骤得到相似度值为 0.7656。

上述例子利用 Word2Vec 对词语进行表征，进而计算两个文档的相似度。利用深度学习方法不仅可以对词项进行建模生成词向量，还可以对句子、文档进行建模，得到不同粒度的表示以更准确地计算相似度。

三、主题模型

主题模型是一种基于模型的聚类方法。它是一种生成式模型，模型中主题表现为文档集合中若干词语的条件概率分布，文档是在多个主题上的概率分布，即利用主题模型可以将文档、主题词从原始的基于词项的空间映射到同一个隐形语义空间中，此处的主题又可以称为话题。通过主题模型可以得到文档–主题概率，以及主题–词概率，而每一个主题可以认为是一类，因此通过主题模型就可以得到主题的特征，即每个主题下的文档、词的概率分布，进而描述出这一类主题的特征，实现文档的聚类过程，这是一种无监督的学习方法。主题模型的基本结构如图 6-12 所示。从图 6-12 可以看出在主题模型中认为每篇文档均有若干隐含主题，而每个隐含主题又由若干特定单词组成。

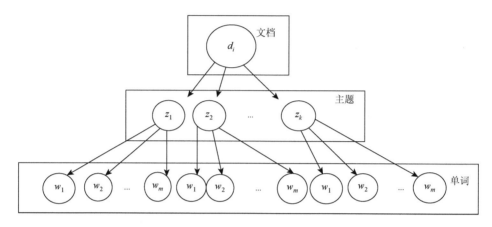

图 6-12　主题模型基本结构

主题模型中两个常用的模型是概率潜在语义分析（probabilistic latent semantic analysis，PLSA）模型和 LDA 模型，其中 LDA 模型是为了解决 PLSA 模型的过拟合问题。本部分将简要介绍这两种模型。

（一）PLSA 模型

1. PLSA 模型结构

PLSA 模型是 Thomas Hofmann（托马斯·霍夫曼）于 1999 年提出的。PLSA 模型的基本点是一个被称为方面（主题）的统计模型，方面模型就是关联于潜在类（主题）$z \in Z = \{z_1, z_2, z_3, \cdots, z_K\}$ 的共现词的潜在可变模型，其中 K 为主题的个数。PLSA 模型的结构如图 6-13 所示。其中，d 为文档；w 为单词；z 为潜在主题。d 和 w 为可观测的变量，

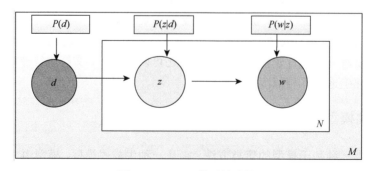

图 6-13　PLSA 模型的结构

z 为隐藏变量。N 和 M 分别为文档集合中文本的总数和文档单词总数。$p(z|d)$ 为主题 z 在给定文档 d 下的概率分布，$p(w|z)$ 为单词在主题 z 下的概率分布。由上述模型结构可以看出 PLSA 模型称为方面（主题）模型的原因，即文档被看成潜在的 K 个主题的混合，每个方面就是单词 w 相对于主题 z 的概率分布。一个文档的内容由其相关主题决定，一个主题的内容由其相关单词决定。根据 PLSA 模型，文档的生成过程如算法 6-1 所示。

算法 6-1：PLSA 模型的文档生成算法

---

1. 根据概率分布 $p(d)$ 选择一个文档 d
2. 对文档 d 中的每一个词语重复以下过程：
    2.1 根据概率分布 $p(z|d)$ 选择一个隐含主题
    2.2 根据主题的词分布概率 $p(w|z)$ 生成一个单词 w

由上述分析可知，在生成模型中，可观测的是单词变量 w 和文档变量 d，生成的是单词-主题-文档三元组 (w,z,d) 的集合，观测变量 (d,w) 上的联合分布可以表示成式（6-26）：

$$p(d,w) = p(d)p(w|d), \quad p(w|d) = \sum_{z \in Z} p(w|z)p(z|d) \tag{6-26}$$

最终的联合分布表达式为

$$p(d,w) = p(d)\sum_{z \in Z} p(w|z)p(z|d) \tag{6-27}$$

2. PLSA 模型参数估计

根据式（6-26）可知，$p(w|z)$、$p(z|d)$ 是 PLSA 模型中需要求解的参数。$p(w|z)$、$p(z|d)$ 两者均服从多项式分布，用最大似然估计求解多项式分布参数。为了更好地描述 PLSA 模型参数的估计过程，设单词集合为 $W = \{w_1, w_2, \cdots, w_M\}$，文档集合为 $D = \{d_1, d_2, \cdots, d_N\}$，主题集合为 $Z = \{z_1, z_2, \cdots, z_K\}$，构造极大似然函数 $L(\theta)$：

$$
\begin{aligned}
L(\theta) &= \ln \prod_{i=1}^{N} \prod_{j=1}^{M} p(d_i, w_j)^{n(d_i, w_j)} \\
&= \sum_{i=1}^{N} \sum_{j=1}^{M} n(d_i, w_j) \ln p(d_i, w_j) \\
&= \sum_{i=1}^{N} \sum_{j=1}^{M} n(d_i, w_j) \ln \left(p(d_i)p(w_j|d_i) \right) \\
&= \sum_{i=1}^{N} \sum_{j=1}^{M} n(d_i, w_j) \ln p(d_i) + \sum_{i=1}^{N} \sum_{j=1}^{M} n(d_i, w_j) \ln p(w_j|d_i) \tag{6-28}
\end{aligned}
$$

其中，$n(d_i, w_j)$ 为 d_i 中词项 w_j 出现的次数，由于 w 和 d 是可观测的变量，因此模型参数不受前项 $\left(\sum_{i=1}^{N} \sum_{j=1}^{M} n(d_i, w_j) \ln p(d_i) \right)$ 的影响。根据式（6-26），上述似然函数的优化问题可以表达为

$$\arg\max_\theta L'(\theta) = \arg\max_\theta \sum_{i=1}^{N}\sum_{j=1}^{M} n(d_i, w_j) \sum_{k=1}^{K} p(w_j \mid z_k) p(z_k \mid d_i) \qquad (6\text{-}29)$$

在式（6-29）中 θ 为隐变量，隐变量模型中最大似然估计的标准过程是期望最大化（expectation maximization，EM）算法。EM 算法在 E 过程中假定参数已知，计算此时隐变量 θ 的后验概率，M 过程中代入隐变量的后验概率，最大化样本分布的对数似然函数，求解相应的参数。

具体地，EM 算法过程描述如算法 6-2 所示。

算法 6-2：EM 算法估计 PLSA 模型参数

1. 赋值初始参数 $\theta_{(0)} = \{p_0(z \mid d), p_0(w \mid z)\}$，即设置 $p_0(z_k \mid d_i), p_0(w_j \mid z_k)$

2. 循环执行如下步骤直至收敛

　2.1 在 E 步骤中，直接使用贝叶斯公式计算隐变量在当前的参数值 $\theta_t = \{p_t(z \mid d), p_t(w \mid z)\}$ 条件下的后验概率，即

$$p_t(z_k \mid w_j, d_i) = \frac{p(w_j \mid z_k) p(z_k \mid d_i)}{\sum_{k=1}^{K} p(w_j \mid z_k) p(z_k \mid d_i)}$$

　2.2 在 M 步骤中，最大化对数函数的期望，最终可以估算出新的参数值，即

$$p_{t+1}(w_j \mid z_k) = \frac{\sum_{i=1}^{N} n(d_i, w_j) p(z_k \mid d_i, w_j)}{\sum_{m=1}^{M}\sum_{i=1}^{N} n(d_i, w_m) p(z_k \mid d_i, w_m)}$$

$$p_{t+1}(z_k \mid d_i) = \frac{\sum_{j=1}^{M} n(d_i, w_j) p(z_k \mid d_i, w_j)}{n(d_i)}$$

从上述 PLSA 文档生成过程可以看出 PLSA 是一个无监督学习过程，且最终可以得到文档-主题概率 $p(z \mid d)$，进而在同一主题下的文档可认为是一个簇，即实现了文档聚类。同样也可以得到主题-单词概率 $p(w \mid z)$，即实现了词语的聚类过程。

（二）LDA 模型

1. LDA 模型结构

LDA 模型是由 Blei（贝雷）等学者在 2003 年提出的。LDA 模型是 PLSA 模型的一种改进，其在 PLSA 模型的基础上加上了贝叶斯框架。从 PLSA 模型生成文档的过程中可以看出文档 d 产生主题 z 的概率、主题 z 产生单词 w 的概率都是固定的值。在 LDA 模型中文档 d 产生主题 z 的概率、主题 z 产生单词 w 的概率不再是固定的，而是服从多项式分布，分别记为 θ 和 φ，同时在贝叶斯学习中，将狄利克雷分布作为多项式分布的先验分布，

模型结构如图 6-14 所示。由图 6-14 可知，在 LDA 模型中，可观测变量为 w。主题分布是服从参数为 α 的狄利克雷分布的多项分布，而词分布是服从参数为 β 的狄利克雷分布的多项分布。LDA 模型的文档生成过程可以表示成算法 6-3。

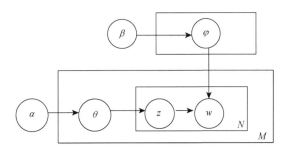

图 6-14　LDA 模型概率图

算法 6-3：LDA 模型的文档生成算法

---

1. 依据 $\theta \sim \text{Dirichlet}(\alpha)$ 生成文档的主题分布 θ
2. 依据 $\varphi \sim \text{Dirichlet}(\beta)$ 生成词分布 φ
3. 对文档 d 中的每一个词语重复以下过程：
  3.1 依据主题分布 θ 选择一个主题
  3.2 依据词分布 φ 选择一个词

---

2. LDA 模型参数估计

求解 LDA 模型有两种基本方法。第一种与求解 PLSA 模型的方法类似，用 EM 算法进行参数估计。EM 算法虽然可以很快地达到让参数收敛的效果，但也很容易造成参数结果"局部最优"的问题。第二种是吉布斯采样（Gibbs sampling）算法，该方法利用仿真技术，可以获得全局的、比较好的参数估计结果。算法 6-4 是对吉布斯采样算法的简单描述。其中，$\theta_{m,k}$ 为第 m 篇文档中主题 k 分布的概率；$\varphi_{k,t}$ 为第 k 个主题中单词 t 的概率；$|V|$ 为词汇集的总数；$n_{k,\neg i}^{(t)}$ 为剔除当前词后单词 t 分配给主题 k 的次数；$n_{m,\neg i}^{(k)}$ 为剔除当前词后文档 m 中分配给主题 k 的词汇个数。

算法 6-4：吉布斯采样算法步骤

---

1. 设置参数：主题数 K 和超参数 α、β
2. 初始化，将所有文档集合中的词汇随机赋予一个初始的主题，得到 $Z^{(0)}$：

$$\{z_1^{(0)}, z_2^{(0)}, \cdots, z_i^{(0)}, \cdots, z_n^{(0)}\}$$

3. 更新词汇的主题编号；重新扫描语料库，对于每一个词 w，按照如下的吉布斯公式抽样：

$$p(z_i = k \mid z_{\neg i}, w, \alpha, \beta) \propto p(z_i = k, w_i = t \mid z_{\neg i}, w_{\neg i}, \alpha, \beta)$$

$$\propto \frac{\left(n_{k,\neg i}^{(t)} + \beta_t\right)}{\sum\limits_{t=1}^{|V|}\left(n_{k,\neg i}^{(t)} + \beta_t\right)} \cdot \frac{n_{m,\neg i}^{(k)} + \alpha_k}{\sum\limits_{k=1}^{K}\left(n_{m,\neg i}^{(k)} + \alpha_k\right)}$$

4. 迭代重复第 3 步的基于坐标轮换的吉布斯采样，直至所有单词的 $p(z_i = k \mid z_{\neg i}, w, \alpha, \beta)$ 达到收敛状态，得到所有单词确定的主题

5. 按照下面两个公式计算文档-主题分布、主题-单词分布的估计值

$$\theta_{m,k} = \frac{n_{m,\neg i}^{(k)} + \alpha_k}{\sum\limits_{k=1}^{K}\left(n_{m,\neg i}^{(k)} + \alpha_k\right)}$$

$$\varphi_{k,t} = \frac{n_{k,\neg i}^{(t)} + \beta_t}{\sum\limits_{t=1}^{|V|}\left(n_{k,\neg i}^{(t)} + \beta_t\right)}$$

在运用 LDA 模型时需要确定主题的个数，通常情况下通过困惑度来判断。在信息论中，困惑度用来评估一个概率模型或者分布预测样本好坏的程度。其计算公式如式（6-30）所示。

$$\text{perplexity} = \exp\left(-\frac{\sum \log p(w)}{N}\right) \tag{6-30}$$

其中，$p(w)$ 为测试集中每一个词出现的概率；N 为测试集中出现的所有词。困惑度越低说明赋予测试集的词表大小的期望值越高，说明该语言模型较好。因此可以计算不同主题个数下困惑度的值，进而选取合适的主题个数。

四、文本数据流聚类算法

文本数据流聚类要求算法具有实时性、高效性，即算法对大量数据集不能进行多遍扫描；同时算法要能够处理概念漂移问题，即随着数据的流入，数据模式可能会发生改变，因此算法需要具有自适应性。文本数据流比普通数据流具有更高的维数和稀疏性，这使得文本数据流的处理具有较大的挑战性。目前常见的文本数据流聚类算法多是在原有算法上的拓展。本节将介绍 OSKM 算法和 OLDA 算法。

（一）OSKM 算法

OSKM（online spherical K-Means clustering，在线球面 K-Means 聚类）算法是 Zhong（钟）于 2005 年提出的，是目前处理大规模文本数据流聚类比较有代表性的一个算法。它是一种可扩展方法，基本思想是将数据流分割成若干个数据子块，分别连续地对各个数据子块进行处理。OSKM 算法是在球面 K-Means 聚类（spherical K-Means clustering，简写为 SPKM）算法上的扩展，采用 WTA（winner-take-all，胜者为王）规则在线更新聚类中心，

引入权重因素，同时考虑历史聚类中心和新进入文本对聚类结果的不同影响，通过衰减因子解决数据流的概念漂移问题。具体的聚类算法可以表示成算法 6-5。

算法 6-5：OSKM 文本数据流聚类算法

输入：文本数据集 $X = \{x_i\}_{i=1,2,\cdots,n}$，聚类个数 K，分段长度 S，迭代次数 M 以及衰减因子 γ（$0 < \gamma < 1$）

输出：K 个聚类中心 $\{\mu_1, \mu_2, \cdots, \mu_k\}$

1. 初始化 K 个聚类中心 $\{\mu_1, \mu_2, \cdots, \mu_k\}$，设置初始历史向量 $\{c_1, c_2, \cdots, c_k\}$ 为空向量，相应的权重向量 $\{w_1, w_2, \cdots, w_k\}$ 为 0，分段索引 $T = 0$

2. 按照分段长度读取 S 个数据，$T = T + 1$

    2.1 将每个新到达的文本数据的权重设为 1

    2.2 将新到达的 S 个数据与 K 个聚类中心一起执行 K-Means 聚类算法并迭代更新聚类中心

    设置 $I = 0$；

    迭代执行下述 2 个步骤 M 次：

        2.2.1 对每个新流入的数据 x_n（$n = 1, \cdots, S$），依据 $y_n = \arg\max_k x_n^{\mathrm{T}} \mu_k$ 找到最近的中心点，依据式（6-31）更新中心点；令 $I = I + 1$

$$\mu_{y_n}^{(\text{new})} \leftarrow \frac{\mu_{y_n} + \eta^{(i)} x_n}{\| \mu_{y_n} + \eta^{(i)} x_n \|} \tag{6-31}$$

        2.2.2 对每个历史向量 c_k（$k = 1, 2, \cdots, K$），依据 $y = \arg\max_k c_k^{\mathrm{T}} \mu_k$ 找到最近的中心点，依据式（6-32）更新中心点；令 $I = I + 1$

$$\mu_y^{(\text{new})} \leftarrow \frac{\mu_y + \eta^{(i)} w_k c_k}{\| \mu_y + \eta^{(i)} w_k c_k \|} \tag{6-32}$$

    2.3 在聚类完成得到 K 个聚类后，更新聚类中心，并通过引入衰减因子按照式（6-33）对权重进行更新

$$c_k \leftarrow \mu_k, \quad w_k \leftarrow \gamma(N_k + W_K) \tag{6-33}$$

3. 重复第 2 步直到数据流结束或达到人为设定的终止条件

在上述算法中，样本点之间的距离以余弦相似度进行度量，因此寻找最近的中心点以最大化样本到中心点的余弦相似度值为目标。式（6-31）和式（6-32）说明聚类中心更新过程中根据新的聚类结果中数据的权重进行。式（6-33）通过引入衰减因子更新权重，其中，N_K 为聚类到簇 K 中新流入的数据总数，而 W_K 为聚类到簇 K 中历史数据的权重和。

（二）OLDA 算法

OLDA 算法也称为 online LDA 算法，即在线主题建模。在线主题建模考虑文本的流入顺序，将文本集划分到不同的时间窗口中，其基本思想是由 Alsumait（阿尔苏迈特）等于 2008 年提出的。主要流程为：首先在每个时间窗口内对新流入的数据进行主题建模，

其次将当前生成的模型作为下一时间段的先验知识。在没有从语料库中观察到所有单词之前，超参数 β 可以解释为从主题中抽取的单词次数的先验观察，因此前一个时间段的 LDA 结果可以作为后一个时间段 LDA 模型中的先验参数 β。在上述思想下，OLDA 算法通过定义一个演化矩阵 $\boldsymbol{B}$ 和一个权重向量 $\boldsymbol{w}$ 构造下一个时间段主题模型中的先验参数 β，其中演化矩阵保存了历史主题信息。具体地，设 $\boldsymbol{B}_k^{t-1}$ 为第 $t-1$ 时刻主题 k 的演化矩阵，设 ω^{δ} 为不同时间片的权重（第 $t-1$ 时间窗口内 δ 个时间片），则 $\varphi_k^t \sim \text{Dirichlet}(\boldsymbol{B}_k^{t-1}\omega^{\delta})$。第 t 个时间窗口内 OLDA 算法可以表示成算法 6-6。

算法 6-6：OLDA 模型的文档生成算法（第 t 个时间窗口）

---

1. 对每一个主题 K，依据 $\varphi_k^t \sim \text{Dirichlet}(\boldsymbol{B}_k^{t-1}\omega^{\delta})$ 生成词分布 φ_k^t
2. 对每一篇文档 d 执行下列操作：
   2.1 依据 $\theta_d^t \sim \text{Dirichlet}(\alpha^t)$ 生成文档的主题分布 θ_d^t
   2.2 对文档 d 中的每一个词语重复以下两个过程：
      2.2.1 依据主题分布 θ_d^t 选择一个主题
      2.2.2 依据词分布 φ_k^t 选择一个词

OLDA 算法在不同时间窗口中进行主题建模，同时利用演化矩阵将主题信息保存起来，因此 OLDA 算法适合从在线的文本数据流中分析主题的变化情况。根据相邻时间段中主题信息间的相似性，可以实现对已有话题演化的分析及新话题的检测。其中相似性度量方法可以采用 K-L 散度或 J-S 散度。

由于 OLDA 算法提供了一个话题演化分析的框架，近年来有很多学者基于此算法框架提出了一些改进策略，包括如何区分不同话题演化能力强弱、传递何种先验信息以及如何更准确度量主题之间的相似度等。

第六节　应　用　案　例

深圳证券交易所建立文本信息数据库，文本挖掘助力证券智能监管。基于各类文本等非结构化、结构化数据进行决策将变成各行各业的主要信息应用模式，大数据及其处理技术将成为企业的核心价值和技术领先标志，这在金融市场尤其是资本市场表现得更为明显。资本市场信息流的主体是文本信息，"互联网＋"背景下的文本信息量及传播模式对监管工作形成的挑战凸显，证券价格受信息驱动的影响更为明显，只有在对信息流的运作有相当程度理解的基础上，才能实现风险管理、政策模拟、市场效应等深层次的监管和服务。面对信息驱动模式下经济、金融风险监测工作的严峻形势，如何对非结构化的文本信息进行分析并用于监管已经成为必须解决的问题和技术攻关项目。

基于文本挖掘技术的证券智能监管项目以推进监管转型、提升服务质量为总体目标，紧紧把握大数据时代下证券市场监察、上市公司监管、网络舆情监控的信息服务需要，侧重于对信息的快速加工、精准反应应用。项目以文本信息数据库为基础构建架构，结合监管转型业务需要，推进完成"抢帽子交易操纵网络信息监测系统"、"信息披露直通车公告类别整合系统"和"智能资讯服务系统"等创新应用项目。项目正式启动以来，有效地提升了大数据市场的监察水平和上市公司信息披露智能化水平，在证券监管系统内形成了良好的示范效应，以促进系统内文本挖掘智能监管平台的建设。

"文本信息数据库"模块的目标是打造企业级市场资讯存储和服务平台。构建统一的信息搜集、加工处理和分析、信息服务、评价反馈于一体的资讯管理信息化智能服务平台，通过整合信息搜集渠道和改进信息收集效率，提高对重要信息采集处理的及时性和有效性，实现对多种类型信息源的采集、分类和存储，建立共享性好、安全性好、可扩展的信息资源库。"文本信息数据库"为市场异常波动期间交易所监控市场风险、分析市场信息传播情况提供了有效的数据支持。在市场异常波动之前，基于项目成果每日快速把握市场热点、公司公告、分析师研报、网络舆情等情况，深入分析市场特别是创业板的快速大幅上涨情况，以及各种可能的风险因素。市场异常波动期间，结合微信、微博等新媒体信息传播特点，挖掘引起市场恐慌的负面信息线索，为管理层制定救市对策提供了有效的数据支持。

"抢帽子交易操纵"是指证券公司、咨询机构、专业中介机构及其工作人员，买卖或持有相关证券，并对该证券或其发行人、上市公司公开做出评价、预测或者投资建议，以便通过期待的市场波动取得经济利益的行为。"抢帽子交易操纵网络信息监测系统"旨在利用文本挖掘技术进行证券市场监控的尝试，通过对文本挖掘技术（包括证券行业领域知识库的构建、财经类文本特征的筛选、文本分类算法的构建、文本信息抽取方法）的研究，构建包含文本信息和市场数据信息的综合市场监控模型，逐步探索积累文本挖掘在金融证券领域的应用经验，为防范和打击证券违法犯罪行为起到重要作用。通过"抢帽子交易操纵网络信息监测系统"推送的推荐股票信息，同时结合账户交易数据，开展了大量"抢帽子"交易异常账户识别工作，有效打击了投资者在推荐股票前买入推荐股票后卖出、买入推荐股票比重大、买入推荐股票放量等各种异常交易行为，有效遏制了市场操纵等违法违规行为。

"信息披露直通车公告类别整合系统"采用历史公告文本数据构建了公告"自动标注机"，过滤获取公告类别训练数据，采用改进后的机器学习方法（层次分类算法）构建公告文本分类器（如重大资产重组、股东大会等类别公告）。各类公告文本分类器测试样本召回率为 99%以上，有效地排除了多起上市公司直通披露错误类别标注风险，杜绝了类别标注错误可能造成的巨大社会影响，对交易所公司监管提供了有力支持。

"智能资讯服务系统"以网络新闻、电子报、股吧、博客、微信、微博、互动易、券商研究报告和上市公司公告为收集对象，按照公司监管、市场监察、市场分析、舆情监测的业务需求对相应的文本数据进行分类标识、热度分析和情感分析，帮助监管员事前提示监控重点、事中进行快速监控分析，事后进行违规深度分析，有效提升交易所一线监管效率，全面提高交易所风险监测和预研预判的科技监管能力。

深圳证券交易所在行业内率先构建了统一的文本信息数据库，并建成了集信息搜集、加工处理、智能分析、信息服务于一体的文本信息数据库平台，促进了监管转型，降低了监管成本，全面提高了监管工作的智能化水平。

思考与练习

1. 文本数据有哪些特点？

2. 文本数据分析面临的挑战有哪些？

3. 文本分析的基本流程是什么？

4. 常用的分词方法有哪些，分别有什么特点？请利用这些分词工具对"文本分析在医疗、金融、社会管理等领域都有广阔的应用前景。"这句话进行分词处理，并比较结果。

5. 词向量表征技术有哪几类，请简要说明 Word2Vec 模型思想。

6. 请简要说明利用卷积神经网络进行文本分类的过程。

7. 请简要分析 LDA 模型和 PLSA 模型的区别。

8. 请利用 LDA 模型对 Twitter 中的健康新闻语料进行分析，语料的下载地址为：https://archive.ics.uci.edu/。

本章拓展阅读

迪潘简·撒卡尔. 2018. Python 文本分析[M]. 闫龙川, 高德荃, 李君婷, 译. 北京: 机械工业出版社.

李航. 2019. 统计学习方法[M]. 2 版. 北京: 清华大学出版社.

刘通. 2019. 在线文本数据挖掘: 算法原理与编程实现[M]. 北京: 电子工业出版社.

裴可锋, 陈永洲, 马静. 2017. 基于 OLDA 的可变在线主题演化模型[J]. 情报科学, 35(5): 63-68.

唐琳, 郭崇慧, 陈静锋. 2020. 中文分词技术研究综述[J]. 数据分析与知识发现, 4(1): 1-17.

宗成庆. 2013. 统计自然语言处理[M]. 2 版. 北京: 清华大学出版社.

Bouakkaz M, Ouinten Y, Loudcher S, et al. 2018. Efficiently mining frequent itemsets applied for textual aggregation[J]. Applied Intelligence, 48(4): 1013-1019.

Hochreiter S, Schmidhuber J. 1997. Long short-term memory[J]. Neural Computation, 9(8): 1735-1780.

Robinson R, Goh T T, Zhang R. 2012. Textual factors in online product reviews: a foundation for a more influential approach to opinion mining[J]. Electronic Commerce Research, 12(3): 301-330.

Ur-Rahman N, Harding J A. 2012. Textual data mining for industrial knowledge management and text classification: a business oriented approach[J]. Expert Systems with Applications, 39(5): 4729-4739.

Yao L, Ge Z. 2020. Cooperative deep dynamic feature extraction and variable time-delay estimation for industrial quality prediction[J]. IEEE Transactions on Industrial Informatics, 17(6): 3782-3792.

Zhang N, Wang J, Ma Y. 2017. Mining domain knowledge on service goals from textual service descriptions[J]. IEEE Transactions on Services Computing, 13(3): 488-502.

Zhong S. 2005. Efficient streaming text clustering[J]. Neural Networks the Official Journal of the International Neural Network Society, 18(5/6): 790-798.

第七章

推 荐 系 统

在信息时代，大多数人在生活中都会接触超量的信息。为了帮助用户从海量的信息中提取有用的信息，推荐系统应运而生。目前，推荐系统已经广泛应用于各个领域。在本章中您将理解推荐系统的发展历程及基本概念，推荐系统中的一些性能度量指标，以及不同类型的推荐方法，包括协同过滤推荐、基于内容的推荐、混合推荐和基于排序学习的推荐。

学习目标

- 理解推荐系统的基本概念、发展历程及性能度量方法。
- 掌握协同过滤推荐的基本方法。
- 掌握基于内容的推荐的基本方法。
- 掌握混合推荐的基本方法。
- 掌握基于排序学习的推荐的基本方法。

知识结构图

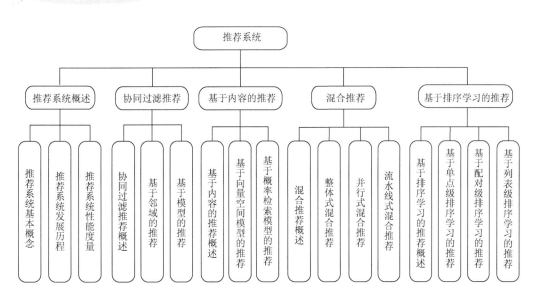

第一节　推荐系统概述

一、推荐系统基本概念

（一）推荐系统的发展背景

随着信息时代的发展，人们可以在线获取到各式各样的信息，极大地方便了人们的生活。例如，人们不用订阅报纸就可以获取新闻，不去音像店也能在线下载音乐，不用逛商场也可以完成购物。一方面，丰富的网络信息内容给人们的日常生活带来了巨大的变化；另一方面，信息的急速增长也促使网络进入大数据时代。不管是在线网络社区还是线下平台，每天都会产生大量的数据，甚至呈几何倍数式增长。据报道，2016 年全球产生的数据量为 16.1ZB，到 2025 年，全球产生的数据量甚至会增长到 163ZB 以上[①]。网络中的数据量过于庞大，并且复杂无序、优劣难分，大量的资源信息充斥着人们的生活，无论是信息生产方还是信息消费方，这都给他们带来了比较大的问题。对于信息生产方，如何使自己的信息脱颖而出是一件难事；对于信息消费方，快速从海量信息中找到自己需要的信息也是一件难事。面对这些挑战，搜索引擎开始广泛运用，它可以帮助用户寻找有用信息，然而，针对不同用户，搜索引擎无法提供针对个人的个性化推荐。

在此背景下，1997 年 Resnick（雷斯尼克）首次提出推荐系统（recommender system，RS）的概念。推荐系统利用大量的历史信息对推荐模型进行训练，并使用训练好的模型根据用户的历史行为、兴趣爱好和需求为用户提供个性化推荐服务。对于用户和信息，推荐系统能够主动将它们建立联系，不仅可以帮助用户去发现对自己有用的信息，而且对于某些信息，系统可以将其主动地呈现在对它感兴趣的用户面前，从而在信息消费方与信息生产方之间达到双赢。

（二）推荐系统的定义

Resnick 等指出推荐系统是一种利用电子商务网站向用户提供物品信息与建议的信息系统，推荐系统帮助用户决定购买哪一样商品，模拟销售人员的角色辅助用户的购买决策过程。也就是说，推荐系统是一种向用户推荐其可能感兴趣的物品的工具和技术。这里的"物品"是一种泛指，代表推荐系统中向用户所推荐的信息的总称，特定的推荐系统通常专注于一种特定类型的物品，如 CD 推荐、图书推荐等。

推荐系统主要服务于缺乏经验和能力的用户，这些用户通常无法从大量可供选择的物品中选取感兴趣的物品。一个典型的例子是图书推荐，推荐系统可以帮助用户挑选一本可能感兴趣的书来读。知名网站亚马逊中，系统采用个性化推荐技术为每个用户进行推荐。通常所说的推荐具有个性化，即不同的用户或用户组所接收的建议是不同的，当然也存在非个性化推荐，但它们大都非常简单，通常出现在报纸或杂志上。典型的例子包括书籍和CD 的 Top10（最畅销的前 10 名）推荐。虽然这种非个性化推荐在某些情况下是有用且有

---

① https://www.sohu.com/a/136477972-116235。

效的，但这类非个性化推荐技术通常不是推荐系统研究要解决的核心问题。最简单的个性化推荐是提供一个排序好的物品列表。通过该排序列表，系统试图根据用户的偏好和某些约束条件来预测最合适的产品或服务。为了完成上述计算任务，推荐系统通常需要收集用户的喜好信息，这种喜好信息或是显式的，如物品的评分信息，或是通过解释用户的行为做出推断所得，如推荐系统可能会把访问某个特定商品详情页的行为作为该用户喜欢这个主页上的商品的隐式信息。推荐系统通过用户的喜好信息预测用户对物品的评分或偏好，从而实现信息过滤。

（三）推荐系统的应用

推荐系统是随着信息技术的发展而逐步产生、发展起来的，只要产品提供的标的物数量足够多，用户无法手动从所有标的物中筛选出自己感兴趣的，就具备了做个性化推荐的条件。因此适合做个性化推荐的软件产品非常多，包括电商网站、视频、音乐、资讯、生活服务等。推荐系统的应用场景是多样而广泛的，在某些情况下也是非常复杂的。在移动互联网时代，推荐系统在互联网公司中拥有越来越重要的地位。可以毫不夸张地说，任何想提供海量信息的产品要想服务好用户，提供个性化推荐是必要的，甚至是较好的解决方案之一。

二、推荐系统发展历程

推荐系统起源于一个非常简单的现象：人们在做日常工作和决策时经常会依赖于他人提供的建议。例如，想选择一本书，可能会寻求朋友的建议；想听一首歌，可能会看他人的歌评。

为了模拟上述行为，首个推荐系统通过算法利用社区中大量用户的意见帮助一个活跃用户发现更有趣的内容。最早应用该方法的信息系统，即帕洛阿尔托研究中心于 1992 年开发的个性化邮件过滤推荐系统 Tapestry，其首次引入协同过滤的思想帮助公司的员工从大量邮件中筛选信息。随后几年时间里，明尼苏达大学推出可以针对 Usenet 新闻组进行自动协同过滤的推荐系统 GroupLens，麻省理工学院研发针对音乐专辑进行协同过滤的推荐系统 Ringo，贝尔通信研究中心打造针对电影进行协同过滤的视频推荐系统。早期这些协同过滤系统的相继出现，初步验证了推荐系统的可行性与效果。1996 年，协同过滤专题研讨会在伯克利举办，并于 1997 年，由 Resnick 将推荐系统这一概念首次在文献中正式提出，此时的推荐系统主要指的是协同过滤。此后一段时间内，随着来自信息检索、安全隐私、数据挖掘及商业营销等领域的大量研究人员的参与和方法的引入，推荐系统开始迅猛发展。到 2006 年，北美洲在线视频服务提供商 Netflix 启动一项推荐算法竞赛，悬赏100 万美金给能够将现有推荐算法预测准确率提升 10% 以上的人，该比赛将推荐系统领域的研究推上一个新的高潮。2007 年，明尼苏达大学 Konstan（康仕坦）教授组织了第一届以推荐系统为主题的 ACM（Association for Computing Machinery，国际计算机协会）学术会议，该会议最初有 120 人参加，目前已发展为推荐系统领域的顶级会议，其作为展示推荐系统领域的最新研究方法与成果的重要国际论坛，每年都会吸引大量研究人员参加。近年来，推荐系统使用场景拓展到互联网应用的各个方面，包括电子商务、大规模零售业及知识管理应用等诸多领域，如新闻、音乐、短视频、旅游景点、社交、商品等，使推荐系统慢慢成为各种互联网应用的一种标配。

三、推荐系统性能度量

推荐系统性能度量是对推荐系统给出的建议的质量进行评估。可以通过前文介绍的精确率、召回率等指标度量推荐系统准确度。除此之外，还可以从其他角度对推荐系统性能进行度量，包括排序准确度、新颖性、多样性、覆盖率。

（一）排序准确度

排序准确度旨在衡量推荐系统准确度的同时对推荐列表序列顺序进行衡量，认为用户喜欢的物品在推荐列表中出现的位置越靠前，推荐效果越好，具体指标包括归一化折损累计增益、平均精度均值、平均倒数排名等。

1. 归一化折损累计增益

归一化折损累计增益（normalized discounted cumulative gain，NDCG）是应用较广泛的排序准确度度量指标。折损累计增益（discounted cumulative gain，DCG）旨在对排名靠后的相关推荐结果进行"折损"，假设 rel_i 表示用户 u 对位置 i 的物品的原始评分，$|L_u|$ 表示推荐列表的大小，DCG 同时考虑推荐结果的相关性以及推荐结果的位置因素，则可被定义为

$$\text{DCG}_u = \sum_{i=1}^{|L_u|} \frac{2^{\text{rel}_i} - 1}{\log_2(i+1)} \tag{7-1}$$

用户对推荐列表中的物品原始评分越高，且排序位置在推荐列表越靠前，DCG 值越高。利用理想的 DCG（ideal discounted cumulative gain，IDCG）表示根据原始评分对推荐列表中的物品进行重新排序后获得的 DCG 值，使 IDCG 对 DCG 进行归一化处理，从而获取 NDCG 值，则推荐系统整体 NDCG 值可定义为

$$\text{NDCG} = \frac{1}{|U|} \sum_{u \in U} \frac{\text{DCG}_u}{\text{IDCG}_u} \tag{7-2}$$

2. 平均精度均值

平均精度均值（mean average precision，MAP）是指平均准确率（average precision，AP）的均值，假设系统中用户数为 $|U|$，m_i 是与用户 u_i 相关的物品数，$P(R_{ij})$ 表示物品 j 在用户 i 的推荐列表和真实结果的交集中的位置，MAP 可定义为

$$\text{MAP} = \frac{1}{|U|} \sum_{i=1}^{|U|} \frac{1}{m_i} \sum_{j=1}^{|L_u|} P(R_{ij}) \tag{7-3}$$

3. 平均倒数排名

平均倒数排名（mean reciprocal rank，MRR）是指第一个推荐出的并且符合用户偏好

的项目在推荐列表中的平均位置，利用 rank_i 表示对于第 i 个用户，推荐列表中第一个在真实结果中出现的物品所在的排列位置。MRR 可定义为

$$\text{MRR} = \frac{1}{U} \sum_{i=1}^{|U|} \frac{1}{\text{rank}_i} \qquad (7\text{-}4)$$

（二）新颖性

新颖性（novelty）指为系统中的用户推荐之前没有听说过的物品，一般情况下，越不流行的物品越有可能让用户感到新颖。根据物品流行度对推荐列表新颖性进行衡量，假设 $p(j)$ 表示物品流行度，新颖性可定义为

$$\text{Novelty} = \frac{1}{|U|} \cdot \frac{\sum_{j \in L_u} p(j)}{|L_u|} \qquad (7\text{-}5)$$

（三）多样性

多样性（diversity）指相似性的对立面，可根据推荐列表间的相似度，也就是用户的推荐列表间的重叠度来定义整体多样性，重叠越少则多样性越高。常用 HD 对多样性进行度量。假设用户 u 和用户 t 推荐列表中相同的商品个数为 $Q_{ut}(L)$，多样性可定义为

$$\text{Diversity} = \text{HD}_{ut}(L) = 1 - \frac{Q_{ut}(L)}{L} \qquad (7\text{-}6)$$

（四）覆盖率

覆盖率（coverage）用来描述推荐系统对长尾内容或商品的发掘能力，可以用推荐系统推荐给所有用户的物品数占总物品数的比例表示，假设系统中存在物品总数为 $|V|$，物品覆盖率可定义如下：

$$\text{Coverage} = \frac{\left| \bigcup_{u \in U} L_u \right|}{|V|} \qquad (7\text{-}7)$$

第二节　协同过滤推荐

一、协同过滤推荐概述

协同过滤推荐通常根据拥有共同兴趣的用户群体意见为目标用户生成推荐，体现了用户间的"协同"关系。其核心思想是基于"如果两个用户在过去有着相似的偏好，那么他们在未来也会有相似的偏好"的假设，借助其他用户的意见为当前用户进行推荐。例如，用户 P 和用户 Q 历史喜欢或购买过的所有物品重叠度很高，那么理论上就可以从 Q 的喜欢列表里选择用户 P 还没了解过的物品为用户 P 推荐。这种潜在地利用当前用户与其他用户之间的相互协作的方式，正体现了协同过滤的优势所在。协同过滤推荐方法是从推荐

系统初期到现在最为广泛研究应用的方法，展现了良好的推荐效果。一般情况下，协同过滤推荐主要被分为两大类，一种是基于邻域的推荐，另一种是基于模型的推荐。下面分别对基于邻域的推荐和基于模型的推荐进行介绍。

二、基于邻域的推荐

（一）基于邻域的推荐概述

基于邻域的推荐（neighbor-based recommendation），是一种综合近邻的意见预测用户对物品评分的推荐方法，其包括两种推荐方法：基于用户的最近邻推荐和基于物品的最近邻推荐。对于基于用户的最近邻推荐方法，目标用户对物品的预测评分是根据与目标用户历史评分模式相似的其他用户对物品的评分来确定。对于基于物品的最近邻推荐方法，目标用户对物品的预测评分则根据相似于物品的其他物品被目标用户评价的得分来估计。在用户数量庞大的系统中，计算用户间的两两相似度需要耗费大量的时间和精力，如果转换为计算物品间的相似度则可大大减少计算量，该方法曾一度在亚马逊推荐系统中得到了很好的应用，并且至今仍是许多实际推荐系统的基础之一。由于基于用户的最近邻推荐和基于物品的最近邻推荐方法都涉及寻找用户或物品最相似的邻居，两者一般可以统称为基于邻域的推荐方法。

（二）基于用户的最近邻推荐

1. 数据

假设推荐系统中存在 N 个用户和 M 个物品，对于由用户组成的用户集合 $\mathcal{U} = \{u_1, u_2, \cdots, u_i, \cdots, u_N\}$，$u_i$ 为第 i 个用户，对于由物品组成的物品集合 $\mathcal{V} = \{v_1, v_2, \cdots, v_j, \cdots, v_M\}$，$v_j$ 为第 j 个物品，根据用户对物品的评分 R_{ij}，构建评分矩阵 $\boldsymbol{R} = \{R_{ij}\} \in \mathbb{R}^{N \times M}$，如图 7-1 所示。

	v_1	v_2	v_3	v_4
u_1		4.5	2.0	
u_2	4.0		3.5	
u_3		5.0		2.0
u_4		3.5	4.0	1.0

图 7-1　推荐系统中的评分矩阵

2. 模型

基于用户的最近邻推荐的思想是根据距离当前用户最近的 K 个邻居对物品的评分来预测其对物品的评分。给定目标用户 u_i 和目标物品 v_j，预测评分 $\hat{R}_{ij}$ 可表示为

$$\hat{R}_{ij} = h(u_i, v_j) = \bar{u}_i + \frac{\sum_{u_k \in N_K(u_i)} \text{sim}(u_i, u_k) \cdot (R_{k_j} - \bar{u}_i)}{\sum_{u_k \in N(u_i)} \text{sim}(u_i, u_k)} \tag{7-8}$$

其中，$\bar{u}_i$ 为用户 u_i 所有评分的平均值；R_{k_j} 为用户 u_k 对物品 v_j 的评分；$N_K(u_i)$ 为目标用户的邻居集合，预测评分模型很大程度上依赖于用户最近邻的选择。

$$N_K(u_i) = \Big\{ \underbrace{u_a, u_b, \cdots, u_o}_{K \text{个邻居}} \Big\} \tag{7-9}$$

3. 策略

为了获取准确的预测评分，需要为目标用户寻找到合适的邻居集合 $N_K(u_i)$。通常，邻居集合由邻居个数、相似度度量决定。给定目标用户，根据系统中所有用户对物品的评分，通过相似度度量方法确定前 K 个最相近的邻居作为邻居集合。

首先，对于邻居个数 K 的选择，若 K 值挑选过大，不仅耗费大量的计算时间，还可能会对推荐结果产生负面影响，因为实际上并不相似的用户意见也被当作邻居参考从而导致偏差；若 K 值挑选过小，则推荐结果可能过于依赖仅有的几个邻居意见。当然，还有一些其他的邻居集合确定方法，如设定一个相似度最小阈值，达到阈值的作为邻居，未达到的则不纳入邻居集合。

其次，相似度度量方法主要用来衡量其他用户与目标用户之间的距离（即相似度）。常用的距离度量方法有皮尔逊相似度、余弦相似度等。

皮尔逊相似度（Pearson similarity）：

$$\text{sim}(u_i, u_k) = \frac{\sum_{j \in \{1, \cdots, M\}} (R_{ij} - \bar{u}_i)(R_{kj} - \bar{u}_k)}{\sqrt{\sum_{j \in \{1, \cdots, M\}} (R_{ij} - \bar{u}_i)^2} \sqrt{\sum_{j \in \{1, \cdots, M\}} (R_{kj} - \bar{u}_k)^2}} \tag{7-10}$$

余弦相似度（cosine similarity）：

$$\text{sim}(u_i, u_k) = \frac{\bar{u}_i \cdot \bar{u}_k}{\|\bar{u}_i\| \times \|\bar{u}_k\|} \tag{7-11}$$

4. 算法

基于用户的最近邻推荐方法主要通过寻找兴趣相似的用户进行推荐。该算法首先计算目标用户与其他用户之间的相似度，按照相似度递增关系对其他用户进行排序，选取相似度最高的 K 个其他用户作为目标用户的最近邻集合。其次，根据目标用户的最近邻集合的历史评分确定目标用户的预测评分。最后，根据预测评分从高到低为物品排序以返回目标用户的物品推荐列表。具体算法过程如算法 7-1 所示。

算法 7-1：UserKNN 算法

输入：用户集合 $\mathcal{U}$，物品集合 $\mathcal{V}$，用户对物品的评分 R_{ij}；

过程：函数 UserKNN(u, v)

1. 构建评分矩阵 $\boldsymbol{R} = \{R_{ij}\} \in \mathbb{R}^{N \times M}$
2. For $i = 1, 2, \cdots, N$：
3. 　For $k = 1, 2, \cdots, N$：
4. 　　计算用户间的相似度 $\text{sim}(u_i, u_k)$
5. 　End For
6. 　根据用户相似度对用户进行排序，获取用户的最近邻集合 $N_K(u_i)$

---

7. For $j = 1, 2, \cdots, M$：

8.   根据用户最近邻集合对物品 v_j 的评分计算 $\hat{R}_{ij} = h(u_i, v_j)$

9.   生成用户 u_i 的物品推荐列表

10.   End For

11. End For

输出：所有用户的物品推荐列表

（三）基于物品的最近邻推荐

1. 数据

假设推荐系统中存在 N 个用户和 M 个物品，对于由用户组成的用户集合 $\mathcal{U} = \{u_1, u_2, \cdots, u_i, \cdots, u_N\}$，$u_i$ 为第 i 个用户，对于由物品组成的物品集合 $\mathcal{V} = \{v_1, v_2, \cdots, v_j, \cdots, v_M\}$，$v_j$ 为第 j 个物品，根据用户对物品的评分 R_{ij}，构建评分矩阵 $\boldsymbol{R} = \{R_{ij}\} \in \mathbb{R}^{N \times M}$。

2. 模型

与基于用户的最近邻推荐不同的是，基于物品的最近邻推荐主要通过选取物品的最近邻集合，根据目标用户对该集合的历史评分的情况，为用户对未看过物品的评分进行预测。给定目标用户 u_i 和目标物品 v_j，预测评分 $\hat{R}_{ij}$ 可表示为

$$\hat{R}_{ij} = h(u_i, v_j) = \frac{\sum_{v_p \in N_K(v_j)} \text{sim}(v_j, v_p) \cdot R_{ip}}{\sum_{v_p \in N_K(v_j)} \text{sim}(v_j, v_p)} \tag{7-12}$$

其中，$N_K(v_j)$ 为目标物品的邻居集合：

$$N_K(v_j) = \left\{ \underbrace{v_a, v_b, \cdots, v_o}_{K \text{个邻居}} \right\} \tag{7-13}$$

3. 策略

类似地，为了获取准确的预测评分，需要为目标物品寻找到合适的邻居集合 $N_K(v_j)$。目标物品的邻居集合同样由邻居个数、相似度度量决定。对于邻居个数的选择，可以通过设定固定数量的邻居，或设置相似度阈值的方法进行筛选；对于相似度的度量，常用的方法包括皮尔逊相似度、余弦相似度等。

皮尔逊相似度：

$$\text{sim}(v_j, v_p) = \frac{\sum_{i \in \{1, \cdots, N\}} (R_{ij} - \bar{v}_j)(R_{ip} - \bar{v}_p)}{\sqrt{\sum_{i \in \{1, \cdots, N\}} (R_{ij} - \bar{v}_j)^2} \sqrt{\sum_{i \in \{1, \cdots, N\}} (R_{ip} - \bar{v}_p)^2}} \tag{7-14}$$

余弦相似度：

$$\text{sim}(v_j, v_p) = \frac{\overline{v}_{ij} \cdot \overline{v}_p}{\left\| \overline{v}_{ij} \right\| \times \left\| \overline{v}_p \right\|} \tag{7-15}$$

4. 算法

与基于用户的最近邻推荐方法类似,基于物品的最近邻推荐主要通过寻找物品的邻居集合进行推荐。该算法首先计算目标物品与其他物品之间的相似度,按照相似度递增关系对其他物品进行排序,选取相似度最高的 K 个其他物品作为目标物品的最近邻集合。其次,根据目标用户对目标物品的最近邻集合的历史评分确定目标用户对目标物品的预测评分。最后,根据预测评分从高到低为物品排序以返回目标用户的物品推荐列表。具体算法过程如算法 7-2 所示。

算法 7-2:ItemKNN 算法

输入:用户集合 $\mathcal{U}$,物品集合 $\mathcal{V}$,用户对物品的评分 R_{ij} ;

过程:函数 ItemKNN(u, v)

1. 构建评分矩阵 $\boldsymbol{R} = \{R_{ij}\} \in \mathbb{R}^{N \times M}$

2. For $j = 1, 2, \cdots, M$:

3. 　　For $p = 1, 2, \cdots, M$:

4. 　　　　计算物品间的相似度 $\text{sim}(v_j, v_p)$

5. 　　End For

6. 　　根据物品相似度对物品进行排序,获取物品的最近邻集合 $N_K(v_j)$

7. 　　For $i = 1, 2, \cdots, N$:

8. 　　　　根据物品最近邻集合被用户 u_i 的历史评分计算 $\hat{R}_{ij} = h(u_i, v_j)$

9. 　　End For

10. End For

11. 按评分值从高到低对物品进行排序

输出:所有用户的物品推荐列表

三、基于模型的推荐

(一)基于模型的推荐概述

基于模型的推荐(model-based recommendation)是一种通过历史评分数据学习出预测模型并为目标用户对物品的评分进行预测的推荐方法,其主要思想是从用户的历史偏好中学习出既定规律。比较常见的基于模型的推荐方法有基于矩阵分解模型的推荐、潜在语义分析等。其中,基于矩阵分解模型的推荐起源于 2007 年 Netflix 竞赛,参赛者凭借该算法在比赛中获得冠军,该算法因具有较高的推荐精度受到业界广泛关注,后期出现大量在基于矩阵分解模型的推荐的基础上进行的扩展研究，包括奇异值分解（singular value decomposition，SVD）、非负矩阵分解（nonnegative matrix factorization，NMF），以及概率矩阵分解（probabilistic matrix factorization，PMF）等。下面主要对基于矩阵分解模型的推荐进行介绍。

（二）基于矩阵分解模型的推荐建模过程

1. 数据

假设推荐系统中存在 N 个用户和 M 个物品，对于由用户组成的用户集合 $\mathcal{U} = \{u_1, u_2, \cdots, u_i, \cdots, u_N\}$，$u_i$ 为第 i 个用户，对于由物品组成的物品集合 $\mathcal{V} = \{v_1, v_2, \cdots, v_j, \cdots, v_M\}$，$v_j$ 为第 j 个物品，根据用户对物品的评分 R_{ij}，构建评分矩阵 $\boldsymbol{R} = \{R_{ij}\} \in \mathbb{R}^{N \times M}$。

2. 模型

基于矩阵分解模型的推荐模型试图通过描述用户和物品在潜在因子上的特征来解释偏好，并且这些潜在因子是根据用户的交互数据自动推断出来的，评分矩阵分解过程如图 7-2 所示。该模型旨在学习用户和物品的潜在特征，以此来解释观测到的偏好评分。由此，基于矩阵分解模型的推荐模型将原始评分矩阵分解为两个低维潜在特征矩阵，分别以 $\boldsymbol{U}$、$\boldsymbol{V}$ 表示用户潜在特征矩阵和物品潜在特征矩阵，潜在特征的维度 F 远小于 N 和 M，即 $F << (M, N)$。模型假设学习出的用户潜在特征矩阵 $\boldsymbol{U}$ 和物品潜在特征矩阵 $\boldsymbol{V}$ 之间的内积应无限接近于原始评分矩阵，如式（7-16）所示。

$$\hat{\boldsymbol{R}}_{N \times M} = \boldsymbol{U}_{N \times F} \cdot \boldsymbol{V}_{M \times F}^{\mathrm{T}} \approx \boldsymbol{R}_{N \times M} \tag{7-16}$$

其中，$\boldsymbol{U}$ 矩阵的每一行 $\boldsymbol{u}_i \in R^F$ 为用户 u_i 的潜在特征向量；$\boldsymbol{V}$ 矩阵的每一行 $\boldsymbol{v}_j \in R^F$ 为物品 v_j 的潜在特征向量。因此，用户 u_i 对物品 v_j 的评分预测值可由式（7-17）表示。

$$\hat{R}_{ij} = \sum_{f=1}^{F} u_{if} \cdot v_{jf} \tag{7-17}$$

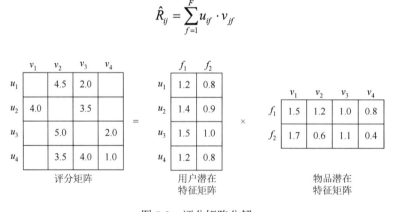

图 7-2　评分矩阵分解

3. 策略

为了获得预测评分模型，需要学习出一组合适的用户潜在特征矩阵 $\boldsymbol{U}$ 和物品潜在特征矩阵 $\boldsymbol{V}$，希望使预测评分尽可能接近真实评分。因此，根据可观测值，通过最小化预测评分值与真实评分值之间的距离来学习用户潜在特征矩阵和物品潜在特征矩阵。这里选择均方差作为评测指标，定义损失函数如式（7-18）所示，其中 O 为可观测值集合。

$$J(U,V) = \sum_{i=1}^{N} \sum_{j=1}^{M} (\boldsymbol{R}_{ij} - \boldsymbol{U} \cdot \boldsymbol{V}^{\mathrm{T}})^2$$

$$= \sum_{(u,v) \in O} (\boldsymbol{R}_{ij} - \sum_{f=1}^{F} u_{if} \cdot v_{jf})^2 \qquad (7\text{-}18)$$

4. 算法

为了求解 U、V 矩阵，需要优化损失函数使其最小化。一般地，直接优化上述损失函数可能会导致学习过拟合，因此还需要加入防止过拟合项，如式（7-19）所示。

$$J(U,V) = \sum_{(u,v) \in O} \left(\boldsymbol{R}_{ij} - \sum_{f=1}^{F} u_{if} \cdot v_{jf} \right)^2 + \lambda (\|\boldsymbol{u}_i\|^2 + \|\boldsymbol{v}_j\|^2) \qquad (7\text{-}19)$$

其中，λ 为正则化参数。最小化该损失函数可以利用梯度下降方法进行实现：

$$\frac{\partial}{\partial u_{if}} J(U,V) = -2v_{jf} \left(\boldsymbol{R}_{ij} - \sum_{f=1}^{F} u_{if} \cdot v_{jf} \right) + 2\lambda u_{if} \qquad (7\text{-}20)$$

$$\frac{\partial}{\partial v_{jf}} J(U,V) = -2u_{if} \left(\boldsymbol{R}_{ij} - \sum_{f=1}^{F} u_{if} \cdot v_{jf} \right) + 2\lambda v_{jf} \qquad (7\text{-}21)$$

得到 u_{if}、v_{jf} 的更新规则：

$$u_{if} = u_{if} - \alpha \frac{\partial}{\partial u_{if}} J(U,V) \qquad (7\text{-}22)$$

$$v_{jf} = v_{jf} - \alpha \frac{\partial}{\partial v_{jf}} J(U,V) \qquad (7\text{-}23)$$

其中，α 为学习率。

综上所述，获取到最能表示用户 i 的潜在特征 $\boldsymbol{u}_i$ 和表示物品 j 的潜在特征 $\boldsymbol{v}_j$，根据上文介绍的模型可以获得用户 i 对物品 j 的预测评分 $\hat{R}_{ij}$。具体算法过程如算法 7-3 所示。

算法 7-3：MF 算法

输入：用户集合 $\mathcal{U}$，物品集合 $\mathcal{V}$，用户对物品的评分 R_{ij}；

过程：函数 MF(u,v)

1. 构建评分矩阵 $\boldsymbol{R} = \{R_{ij}\} \in \mathbb{R}^{N \times M}$
2. 随机初始化 U 和 V
3. For iter $= 1, 2, \cdots, t$:
4. 　For $i = 1, 2, \cdots, N$:

5.　　　$\boldsymbol{u}_i = \boldsymbol{u}_i - \alpha \dfrac{\partial}{\partial \boldsymbol{u}_i} J(\boldsymbol{U}, \boldsymbol{V})$

6.　　End For

7.　　For $j = 1, 2, \cdots, M$：

8.　　　$\boldsymbol{v}_i = \boldsymbol{v}_i - \alpha \dfrac{\partial}{\partial \boldsymbol{v}_i} J(\boldsymbol{U}, \boldsymbol{V})$

9.　　End For

10. End For

11. 计算用户对物品的预测评分 $\hat{R}_{ij} = \boldsymbol{u}_i^{\mathrm{T}} \cdot \boldsymbol{v}_j$

12. 按评分值从高到低对物品进行排序

输出：所有用户的物品推荐列表

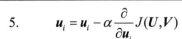

第三节　基于内容的推荐

一、基于内容的推荐概述

基于内容的推荐（content-based recommendation）起源于信息检索领域，旨在根据用户的需求内容与物品内容之间的相关性来匹配用户和物品。随着推荐系统的发展，许多信息检索领域的研究人员将该领域的方法引入推荐系统，获得了良好的推荐效果。基于内容的推荐方法的主要思想是根据用户和物品描述内容来构建特征表示，并基于这些特征为用户推荐相似的物品。通过对用户特征和物品特征进行匹配，返回目标用户对目标物品的偏好程度。通常，物品特征从物品的元数据或描述信息中提取，用户兴趣特征可以由多方面获得，包括用户自身的描述文本、用户历史偏好的物品内容等。一般情况下，基于内容的推荐被用来过滤并推荐基于文本的物品，如新闻、文章等。常用的方法有基于向量空间模型的推荐和基于概率检索模型的推荐等方法。

二、基于向量空间模型的推荐

（一）基于向量空间模型的推荐概述

向量空间模型由 Salton（索尔顿）等于 20 世纪 60 年代末提出，是一种可以将文本内容表示为向量的代数模型，通过把对文本内容的处理转化为向量空间中的向量运算，用空间上的相似度表达语义的相似度。在推荐系统中，首先将非结构化的文本内容进行向量化表示，其次进行向量之间的相似度计算，根据计算的相似度进行推荐，我们把这个过程称为基于向量空间模型的推荐。在众多的方法中，出现较早的是布尔向量模型。布尔向量模型将出现在所有文档的每一个词语统一在一个列表中，然后用布尔向量来表示每一个文档，布尔向量中只包括 0 和 1，1 表示该词出现在文档中，0 表示该词没有出现在文档中。用布尔向量表示之后，计算用户感兴趣的文档和其他文档之间的相似度就可以进行推荐了，但是布尔向量模型假设每个词在文档中的重要程度相同，没有考虑不同词的权重不同的问题，而且布尔向量模型是命中模型，对于选中的多个结果不会进行排序。为了解决布尔向量模型的缺陷，另一种较成熟的技术 TF-IDF 可以为文档中出现的关键词进行加权，其主要思想有两点：在一篇文档中反复出现的词会更重要；在所有文本中都出现的词不重要。下面对基于 TF-IDF 向量模型的推荐建模过程进行介绍。

（二）基于 TF-IDF 向量模型的推荐建模过程

1. 数据

假设推荐系统中存在 N 个用户和 M 个物品，对于由用户组成的用户集合 $\mathcal{U} = \{u_1, u_2, \cdots, u_i, \cdots, u_N\}$，$u_i$ 为第 i 个用户，对于由物品组成的物品集合 $\mathcal{V} = \{v_1, v_2, \cdots, v_j, \cdots, v_M\}$，$v_j$ 为第 j 个物品，对于由物品描述文档组成的文档集合 $\mathcal{D} = \{d_1, d_2, \cdots, d_j, \cdots, d_M\}$，$d_j$ 为第 j 个物品的描述文档。此外，还存在用户历史喜欢过的物品记录或用户描述文档。

2. 模型

基于 TF-IDF 向量模型的推荐模型的思想是利用 TF-IDF 向量模型表示用户的偏好特征和物品的内容特征，根据用户的偏好特征和物品的内容特征计算两者之间的相似度进行推荐。给定目标用户 u_i 和目标物品 v_j，预测偏好 $h(u_i, v_j)$ 可表示为

$$h(\boldsymbol{u}_i, \boldsymbol{v}_j) = \text{sim}(\boldsymbol{u}_i, \boldsymbol{v}_j) \tag{7-24}$$

其中，$\boldsymbol{u}_i$、$\boldsymbol{v}_j$ 分别为用户偏好特征表示和物品内容特征表示。

对于物品内容特征表示，物品的内容特征可以表示为带有权重的词向量，每个物品的描述文档 d_j 被表示为一个 d 维空间向量，其中每一维对应文档中的关键词 t_k。利用 TF-IDF 向量模型计算可以获得词 t_k 在文档 d_j 中的权重。TF 为词频，描述词语在目标文档中出现的频繁程度，可以通过比较当前词出现次数与文档中其他出现最多的关键词的次数进行表征。IDF 为逆文档频率，其主要作用是对那些所有文档中都会频繁出现的词语进行权重削弱，类似"的""都""这"等的这些词语在文档中频繁出现并不能增加文档辨识度，而类似"计算机""视觉""神经网络"等只出现在某一类文档中的词语更能表示文档的主题和领域等相关特征，从而对文档的表示更有意义。通过对 TF 与 IDF 的获取，一篇文档 d_j 中词语 t_k 的重要性可被定义为式（7-27），最后将 d 个词语及其权重进行集合就可以得到物品内容特征表示 v_j。

$$\text{TF}(t_k, d_j) = \frac{f_{k,j}}{\max_z f_{z,j}} \tag{7-25}$$

$$\text{IDF}(t_k, d_j) = \log \frac{N}{n_k} \tag{7-26}$$

$$\text{TF-IDF}(t_k, d_j) = \text{TF}(t_k, d_j) \cdot \text{IDF}(t_k, d_j) \tag{7-27}$$

其中，$f_{k,j}$ 为词语 t_k 在文档 d_j 中出现的次数；$\max_z f_{z,j}$ 为文档 d_j 中的最大词频数；N 为语料库中的文档总数；n_k 为包含词语 t_k 的文档数。

对于用户偏好特征表示，可以利用 TF-IDF 向量模型获取用户自身属性来描述文档的向量表示，运算过程同上；或对用户历史喜欢过的所有物品进行编码，表示成向量，再计算平均向量。这两种表示方法均可以得到用户偏好特征表示 $\boldsymbol{u}_i$。

3. 策略

根据物品内容特征表示和用户偏好特征表示，通过衡量用户与物品的匹配程度可以预测用户对物品的偏好程度。因此，为了获取准确的预测偏好，需要对相似度 sim(·) 函数进行选取，相似度可以由多种方法进行衡量，常用的相似度计算方法有余弦相似度、欧式距离等。

余弦相似度：

$$\text{sim}(\boldsymbol{u}_i, \boldsymbol{v}_j) = \frac{\overline{\boldsymbol{u}}_i \cdot \overline{\boldsymbol{v}}_j}{\|\overline{\boldsymbol{u}}_i\| \times \|\overline{\boldsymbol{v}}_j\|} \tag{7-28}$$

欧式距离：

$$\text{sim}(\boldsymbol{u}_i, \boldsymbol{v}_j) = \sqrt{\sum_{k=1}^{n}\left(u_{ik} - v_{jk}\right)^2} \tag{7-29}$$

4. 算法

根据基于 TF-IDF 向量模型的推荐方法的原理，可以为用户返回一个按相似性大小排序的物品推荐列表，其伪代码如算法 7-4 所示。

算法 7-4：基于 TF-IDF 向量模型的推荐算法

输入：用户集合 $\mathcal{U} = \{u_1, u_2, \cdots, u_i, \cdots, u_N\}$；

　　　物品集合 $\mathcal{V} = \{v_1, v_2, \cdots, v_j, \cdots, v_M\}$；

　　　物品描述文档集合 $\mathcal{D} = \{d_1, d_2, \cdots, d_j, \cdots, d_M\}$；

　　　用户描述文档或用户历史偏好记录

过程：函数 TF - IDF(u_i, v_j)

1. 将每个文档 d_j 进行分词得到 t_k；
2. 利用 TF-IDF 计算物品内容特征表示 $\boldsymbol{v}_j$；
3. 利用 TF-IDF 或平均向量的方法计算用户偏好特征表示 $\boldsymbol{u}_i$；
4. For v_j in $\mathcal{V} = \{v_1, v_2, \cdots, v_j, \cdots, v_M\}$：
5. 　　For u_i in $\mathcal{U} = \{u_1, u_2, \cdots, u_i, \cdots, u_N\}$：
6. 　　　计算 $h(u_i, v_i)$；
7. 　　End For
8. End For

输出：物品推荐列表

三、基于概率检索模型的推荐

（一）基于概率检索模型的推荐概述

1979 年，van Rijsbergen（范·赖斯贝尔亨）对信息检索领域的概率模型做了系统的总结，研究者纷纷利用该模型建立基于概率的文本分类方法，后又成功将其部署于基于内容的推荐系统。概率检索模型是推荐系统中的一个重要分支，之前的向量空间模型是将用户和文档使用向量表示出来，然后计算其内容相似性来进行相关性估计的，而概率检索模型是一种直接对用户需求进行相关性估计的建模方法，其根据一个用户的需求，将所有的文档分为两类——相关文档和不相关文档，这样就转为了一个相关性的分类问题，但是概率检索模型的根本目的不是分类，它不需要根据查询判断一个文档是否相关，而是计算这个文档属于相关或者不相关的概率大小，从而为文档排序。常用的方法主要有二元独立模型、BM25 模型和朴素贝叶斯模型等。

（二）基于二元独立模型的推荐建模过程

二元独立模型（binary independent model，BIM），是一种基于概率检索模型的排序算法，通常直接对用户需求的相关性进行建模。BIM 的主要思想是：给定一个用户的需求和一个相关性未知的文档，对用户的需求和文档进行分词，计算同时出现在用户的需求和文档中的词分别在相关的文档集合与不相关的文档集合中出现的概率，出现在相关的文档集合中的概率越大，说明该用户的需求和文档的相似性越大，出现在不相关的文档集合中的概率越大，说明该用户的需求和文档的相似性越小，二者的比值可作为用户的需求和文档之间的相似性度量，根据相似性的大小进行排序即可进行推荐。

1. 数据

假设推荐系统中存在 N 个用户和 M 个物品，对于由用户组成的用户集合 $\mathcal{U} = \{u_1, u_2, \cdots, u_i, \cdots, u_N\}$，$u_i$ 为第 i 个用户，对于由物品组成的物品集合 $\mathcal{V} = \{v_1, v_2, \cdots, v_j, \cdots, v_M\}$，$v_j$ 为第 j 个物品，用户需求文档集合表示为 $D_u = \{d_{u1}, d_{u2}, \cdots, d_{ui}, \cdots, d_{uN}\}$，物品描述文档集合表示为 $D_v = \{d_{v1}, d_{v2}, \cdots, d_{vj}, \cdots, d_{vM}\}$，物品描述文档集合可分为与用户相关的物品描述文档集合 R、与用户不相关的物品描述文档集合 NR。给定一个用户需求文档和任意一个相关性未知的物品描述文档，对其进行分词，提取同时出现在用户需求文档和物品描述文档中的词，记为 $Q = \{q_1, q_2, \cdots, q_T\}$。

2. 模型

假设类似于布尔模型中的文档表示方法，一篇文档在单词进行表示的时候，以单词出现和不出现两种情况来表示，不考虑词频等其他因素；文档里出现的单词之间没有任何关联，任意一个单词在文档的分布概率不依赖于其他单词是否出现。因为单词之间没有关联，所以可以将文档概率转换为单词概率的乘积，$Q = \{q_1, q_2, \cdots, q_T\}$ 中的词在 R 和 NR 中出现的概率计算公式如下：

$$P(Q \mid R) = \prod_{i:d_i=1} p_i \prod_{i:d_i=0} (1-p_i) \qquad （7-30）$$

$$P(Q \mid \mathrm{NR}) = \prod_{i:d_i=1} s_i \prod_{i:d_i=0} (1-s_i) \qquad （7-31）$$

其中，$d_i=1$ 为第 i 个词在文档集合中且在 $Q=\{q_1,q_2,\cdots,q_T\}$ 中；$d_i=0$ 为第 i 个词在文档集合中但不在 $Q=\{q_1,q_2,\cdots,q_T\}$ 中。$Q=\{q_1,q_2,\cdots,q_T\}$ 中的每个词在 R 中出现的概率和在 NR 中出现的概率分别记为 $\{p_1,p_2,\cdots,p_T\}$、$\{s_1,s_2,\cdots,s_T\}$。

在推荐排序过程中不需要真正的分类，只需要保证相关性由高到低排序，因此，相关性的估算可由属于用户相关文档的概率与属于用户不相关文档的概率的比值决定，比值越大，则该文档与用户需求相关性越大。模型由式（7-32）可得。

$$\alpha = \frac{P(Q \mid R)}{P(Q \mid \mathrm{NR})} = \prod_{i:d_i=1} \frac{p_i}{s_i} \prod_{i:d_i=0} \frac{1-p_i}{1-s_i} \qquad （7-32）$$

3. 策略

为了进一步求解，对式（7-32）进行化简，推导过程如下：

$$
\begin{aligned}
\frac{P(Q \mid R)}{P(Q \mid \mathrm{NR})} &= \prod_{i:d_i=1} \frac{p_i}{s_i} \times \left(\prod_{i:d_i=1} \frac{1-s_i}{1-p_i} \times \prod_{i:d_i=1} \frac{1-p_i}{1-s_i} \right) \times \prod_{i:d_i=0} \frac{1-p_i}{1-s_i} \\
&= \left(\prod_{i:d_i=1} \frac{p_i}{s_i} \times \prod_{i:d_i=1} \frac{1-s_i}{1-p_i} \right) \times \left(\prod_{i:d_i=1} \frac{1-p_i}{1-s_i} \times \prod_{i:d_i=0} \frac{1-p_i}{1-s_i} \right) \\
&= \prod_{i:d_i=1} \frac{p_i(1-s_i)}{s_i(1-p_i)} \times \prod_{i} \frac{1-p_i}{1-s_i} \\
&= \prod_{i:d_i=1} \frac{p_i(1-s_i)}{s_i(1-p_i)} \qquad （7-33）
\end{aligned}
$$

其中，因为 $\prod_{i} \dfrac{1-p_i}{1-s_i}$ 为各个单词在所有文档中出现的概率，所以该式的值和具体文档并没有什么关系，在排序中不起作用，可以简化到最后一步。

为了方便计算，对式（7-33）取对数：

$$\log \left(\prod_{i:d_i=1} \frac{p_i(1-s_i)}{s_i(1-p_i)} \right) = \sum_{i:d_i=1} \log \frac{p_i(1-s_i)}{s_i(1-p_i)} \qquad （7-34）$$

根据式（7-34），只需要计算 $Q=\{q_1,q_2,\cdots,q_T\}$ 中的词在 R 和 NR 中出现的概率，表 7-1 表示单词在文档集合中的出现数量。

表 7-1　单词在文档集合中的出现数量

单词	相关文档	不相关文档	文档数量
$d_i=1$	r_i	$n_i - r_i$	n_i
$d_i=0$	$R - r_i$	$(N-R)-(n_i-r_i)$	$N-n_i$
文档数量	R	$N-R$	N

$Q = \{q_1, q_2, \cdots, q_T\}$ 中的词在 R 和 NR 中出现的概率公式如下：

$$p_i = \frac{r_i + 0.5}{R + 1} \tag{7-35}$$

$$s_i = \frac{(n_i - r_i) + 0.5}{R + 1} \tag{7-36}$$

将 p_i 和 s_i 代入式（7-34）中，可得到最终的相似性计算式（7-37），计算结果越大，说明相似性越高，可得到用户的需求和文档之间的相似性。同理可得到任意一个文档与用户需求之间的相似性，按照相似性从大到小进行排序，可得一个文档列表。

$$\sum_{i:d_i=1} \log \frac{(r_i + 0.5)(N - R) - [(n_i - r_i) + 0.5]}{(n_i - r_i + 0.5)(R - r_i + 0.5)} \tag{7-37}$$

4. 算法

基于 BIM 的推荐模型可以为用户返回一个按相似性大小排序的物品推荐列表，根据 BIM 算法的原理，基于 BIM 的推荐算法伪代码如算法 7-5 所示。

算法 7-5：基于 BIM 的推荐算法

输入：用户集合 $\mathcal{U}$，物品集合 $\mathcal{V}$，用户和物品的描述文档 $D_u = \{d_{u1}, d_{u2}, \cdots, d_{ui}, \cdots, d_{uN}\}$、$D_v = \{d_{v1}, d_{v2}, \cdots, d_{vj}, \cdots, d_{vM}\}$；

过程：函数 $\mathrm{BIM}(u_i, v_j)$

1. 对用户描述文档和一个物品描述文档进行分词，$Q = \{q_1, q_2, \cdots, q_T\}$；
2. 计算 $Q = \{q_1, q_2, \cdots, q_T\}$ 在 R 和 NR 中出现的概率 $\{p_1, p_2, \cdots, p_T\}$、$\{s_1, s_2, \cdots, s_T\}$；
3. For q_i in $Q = \{q_1, q_2, \cdots, q_T\}$：
4.   计算 $\log\left(\prod\limits_{i:d_i=1} \dfrac{p_i(1-s_i)}{s_i(1-p_i)}\right) = \sum\limits_{i:d_i=1} \log \dfrac{p_i(1-s_i)}{s_i(1-p_i)}$
5. End For
6.   按照 $\sum\limits_{i:d_i=1} \log \dfrac{p_i(1-s_i)}{s_i(1-p_i)}$ 进行排序，返回物品推荐列表；

输出：物品推荐列表

第四节　混 合 推 荐

一、混合推荐概述

"混合"一词表示将两种或两种以上的不同元素组合在一起，类似地，混合推荐系统表示将多种推荐算法进行组合，充分发挥各自算法的优势并规避劣势，旨在通过该过程提升推荐系统的效果。按照混合推荐的处理流程，可以将混合推荐方法归纳为三类：整体式混合推荐、并行式混合推荐、流水线式混合推荐。

整体式混合推荐对算法整体进行改进，包括特征组合型混合推荐、特征增强型混合推荐等，整体式混合推荐如图 7-3 所示。

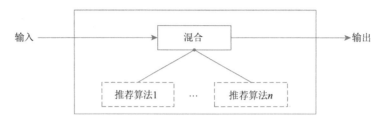

图 7-3   整体式混合推荐

并行式混合推荐对各个推荐算法的结果进行集成，包括交叉型混合推荐、加权型混合推荐、切换型混合推荐等，并行式混合推荐如图 7-4 所示。

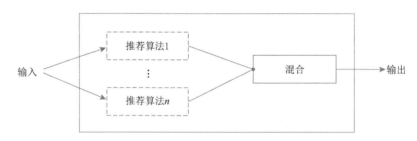

图 7-4   并行式混合推荐

流水线式混合推荐按照流程顺序依次实现各个推荐算法，并且前面算法的结果还可以作为后面算法的输入，包括串联混合推荐、元层次混合推荐等，流水线式混合推荐如图 7-5 所示。

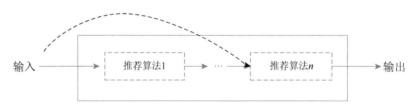

图 7-5   流水线式混合推荐

二、整体式混合推荐

整体式混合推荐策略通过数据预处理将多种不同类型的输入数据整合起来，再根据对推荐方法的内部调整，将数据输入方法整合后的模块进行推荐，从而实现对不同类型数据的有效利用。在 Burke（伯克）的分类方法中，特征组合型混合推荐和特征增强型混合推荐均归类于整体式混合推荐。

（一）特征组合型混合推荐

特征组合型混合推荐通过组合不同推荐数据源的特征，为一种单一的推荐方法提供输入使用。在多种多样的推荐数据中，推荐模型可以从用户的评分行为中获取用户的显式反馈，利用用户的点击行为获取隐式反馈，根据用户的社交网络反映社交关系对用户的影响，甚至通过用户的人口统计学等属性了解用户的兴趣。这些不同的基础特征之间进行预先组合，可以使后续推荐算法有效利用多种数据。由于该种策略不再仅仅考虑单一的数据种类，因此降低了用户对单一数据质量的敏感性。

（二）特征增强型混合推荐

特征增强型混合推荐也是一种整体式混合推荐设计，相较于特征组合型混合推荐，它不是将多种类型的数据预处理后简单地组合起来，而是对多种特征进行更复杂的操作。该策略利用前一个算法预处理后续算法所依赖的数据，生成中间态的可用特征，以供后续推荐算法使用，从而生成推荐结果。换句话说，主要将前面推荐算法产生的附加特征信息融入后续推荐算法中生成推荐结果。

三、并行式混合推荐

并行式混合推荐通过设计一种特殊的混合机制融合多个独立的推荐算法，其中，每个推荐算法生成各自的推荐结果，并在混合阶段融合这些推荐结果，从而生成最终的推荐结果。根据混合方案的不同，并行式混合推荐主要分为交叉型混合推荐、加权型混合推荐和切换型混合推荐。

（一）交叉型混合推荐

交叉型混合推荐主要体现在将不同推荐算法的推荐结果组合在一起共同呈现在用户交互界面上，这样用户便可以获得多种推荐算法生成的推荐结果。值得注意的是，在这种策略下，不同的推荐算法可能会生成同样的推荐结果，因此需要去重，并且所有推荐结果也要先进行排序再为用户展示，不同算法会设计不同的排序机制。

（二）加权型混合推荐

加权型混合推荐是将不同推荐算法生成的结果进行加权组合并生成最终推荐结果的一种混合推荐方法。最简单的方法是对不同算法产生的用户对物品的偏好评分值进行线性加权，也有方法直接对不同算法产生的推荐物品实行投票策略，根据投票数选择值得推荐的物品。

（三）切换型混合推荐

切换型混合推荐主要根据不同实际情况切换成不同的推荐方法，因此需要一个权威者根据用户或推荐方法的质量来决定在什么情况下应用何种推荐方法。比如，当遇到物品冷启动情况，切换型混合推荐将方法切换成基于内容的推荐，直到物品被交互数据足够多，且协同过滤推荐结果足够可信时，再切换成协同过滤推荐。

四、流水线式混合推荐

流水线式混合推荐将推荐流程分为多个顺序作用的阶段，生成最终推荐结果。该策略主要体现在前面的方法可以预处理输入数据后，构造模型给后续阶段使用，或对其推荐列表生成进一步优化结果。

（一）串联混合推荐

串联混合推荐将多个推荐算法按顺序排列，位于后面的推荐算法对前面的推荐结果进行优化。因此，后面推荐算法的推荐物品会从前面已经推荐出的物品范围内剔除不合适的推荐，不会增加新的物品。值得注意的是，位于后面的推荐算法除了利用前面算法的输出结果外，还可以利用其他额外的数据作为输入。

（二）元层次混合推荐

元层次混合推荐一般将前面推荐算法产生的模型作为后面推荐算法的输入，与特征递增型混合推荐的不同之处主要体现在元层次混合推荐将整个模型作为输入而不是将特征作为输入。例如，当混合基于用户的协同过滤和基于物品的协同过滤方法时，先获取物品的邻居集合，再在物品邻居集合上采用基于用户的协同过滤方法。这种基于物品邻居集合的用户协同过滤推荐方法，能很好地处理用户多兴趣下的个性化推荐问题，尤其在候选推荐物品的内容属性相差很大的时候该方法性能会更好。

第五节　基于排序学习的推荐

一、基于排序学习的推荐概述

排序学习（learning to rank）主要来源于信息检索领域，旨在通过机器学习方法解决排序问题。相对于基于内容的推荐和协同过滤推荐等方法来说，排序学习方法更关心排序结果。该学习是一种有监督学习，通常可以分为单点级（pointwise）排序学习、配对级（pairwise）排序学习和列表级（listwise）排序学习三大类方法，根据模型不同的设计思路，三类方法的不同点如表 7-2 所示，主要体现在输入空间与输出空间形式、优化目标等方面。

表 7-2　排序学习方法分类

类别	单点级		
	分类	回归	有序回归（有序分类）
输入空间	单个样本 v_j		
输出空间	无序的类别 y_j	实值 y_j	有序的类别 y_j

类别	单点级		
	分类	回归	有序回归（有序分类）
优化目标	$L(f:v_j,y_j)$		

类别	配对级	列表集	
	—	非评价指标优化	评价指标优化
输入空间	样本对 (v_j,v_k)	样本集合 $\mathcal{V}$	
输出空间	偏序 $y_{j,k}$	排序列表 π_i	
优化目标	$L(f:v_j,v_k,y_{j,k})$	$L(f:\mathcal{V},\pi_i)$	

二、基于单点级排序学习的推荐

（一）基于单点级排序学习的推荐概述

单点级排序学习通过将问题转化为分类、回归、有序回归等问题，根据相应的模型获取每个样本得分，得分结果则可作为最终排序的依据，如图 7-6 所示。基于单点级排序学习的推荐方法旨在利用单点级排序思想来获取为用户推荐的物品排序列表。一般地，机器学习中一些常用的分类或回归方法都可以用来建模单点级排序问题。例如，推荐系统中常见的点击率（click through rate）预测问题，可以直接建模成二元分类的单点级，根据用户的点击反馈构成的正例与负例，成功将问题转化为分类问题，其中逻辑斯谛回归（logistic regression，LR）、SVM、梯度提升决策树（gradient boosting decision tree，GBDT）等方法都可以被采用。除此之外，在推荐领域中，对单个物品进行评分预测的模型，如 UserKNN、MF 等，也都可以被看作 Pointwise 排序学习方法。

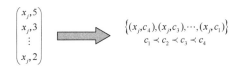

图 7-6 单点级排序学习

根据建模思路，可以将单点级排序学习模型分为三大类：分类、回归、有序回归。

分类：输出空间为无序的类别，可以是仅有两个类别的二分类，也可以是有多个类别的多分类。通常情况下，可以根据分类模型输出的概率值对样本进行排序，获得最终结果。

回归：输出空间为实值，可表现为相关度得分。通过回归模型拟合样本相关度，根据相关度得分对样本进行排序，获得最终结果。

有序回归：也被称作有序分类。输出空间为有序的类别，通常利用模型学习一个打分函数，并根据一系列阈值对得分空间进行分割，有顺序地划分输出类别，并根据模型得到样本的排序类别，获得最终结果。

本书前面章节对分类与回归的方法均有介绍。此外，有序回归常用的方法有 PRank、McRank 等，本节主要对有序回归方法中的 PRank 建模过程进行介绍。

（二）PRank 建模过程

PRank 是一种著名的有序回归算法。它的目的是找到一个由参数向量定义的方向，在将文档投射到该方向上后，可以轻松地使用阈值将文档区分为不同的有序类别，这一目标可以通过迭代学习过程实现。

1. 数据

假设推荐系统中存在 N 个用户和 M 个物品，对于由用户组成的用户集合 $\mathcal{U} = \{u_1, u_2, \cdots, u_i, \cdots, u_N\}$，$u_i$ 为第 i 个用户，对于由物品组成的物品集合 $\mathcal{V} = \{v_1, v_2, \cdots, v_j, \cdots, v_M\}$，$v_j$ 为第 j 个物品，对于每个用户来说，$D_i = \{(v_1, R_{i1}), (v_2, R_{i2}), \cdots, (v_m, R_{im})\}$ 是由用户 u_i 对 m 个物品的评分组成的训练集，(v_j, R_{ij}) 为第 j 个样本点，其中，样本 $v_j = [v_j^{(1)}, \cdots, v_j^{(p)}, \cdots, v_j^{(n)}]^{\mathrm{T}} \in \mathbb{R}^n$ 为由 n 个特征描述的 n 维列向量，表示物品特征向量，$v_j^{(p)} \in \mathbb{R}$ 为第 j 个物品在第 p 个特征上的取值；$R_{ij} \in y$ 为物品在用户 u_i 心中对应的排序序号，一般地，$y = \{1, 2, \cdots, k\}$，如果 $R_{iw} > R_{im}$，则代表对于用户 u_i 来说，物品 v_w 优于 v_m，反之同理，如果 $R_{iw} = R_{im}$，物品 v_w 与 v_m 之间不可比较。

2. 模型

PRank 模型旨在学得一个能够将样本进行有序归类的排序决策规则。将空间划分成若干连续的子空间，设置 k 个阈值 $b_r (r \in \{1, 2, \cdots, k\})$，并使各阈值能够满足 $b_1 \leqslant b_2 \leqslant \cdots \leqslant b_{k-1} \leqslant b_k$，一般地，$b_k$ 设置为 ∞。如图 7-7 所示，每个子空间对应一个排序序号，所有输入样本均存在于相应的排序空间中。

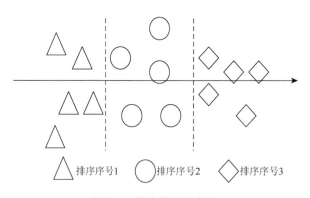

图 7-7　样本排序示意图

假设存在这样一个排序决策函数，可以定义从输入空间到输出空间的函数模型，对于输入物品 v，用户 u_i 的排序决策函数定义为

$$h_i(v) = \min_{r \in \{1, 2, \cdots, k\}} \{r : w \cdot v - b_r < 0\} \tag{7-38}$$

其中，$w \in \mathbb{R}^n$ 为权重向量；$b_r \in \mathbb{R}$ 为偏置。如图 7-8 所示，若样本预测值落在 $w \cdot v - b_2 = 0$

的左侧、$w \cdot v - b_1 = 0$ 的右侧，即满足 $w \cdot v - b_r < 0$ 最小的 r 值为 2，则预测该物品对用户 u_i 来说对应排序序号 $R_{ij} = 2$。

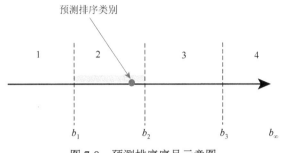

图 7-8　预测排序序号示意图

3. 策略

为了获得排序决策函数，需要找到一组满足条件的模型参数 w 和 b_r，希望预测排序序号尽可能与用户心中真实的排序序号一致。正确建模排序决策函数的情况下，对于任意一个样本 (v, R_{ij})，在 $r = 1, 2, \cdots, R_{ij} - 1$ 时，应满足 $w \cdot v - b_r > 0$，并且在 $r = R_{ij}, R_{ij} + 1, \cdots, k - 1$ 时，应满足 $w \cdot v - b_r < 0$。

为此，假定所有满足 $w \cdot v - b_r > 0$ 的 $y_r = +1$，所有满足 $w \cdot v - b_r < 0$ 的 $y_r = -1$。也就是说，当 $y_r(w \cdot v - b_r) > 0$ 对所有 r 都成立时，为样本预测的排序序号是正确的。若存在一个及以上的 r 使得 $y_r(w \cdot v - b_r) \leqslant 0$，那么为样本预测的排序序号有误，需要更新 w 和 b_r 使得 $y_r(w \cdot v - b_r) > 0$ 对所有 r 都成立。

4. 算法

对参数 w 和 b_r 的求解，需要满足对所有 r 都有 $y_r(w \cdot v - b_r) > 0$，PRank 模型学习过程如图 7-9 所示。因此，当所需条件不满足时，应更新参数 w 和 b_r。具体地，当存在 r 使得 $y_r(w \cdot v - b_r) \leqslant 0$ 时，令 $\tau_r^t = y_r^t$，否则令 $\tau_r^t = 0$，对所有 w 和 b_r 进行如下更新。具体算法过程如算法 7-6 所示。

$$w^{t+1} \leftarrow w^t + \left(\sum_r \tau_r^t \right) v^t \tag{7-39}$$

$$b_r^{t+1} \leftarrow b_r^t - \tau_r^t \tag{7-40}$$

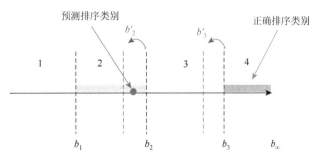

图 7-9　PRank 模型学习过程

算法 7-6：PRank 算法

输入：用户训练集 $D_i = \{(v_1, R_{i1}), (v_2, R_{i2}), \cdots, (v_m, R_{im})\}$；用户集合 $\mathcal{U}$，物品集合 $\mathcal{V}$

过程：函数 $\text{prank}(u_i, v_j)$

1. For u_i in $\mathcal{U}$：
2. 　初始化权重向量 $w^1 = 0$，$b_1^1, b_2^1, \cdots, b_{k-1}^1 = 0$，$b_k^1 = \infty$
3. 　　For $t = 1, 2, \cdots, T$：
4. 　　　预测排序序号 $\hat{R}_{ij}^t = \min\limits_{r \in \{1, 2, \cdots, k\}} \{r : w^t \cdot v - b_r^t < 0\}$
5. 　　　If $\hat{R}_{ij}^t \neq R_{ij}^t$
6. 　　　　For $r = 1, 2, \cdots, k-1$：
7. 　　　　　If $\hat{R}_{ij}^t \leqslant r$：$y_r^t = -1$　Else $y_r^t = 1$
8. 　　　　End For
9. 　　　　For $r = 1, 2, \cdots, k-1$：
10. 　　　　　If $(w^t \cdot x^t - b_r^t) y_r^t \leqslant 0$：$\tau_r^t = y_r^t$　Else $\tau_r^t = 0$
11. 　　　　End For
12. 　　　　更新 $w^{t+1} \leftarrow w^t + \left(\sum_r \tau_r^t \right) x^t$
13. 　　For $r = 1, 2, \cdots, k-1$：
14. 　　更新 $b_r^{t+1} \leftarrow b_r^t - \tau_r^t$
15. 　　　End For
16. 　　　Else $w^{t+1} \leftarrow w^t$，$\forall r : b_r^{t+1} \leftarrow b_r^t$
17. End For
18. 用户 u_i 对物品的评分 $h_i(v) = \min\limits_{r \in \{1, 2, \cdots, k\}} \{r : w^{T+1} \cdot v - b_r^{T+1} < 0\}$
19. End For

输出：所有用户的物品推荐列表

三、基于配对级排序学习的推荐

（一）基于配对级排序学习的推荐概述

配对级排序学习通过构建两两样本之间相比较的偏序对，从偏序比较中学习获取最终排序，如图 7-10 所示。基于配对级排序学习的推荐方法利用配对级思想来获取为用户推荐的物品排序列表。对于用户来说，该方法关注的不是针对某一物品的评分预测得是否准确，而是是否能够正确预测物品之间的相对关系，即偏序。例如，符合某用户对物品 P、Q、W 的理想排序是 Q>W>P，基于配对级排序学习的推荐方法希望通过用户对两两物品之间的偏序关系，即 Q>W, Q>P, W>P，来重构排序 Q>W>P。常用的方法有 Ranking SVM、IR SVM、BPR-MF 等，本节接下来主要对 BPR-MF 模型进行介绍。

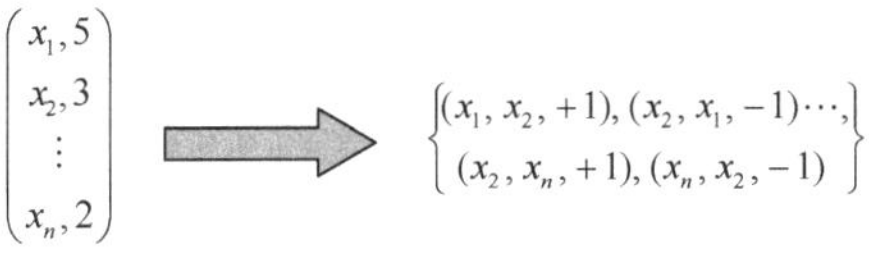

$$\begin{bmatrix} x_1, 5 \\ x_2, 3 \\ \vdots \\ x_n, 2 \end{bmatrix} \implies \begin{Bmatrix} (x_1, x_2, +1), (x_2, x_1, -1) \cdots, \\ (x_2, x_n, +1), (x_n, x_2, -1) \end{Bmatrix}$$

图 7-10　配对级排序学习

（二）BPR-MF 建模过程

贝叶斯个性化排序-矩阵分解（Bayesian personalized ranking-matrix factorization，BPR-MF）是一种基于矩阵分解的排序方法，旨在从贝叶斯角度优化每个用户对物品的偏好排序，根据偏好排序为每个用户生成物品排序列表。

1. 数据

针对用户对物品的隐式交互数据，做出如下转换：如果用户点击或收藏过物品 v_j，而没有对物品 v_k 有过类似操作，则认为相比于物品 v_k，用户对物品 v_j 的偏好程度更强；如果对物品 v_j 和物品 v_k，用户均未点击或收藏过，则无法判断用户对这两种物品的偏好强弱关系；同样地，如果用户对物品 v_j 和物品 v_k 都进行过操作，也无法判断偏好强弱关系。根据以上规则，可以将用户对物品的隐式交互数据转换成具有偏序关系的三元组集合：

$$D = \left\{ (u_i, v_j, v_k) \middle| v_j \in \mathcal{V}_i^+ \wedge v_k \in \mathcal{V} \setminus \mathcal{V}_i^+ \right\} \tag{7-41}$$

其中，$\mathcal{V}_i^+$ 为用户 u_i 交互过的项目集合；$\mathcal{V} \setminus \mathcal{V}_i^+$ 为用户 u_i 未交互过的项目集合。

2. 模型

BPR-MF 模型旨在预测物品对之间的偏序关系是否满足目标用户的期望。该模型主要基于两个假设：一是各用户之间对物品的偏序相互独立，即用户 u_i 的偏好与其他用户无关；二是同一用户对于不同物品对的偏序行为是相互独立的，即用户 u_i 对物品 v_j 和 v_k 的偏序与其他物品无关。利用 $\succ_{u_i}$ 表示用户 u_i 的偏好，三元组 (u_i, v_j, v_k) 则表示为 $v_j \succ_{u_i} v_k$。偏序符号 $\succ_{u_i}$ 具有以下性质。

（1）完整性：$\forall v_j, v_k \in \mathcal{V}: v_j \neq v_k \Rightarrow v_j \succ_{u_i} v_k \bigcup v_k \succ_{u_i} v_j$。

（2）反对称性：$\forall v_j, v_k \in \mathcal{V}: v_j \succ_{u_i} v_k \bigcap v_k \succ_{u_i} v_j \Rightarrow v_j = v_k$。

（3）传递性：$\forall v_j, v_k, v_p \in \mathcal{V}: v_j \succ_{u_i} v_k \bigcap v_k \succ_{u_i} v_p \Rightarrow v_j \succ_{u_i} v_p$。

在实际推荐过程中，根据用户与物品的隐式交互记录，可以构造每个用户在物品对的偏序关系矩阵，如图 7-11 所示。

本质上，BPR-MF 是一种利用矩阵分解思想获取预测排序矩阵的方法，期望得到两个低维潜在特征矩阵，也就是用户潜在特征矩阵 $\boldsymbol{U}$ 和物品潜在特征矩阵 $\boldsymbol{V}$，满足预测评分模型：

$$\hat{\boldsymbol{R}}_{N \times M} = \boldsymbol{U}_{N \times F} \cdot \boldsymbol{V}_{M \times F}^{\mathrm{T}} \approx \boldsymbol{R}_{N \times M} \tag{7-42}$$

3. 策略

假设 $\boldsymbol{U}$ 和 $\boldsymbol{V}$ 服从均值为 0，方差为 λ_u^2 和 λ_v^2 的高斯分布：

$$P\left(\boldsymbol{U}\middle|\lambda_u^2\right)=\prod_{i=1}^{M}N\left(\boldsymbol{u}_i\middle|0,\lambda_u^2 I\right) \tag{7-43}$$

$$P\left(\boldsymbol{V}\middle|\lambda_v^2\right)=\prod_{i=1}^{N}N\left(\boldsymbol{v}_i\middle|0,\lambda_v^2 I\right) \tag{7-44}$$

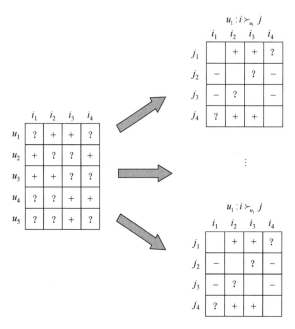

图 7-11   用户–物品隐式交互矩阵与物品对偏序关系矩阵

定义在 $\boldsymbol{U}$ 和 $\boldsymbol{V}$ 矩阵下用户 u_i 的每一对偏序关系出现的概率为

$$P(v_j \succ_{u_i} v_k\mid \boldsymbol{U},\boldsymbol{V})=\sigma\left(\hat{x}_{ijk}\right) \tag{7-45}$$

其中，

$$\hat{x}_{ijk}=\hat{x}_{ij}-\hat{x}_{ik}=\boldsymbol{u}_i^{\mathrm{T}}\cdot\boldsymbol{v}_j-\boldsymbol{u}_i^{\mathrm{T}}\cdot\boldsymbol{v}_k \tag{7-46}$$

$\hat{x}_{ij}$ 和 $\hat{x}_{ik}$ 分别为用户 u_i 对 v_j 的预测评分、用户 u_i 对 v_k 的预测评分，$\sigma(\cdot)$ 为 Sigmoid 函数：

$$\sigma(x)=\frac{1}{1+\mathrm{e}^{-x}} \tag{7-47}$$

根据以上定义，用 D 表示所有用户偏序集合，基于最大后验估计 $P(\boldsymbol{U},\boldsymbol{V}\mid D)$ 来求解模型参数 $\boldsymbol{U}$ 和 $\boldsymbol{V}$，根据贝叶斯定理可得

$$P(\boldsymbol{U},\boldsymbol{V}\mid D)=\frac{P(D\mid\boldsymbol{U},\boldsymbol{V})P(\boldsymbol{U})P(\boldsymbol{V})}{P(D)} \tag{7-48}$$

根据各用户之间对物品的偏序相互独立，以及同一用户对于不同物品对的偏序行为相互独立的假设，进一步改写为

$$P\left(D\mid\boldsymbol{U},\boldsymbol{V}\right)=\prod_{(u_i,v_j,v_k)\in D}p(v_j\succ_{u_i}v_k\mid\boldsymbol{U},\boldsymbol{V}) \tag{7-49}$$

即有

$$P(U,V\mid D) \propto P(D\mid U,V)P(U)P(V)$$
$$= \prod_{(u_i,v_j,v_k)\in D} p(v_j \succ_{u_i} v_k \mid U,V)P(U)P(V) \tag{7-50}$$

两边取对数得

$$\ln P(U,V\mid D) \propto \ln \prod_{(u_i,v_j,v_k)\in D} P(v_j \succ_{u_i} v_k \mid U,V)P(U)P(V)$$

$$= \ln \prod_{(u_i,v_j,v_k)\in D} \sigma\left(\hat{x}_{ijk}\right)P(U)P(V)$$

$$= \sum_{(u_i,v_j,v_k)\in D} \ln\sigma\left(\hat{x}_{ijk}\right) + \ln P(U) + \ln P(V)$$

$$\propto \sum_{(u_i,v_j,v_k)\in D} \ln\sigma\left(\hat{x}_{ijk}\right) - \frac{1}{2\lambda_u^2}\|U\|^2 - \frac{1}{2\lambda_v^2}\|V\|^2 \tag{7-51}$$

由此，需要使 $P(U,V\mid D)$ 最大，则需使目标函数 $L(U,V)$ 最小，目标函数 $L(U,V)$ 如下：

$$L(U,V) = -\sum_{(u_i,v_j,v_k)\in D} \ln\left(\frac{1}{1+\mathrm{e}^{-\left(u_i^\top v_j - u_i^\top v_k\right)}}\right) + \frac{1}{2\lambda_u^2}\|U\|^2 + \frac{1}{2\lambda_v^2}\|V\|^2 \tag{7-52}$$

4. 算法

为获取最优参数 U 和 V，需使目标函数最小化。通过梯度下降方法求解矩阵 U 和 V，针对每一对偏序下的用户和物品潜在特征向量第 f 维度求偏导：

$$\frac{\partial}{\partial u_{if}} L(U,V) = -\sum_{(u_i,v_j,v_k)\in D} \frac{1}{1+\mathrm{e}^{\left(u_i^\top v_j - u_i^\top v_k\right)}}(v_{jf} - v_{kf}) + \frac{1}{\lambda_u^2} u_{if} \tag{7-53}$$

$$\frac{\partial}{\partial v_{if}} L(U,V) = -\sum_{(u_i,v_j,v_k)\in D} \frac{1}{1+\mathrm{e}^{\left(u_i^\top v_j - u_i^\top v_k\right)}}u_{if} + \frac{1}{\lambda_v^2} v_{if} \tag{7-54}$$

$$\alpha\frac{\partial}{\partial v_{kf}} L(U,V) = -\sum_{(u_i,v_j,v_k)\in D} \frac{1}{1+\mathrm{e}^{\left(u_i^\top v_j - u_i^\top v_k\right)}}(-u_{kf}) + \frac{1}{\lambda_v^2} v_{kf} \tag{7-55}$$

得到 u_{if}、v_{if}、v_{kf} 的更新规则：

$$u_{if} = u_{if} - \alpha\frac{\partial}{\partial u_{if}} L(U,V) \tag{7-56}$$

$$v_{if} = v_{if} - \alpha\frac{\partial}{\partial v_{if}} L(U,V) \tag{7-57}$$

$$v_{kf} = v_{kf} - \alpha\frac{\partial}{\partial v_{kf}} L(U,V) \tag{7-58}$$

具体算法过程如算法 7-7 所示。

算法 7-7：BPR-MF 算法

输入：用户集合 $\mathcal{U}$，物品集合 $\mathcal{V}$，用户对物品的评分 R_{ij}

过程：函数 $\mathrm{BPRMF}(u_i, v_j)$

---

1. 根据评分 R_{ij} 构建用户偏序集合 D

2. 获取用户的每一对偏序关系的概率 $P(i \succ_{u_x} j \mid U,V)$

3. 随机初始化 U 和 V

4. For Iter = 1, 2, $\cdots$, t:

5. 　　For $(i,j,k) \in D$:

6. 　　　　$u_{if} = u_{if} - \alpha \dfrac{\partial}{\partial u_{if}} L(U,V)$

7. 　　　　$v_{if} = v_{if} - \alpha \dfrac{\partial}{\partial v_{if}} L(U,V)$

8. 　　　　$v_{kf} = v_{kf} - \alpha \dfrac{\partial}{\partial v_{kf}} L(U,V)$

9. 　　End For

10. End For

11. 计算用户对物品的预测评分 $\hat{R}_{ij} = \displaystyle\sum_{f=1}^{F} u_{if} v_{if}$

12. 按评分值从高到低对物品进行排序

输出：所有用户的物品推荐列表

四、基于列表级排序学习的推荐

（一）基于列表级排序学习的推荐概述

列表级排序学习方法通过直接对物品的排序列表进行优化，获取最终排序，如图 7-12 所示。基于列表级排序学习的推荐方法是利用列表级思想来获取为用户推荐的物品排序列表。目前对排序列表的优化主要有两种方式：一种是直接聚焦于排序准确度的度量指标，如针对 MAP、NDCG 等指标进行优化；另一种则是基于预测排序与正确排序之间的差异构造损失函数进行优化，常用的差异衡量方法有余弦相似度、KL 距离等。本节接下来主要对 ListRank-MF 模型进行介绍。

图 7-12　列表级排序学习

（二）ListRank-MF 建模过程

ListRank-MF 是一种基于矩阵分解的列表级排序学习优化方法，旨在利用矩阵分解框架，从优化排序列表的角度出发，直接学习用户对物品的排序列表。

1. 数据

假设推荐系统中存在 N 个用户和 M 个物品，对于由用户组成的用户集合 $\mathcal{U}=\{u_1,u_2,\cdots,u_i,\cdots,u_N\}$，$u_i$ 为第 i 个用户，对于由物品组成的物品集合 $\mathcal{V}=\{v_1,v_2,\cdots,v_j,\cdots,v_M\}$，$v_j$ 为第 j 个物品，根据用户对物品的评分 R_{ij}，构建评分矩阵 $\boldsymbol{R}=\{R_{ij}\}\in\mathbb{R}^{N\times M}$。

2. 模型

ListRank-MF 模型将列表级排序学习方法与矩阵分解相结合，根据矩阵分解预测的评分对物品受喜爱程度进行排序。由矩阵分解方法思想定义预测评分模型：

$$\hat{R}_{ij}=g\left(\boldsymbol{u}_i^{\mathrm{T}}\boldsymbol{v}_j\right) \tag{7-59}$$

其中，$g(x)=\dfrac{1}{1+\exp(-x)}$ 用于约束 $\boldsymbol{u}_i^{\mathrm{T}}\boldsymbol{v}_j$ 的取值范围。

3. 策略

为了获得预测评分模型，需要学习出一组合适的用户潜在特征矩阵 $\boldsymbol{U}$ 和物品潜在特征矩阵 $\boldsymbol{V}$，希望根据预测评分获得的物品排序列表能够与真实的排序列表之间的差异尽可能小。因此，ListRank-MF 模型通过物品排序的概率分布以及 KL 距离对预测值与真实值之间的差异进行衡量。

TOP（top one probability，第一位置概率），表示某物品 v_j 在特定用户 u_i 的排序列表中位于第一位置的概率，如式（7-60）所示：

$$P_{l_i}(R_{ij})=\frac{\varphi(R_{ij})}{\sum\limits_{k=1}^{K}\varphi(R_{ik})} \tag{7-60}$$

其中，l_i 为用户 u_i 的当前排序列表；R_{ij} 为用户 u_i 对物品 v_j 的评分；R_{ik} 为用户 u_i 对物品 v_k 的评分；K 为排序列表长度；$\varphi(\cdot)$ 可以取指数函数等任意单调递增且取值为严格正的函数。

KL 距离，即库尔贝克-莱布勒差异（Kullback-Leibler divergence），主要用来衡量相同事件空间里的两个概率分布的差异情况。根据 KL 距离的概念，可以通过物品的预测 TOP 与真实 TOP 概率分布之间的 KL 距离衡量模型准确性，构造基于列表级排序学习推荐的损失函数，即

$$L(\boldsymbol{U},\boldsymbol{V})=\sum_{i=1}^{M}\left[-\sum_{j=1}^{N}P_{l_i}\left(R_{ij}\right)\log P_{l_i}\left(g\left(\boldsymbol{U}_i^{\mathrm{T}}\boldsymbol{V}_j\right)\right)\right]+\frac{\lambda}{2}\left(\|\boldsymbol{U}\|_F^2+\|\boldsymbol{V}\|_F^2\right)$$

$$=\sum_{i=1}^{M}\left[-\sum_{j=1}^{N}I_{ij}\frac{\exp(R_{ij})}{\sum\limits_{k=1}^{N}I_{ik}\exp(R_{ik})}\log\frac{\exp\left(g\left(\boldsymbol{U}_i^{\mathrm{T}}\boldsymbol{V}_j\right)\right)}{\sum\limits_{k=1}^{N}I_{ik}\exp\left(g\left(\boldsymbol{U}_i^{\mathrm{T}}\boldsymbol{V}_j\right)\right)}\right]$$

$$+\frac{\lambda}{2}\left(\|\boldsymbol{U}\|_F^2+\|\boldsymbol{V}\|_F^2\right) \tag{7-61}$$

4. 算法

为获得最优 $\boldsymbol{U}$ 和 $\boldsymbol{V}$，采用梯度下降的方法获取用户特征向量 $\boldsymbol{u}_i$ 和物品特征向量 $\boldsymbol{v}_j$：

$$\frac{\partial}{\partial \boldsymbol{u}_i} L(\boldsymbol{U}, \boldsymbol{V}) = \sum_{j=1}^{N} I_{ij} \left(\frac{\exp\left(g\left(\boldsymbol{u}_i^{\mathrm{T}} \boldsymbol{v}_j\right)\right)}{\sum\limits_{k=1}^{N} I_{ik} \exp\left(g\left(\boldsymbol{u}_i^{\mathrm{T}} \boldsymbol{v}_k\right)\right)} - \frac{\exp(R_{ij})}{\sum\limits_{k=1}^{N} I_{ik} \exp(R_{ik})} \right) g'\left(\boldsymbol{u}_i^{\mathrm{T}} \boldsymbol{v}_j\right) \boldsymbol{v}_j + \lambda \boldsymbol{u}_i \quad （7\text{-}62）$$

$$\frac{\partial}{\partial \boldsymbol{v}_j} L(\boldsymbol{U}, \boldsymbol{V}) = \sum_{i=1}^{M} I_{ij} \left(\frac{\exp\left(g\left(\boldsymbol{u}_i^{\mathrm{T}} \boldsymbol{v}_j\right)\right)}{\sum\limits_{k=1}^{N} I_{ik} \exp\left(g\left(\boldsymbol{u}_i^{\mathrm{T}} \boldsymbol{v}_k\right)\right)} - \frac{\exp(R_{ij})}{\sum\limits_{k=1}^{N} I_{ik} \exp(R_{ik})} \right) g'\left(\boldsymbol{u}_i^{\mathrm{T}} \boldsymbol{v}_j\right) \boldsymbol{u}_i + \lambda \boldsymbol{v}_j \quad （7\text{-}63）$$

得到 $\boldsymbol{u}_i$、$\boldsymbol{v}_j$ 的更新规则：

$$\boldsymbol{u}_i = \boldsymbol{u}_i - \alpha \frac{\partial}{\partial \boldsymbol{u}_i} L(\boldsymbol{U}, \boldsymbol{V}) \qquad （7\text{-}64）$$

$$\boldsymbol{v}_j = \boldsymbol{v}_j - \alpha \frac{\partial}{\partial \boldsymbol{v}_j} L(\boldsymbol{U}, \boldsymbol{V}) \qquad （7\text{-}65）$$

具体算法过程如算法 7-8 所示。

算法 7-8：ListRank-MF 算法

输入：用户集合 $\mathcal{U}$，物品集合 $\mathcal{V}$，用户对物品的评分 R_{ij}

过程：函数 ListRankMF(u_i, v_j)

1. 构建评分矩阵 $\boldsymbol{R} = \{R_{ij}\} \in \mathbb{R}^{N \times M}$
2. 计算真实 TOP 概率 $P_{l_i}(R_{ij})$
3. 随机初始化 $\boldsymbol{U}$ 和 $\boldsymbol{V}$
4. For Iter = 1, 2, ···, t:
5.   根据预测 TOP 概率与真实 TOP 概率，计算 $L(\boldsymbol{U}, \boldsymbol{V})$
6.   For i = 1, 2, ···, N:
7. $\boldsymbol{u}_i = \boldsymbol{u}_i - \alpha \dfrac{\partial}{\partial \boldsymbol{u}_i} L(\boldsymbol{U}, \boldsymbol{V})$
8.   End For
9.   For j = 1, 2, ···, M:
10. $\boldsymbol{v}_j = \boldsymbol{v}_j - \alpha \dfrac{\partial}{\partial \boldsymbol{v}_j} L(\boldsymbol{U}, \boldsymbol{V})$
11.   End For
12. End For
13. 计算用户对物品的预测评分 $\hat{R}_{ij} = \boldsymbol{u}_i^{\mathrm{T}} \cdot \boldsymbol{v}_j$
14. 按评分值从高到低对物品进行排序

输出：所有用户的物品推荐列表

第六节 应 用 案 例

1994 年，工业界最早开始实践推荐系统的公司亚马逊创立。作为一家早期电商公司，亚马逊的发展之路十分艰难，最大的问题就是：如何让用户反复购买，把用户真正长久地留在亚马逊。亚马逊的前首席执行官 Jeff Bezos（杰夫·贝索斯）曾说："如果我有 100 万个用户，我就要为他们做 100 万个亚马逊网站。"[①]因此，亚马逊为每个用户构建了一个定制化的网上商店。当用户在亚马逊网站中浏览时，该用户感兴趣的商品会被自动展示在眼前，而不感兴趣的商品则不太会出现。

在亚马逊网站中，当你浏览一个商品如笔记本电脑时，系统会为你推荐经常一起购买的商品，进行打包销售，如图 7-13 所示。

图 7-13 经常一起购买的商品

系统还会为你推荐浏览此商品的顾客也同时浏览的其他商品，如图 7-14 所示。

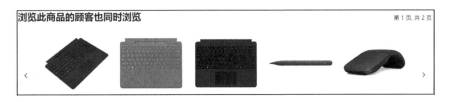

图 7-14 浏览此商品的顾客也同时浏览的商品

系统也会根据当前用户的长期历史行为记录生成"猜您喜欢"的商品推荐，如图 7-15 所示。

图 7-15 "猜您喜欢"的商品

① https://www.jianshu.com/p/00746869f578。

将系统中一段时间内销售最火爆的商品推荐给用户，也就是亚马逊中的"最畅销产品"推荐，如图 7-16 所示。

图 7-16　亚马逊最畅销产品

用户对当前商品的评价情况，包括评分及评论等，如图 7-17 所示。

图 7-17　商品评价

总之，在亚马逊网站中，推荐无处不在。下面对其中各组成部分进行简单分析。

（1）经常一起购买的商品：当某个用户在购买一个物品时，亚马逊会根据其他用户在购买该商品时经常会配套购买的其他几个商品生成打包推荐，从而让当前用户决定是否有同时购买这些商品的需求。这是一种重要的销售策略即打包销售，甚至亚马逊会为打包购买的用户提供一定的折扣，激励用户对这些商品全部购买，以提升亚马逊的销售额。该应用后来被许多电子商务网站借鉴使用。

（2）浏览此商品的顾客也同时浏览的商品：该功能作为推荐系统的核心模块，是协同过滤推荐思想的重要应用。通常用户的需求不只是限定在这一类产品范围内，因此需要利用协同过滤的思想通过大量用户的意见帮助当前用户发现更明确实际的需求。此模块可以帮助用户定位到最符合自己需求的商品。

（3）"猜您喜欢"的商品：根据用户的历史浏览、点击、收藏、加入购物车、购买、评价等历史行为记录，推断用户的喜好并为其推荐。其中，用户的历史行为包括显式反馈（如商品评分）与隐式反馈（如浏览记录），通过对不同类型的反馈信息的不同处理预测用户对物品的评分或偏好，从而实现"猜您喜欢"。

（4）最畅销产品：该模块是在不了解用户偏好时最有力的推荐功能。比如，新加入亚马逊的用户，网站无法获取任何有关该用户的偏好信息，因此很难为其进行推荐，也就是存在冷启动问题，而最畅销产品是所有产品中被购买数量较多的前几名，可以有很大概率匹配到用户的需求。

（5）商品评价：该模块主要用来收集购买过当前商品的用户对该商品的反馈信息。一方面，用户对该商品的评分值分布，全面衡量和评估了商品总体质量分布水平；另一方面，用户对该商品的文字评价可为后来浏览该商品的用户提供是否购买的重要参考依据。二者皆可作为用户反馈，为亚马逊的推荐提供有力的支撑。

据统计，亚马逊的销售额有20%～30%都来自推荐系统，并且许多大型电子商务网站也应用推荐系统使销售额得到了10%以上的提升。由此可见，推荐系统为电子商务领域带来了巨大的商业价值。

思考与练习

1. 试以现实中的推荐系统为例，讲述你对推荐系统的理解。

2. 试分析推荐系统未来发展趋势。

3. 已知用户特征向量为 $u = (1, 2, 2, 1, 1, 1, 0)$，物品特征向量为 $v = (1, 3, 2, 4, 1, 1, 2)$，试计算用户与物品的相似度。

4. 已知经过矩阵分解后，原始评分矩阵被分解为两个低维潜在特征矩阵，如下所示：

$$R_{m \times n} = \begin{pmatrix} 0.7 & ? & 0.5 & 0.4 & ? \\ ? & 0.4 & ? & 1.0 & 0.6 \\ 1.3 & 0.5 & ? & ? & 0.3 \\ 0.5 & ? & 0.3 & ? & 0.2 \end{pmatrix} \approx \begin{pmatrix} 0.5 & 0.3 \\ 0.7 & 0.8 \\ 0.8 & 0.6 \\ 0.4 & 0.2 \end{pmatrix} \times \begin{pmatrix} 0.8 & 0.4 & 0.7 & 0.3 & 0.1 \\ 1.0 & 0.2 & 0.5 & 0.9 & 0.5 \end{pmatrix}$$

根据该结果，试补全原始评分矩阵 $R_{m \times n}$。

5. 试述基于排序学习的推荐包括哪些方法，并分别简述它们的算法流程。

本章拓展阅读

Adomavicius G, Tuzhilin A. 2005. Toward the next generation of recommender systems: a survey of the state-of-the-art and possible extensions[J]. IEEE Transactions on Knowledge and Data Engineering, 17(6): 734-749.

Burke R. 2002. Hybrid recommender systems: survey and experiments[J]. User Modeling and User-Adapted Interaction, 12(4): 331-370.

Crammer K, Singer Y. 2002. Pranking with ranking[C]//Advances in Neural Information Processing Systems, 641-647.

Goldberg D, Nichols D, Oki B M, et al. 1992. Using collaborative filtering to weave an information tapestry[J]. Communications of the ACM, 35(12): 61-70.

Karatzoglou A, Baltrunas L, Shi Y. 2013. Learning to rank for recommender systems[C]//Proceedings of the 7th ACM Conference on Recommender Systems, 493-494.

Koren Y, Bell R, Volinsky C. 2009. Matrix factorization techniques for recommender systems[J]. Computer, 42(8): 30-37.

Linden G, Smith B, York J. 2003. Amazon. com recommendations: item-to-item collaborative filtering[J]. IEEE Internet Computing, 7(1): 76-80.

Pazzani M J, Billsus D. 2007. Content-based recommendation systems[C]//Brusilovsky P, Kobsa A, Nejdl W. The Adaptive Web. Berlin: Springer, 325-341.

Resnick P, Iacovou N, Suchak M, et al. 1994. GroupLens: an open architecture for collaborative filtering of netnews[C]//Proceedings of the 1994 ACM Conference on Computer Supported Cooperative Work, 175-186.

Sarwar B, Karypis G, Konstan J, et al. 2001. Item-based collaborative filtering recommendation algorithms[C]// Proceedings of the 10th International Conference on World Wide Web, 285-295.

Shardanand U, Maes P. 1995. Social information filtering: algorithms for automating "word of mouth"[C]//Proceedings of the SIGCHI Conference on Human Factors in Computing Systems, 210-217.

Shi Y, Larson M, Hanjalic A. 2010. List-wise learning to rank with matrix factorization for collaborative filtering[C]//Proceedings of the Fourth ACM Conference on Recommender Systems, 269-272.

第八章

数据可视化

数据可视化为人类洞察数据的内涵、理解数据蕴藏的规律提供了重要手段。把数字置于视觉空间中，大脑就会更容易发现其中潜藏的模式。人类对图形具备较强的理解能力，往往能够从中发现一些通过常规统计方法很难挖掘到的信息，要想探索和理解大型数据集，可视化是最有效的途径之一。在本章中您将理解数据可视化的发展过程、功能和流程，掌握可视化的类型、流程及主要方法，并理解其方法评测的相关知识。

学习目标

- 理解可视化发展过程、功能、流程。
- 掌握可视化的三种主要类型。
- 掌握可视化的流程及主要方法。
- 理解可视化评测的流程与方法。

知识结构图

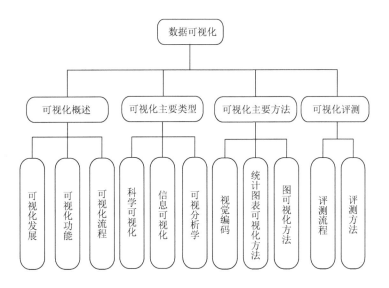

第一节　可视化概述

图形是直观呈现数据的形式，然而，将大量数据在同一个图表中画出来并不容易。数据可视化就是研究利用图形展现数据中隐含的信息并发掘其中规律的学科。它是一门横跨计算机、统计、心理学的综合学科，并随着数据挖掘和大数据的兴起而进一步繁荣。

一、可视化发展

可视化的历史悠久，从最早用墙上的原始绘图和图像、表中的数字以及黏土上的图像来呈现信息，到数据驱动时代的大数据可视化，大致可分为如图 8-1 所示的八个阶段。

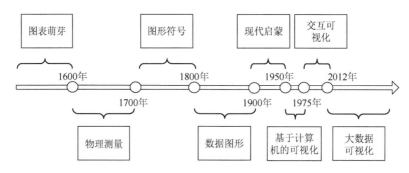

图 8-1　可视化发展时间轴

（一）17 世纪以前：拉开帷幕

由于人类研究的领域有限，总体数据量处于较少的阶段，几何学通常被视为可视化的起源，数据的表达形式也较为简单。随着人类知识的增长，活动范围不断扩大，为了能有效探索其他地区，人们开始汇总信息绘制地图。

（二）1600～1699 年：初露锋芒

更为准确的测量方式在 17 世纪得到了广泛使用，笛卡尔发展出了解析几何和坐标系，在两个或者三个维度上进行数据分析，这成了数据可视化历史中重要的一步。同时，早期概率论和人口统计学研究开始出现。数据的价值开始被人们重视起来，人口、商业等相关经验数据开始被系统地收集整理，各种图表和图形也开始诞生。这些早期的探索，开启了数据可视化的大门，数据的收集和整理、图表和图形的绘制开始了系统性的发展。

（三）1700～1799 年：新的图形形式

18 世纪英国工业革命、牛顿对天体的研究及后来微积分方程等的建立都推动着数据向精准化及量化的阶段发展，统计学研究的需求也越发显著，用抽象图形的方式来表示数据的想法也不断成熟。Wiliam Playfair（威廉·普莱费尔）在 1765 年创造了第一个时间线图，单条线用于表示一个人的生命周期，整体可以用于比较多个人的生命跨度。这些时间线直接启发了他发明条形图，以及其他一些至今仍常用的图形。随着数据在经济、地理、数学等领域不同场景下的应用，数据可视化的形式变得更加丰富，也预示着现代化信息图形时代的到来。

（四）1800～1899 年：现代信息图形设计的开端

19 世纪上半叶，受到 18 世纪视觉表达方法创新的影响，统计图形和专题绘图领域出现爆炸式的发展，目前已知的几乎所有形式的统计图形都是在此时被发明的。在此期间，数据的收集整理从科学技术和经济领域扩展到社会管理领域，对社会管理领域数据的收集标志着人们开始以科学手段进行社会研究，人们开始有意识地使用可视化的方式尝试研究、解决更广泛领域的问题。这一时期法国工程师 Charles Joseph Minard（查尔斯·约瑟夫·米纳德）绘制了多幅有意义的可视化作品，被称为"法国的 Playfair（普莱费尔）"，他最著名的作品是于 1861 年绘制的关于拿破仑帝国入侵俄罗斯的信息图。

（五）1900～1949 年：现代休眠期

数据可视化在这一时期得到了推广和普及，开始被用于解决天文学、物理学、生物学问题，展示理论新成果，但收集、展现数据的方式并没有得到根本上的创新，统计学在这一时期也没有大的发展，所以整个 20 世纪上半叶都是休眠期。正是这一时期的蛰伏与统计学者潜心的研究才让数据可视化在 20 世纪后期迎来了复苏与更快速的发展。可视化黄金时代的结束，并非可视化的终点。

（六）1950～1974 年：复苏期

在这一时期引起变革的最重要因素就是计算机的发明，计算机的出现让人类处理数据的能力有了跨越式的提升。在现代统计学与计算机计算能力的共同推动下，数据可视化开始复苏，各研究机构逐渐开始使用计算机程序取代手绘的图形。数据缩减图、多维标度法（multidimensional scaling，MDS）、聚类图、树形图等更为新颖复杂的数据可视化形式开始出现。人们开始尝试在一张图上表达多种类型数据，或用新的形式表现数据之间的复杂关联，这也成为如今数据处理应用的主流方向。数据和计算机的结合使数据可视化迎来了新的发展阶段。

（七）1975～2011 年：动态交互式数据可视化

在这一阶段计算机成为数据处理必要的工具，数据可视化进入了新的黄金时代。随着应用领域的增加和数据规模的扩大，更多新的数据可视化需求逐渐出现。因此人们开始试图实现动态、可交互的数据可视化，动态交互式的数据可视化方式成为新的发展主题。

（八）2012 年至今：大数据时代

随着全球数据量以指数级猛增，用户对数据的使用效率也在不断提升，数据的服务商开始需要从多个维度向用户提供服务，大数据时代就此正式开启。此时试图继续以传统展现形式来表达庞大数据量中的信息是不可能的，大规模的动态化数据要依靠更有效的处理算法和表达形式才能够传达出有价值的信息，因此大数据可视化的研究成为新的时代命题。

在数据驱动时代，不仅要考虑快速增加的数据量，还要考虑数据类型的变化；随着数据更新频率的加快和获取渠道的拓展，实时数据的巨大价值只有通过有效的可视化处理才可以体现，动态交互的技术需向交互式实时数据可视化发展。综上，如何建立一种有效的、可交互式的大数据可视化方案来表达大规模、不同类型的实时数据，成了数据可视化这一学科的主要研究方向。

二、可视化功能

在计算机学科的分类中，利用人眼的感知能力对数据进行交互的可视表达以增强认知的技术，称为可视化。它将不可见或难以直接显示的数据转化为可感知的图形、符号、颜色、纹理等，增强数据识别效率，传递有效信息。

从宏观的角度看，可视化包括以下三个功能。

（1）信息记录：可视化可以将大规模的数据记录下来，最有效的方式就是将信息成像或采用草图记载。不仅如此，可视化呈现还能激发人的洞察力，帮助验证科学假设。如图 8-2 和图 8-3 所示，利用可视化记录月亮周期。

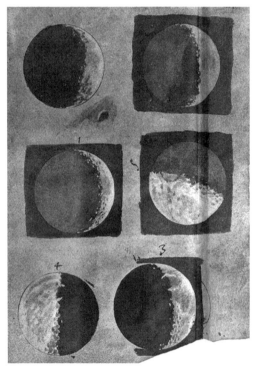

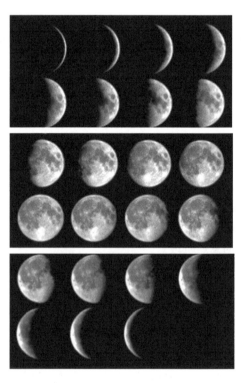

图 8-2　1616 年伽利略关于月亮周期的绘图　　　　图 8-3　月亮周期的拍摄

（2）信息推理与分析：将信息以可视的方式呈现给用户，引导用户从可视化结果中分析和推理出有效信息，这可以极大地降低数据理解的复杂度；同时可以通过扩充人脑记忆来显著提高分析信息的效率（如图形化计算）。数据分析的任务通常包括定位、识别、区分、分类、聚类、分布、排列、比较、内外连接比较、关联和关系等。如图 8-4 所示，斯诺绘制的霍乱"鬼图"清晰地显示了霍乱（"·"）集中在布拉德街的水井（"×"）附近。

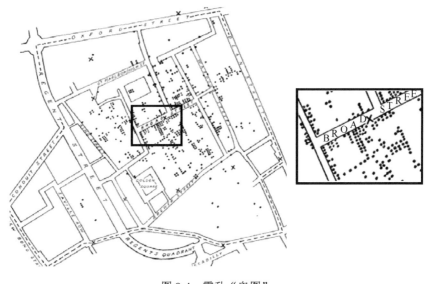

图 8-4　霍乱"鬼图"

（3）信息传播与协同：将复杂信息传播与发布给公众的最有效途径就是将数据进行可视化，以达到信息共享、信息协作、信息修正和信息过滤等目的。2011 年，英国暴乱发生，《卫报》与学术小组合作创建了史无前例的解读暴乱项目，使公众能更好地了解谁是趁乱打劫者。通过深入分析 260 万条参与暴动的 Twitter 信息的强协同效应，表明了谣言病毒传播的本质，以及谣言的生命周期是随时间变化的。

三、可视化流程

数据可视化大致可分为科学可视化、信息可视化和可视分析学三大类（在本章第二节进行详细介绍）。由于可视化类型不同，可视化分析的流程模型略有不同，但本质上还是四步：分析、处理、生成、交互，如图 8-5 所示。

（一）分析

进行一个可视化任务时，首先要进行一系列分析工作，从总体上看，分析阶段包括三项任务：任务分析、数据分析、领域分析。

任务分析主要是分析可视化任务的目标和出发点，即需要展示什么信息、展示什么形式的信息、得到什么样的结论以及验证什么假设等，明确需要完成的任务，这有助于后续环节的执行。

数据分析是对数据类型、数据结构、数据维度等数据特征进行分析。数据承载的信息多种多样，不同的展示方式会使侧重点有天壤之别。在这一步需要确定过滤什么数据、用什么算法处理数据、用什么视觉通道编码等。

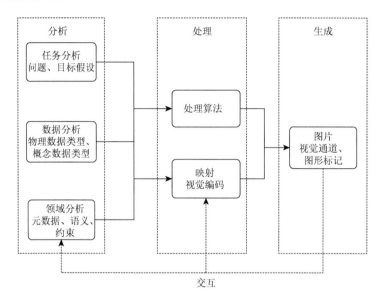

图 8-5　可视化分析的流程

可视化应用领域广泛，如医学、生物学、地理学，对于不同领域，可视化需要展示的侧重点不同，这就决定了在开展可视化任务的时候，必须要对该项任务所处的问题领域进行分析。术业有专攻，可视化的侧重点要跟着领域做出相应的变化。

（二）处理

分析工作完成之后，接下来进行对数据的处理和对视觉编码的处理两部分工作。

数据的处理包括数据清洗、数据规范和数据分析。数据清洗和数据规范，即把原始数据中的脏数据及敏感数据过滤掉，然后剔除冗余数据，最后将数据结构调整为系统可以处理的形式。简单的数据分析就是使用基本的统计学方法分析数据背后蕴含的各种信息，复杂的数据分析就是运用数据挖掘的各种算法建立并训练模型。想通过最后的可视化结果把所有的数据都展示出来是不现实的，于是数据处理过程又涉及包括标准化/归一化、采样、离散化、降维、聚类等在内的数据处理方法。

视觉编码的处理即使用位置、尺寸、灰度值、纹理、色彩、方向、形状等视觉通道来映射要展示的每个数据维度。

（三）生成

生成可视化结果，即将视觉编码设计运用到实践中。从巨大的呈现多样性的空间中选择最合适的编码形式是数据可视化的核心内容。

大量的数据采集通常是以流的形式实时获取的，针对静态数据发展起来的可视化显示方法不能直接拓展到动态数据。这不仅要求可视化结果有一定的时间连贯性，还要求可视化方法达到高效以便给出实时反馈。因此不仅需要研究新的软件算法，还需要更强大的计算平台（如分布式计算或云计算）、显示平台（如一亿像素显示器或大屏幕拼接）和交互模式（如体感交互、可穿戴式交互）。

（四）交互

对数据进行可视化和分析的目的是解决目标任务。通用的目标任务可分成三类：生成假设、验证假设和视觉呈现。数据可视化不仅可以用于从数据中探索新的假设、证实相关假设与数据是否吻合，还可以帮助数据专家向公众展示其中的信息。在交互的过程中需要对视觉编码的设计进行修改完善，甚至重返第一步分析阶段，整个过程就是各部分的迭代与完善，每一次完善都是建立在出现问题的基础上，最终得到完整的、符合要求的可视化结果。

交互是通过可视的手段辅助分析决策的直接推动力。有关人机交互的探索已经持续很长时间，但研发出智能的、适用于海量数据可视化的交互技术，如任务导向的、基于假设的方法还是一个未解难题。

第二节　可视化主要类型

数据可视化的处理对象是数据。自然地，数据可视化包含处理科学数据的科学可视化（scientific visualization）与处理抽象的、非结构化信息的信息可视化（information visualization）两个分支。面向科学和工程领域的科学可视化重点探索如何有效地呈现数据中几何、拓扑和形状特征，实现科学数据的交互式视觉呈现以加强认知。信息可视化的处理对象是非结构化的、非几何的抽象数据，针对大尺度高维数据减少视觉混淆对有用信息的干扰。除此之外，将可视化与分析结合，形成一个新的学科：可视分析学（visual analytics）。如图8-6所示，科学可视化、信息可视化和可视分析学三个学科方向通常被看成数据可视化的三个主要分支。

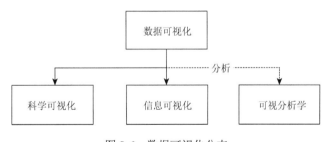

图8-6　数据可视化分支

一、科学可视化

科学可视化是可视化领域中最早、最成熟的一个跨学科研究与应用领域，其主要关注三维现象的可视化，如建筑学、气象学、医学或生物学方面的各种系统，重点在于对体、面及光源等的逼真渲染。科学可视化侧重于利用计算机图形学来创建客观的视觉图像，将数学方程等文字信息大量压缩以呈现在一张图纸上，从而帮助人们理解那些以复杂方程、数字等形式呈现的科学概念或结果。

科学可视化设计有可视化流程的参考体系模型，并将其运用在数据可视化的系统中。图 8-7 是科学可视化的早期可视化流水线。这条流水线其实是数据处理与图形绘制的嵌套组合。

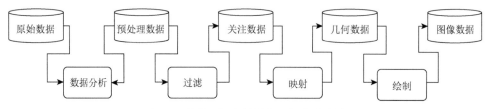

图 8-7　科学可视化的早期可视化流水线

鉴于数据可分为标量（密度、温度）、向量（风向、力场）、张量（压力、弥散）三类，科学可视化也可粗略地分为三类。

（1）标量场可视化。标量指单个数值，即在每个记录的数据点上有一个单一的值，标量场指二维、三维或四维空间中每个采样处都有一个标量值的数据场。可视化数据场 $f(x,y,z)$ 的标准做法有如表 8-1 所示的三种。

表 8-1　标量场可视化方法

方法	原理	具体操作
颜色映射	将数值直接映为颜色或透明度	用颜色表达地球表面的温度分布
等值线或等值面方法	根据需要抽取并连接满足 $f(x,y,z)$ 的点集，并连接为线或面	地图中的等高线，标准的算法有移动四边形或移动立方体
直接体绘制	将三维标量数据场看成能产生、传输和吸收光的媒介，光源透过数据场后形成半透明影像	以透明层叠的方式显示内部结构，为观察三维标量数据场全貌提供了极好的交互浏览工具

（2）向量场可视化。向量场在每个采样点处都是一个向量（一维数据组）。向量代表某个方向或趋势，如风向。向量场可视化主要关注点是其中蕴含的流体模式和关键特征区域。在实际应用中，因为二维或三维流场是最常见的向量场，所以流场可视化是向量场可视化中最重要的组成部分，图 8-8 代表飞机翼流的可视化。除了通过拓扑或几何方法计算向量场的特征点、特征线或特征区域外，对向量场直接进行可视化的方法包括三类，如表 8-2 所示。

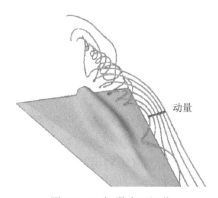

图 8-8　飞机翼流可视化

表 8-2　向量场可视化方法

方法	原理	具体操作
粒子对流法	模拟粒子在向量场中以某种方式流动,获得的几何轨迹可以反映向量场的流体模式	流线、流面、流体、迹线和脉线等
图标法	将向量数据转换为纹理图像,为观察者提供直观的影像展示	线条、箭头和方向标识符等
纹理法	使用简洁明了的图标代表向量信息	随机噪声纹理、线积分卷积（line integral convolution，LIC）等

（3）张量场可视化。张量概念是向量概念的推广,标量可看作 0 阶张量,向量可看作 1 阶张量。张量是一个可用来表示一些向量、标量和其他张量之间的线性关系的多线性函数。张量场可视化方法分为基于纹理的方法、基于几何的方法和基于拓扑的方法三类,如表 8-3 所示。

表 8-3　张量场可视化方法

方法	原理	具体操作
基于纹理的方法	将张量场转换为静态图像或动态图像序列,图释张量场的全局属性	将张量场简化为向量场,进而采用线性积分法、噪声纹理法等方法显示流线、流面、流体、迹线和脉线等
基于几何的方法	通过几何表达描述张量场的属性	图标法采用某种几何形式表达单个张量;超流线法将张量转换为向量,使用向量场中的粒子对流法形成流线、流面或流体
基于拓扑的方法	计算张量场的拓扑特征,将区域分为具有相同属性的子区域,并建立对应的图结构	生成多变量场的定性结构,快速构造全局流场结构,特别适合于数值模拟或实验模拟生成的大尺度数据

科学可视化技术的意义重大,它加速了研究者对数据的处理能力,使得日益增长的大数据得到最有效的运用,同时也增强了研究者观察事物规律的能力。在得到计算结果的同时,也能了解计算过程中发生的各种现象,通过改变参数,观察其影响,对计算过程实现引导和控制。科学可视化面向的领域包括自然科学,如物理、化学、气象气候、航空航天、医学、生物,这些学科通常需要对数据和模型进行解释、操作与处理,旨在找出其中的模式、特点、关系及异常情况。

二、信息可视化

信息可视化是研究抽象数据的交互式视觉表示以加强人类认知。抽象数据包括数字和非数字数据,如地理信息与文本。柱状图、趋势图、流程图、树状图等都属于信息可视化,这些图形的设计都将抽象的概念转化为可视化信息。信息可视化的核心问题主要包含高维数据的可视化、数据间各种抽象关系的可视化、用户的敏捷交互和可视化有效性的评断等。

　　图 8-9 是由 Card（卡德）等提出的经典信息可视化参考模型（reference model）。目前几乎所有著名的信息可视化系统和工具包都支持这个模型，且绝大多数系统在基础层兼容。信息可视化是从原始数据到可视化形式再到人的感知认知系统的可调节的一系列转换过程。

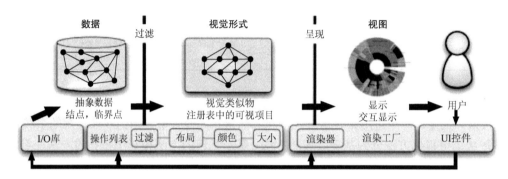

图 8-9　信息可视化参考模型

　　（1）转换：将原始数据转换为数据表形式。

　　（2）映射：将数据表映射为可视化结构，由空间基、标记、标记的图形属性等可视化表征组成。

　　（3）视图变换：将可视化结构根据位置、比例、大小等参数设置显示在输出设备上。

　　此外，信息可视化可以理解为编码（encoding）和解码（decoding）两个映射过程。编码是将数据映射为可视化图形的视觉元素，如形状、位置、颜色、文字、符号；解码是对视觉元素的解析，包括感知和认知两部分。一个好的可视化编码需同时具备两个特征：高效率和高准确性。高效率指的是能够瞬间感知到大量信息，高准确性指的是解码所获得的原始信息较为真实。

　　信息可视化处理的对象是抽象的、非结构化的数据集，如文本、图表、层次结构、地图、软件、复杂系统。与科学可视化相比，信息可视化更关注抽象、高维的数据。此类数据通常不具有位置属性，因此要根据特定数据分析的需求，决定数据元素在空间的布局。因为信息可视化的方法与所针对的数据类型紧密相关，所以通常按数据类型分为时空数据可视分析、层次与网络结构数据可视化、文本和跨媒体数据可视化及多变量数据可视化。

　　信息可视化与科学可视化有所不同，科学可视化处理的数据具有天然几何结构，如磁感线、流体分布，信息可视化处理的数据具有抽象数据结构。两者的区别如表 8-4 所示。

表 8-4　信息可视化与科学可视化的区别

方法	科学可视化	信息可视化
目标任务	理解、阐明自然界中存在的科学现象	搜索信息中隐藏的模式和信息间的关系
数据类型	具有几何属性的数据	没有几何属性的抽象数据

续表

方法	科学可视化	信息可视化
处理过程	数据预处理 → 映射（构模）→ 绘制	信息获取 → 知识信息多维显示 → 知识信息分析与挖掘
研究重点	将具有几何属性的科学数据表现在计算机屏幕上	把非空间抽象信息映射为有效的可视化形式
面向用户	高层次的、训练有素的专家	非技术人员、普通用户
应用领域	医学、地质、气象、流体力学等	信息管理、商业、金融等

三、可视分析学

可视分析学是一门以可视交互界面为基础的分析推理科学。它是随着科学可视化和信息可视化发展而形成的新领域，重点通过交互式视觉界面进行分析推理。其综合了图形学、数据挖掘和人机交互等技术，以可视交互界面为通道，将人的感知和认知能力以可视的方式融入数据处理过程中，使人脑智能和机器智能优势互补和相互提升，建立螺旋式信息交流与知识提炼途径，完成有效的分析推理和决策。

可视分析学可以被看成将可视化、交互和数据分析集成在内的一种新思路，如图 8-10 所示。可视分析学需要感知与认知科学研究人在可视分析学中的重要作用；数据管理和知识表达是可视分析学构建数据到知识转换的基础理论；地理分析、信息分析、科学分析、统计分析、知识发现等是可视分析学的核心分析论方法；在整个可视分析过程中，人机交互用于驾驭模型构建、分析推理和信息呈现等各个过程；推导出的结构与知识最终需要向用户表达、作业和传播。

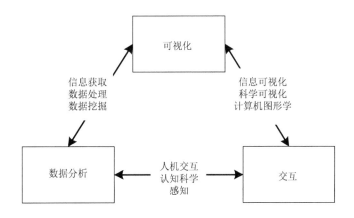

图 8-10　可视分析学的学科集成

从可视分析学的标准流程上看，从数据到知识有两个途径：交互的可视化方法和自动的数据挖掘方法。这两个途径的中间结果分别是对数据进行交互可视化得到的结果和从数据中提炼的数据模型。用户既可以对可视化结果进行交互的修正，也可以调节参数以修正模型。如图 8-11 所示，在可视分析学标准流程中的核心要素包括以下几个方面。

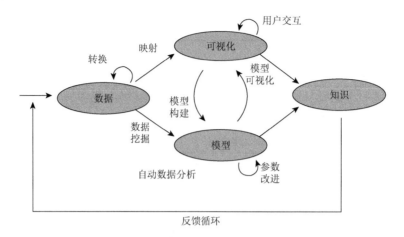

图 8-11　欧洲学者 Daniel Keim（丹尼尔·凯姆）等提出的可视分析学标准流程

（1）数据表示与转换。通过数据表示与转换，既能整合不同类型、不同来源的数据，形成统一的数据表示方式，又能保证数据的原有信息不丢失，此外，还要考虑数据质量问题。

（2）数据的可视化呈现。将数据以一种容易理解的方式呈现给用户。

（3）用户交互。需要考虑交互问题，以满足用户的个性化操作需要。

（4）分析推理。分析推理技术是用户获取深度信息的方法，能够直接支持情景评估、计划、决策。在有效的分析时间内，可视分析能够提高用户判断的质量。

第三节　可视化主要方法

一、视觉编码

视觉编码（visual encoding）是数据与可视化结果的映射关系。这种映射关系可促使阅读者迅速获取信息，因此可以把可视化看成一组图形符号的组合。这些图形符号中携带了被编码的信息，阅读者从这些符号中读取信息的过程称为解码。研究表明，能够在 10 毫秒解码可以被视为"有效信息传达"，而不具备这一特点的信息形式，需要 40 毫秒甚至更长时间。

举一个例子，观察图 8-12 和图 8-13 中共有多少个 5，显然，图 8-13 更加一目了然，这是因为其使用了"颜色饱和度"视觉编码以准确快速地传递信息。人类解码信息靠的是眼睛和视觉系统，如果说图形符号是编码信息的工具或通道，那么视觉系统就是解码信息的通道。因此，通常把这种图形符号-信息-视觉系统的对应称作视觉通道。

```
9873497902756479028947286240924060370705570279072
8032080290073025012702370083740820787202720007083
2478026027037937757097073779706674620970947027 80
9279797097230972309795927509272797987349726 08027
```

图 8-12　未使用颜色饱和度的效果图

9873497902756479028947286240924060370705702790727
8032080290073025012702370083740820787202720070833
2478026027037937757097073779706674620970947027800
92797970972309723097959275092727979873497260802777

图 8-13 使用颜色饱和度的效果图

1967 年，Jacques Bertin（雅克·贝尔廷）出版的 *Semiology of Graphics* 一书中提出了视觉编码与信息的对应关系，奠定了可视化编码的理论基础。

如图 8-14 所示，图形符号被分为位置变量和视网膜变量。位置变量一般指二维坐标，视网膜变量则包括尺寸、数值、纹理、颜色、方向和形状。

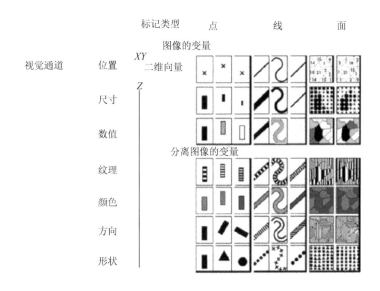

图 8-14 使用颜色饱和度的效果图

以上七种图形符号映射到点、线、面之后，就相当于有 21 种编码可用的视觉通道。人们又陆续补充了几种其他的视觉通道：长度、面积、体积、透明度、模糊/聚焦、动画等，所以可用的视觉通道变得非常多。一份具有高度可读性的可视化图表需要慎重选择视觉通道的类型和数量，因为包含的视觉通道太多会造成视觉系统的混乱。表 8-5 总结了七种视觉通道及应用场景。

表 8-5 视觉通道及应用场景

视觉通道	释义	应用场景
位置	数据在空间中的位置，一般指二维坐标	散点图中数据点的位置，可一眼识别出趋势、群集和离群值
方向	空间中向量的斜度	折线图每一个变化区间的方向，用于传达变化趋势以及变化的程度是缓慢上升还是急速下降
长度	图形的长度	条形图与柱状图中柱子的长度代表了数据的大小

续表

视觉通道	释义	应用场景
形状	符号类别	通常用于地图以区分不同的对象和分类；通常出现在散点图中，用不同的形状区分多个类别或对象
色调	通常指颜色	色调和饱和度可分开使用，也可单独使用。颜色的应用范围比较广泛，几乎运用于各种场景，但是颜色数过多会影响解码效率，建议在同一个图中使用少于5种颜色，同一个仪表板中使用相同色系
饱和度	色调的程度	
面积	二维图像的大小	二维空间中表示数值的大小，通常用于饼图和气泡图

通过以上总结可以看到不同视觉编码擅于处理的数据是不同的。本节结合不同的数据类型总结出视觉通道的三个性质。

（1）定性性质或分类性质。适用于类别型数据，如形状或颜色这两个视觉通道，非常容易被人眼识别。从一堆正方形中识别出一个三角形，或看万绿丛中一点红，都是眼睛的拿手好戏。

（2）定量性质或定序性质。适用于有序型和数值型数据，如长度、大小特别适合编码数值/量的大小。

（3）分组性质。人眼能很快识别出来具有相同视觉通道的数据。

二、统计图表可视化方法

统计图表是较早的数据可视化形式之一，作为基本的可视化元素仍然被非常广泛地使用。对于很多复杂的大型可视化系统来说，其作为基本的组成元素不可缺少。按照所呈现的信息和视觉复杂程度可将其分为三类：原始数据绘图、简单统计值标绘、多视图协调关联。

（一）原始数据绘图

原始数据绘图是指利用可视化原始数据的属性值，直接呈现数据特征。常见的图有柱状图、折线图、饼图、散点图和散点图矩阵、热力图等。

1. 柱状图

柱状图是一种以长方形的长度为变量的表达图形的统计报告图，一般用于表示客观事物的绝对数量的比较或者变化规律，显示一段时间内数据的变化，但只适用于中小规模的数据集。

文本维度/时间维度通常作为 X 轴，数值型维度作为 Y 轴。柱状图至少需要一个数值型维度。图 8-15 就是柱状图的对比分析。当需要对比的维度过多时，柱状图是不适用的。柱状图还有许多丰富的变种，如堆积柱状图、阶梯瀑布图、横向条形图、横轴正负图等。

2. 折线图

通常以折线图为基础，使用高密度集的折线图表达方式展示数据随某一变量的变化趋势。折线图适用于二维大数据集，尤其是那些趋势比单个数据点更重要的场合。当想要了解某一维度在时间上的规律或趋势时可用折线图，如图 8-16 所示。

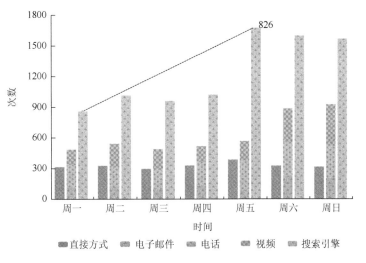

图 8-15　利用柱状图进行对比分析

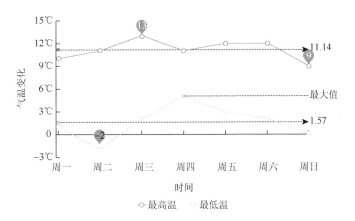

图 8-16　利用折线图研究事物随时间的走势

3. 饼图

饼图适用于一维数据可视化，尤其能反映数据序列中各项大小、总和以及相互之间的比例大小。如图 8-17 所示，以环状形式呈现各分量在整体中的比例。

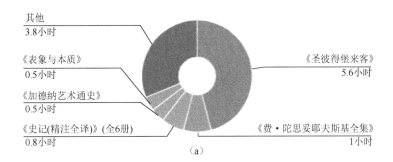

（a）

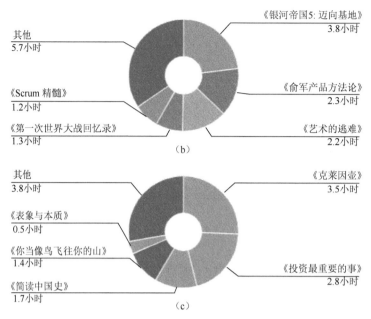

图 8-17　利用饼图研究比例关系（阅读书籍分布）

4. 散点图和散点图矩阵

散点图是表示二维数据的标准方法，数据以点的形式出现在笛卡尔坐标系中，每个点所对应的横纵坐标代表该数据相应维度上的属性值大小。散点图是观察两个指标之间关系的有效工具，图 8-18 中可以直观地看出身高和体重两个维度的关系。面对大数据量，散点图会有更精准的结果，可应用于统计中的回归分析、数据挖掘中的聚类等。

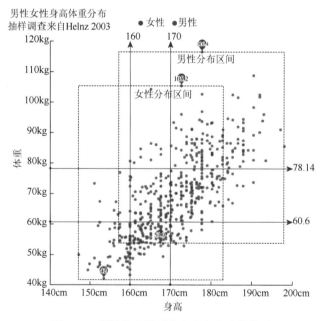

图 8-18　利用散点图研究身高和体重的关系

散点图矩阵是散点图的高维扩展，用来展现高维数据的属性分布，可以使用尺寸、形状和颜色等来编码数据点的其他信息。对不同属性进行两两组合，生成一组散点图，来紧凑地表达属性对之间的关系。

5. 热力图

　　热力图使用颜色来表达位置相关的二维数据大小。这些数据常以矩阵或方格形式整齐排列，或在地图上按一定的位置关系排列，用每个数据点的颜色编码数值大小。最常见的例子就是用热力图表现道路交通状况，如图 8-19 所示。互联网产品中，热力图可以用于网站的用户行为分析，将浏览、点击、访问页面的操作以高亮的可视化形式表现。

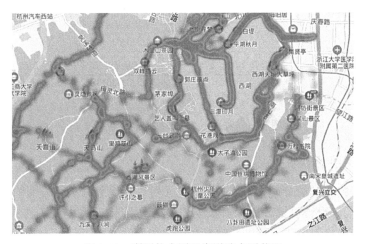

图 8-19　利用热力图观察道路交通状况

（二）简单统计值标绘

　　利用简单统计值标绘的最经典的图形便是盒须图。盒须图是 John Tukey（约翰·图尔克）发明的通过标绘简单的统计值来呈现一维和二维数据分布的一种方法。它的基本形式是用一个长方形盒子表示数据的大致范围（数据值范围的 25%～75%），并在盒子中用横线标明均值的位置。同时，在盒子上部和下部分别用两根横线标注最大值和最小值。盒须图在实验数据的分析中非常有用，并产生了如图 8-20 所示的若干变种。

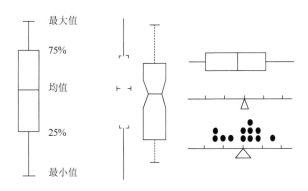

图 8-20　盒须图的标准表示及若干变种

图 8-21 展示的是互联网电商分析师对不同年份某商品出售情况的掌握。盒须图能很清晰地表示出每种商品的卖出情况、该商品被用户最多购买了几个、大部分用户购买了几个、用户最少购买了几个等指标及其变化。

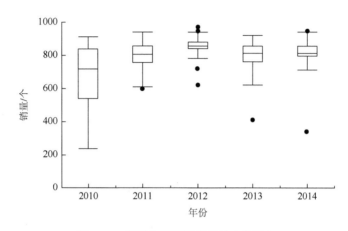

图 8-21　利用盒须图掌握商品出售情况

（三）多视图协调关联

将不同种类的绘图组合起来，每个绘图单元可以展现数据某个方面的属性，并且通常允许用户进行交互分析，以提升用户对数据的模式识别能力。在多视图协调关联应用中"选择"操作作为一种探索方法，可以是对某个对象和属性进行"取消选择"的过程，也可以是选择属性的子集或对象的子集，以查看每个部分之间的关系的过程。

可视化的图表花样繁多，根据数据分析的实际情况，需要有针对性地选择合适的数据可视化方法。例如，当你需要对不同的类别进行比较时，垂直瀑布图适合用来比较并分析各个组成部分的变化情况，词云图适用于大量文本的分析和比较；当你想要直观反映关键业绩指标随时间的变化情况时，用柱形图或曲线图是比较好的选择；当你希望展示数据之间的联系或关系时，漏斗图和散点图是比较好的选择。

在进行数据可视化的过程中，应该时刻关注数据可视化的目标，只有明确"你想展示什么"这一问题，才能选择出合适的图表，如图 8-22 所示。

三、图可视化方法

图可视化是指将图数据通过计算机图形学和图像处理技术转化成图形或图像，完成信息展示、交互等功能。图可视化作为信息可视化的子领域，它通过展示元素、关系，帮助用户获取数据的洞悉能力。其已被广泛地应用在流程图、社交网络、因特网、蛋白质网络等关系数据的呈现上。

最常用的布局方法主要包括节点链接（node link）法、邻接矩阵（adjacency matrix）法、混合布局（hybrid layout）法三类。三者之间没有绝对的优劣，在实际应用中针对不同的数据特征以及可视化需求选择不同的可视化表达方式。

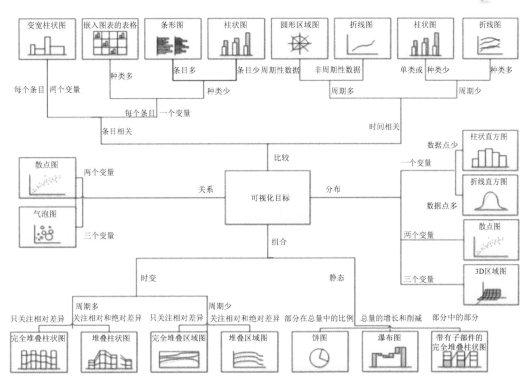

图 8-22　图表建议——思维指南

（一）节点链接法

节点链接法具体表现为：顶点表示信息实体，边表示信息实体间的关联关系。其表达清晰直接，具有较高的可读性，方便用户理解，是最直接的一种可视化方法。

图可视化中的节点链接法对于图中各顶点的位置布局并没有要求，将图中的顶点和顶点之间的关系表达清楚即可。为了实现布局的实用性和美观性，创建网络数据可视化的图形需要遵循以下四条准则：连接边的交叉要尽可能少；顶点和边的位置要尽可能均匀；整体布局对称，边长尽量统一；连接边要尽量平滑。

此外，对于图形整体而言，其纵横比、所有连接边的数量和也是要考虑的重要因素。节点链接法因其能够对网络结构、用户交互关系进行明朗的表达，在网络数据可视化领域得到了主要应用。目前，节点链接法已经产生力引导布局、多维利用尺度分析布局和弧长链接图等多个变种。图 8-23 和图 8-24 分别是利用力引导布局和弧长链接图绘制的人物图谱。

（二）邻接矩阵法

邻接矩阵法的主要思想是用一个 $N×N$ 的矩阵来表示网络中的各顶点及顶点关系。矩阵中的一行一列对应一个信息实体，矩阵的位置 (i,j) 描述了第 i 个信息实体和第 j 个信息实体之间的关系。

图 8-23　力引导布局绘制的人物图谱

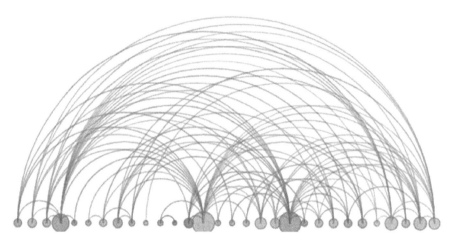

图 8-24　弧长链接图绘制的人物图谱

邻接矩阵法能很好地表达一个两两关联的网络数据（即完全图），而节点链接法不可避免地会造成极大的边交叉，造成视觉混乱；相反地，在边的规模较小的情况下，邻接矩阵法不能呈现网络的拓扑结构，甚至不能直观地表达网络的中心和关系的传递性，此时节点链接法较优。

邻接矩阵法的另一个优点就是能够利用矩阵形式，即矩阵的对称性，清楚地表达网络关系的方向性。对称矩阵表示关系网络是无向的，而非对称矩阵可以表达有向关系网络。

同时，邻接矩阵的自身性质决定了其可视化效果往往具有稀疏性，空间利用率不高。这是因为，并不是所有的顶点之间都存在关联关系，体现在邻接矩阵上，就是稀疏邻接矩阵。为了解决这一问题，通常还要采用高维嵌入（high-dimensional embedding）方法和最近邻旅行商问题估计（nearest-neighbor travelling salesman problem approximation）方法对稀疏的邻接矩阵进行排序。

总的来说，邻接矩阵法解决了布局不均匀、边与边可能交叉的问题，适用于深层次的挖掘，但在对网络结构、网络关系的表达上不够清晰明朗。一旦网络结构中的顶点数目规模较大，邻接矩阵就不能保证在有限的屏幕空间将所有的顶点清晰地表达。

（三）混合布局法

通过对以上两种网络数据可视化方法的介绍，不难看出，节点链接法适用于节点规模大但边关系较为简单，并且能从布局中看出图的拓扑结构的网络数据；邻接矩阵法恰恰相反，适用于节点规模小，但边关系复杂的数据。这两种数据的特点是用户选择布局的首要区分原则。

在实际生活中，网络数据集并不是一味地显示一种特征的，任何一种单一的图可视化方法都不能使其进行很好的表达，因此需要一种新的具备两者优点的网络数据可视化方法——混合布局法。使用混合布局法时，针对局部数据，用户能自由、灵活地选择可视化方法。混合布局法综合了节点链接法及邻接矩阵法两种方法，因此混合布局法又被称为点阵法。如图 8-25 所示，使用混合布局法对信息可视化学术圈学者合作关系进行可视化。

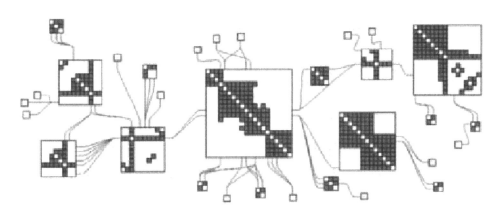

图 8-25　利用混合布局法对信息可视化学术圈学者合作关系进行可视化

第四节　可视化评测

随着可视化技术的不断丰富和成熟，对可视化方法的评估变得越来越重要。一方面，有必要对新方法进行评估，从而确认其优越性及适用范围；另一方面，对可视化的有效评估有助于用户认识到可视化的作用，进而在专业领域里接受和使用可视化。现阶段，由于严格的评测费时费力，研究者更专注于研发新的可视化技术，因此评测在可视化研究中没有引起足够重视，可视化评测面临着诸多挑战。

可视化技术的目标是帮助用户分析和解读数据。某些时候，由于评测的数据集太小、参与用户不是目标人群、实验任务设计不当等因素，用户评测并不能有效地回答研究所要解决的问题，因此要完成一个严谨有效的可视化用户评测并非易事。可视化研究者需要具备良好的实证性研究的相关技能训练，以便更好地设计和执行可视化技术的用户评测。

一、评测流程

可视化评测流程通常涉及如图 8-26 所示的几个环节。

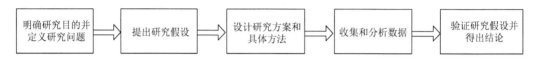

图 8-26　可视化评测流程

（一）明确研究目的并定义研究问题

对于可视化评测，首先，要明确评测的目的；其次，围绕研究目的进一步定义研究所要解决的具体问题。研究目的通常是概括性的，而研究问题必须是具体和清晰的，通常是对研究目的的进一步细化的和可操作化的定义。假如研究目的是"从用户角度了解某种可视化技术是否比以前的方法更有优势"，那么包含的几个研究问题可能是"新技术是否能帮助目标用户更高效率地完成代表任务 A 和 B？""用户是否对新技术的满意度更高？"等。研究问题的定义对于整个研究非常关键，定义具体和明确的研究问题是形成好的研究方案的充分条件。

（二）提出研究假设

在执行实验方案之前，针对研究所要解决的问题，研究者应该结合相关的理论及研究结果给出研究假设。研究假设的提出过程也是回顾相关理论的一个过程，这一过程对于研究者理解为什么会出现这样或者那样的研究结果起到有效作用。

在给出研究假设的时候，应尽量避免使用宽泛的命题，因为太宽泛的命题比较难以验证。如果能建立具体的研究假设，接下来的研究方案设计和实施就会更具有针对性。对于可视化技术来说，相对更好的命题是"用户在使用可视化系统甲时，能比使用可视化系统乙时更高效地对某类特定数据进行聚类分析"。这样一个研究假设事实上对前文中提到的很多评测因素进行了限定：用户所要完成的任务是聚类分析；要评测的指标是效率，即用户完成聚类分析所花费的时间和正确率。

（三）设计研究方案和具体方法

研究假设形成之后，研究者可以着手设计研究的具体方案并且选择合适的方法。以上文提到的研究为例，研究方案中应对比几种已有的技术，它们的代表用户、用户的代表任务、衡量不同技术的指标以及如何采集数据都是研究方案应该逐步明确的。当研究方案细化到一定程度、操作性较高时，就进入研究的下一个环节。

（四）收集和分析数据

在实验执行的过程中，有很多细节值得注意以避免潜在的问题，保证结果的可靠性，如对参与的用户进行必要的指导，安排必要的练习。在比较多种技术或系统时，这些细节方面需尽量保持一致，以保持参照完整性。此外，现有技术已经能够很好地保证某些用户数据采集的实时性和客观性，如任务的完成时间和正确率，应当充分利用这些技术，保证数据采集的有效性。在分析数据时，重要的是保证针对不同类型的数据选择正确的方法。

（五）验证研究假设并得出结论

得到实验结果之后，需要判断研究假设是否成立，或者是否有充足的证据来推翻原假设，进而得到研究的主要结论。

二、评测方法

人机交互领域发展出很多成熟的用户评测方法，其中大多数方法都已经被应用到数据可视化系统的评测中。最常见的方法包括以下几种。

（一）可用性测试

可用性测试通常在实验室环境中进行，注重控制无关变量和实验过程，从而确保实验结果的有效性。研究者可以控制实验环境的设置、研究进行的步骤以及用户需要完成的任务，然后通过观察、记录和分析用户行为指标得出关于可视化系统可用性的评估结果。研究通常需要在实验过程中对多个方面进行评估，可以归纳为有效性（effectiveness）、效率（efficiency）和满意度（satisfaction）。由于研究者的控制权较大，研究者可以进行严格的对比实验，对一些具体问题得出比较精确的答案，但需要注意的是，不要因为高度控制的环境而丧失过多的实际性。

（二）专家评估

专家评估只允许专家级用户参与，从而避免了招募用户参与评测的麻烦。这些评估者是领域的专家，他们对所使用的数据和需要完成的目标任务非常了解，能够对于可视化技术在多大程度上能适用于这样的数据和任务做出比较准确的判断。

可视化技术评测的参与者也可以包含可视化专家，他们对可视化设计有丰富的知识，并具有可视化工具开发经验。可视化专家对可视化的有效性有自己的一套评判标准，并在评测中依据这些标准做出自己的判断。

（三）现场测试

与在实验室环境下进行的可用性测试不同，现场测试通常是指在实际使用环境下对可视化技术的评测。这种测试使评测对用户使用的干扰降低到最小，从而获得最接近实际情况的评测结果。尽管在测试过程中，有观测者对使用者进行观察和记录，但是他们不对使用者提供指导或建议。为了降低学习效应，现场测试有时会持续较长时间，但由于它在实际使用环境下进行，无法进行严格的对比试验，因此并不适用于需要控制特定变量的可视化技术的评测。

（四）案例研究

除了上述三种方法中提到的专家、用户参与评测外，很多可视化研究者也试图通过描述可视化技术和系统如何帮助解决一个现实的问题并完成目标任务来证明其有效性。这样的案例研究的关键在于案例必须是真实的和有切实需求的。这样才能对有类似需求的用户具有说服力，使他们有信心尝试使用该技术去解决实际问题。

（五）标注

评测结果的准确性需要基于标准答案。在一些情况下，标准答案来自人工标注的结果。通过标注员对给定事件进行手动标注，并将标注结果作为标准答案，与使用的各种可视化方法评测结果进行比较，得出各种可视化方法的正确率，进一步得出最优方法。

（六）指标评估

对于可视化的子模块，如布局和交互，可以通过一些指标来对它们的部分特性进行评估。以图的布局算法为例，算法的时间复杂度、生成结果的易读性或美观程度都可以被用来检验生成的结果，然而，这些指标只能客观地从某个角度进行量化评估。实际上，人的主观认知十分复杂，且具有多样性。对于喜好程度等依赖认知的评估条目来说，根据经验得出的一个或一组指标无法全面地模拟出主观认知的过程，因此不能完全取代用户实验得出的真实结果。

评测的方式有很多种，各种方式有各自的侧重点，同时可视化评测方法也有它们的共性，所有评测都需考虑特定可视化方法的研究目的、该方法相对于现有方法的优越性以及适用数据和用户范围等。通常研究人员力求可视化评测方法满足以下性质。

（1）通用性。如果可视化评测方法适用于很多种可视化方法，那么可以节省可视化评测软件的开发时间和投资。

（2）精确性。可视化评测方法越精确，得到的结果越具有可信度，用户越可能接受。定量评测一般比定性评测精确性高。

（3）实际性。可视化评测方法需要面向实际问题、实际数据和用户等。在实验室环境下得出的评测结果很可能在实际应用中不成立。

第五节　应用案例[①]

数据可视化专家 Stephen Few（斯蒂芬·福）指出任何值得分享的见解都可以作为一个数据故事来分享。用数据讲故事经常被狭隘地认为只是有效地可视化数据，然而，它不仅仅是创建视觉上吸引人的数据图表，更是交流数据见解的结构化方法。它涉及三个关键要素的组合：数据、可视化和叙述。利用简洁明了的数据、生动的可视化分析技术，并结合各种相关见解来创建引人入胜的叙述，将获得比文本数据更高的收益效果。下面以某医

---

① 案例源自第四届 Power BI 可视化大赛一等奖作品《古城医院大数据管理运营平台》。

院大数据管理运营分析平台为例，展现应用于医疗领域的数据故事。

该平台共有整体概况、运营分析、三公考核、DIP（big data diagnosis-intervention packet，大数据病种组合）模型、流程管理和影响发展力六大功能模块。每个功能模块均可针对时间、科室类别、科室、医师等要素，对数据范围进行限定。

在整体概况功能模块中，既有以数字形式直观展示的人次、次均费用、次均药费等单一数据，又有以各种图表展现的病患等候时间、手术情况等多维数据。整个界面的左侧是门诊相关数据，右侧是住院相关数据，中间部分是患者轨迹地图及各类数据的同比和环比增长情况。

运营分析功能模块分为费目分析、病种运营和 7 维运营。其中，费目分析如图 8-27所示，将单个医师对住院总收入的增量、各项费用的占比以及每名医师具体的各项费用占比进行可视化展示。底部以矩形树图的形式按照病种对住院收入进行划分，单击矩形方框实现对单个病种的费目分析，与图表实现联动。病种运营部分以表格的形式对所有单病种的每项数据占比进行了直观的展示。7 维运营部分运用时间轴折线图和散点图，以发现在时间维度上住院天数、病例数、总费用和平均住院费用的规律。

图 8-27 运营分析之费目分析

三公考核功能模块分为考核排名、功能定位、质量安全、合理用药、服务流程、收支结构和费用控制等几部分。该模块对医院数据的建模及自动化分析可为医院应对国家三级公立医院绩效考核提供管理的有力保障；针对考核中医院存在的短板、弱项，为不断提高患者满意度，设计得分权重，促进医院科学发展，提升为患者的服务能力。其中，功能定位部分如图 8-28 所示，将四个重点指标以仪表盘、雷达图和动态散点图矩阵的形式呈现。

DIP 模型功能模块包括波士顿矩阵、科室运营、医师运营、模型维度、单病种分析、病种运营等几部分。该功能模块根据当前和前两年的历史数据构建了 DIP 模型，用于对

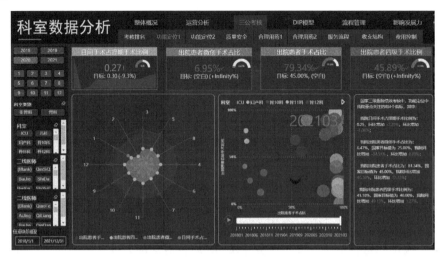

图 8-28　三公考核之功能定位

接新形势下医院经济管理需求。科室运营部分如图 8-29 所示，各个科室的时间消耗指数、费用消耗指数、病种数、CMI（case mix indicate，病例组合指数）值等指标以表格、柱状图、折线图融合的形式呈现，其中，表格数据中的箭头反映了数值的浮动情况，同时在右下角以文字陈述的形式展示了关键数值及其同比增长率、环比增长率。

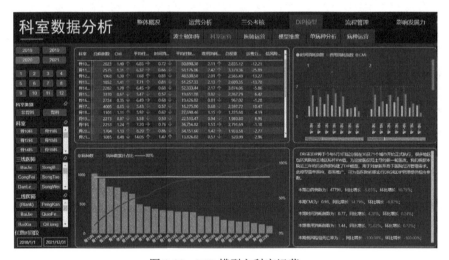

图 8-29　DIP 模型之科室运营

流程管理功能模块分为手术首台和手术市场两部分。从年度月份和手术级别两个角度分别对手术流程效率指数和手术时长效率指数进行呈现，并且对科室、手术医生的手术情况分别进行了分析。

影响发展力功能模块分为科研产出和科研效率两部分。科研产出部分重点关注科研支出、科研积分、科研产出指数等情况，科研效率部分则关注科研资助金额、总积分和项目数量等情况。

该平台的图表之间具有一定的联系，并能够连贯地讲好一个数据故事，从患者入院到治疗过程，都能够开发出一个故事，以帮助传达关键趋势，连接组织点并分享可推动真正变革的可行见解。讲故事的作用不仅仅在于其字面意思，更重要的是讲故事可以让你从之前遗漏的数据中发现新的观点。数字无法清晰描绘的特征和数据之间的关系，可以使用故事和图表来展示。

本章拓展阅读

陈明. 2015. 大数据可视化分析[J]. 计算机教育, (5): 94-97.

陈为, 沈则潜, 陶煜波. 2013. 数据可视化[M]. 北京: 电子工业出版社.

陈为, 张嵩, 鲁爱东. 2013. 数据可视化的基本原理与方法[M]. 北京: 科学出版社.

刘勘, 周晓峥, 周洞汝. 2002. 数据可视化的研究与发展[J]. 计算机工程, 28(8): 1-2.

刘文远, 李芳, 王宝文, 等. 2010. 基于雷达图表示的多维数据可视化分类方法[J].系统工程理论与实践, 20(1): 178-183.

刘自强, 胡正银, 许海云, 等. 2020. 基于PWLR模型的领域新兴趋势识别及其可视化研究[J]. 情报学报, 39(9): 979-988.

任磊, 杜一, 马帅, 等. 2014. 大数据可视分析综述[J].软件学报, 25(9): 1909-1936.

张浩, 郭灿. 2012. 数据可视化技术应用趋势与分类研究[J]. 软件导刊, 11(5): 169-172.

朱靖. 2013. 信息经济学研究的可视化分析[J]. 情报学报, 32(11): 1222-1232.

第九章

数 据 治 理

随着大数据时代的到来，信息资源日益成为不可忽视的生产要素和无形资产。为了使庞大的企业数据发挥更大的价值，企业必须对数据进行治理，以更好地管理数据资产，进而以数据驱动业务创新，提高企业竞争力。在本章中您将理解数据治理的基本概念、目标、原则、流程及挑战，掌握数据治理的关键职能，了解各职能的基本实施流程及主要实施工具，同时掌握数据治理的相关评估模型。

学习目标

- 理解数据治理整体概述。
- 掌握元数据治理的定义、基本流程及治理工具。
- 掌握数据质量治理的定义、基本流程及治理工具。
- 掌握数据安全治理的定义、基本流程及治理工具。
- 掌握数据治理的相关评估模型。

知识结构图

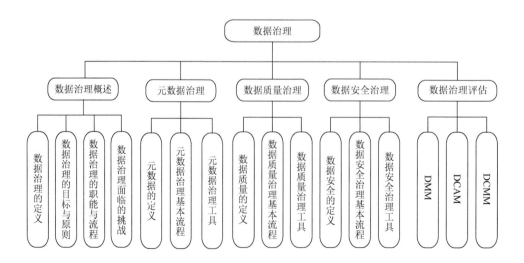

第一节 数据治理概述

一、数据治理的定义

治理（governance）概念的产生最早可追溯到 13 世纪晚期，来源于拉丁语"统治"（gubernare）一词，学术界对其真正开始研究是在 20 世纪 80 年代末。1995 年，全球治理委员会（Commission on Global Governance）将"治理"定义为：各种公共的或私人的个人和机构管理其共同事务的诸多方法的总和，是使相互冲突的或不同的利益得以调和并且采取联合行动的持续的过程。治理在不同领域中的意义也有所区别，国家的治理意味着财政支出获得最大效益，公司治理意味着组织的良好运营及有效监管。

随着企业信息化进程的推进，数据资产的构成越来越复杂，跨部门、跨系统的协同交互对数据质量提出了越来越高的要求，数据管理成了一项复杂的系统工程。为了对数据进行有效的管理，数据治理的话题受到了越来越多的关注。只有建立了有效的数据治理体系，才能系统性地提升数据管理的能力、改善数据质量，企业才能真正地进入商业智能时代。

数据治理对于企业来说是十分重要的。在国际数据管理协会（Data Management Association）发布的 DAMA-DMBOK2 数据管理框架中，数据治理是所有数据管理活动的中心，贯彻和辐射到数据管理的各个功能域，是实现各领域内部一致性和领域之间平衡所必需的部分，如图 9-1 所示。框架强调数据治理不能只关注某个方面或某个环节，要通过构建一套治理体系把各方面有机串联起来，才能推动数据高质量发展，有效释放数据价值。此外，商业应用研究中心（Business Application Research Center）发布的研究报告《2022 年商业智能发展趋势》（Top Business Intelligence Trends 2022）对重要的商业智能发展趋势进行了调查，结果表明数据治理在众多发展趋势中排名第三位，越来越多的企业与组织开始重视数据治理。

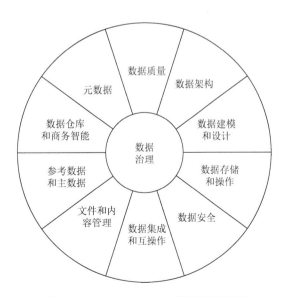

图 9-1 DAMA-DMBOK2 数据管理框架

目前，数据治理和众多的新兴学科一样，存在很多种定义。国际商业机器公司（International Business Machines Corporation）认为，数据治理是针对数据管理的质量控制规范，它将严密性和纪律性植入企业的数据管理、利用、优化和保护过程中，涉及以企业资产的形式对数据进行优化、保护和利用的决策权利，涉及对组织内的人员、流程、技术和策略的编排。国际数据治理研究所（Data Governance Institute）认为，数据治理是一个通过一系列信息相关的过程来实现决策权和职责分工的系统，这些过程按照达成共识的模型来执行，该模型描述了谁能根据什么信息，在什么时间和情况下，用什么方法，采取什么行动。我国国家标准 GB/T 34960.5—2018 将数据治理定义为数据资源及其应用过程中相关管控活动、绩效和风险管理的集合。

本书采用国际数据管理协会所提出的定义，认为数据治理是在管理数据资产过程中行使权力和管控，包括计划、监控和实施。数据治理对其他数据管理职能进行指导，并对数据管理状况进行监督、评估与反馈，从而提高企业数据管理水平，充分发挥数据价值。对于所有组织来说，无论是否有正式的数据治理职能，都需要对数据进行决策。若企业建立了正式的数据治理规程，同时形成了有意向性地行使权力和管控的组织结构，将能够更好地从数据资产中获益。

数据治理几乎覆盖了企业内所有与 IT 相关的工作，不仅包含各类核心业务系统，也包括数据采集、数据存储、数据分析及其他相关的系统，最终实现数据的全方位治理、全生命周期管控，保证数据的有效性、高价值、一致性与安全性。

二、数据治理的目标与原则

（一）数据治理的目标

加强数据治理是提升企业信息化水平、管理精细化水平，提高企业业务运作效率，增强企业决策能力和核心竞争力的重要途径。数据治理指导其他数据相关活动的开展，是在更高层次上执行数据管理制度。数据治理的目的是确保数据管理活动能够按照数据管理制度及最佳实践展开。因为每个企业都具有不同的业务目标与组织需求，所以不同企业进行数据治理的方式与焦点各不相同。有些企业可能专注于数据质量，有些企业可能专注于数据安全和隐私保护，还有一些企业可能专注于数据的实效性。一般来说，通过数据治理企业可实现以下目标。

（1）完善的数据管控体系。通过对数据管控的组织、标准、流程和技术支持进行统一规划设计，实现数据管控活动的高效运行和持续优化，建立数据治理的长效机制。

（2）统一的数据来源。通过对重要共享数据进行集中管理，确保重要共享数据的一致性，从而构建企业层面的统一数据视图。

（3）规范化的数据。通过对现有数据的整理，以及通过数据申请和数据审批等业务流程对新增数据进行控制，实现企业数据的规范化，从而彻底改善数据的不完整、冗余、错误等质量问题。

（4）提高工作效率。数据的规范化将使企业内部的信息共享、业务协同更加流畅，从而带来工作效率的提高。

（5）降低数据管理成本。共享数据分散在不同的业务系统中，想要保持数据的一致性，就必须付出大量的管理成本，但这仍然无法根治数据质量问题。数据治理通过对这部分数据进行统一管理，将一致的、规范的数据通过接口自动分发给各个业务系统，从而显著降低管理成本，保证数据质量。

（6）满足数据的合规性。数据治理将帮助组织更好地遵从内外部有关数据使用和管理的监管法规，满足合规性要求。

（二）数据治理的原则

数据治理的原则是指数据治理所遵循的、首要的、基本的指导性法则。数据治理原则对数据治理实践起指导作用，只有将原则融入实践过程中，才能实现数据治理的目标，提高数据运用能力，充分发挥数据价值。为了高效采集、有效整合、充分运用数据，我们提出以下基本原则。

（1）有效性原则。有效性原则体现了数据治理过程中数据的标准、质量、管控的有效性。遵循有效性原则，选择有用数据，淘汰无用数据，识别出有代表性的本质数据，去除细枝末节或无意义的非本质数据。

（2）价值化原则。价值化原则指数据治理过程以数据资产为价值核心，实现数据价值最大化。数据本身不会产生价值，只有经过处理后才能给企业带来效益。所有的数据治理过程应以价值为导向，不断实现数据的价值增值。

（3）一致性原则。一致性原则指在数据标准管理组织的推动和指导下，遵循统一的数据标准规范，借助标准化管控流程以实现数据一致性的原则。实现企业数据的一致性，能够大大降低管理成本，提高工作效率。

（4）安全性原则。安全性原则指保障业务系统中数据的安全和数据治理过程中数据的安全可控。数据的安全性直接关系到相关业务能否顺利实施。数据治理过程中要明确数据的安全性，从技术层面到管理层面采用多种策略来提升数据本身及业务平台的安全性。在大数据时代下，业务数据和安全需求相结合，才能有效提高企业的安全防护水平，防止数据泄露。

（5）持续性原则。数据治理是一个持续性的过程，不能因项目的结束而终止，需要把数据治理当作企业的责任，不断改变数据的应用和管理方式，以适应不断变化的企业需求，形成长效的数据改进机制。

（6）开放性原则。在当下大数据和云环境的背景下，要以开放的态度树立起信息公开的思想，运用开放、透明、发展、共享的信息资源管理理念对数据进行处理，加强数据治理的透明度，对数据进行开放共享。

三、数据治理的职能与流程

（一）数据治理的职能

职能（function）是指人、事物或机构所应有的作用。对于数据治理来说，其职能可理解为数据治理应该包含的内容及其对企业数据管理所起到的积极影响。在数据治理的诸多职能中，元数据治理、数据质量治理、数据安全治理与数据治理的评估是关键职能。

元数据治理主要解决企业元数据管理不规范的问题，其目的在于确保元数据的安全、质量与一致性。通过治理为元数据的使用者提供标准途径来访问元数据，并依据统一的元数据标准来实现数据交换。数据质量治理主要保证企业的数据质量水平。根据数据消费者的需求，制定统一的数据质量控制标准与规范，对数据在整个生命周期内的流通进行有效的管控。

数据安全治理主要维护企业数据资产的安全性，防止信息泄露对企业利益造成损害。数据安全治理应当支持人员对数据的适当访问并防止不当访问；支持对隐私保护和法律法规的遵从；满足利益相关方的保密要求。数据治理的评估主要对企业当前数据管理与治理状况进行评估，以确定企业的相关改进方向与计划。评估通过分析企业具体的优势与弱点，用成熟度水平来衡量，从而帮助企业发现改进机会。

（二）数据治理的流程

数据治理具有完整的体系结构，企业通过制定数据标准、建立数据组织、健全数据管控流程，对数据进行全面的、统一的、高效的管理。数据治理正是通过将数据标准、数据组织、数据管控流程与策略有效地结合，进而实现对企业信息化建设的全方位监控。因此，数据治理项目的实施需要企业内部进行全面的变革，需要企业高层的授权及业务部门与IT部门的密切协作。一个完整的数据治理流程应该包含如图9-2所示的基本过程。

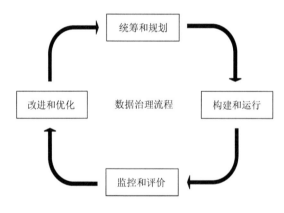

图9-2 数据治理基本流程

1. 统筹和规划

在此阶段，企业应明确数据治理的目标和任务，营造必要的治理环境，做好数据治理实施的准备，具体包括：评估数据治理的资源、环境和人员能力等状况，分析与法律法规、行业监管、业务发展及利益相关方需求等方面的差距，为数据治理方案的制订提供依据；指导数据治理方案的制订，包括组织机构和责权利的规划、治理范围和任务的明确以及实施策略和流程的设计；监督数据治理的统筹和规划过程，保证状况评估的客观、组织机构设计的合理以及数据治理方案的可行。

2. 构建和运行

这一阶段主要构建数据治理实施的机制和路径，确保数据治理有序实施，具体包括：评估数据治理方案与现有资源、环境和能力的匹配程度；为数据治理的实施提供指导；制订数据治理实施的方案，包括组织机构和团队的构建、责权利的划分、实施路线图的制定、实施方法的选择以及管理制度的建立和运行等；监督数据治理的构建和运行过程，保证数据治理实施过程与方案的符合、治理资源的可用和治理活动的可持续。

3. 监控和评价

该阶段主要监控数据治理的过程，评价数据治理的绩效、风险与合规性，保障数据治理目标的实现，主要包括：构建必要的绩效评估体系、内控体系或审计体系，制定评价机制、流程和制度；评估数据治理成效与目标的符合性，必要时可聘请外部机构进行评估，为数据治理方案的改进和优化提供参考；定期评价数据治理实施的有效性、合规性，确保数据及其应用符合法律法规和行业监管要求。

4. 改进和优化

这一阶段企业主要改进数据治理方案，优化数据治理实施策略、方法和流程，促进数据治理体系的完善，具体包括：持续评估数据治理相关的资源、环境、能力、实施情况和绩效等，支撑数据治理体系的建设；指导数据治理方案的改进，优化数据治理的实施策略、方法、流程和制度；监督数据治理的改进和优化过程，为数据资源的管理和数据价值的实现提供保障。

四、数据治理面临的挑战

数据治理是一个复杂的系统工程，它不仅仅是技术问题，更是管理问题，涉及企业的方方面面。企业既要做好顶层设计，又要解决好统一标准、统一流程、统一管理体系等问题，同时也要解决好数据采集、数据清洗、数据对接和应用集成等相关问题，这些都给数据治理项目带来了不少的挑战。

（一）数据整合挑战

企业中一般存在多项不同的业务，为了保障各业务的良好运行，建立了多个业务系统。同时，在大数据时代下，企业为了更精准高效地开展业务，所需的数据也越来越多，所要去获取的数据源也会不断增多。如何对多业务系统、多数据源进行有效整合，成了企业数据治理过程中急需解决的问题。

（二）数据安全挑战

数据安全不仅仅是技术上的挑战，更是意识上的挑战。在企业采集、治理、利用数据的过程中，必须符合相关规范，加强敏感字段的审核，不触碰政策红线。在数据传输过程中，企业也要防止数据的窃取与伪造问题。

（三）组织制度挑战

部分企业在数据治理的过程中出现速度过慢、成效不好的情况，其中一个很重要的原因是权责划分、部门配合等方面存在问题。在大多数情况下，生产数据、使用数据、分析数据的工作人员分布在不同的职能线与部门，他们角色不同，立场也不同，这些客观存在的影响因素都会影响整个数据治理的最终结果。所以，对多数企业来说，在数据治理时都需要进行组织变革与文化变革。

（四）可持续性挑战

数据治理不是一次性的行为，是一个持续性的项目集，以确保企业一直聚焦于如何从数据获取价值以及降低数据风险。随着业务的不断迭代变化，数据治理需要企业不断地采取措施去适应这种变化，以确保数据治理效果。

第二节　元数据治理

一、元数据的定义

元数据是描述数据的数据，是指从信息资源中抽取出用于描述其特征与内容的数据。一般来说，元数据主要是指数据的类型、名称和值等。在关系型数据库中，元数据常常指数据表的属性、取值范围、数据来源以及数据之间的关系等。

元数据不仅可以帮助企业理解自身的数据、系统和业务流程，还能帮助企业评估数据质量。元数据能够辅助企业有效集成、处理、维护和治理其他数据，这对数据库与信息系统的管理来说是不可或缺的。所有大型企业都会产生和使用大量的数据，在整个企业中，不同的个体拥有不同层面的数据知识，但没有逐一体会了解数据的一切。因此，必须将这些信息记录下来，否则企业可能会丢失关于自身的宝贵知识。如果没有可靠的元数据，企业就不知道自身拥有哪些数据、数据表示什么、数据来自何处、数据如何在系统中流转、谁有权访问它。如果没有元数据，企业就不能将其数据作为资产进行管理。实际上，如果没有元数据，企业可能根本无法管理其数据。

二、元数据治理基本流程

为了更加有效地管理元数据，企业需要对元数据进行治理，并对流程进行规范，形成一套切实可行的治理办法，从而提升企业元数据管理水平。通常，一个完整的元数据治理过程应包含以下几个步骤。

（一）了解元数据需求

了解元数据需求，可以帮助阐明元数据治理战略的驱动力，识别并克服潜在障碍。在这一步骤，企业应清楚需要哪些元数据以及哪种详细级别。例如，对于表和字段来说，需要采集它们的物理名称和逻辑名称。元数据的内容广泛，业务和技术数据使用者都可以提出元数据需求。

（二）定义元数据战略

元数据战略描述企业应如何治理其自身元数据，以及元数据从当前状态到未来状态的实施路线。元数据战略应该为开发团队提供一个框架，以提升元数据管理水平与治理能力。随着企业治理能力的改进，元数据质量得到提升，企业也应适时地改变元数据战略，以适应当前发展需求。

（三）定义元数据架构

元数据管理系统必须具有从不同数据源采集元数据的能力，设计架构时应确保可以扫描不同的数据源，并且能够定期地更新元数据存储库。元数据架构应为用户访问元数据存储库提供统一的入口，该入口必须向用户透明地提供所有相关元数据资源，方便用户能够在不关注数据源差异的情况下访问元数据。企业应根据具体的需求设计元数据架构。

（四）创建和维护元数据

为保证元数据的质量，需要对元数据的创建进行审核，并对元数据进行分析和维护。企业需要制定、执行并审计元数据标准，进一步规范元数据的创建过程。元数据通常经过数据建模、业务流程定义等流程产生，因此流程的执行者应对元数据的质量负责，只创建有必要的元数据。在维护过程中，企业应根据需要，对元数据进行整合与删减，精简元数据，避免冗余，适应当前企业发展；建立反馈机制，保障用户可以将不准确或已过时的元数据反馈给元数据治理团队。

三、元数据治理工具

元数据治理任务的展开需要相关工具的支持。利用这些工具不仅有助于元数据治理任务的实施，还能确保治理过程的规范。较好的元数据治理工具可以帮助企业更好更快地实施元数据治理项目。

Atlas 是一个可伸缩、可扩展的元数据管理工具，其设计的目的是与其他大数据系统组件交换元数据，改变以往标准各异、各自为战的元数据管理方式，构建统一的元数据定义标准与元数据库，并且与 Hadoop 生态系统中的各类组件相集成，可以建立统一、高效且可扩展的元数据管理平台。

对于需要元数据驱动的企业级 Hadoop 生态系统来说，Atlas 提供了可扩展的管理方式，并且能够支持对新的商业流程与数据资产进行建模。Atlas 内置的类型系统（type system）允许其与 Hadoop 生态系统相关的各种组件进行元数据交换，这使得建立与平台无关的大数据管理系统成为可能。同时，对于不同系统之间的差异以及需求的一致性问题，Atlas 都提供了十分有效的解决方案。

Atlas 能够与企业平台的所有 Hadoop 生态系统组件进行高效集成。同时，Atlas 还可以通过预先设定的模型在 Hadoop 中实现数据的可视化，提供易于操作的数据审计功能，并根据数据血统查询来追溯数据来源。

（一）Atlas 架构

Atlas 的整体架构如图 9-3 所示，具体可分为四大模块。

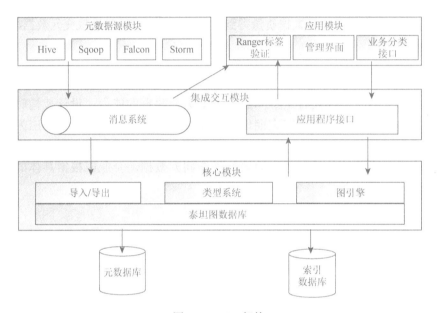

图 9-3　Atlas 架构

1. 元数据源模块

Atlas 支持与多种数据源相互整合。目前，Atlas 0.7 版本导入与管理的数据源有 Hive、Sqoop、Falcon、Storm。这意味着在 Atlas 中定义了原生的元数据模型来表示这些组件的各种对象，并且还提供了相应的模块从这些组件中导入元数据对象。

2. 应用模块

在 Atlas 的元数据库中存储着各种组件的元数据，这些元数据将被各种各样的应用使用，以满足不同现实业务与大数据治理的需要。Atlas 管理界面是一个基于 Web 的应用程序，它允许管理员与数据科学家查找元数据信息并添加注释。Atlas 提供了搜索接口与结构化查询语言，它们能够帮助用户快速查询 Atlas 中的元数据类型和对象。基于策略的 Ranger 标签验证能够使得 Atlas 与 Ranger 进行交互，提高数据的安全性。对于整合了诸多 Hadoop 组件的 Hadoop 生态系统来说，Ranger 是一个高级安全解决方案。通过与 Atlas 集成，Ranger 允许管理员自定义元数据的安全驱动策略来对大数据进行高效的治理。当元数据库中的元数据发生改变时，Atlas 会以发送事件的方式通知 Ranger。从各类元数据源中导入 Atlas 的元数据以最原始的形式存储在元数据库中，这些元数据还保留了许多技术特征。为了加强挖掘与治理大数据的能力，Atlas 提供了一个业务分类接口，允许用户对其业务领域内的各种术语建立一个具有层次结构的术语集合，并将它们与 Atlas 管理的元数据实体相关联。业务分类这一应用，目前是作为 Atlas 管理界面的一部分而存在的，通过表达性状态转移应用程序接口（representational state transfer application program interface，REST API）来与 Atlas 集成。

3. 集成交互模块

Atlas 提供了两种方式供用户管理元数据。

（1）应用程序接口（application program interface，API）。Atlas 的所有功能都可以通过 REST API 的方式提供给用户，以便用户对 Atlas 中的类型和实体进行创建、更新和删除等操作。同时，REST API 也是查询 Atlas 管理的数据类型和实体的主要工具。

（2）消息系统。除了 API，用户还可以选择基于 Kafka 的消息系统接口来与 Atlas 集成。这种方式既有利于与 Atlas 进行元数据对象的交换，也有利于其他应用对 Atlas 中的元数据变更事件进行获取并执行相应操作。当用户需要以一种更加松散的耦合方式来集成 Atlas 时，消息系统接口就变得尤为重要，因为它能提供更好的可扩展性和稳定性。在 Atlas 中，使用 Kafka 作为消息通知的服务器，能够使上游不同组件的钩子（Hook）与元数据变更事件的下游消费者进行交互。

4. 核心模块

在 Atlas 的架构中，核心模块是实现其功能的重中之重，具体又可分为以下四大模块。

1）类型系统（type system）

Atlas 允许用户根据自身需求来对元数据对象进行建模。这样的模型又被称为"类型"的概念组成，类型的实例被称为"实体"，实体能够呈现出元数据管理系统中实际元数据对象的具体内容。同时，Atlas 中的这一建模特点允许系统管理员定义具有技术性质的元数据和具有商业性质的元数据，这也使得在 Atlas 的两个特性之间定义丰富的关系成为可能。

2）导入/导出（ingest/export）

Atlas 中的导入模块允许将元数据添加到 Atlas 中，而导出模块将元数据的状态暴露出来，当状态发生改变时，便会生成相应的事件。下游的消费者组件会获取并消费这一事件，从而实时地对元数据的改变做出响应。

3）图引擎（graph engine）

在 Atlas 内部，Atlas 使用图模型（一种数据结构）来表示元数据对象，这一表示方法的优势在于可以获得更好的灵活性，同时有利于在不同元数据对象之间建立丰富的关系。图引擎负责对类型系统中的类型和实体进行转换，并与底层图模型进行交互。除了管理图对象，图引擎也负责为元数据对象创建合适的索引，使得搜索元数据变得更为高效。

4）泰坦图数据库

Atlas 使用泰坦图数据库来存储元数据对象。泰坦图数据库使用两个数据库来存储数据，分别是元数据库和索引数据库。默认情况下，元数据库使用 HBase，索引数据库使用

Solr。同时，Atlas 也允许更改相应配置文件，将 BerkeleyDB 和 Elasticsearch 作为其元数据库和索引数据库。元数据库的作用是存储元数据，而索引数据库的作用是存储元数据各项属性的索引，从而提高搜索的效率。

（二）Atlas 技术优势

为了解决大数据治理中最为核心的元数据管理问题，Atlas 从理念的提出到具体的设计与开发，都致力于定义统一的元数据标准，建立高效的元数据交换体系，提供友好的商业业务定义接口，获取主流大数据组件元数据信息，提供可视化的血统查询显示与数据审计功能。这些特点都成为 Atlas 的优势，能够为企业大数据治理的实际应用提供十分有力的支持。

1. 统一的元数据标准

元数据的标准大致可以分为两类：一类是元数据建模，即对将来的元数据的建模规范进行定义，使得元数据建模的标准在制定之后，所产生的元数据都以统一的方式建模和组织，从而保证了元数据管理的一致性；另一类是元数据的交互，是对已有的元数据组织方式以及交互的格式加以规范定义，从而实现不同组件、不同系统之间的元数据交互。Atlas 核心模块中的类型系统为定义统一的元数据标准提供了最重要的支持。在 Atlas 的类型系统中定义了三个概念，分别是类型、实体和属性。若将其与面向对象语言中的类、对象和属性类比，这三个概念就变得十分易于理解了。在类型系统中，类型是对某一类元数据的描述，定义了某一类元数据由哪些属性组成，属性值也需要定义为某一类型。在元数据管理的实际应用中，Atlas 从数据源获取某个元数据对象时，会根据其隶属的类型建立相应的实体，这个实体就是该元数据对象在 Atlas 中的表示。在 Atlas 的类型系统中，元型可分为基本元型、集合元型、复合元型，所有的类型都是基于这些元型来定义的。同时，Atlas 中也提供了若干预置的类型，用户可以直接使用这些类型，或者通过继承的方式来复用这些类型。所有类型的背后都是统一的元型，并且所有类型都是继承自某些预置的类型，这实际上就给元数据对象的建模定义了标准。这样统一的规范和标准使得高效且可靠的元数据交换成为可能。

2. 高效的元数据交换体系

为了建立可扩展、松耦合的元数据管理体系，Atlas 支持多种元数据获取方式，并且针对大数据生态系统中的不同组件，其元数据的获取方式是相互独立的，这就满足了大数据系统高内聚和低耦合的要求。另外，Atlas 的元数据库是唯一的，统一的元数据库保证了元数据的一致性，减少了元数据交换过程中不必要的转换，使不同组件之间的元数据交换高效而稳定。

3. 适用不同商业对象的元数据建模

以往的元数据管理组件考虑了用户的诸多需求，为用户设计了诸多的元数据类型，但这种设计思想往往也限制了元数据管理组件的应用。不管元数据管理组件的设计者如何高明，也难以概括实际商业场景中涉及的所有元数据对象，因此在使用以往的元数据管理组件时，用户常常会遇到实际商业场景中的元数据对象与组件提供的建模模型不匹配的情况，只能选择近似的类型对实际商业场景中的元数据对象进行建模，这使得元数据的管理极为不便。Atlas 有所不同，它提供了若干的预置类型，这些类型的背后也定义了统一且易于复用的元数据对象的元型，并且允许用户通过继承的方式来创建符合实际需求的元数据类型，这就极大地满足了用户对于不同商业对象进行建模的需求，解决了其他元数据管理组件难以匹配所有实际商业场景中元数据对象的难题。

4. 可视化的数据血统追溯

Atlas 能够通过批处理或者 Hook 的方式从元数据源获取元数据信息，前者需要用户手动运行脚本来执行，后者会自动监听相应组件的各类操作。无论采取怎样的方式，从各类组件获取的元数据对象是十分丰富与多样的，包括采集数据的数据源和采集方式、被采集数据的结构、数据的状态变化及其相应操作等各种元数据对象信息。这些信息都会被包装成相应的元数据类型，并生成对应的元数据实体，通过消息通知系统发送给 Atlas 并存储到元数据库中。Atlas 并不是简单地将这一系列的元数据信息直接存入元数据库中，而是将它们之间的关系也存入元数据库中。同时，为了更好地表示元数据之间的关系，Atlas 在其 Web UI 中提供了对于数据血统的可视化显示，能够为用户提供直观且明晰的数据生命周期图像，使得用户从一幅数据血统图中就能够了解数据从进入大数据系统开始，到中间经历各种变化，到最后从大数据系统中消亡的整个生命周期。

第三节 数据质量治理

一、数据质量的定义

数据本身的可靠性与可信度是实现数据价值的前提，换句话说，数据应是高质量的。《领导者数据宣言》（*The Leader's Data Manifesto*）中提到，持续性的根本变革需要组织内各级人员的坚定领导和参与。在大多数组织中，使用数据来完成工作的人的比例都非常高。这些人需要去推动变革，而最关键的一步就是关注他们的组织如何管理和提高数据质量。

"数据质量（data quality）"一词可以简单定义为：在业务环境下，数据符合数据消费者的使用目的，能满足业务场景具体需求的程度。数据若达到数据消费者的期望和需求，就是高质量的；如果不满足数据消费者的应用需求，就是低质量的。因此，数据质量取决于使用数据的场景和数据消费者的需求。

数据质量治理的挑战之一是与质量相关的期望并不总是已知的。通常，客户可能不清楚自身的质量期望，数据管理人员也不会询问这些需求。如果数据是可靠和可信的，那么数据治理专业人员需要更好地了解客户的质量要求，以及如何衡量数据质量。随着业务需求和外部环境的发展，数据质量需求也会随着时间的推移而变化，因此需要进行持续的讨论。

二、数据质量治理基本流程

数据质量治理应包括以下几个基本步骤，从而形成完备的实施路线，进而帮助企业不断改进数据质量。

（一）定义高质量数据

低质量数据能够很容易被辨识，但是很少有人能够定义高质量数据，或者他们用非常不严谨的术语定义它："数据必须是正确的""企业需要准确的数据"。高质量的数据应当满足数据消费者的需要。在启动数据质量治理方案之前，有益的做法是了解企业业务需求、定义业务术语、识别企业的数据痛点，并对数据质量改进的驱动因素和优先事项达成共识。了解当前企业状态，评估企业对数据质量改进的准备情况。

（二）制定数据质量战略

提高数据质量要有一定的战略，应考虑到需要完成的工作以及员工执行这些工作的方式。数据质量战略优先级必须与业务战略一致。采纳或开发一个框架及方法论将有助于指导战略和开展战术，同时提供衡量进展和影响的方法。框架应该考虑如何治理数据质量以及如何利用数据质量治理工具。

（三）识别关键数据和业务规则

并非所有的数据都同等重要。数据质量治理工作应首先关注企业中最重要的数据，如果这类数据质量更高，那么将为企业及其客户提供更多的价值。可以根据监管要求、财务价值和对客户的直接影响等因素对数据进行优先级排序。因为主数据是任何企业中较重要的数据之一，所以通常数据质量改进工作都从主数据开始。重要性分析结果是一个数据列表，数据质量治理团队可以使用该结果聚焦它们的工作。

在确定关键数据之后，数据质量分析人员需要识别能描述或暗示有关数据质量特征要求的业务规则。通常，规则本身并没有明确的文档记录，它们可能需要通过分析现有的业务流程、工作流、政策、标准等进行逆向还原。例如，如果一家营销公司的目标锁定在特定人群，那么数据质量的潜在指标可能是有关目标客户的人口统计信息的合理程度与完备程度。发现和完善规则是一个持续的过程，获得规则的较好方法之一是分享数据质量评估的结果。这些结果通常会让利益相关方对数据产生一个新的视角，告诉他们想知道的数据信息，帮助他们更清晰地阐明规则。

（四）执行数据质量评估

在确定了关键的业务需求和支持这些需求的数据后，就需要执行数据质量评估，其中最重要的部分就是实际查看数据，以了解数据内容和关系，以及将实际数据与规则和期望进行比较。在数据管理专员、其他领域专家和数据消费者的帮助下，数据治理分析人员需要对调查结果进行分类并确定其优先级。数据质量评估的目标是更加清楚地了解企业数据质量状况，以便制订可操作的改进计划。

（五）制定数据质量改进目标

数据质量评估获得的知识为制定数据质量改进目标奠定了基础。在企业中，许多事情都会阻碍改进工作的展开，如系统限制、数据龄期、正在进行的使用有问题数据的项目、数据环境的总体复杂性、文化变革阻力。为了防止这些因素阻碍质量改进工作的进行，企业需根据数据质量改进带来的业务价值增益大小来设定具体的、可实现的目标。

（六）识别改进方向并确定优先级

在确定数据质量改进目标后，接下来的关键就是确立实施方案。在这之前，企业需要识别潜在的改进措施，并确定其优先顺序。对改进方向的识别可以通过对较大数据集进行全面的数据分析来完成，以了解现有问题的广度；也可以就数据的影响问题与利益相关方进行沟通，并跟踪分析这些问题的业务影响。企业需要结合数据分析人员以及利益相关方的综合意见来排定最终的优先顺序。

（七）确定质量提升方案

数据质量提升可以采取不同的形式，从简单的补救（如纠正记录中的错误）到根本原因的改进。至于采取何种形式，企业应综合考虑快速实现的问题（可以立即以低成本解决问题）和长期的战略性变化。这些实施方案的战略重点应是解决问题的根本原因，同时建立起问题的预防机制，防止问题的再次发生。

许多数据质量提升方案都是从通过数据质量评估结果确定的一组改进项目开始的。为了保证数据质量，企业应围绕数据质量提升方案制订实施计划，允许团队管理数据质量规则与标准、监控数据与规则的持续一致性、识别和管理数据质量问题，并报告数据质量水平。

三、数据质量治理工具

数据质量治理项目的顺利进行，同样需要相关工具的支持。在这些工具的帮助下，企业可以更加规范有效地开展工作，进而达到数据质量治理的目标。

（一）业务术语表

因为人们说话用词习惯不同，所以建立术语表是有必要的。在企业中，数据所代表的意义超越了数据本身，更多地表现为反映相关业务的状况，因此对数据的明确定义尤为重要。此外，许多企业倾向于使用个性化的内部词汇，术语表也因此成了企业内部数据共享、数据理解的重要参照。开发、记录标准的数据定义，可以减少因企业各部门对数据的理解不同而造成的沟通困难，提高数据质量和工作效率。业务术语的定义必须清晰明确，措辞严谨，并能解释任何可能存在的例外、同义词或变体。业务术语表的制定一般遵循以下准则：企业各部门对核心业务概念和术语有共同的理解；降低因各部门对业务概念理解不一致而导致的数据误使用的风险；提高技术资产（包括技术命名规范）与业务组织之间的一致性；最大限度提高术语搜索能力，并能够获取记录在案的企业知识。

业务术语表是数据治理的核心工具。它不仅是对业务术语进行定义的列表，还与其他有价值的元数据进行关联，包括同义词、业务规则等。通过将业务术语表放在数据治理计划的核心位置，可以帮助企业打破组织和技术竖井，实现跨领域的数据可见性、数据控制和协作。此外，通过业务术语表，企业还可以对数据进行一致的交换、理解和处理，达到对数据的统一管理和保护，提高数据质量。IT 部门要认可业务术语的定义，并将定义与数据进行关联。

（二）Apache Falcon

为了保证数据质量，需要对数据全生命周期进行规范管理，以确保数据在从产生到消亡的每个环节都能保持高质量，满足企业需求。

Apache Falcon 作为 Hadoop 集群数据处理和数据生命周期管理的实现工具，通过建立数据生命周期管理方案，解决 Hadoop 的数据复制、业务衔接及血统追踪等难题。Apache Falcon 主要在生命周期内对数据进行集中管理，加强数据快速复制来实现业务一致性和灾难恢复，并通过实体沿袭追踪和审计日志收集为审计及数据合规性提供依据，方便用户设计、执行数据管理方案。

1. Apache Falcon 架构

Apache Falcon 通过标准工作流引擎将用户的数据集及其生成流程转换成一系列重复的活动，所有功能以及工作流状态管理需求都委托工作流调度器执行调度。Apache Falcon 本身并没有对工作流执行额外的操作，它唯一做的就是确保数据流实体之间的依赖和联系。这让开发人员在使用 Apache Falcon 建立工作流时完全感觉不到调度器以及其他基础组件的存在，使他们可以将工作重心放在数据及其处理上面，而不需要进行任何其他的操作。虽然 Apache Falcon 将工作流交由调度器进行调度，但是 Apache Falcon 也与调度器之间保持通信（如 Java 信息服务（Java message service，JMS）消息），从而对执行路径下的每一个工作流都会产生消息追踪，进而掌握当前工作流任务的进度及具体状况。

Apache Falcon 整体架构如图 9-4 所示。通过 Apache Falcon 客户端或者 REST API，用户将实体声明文件提交至 Apache Falcon 服务器，Apache Falcon 根据声明信息生成工作流实体，并将其存放在 Hadoop 环境的配置数据库中。在执行工作流时，Apache Falcon 主要通过 Oozie（Apache Falcon 的默认调度器）进行任务调度，并将实体执行情况存储到 HCatalog（一种 Hadoop 环境下的数据表存储管理工具）。在调度执行任务过程中，Oozie 会返回执行过程中的状态信息以及执行命令消息，并发送至 JMS 消息公告，将结果返回至 Apache Falcon。

2. Apache Falcon 技术优势

Apache Falcon 允许企业以多种方式处理存储在 HDFS 中的大规模数据集，包括批处理、交互和流数据应用等。它提供了对于数据源的管理服务，如数据生命周期管理、备份、存档到云等。通过 Web UI 可以很容易地配置这些预定义的策略，能够大大简化 Hadoop 集群的数据流管理。在大数据时代，Apache Falcon 的数据治理功能对于企业有效管理数据发挥了关键性作用。

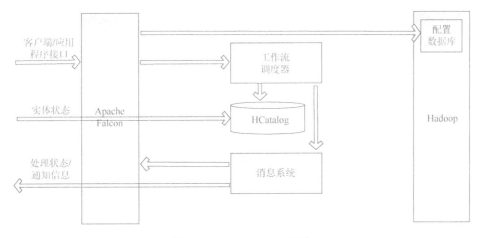

图 9-4　Apache Falcon 架构

Apache Falcon 通过更高层次的抽象，简化了数据管道（data pipeline）的开发和管理。通过提供简单易用的数据管理服务，在数据处理应用程序的开发过程中省略了复杂的编码，同时也简化了数据移动、灾难恢复和数据备份等工作流的配置和编排。

Apache Falcon 通过提供一个定义—部署—管理数据管道的框架来实现这种简化的管理。作为开源的数据生命周期管理项目，Apache Falcon 能够提供以下服务：建立各种数据之间的关系并处理 Hadoop 环境下的不同元素；有效管理数据集，如数据保留、跨集群复制及数据归档等；方便进行新工作流或管道上传，支持后期数据处理和 Retry 策略；集成元数据库及数据仓库；为终端用户提供可用的数据集组，大部分同逻辑的相关数据集可以一同使用；获取数据集和处理程序的血统信息。

总的来说，Apache Falcon 实现了企业数据治理的以下需求：数据生命周期的统一管理；数据的合规性；数据集的复制、备份与归档。

第四节　数据安全治理

一、数据安全的定义

数据安全主要从以下两方面进行定义：一是数据本身的安全，主要是指采用现代密码算法对数据进行主动保护，如数据保密、数据完整性、双向强身份认证；二是数据防护的安全，主要是采用现代信息存储手段对数据进行主动防护，如通过磁盘阵列、数据备份、异地容灾等手段保证数据的安全。虽然数据安全的详细情况（如哪些数据需要保护）因行业和国家差异而有所不同，但是数据安全实践的目标是相同的，即根据隐私和保密法规、合同协议及业务要求来保护信息资产。

在大数据时代，企业数据安全面临着多重挑战。企业在获得大数据时代信息价值增益的同时，也在不断地累积风险，数据安全方面的挑战日益增大。企业在云系统中进行上传、下载、交换数据的同时，也极易成为黑客与病毒的攻击对象。一旦企业被入侵并产生信息泄露，就会对企业的品牌、信誉、研发、销售等多方面带来严重冲击，并带来难以估量的损失。

二、数据安全治理基本流程

目前还没有一套完备的数据安全治理方案来满足所有必需的隐私和保密要求。监管关注的是安全的结果，而非实现安全的手段。企业应设计自己的安全控制措施，并确保这些措施已达到或超过法律法规的严格要求，记录这些控制措施的实施情况，并随着时间的推移进行监控和测量。数据安全治理的一般流程主要包括以下几个步骤。

（一）识别数据安全需求

企业应清楚认识所面临的数据安全需求，并将其划分到业务需求、外部监管需求和应用软件的规则需求三个方面。企业实施数据安全治理的第一步是全面了解企业的业务需求。企业的业务需求、战略及所属行业，决定了企业所需数据安全的严格程度。通过分析业务规则和流程，企业才能更加科学合理地分配用户权限。信息时代的道德与法律问题促使各国政府制定了相关标准与法律，对企业信息管理施加了严格的安全控制，这是企业必须满足的数据安全需求。尽管应用软件只是执行业务规则和流程的载体，但这些系统通常具有超出业务流程所需的数据安全要求，在套装软件和商业化的系统中，这些安全需求变得越来越普遍。

（二）制定数据安全策略

企业在制定数据安全策略时应以自身的业务和法规要求为前提。策略是对所选行动过程的陈述以及为达成目标所期望的行为的顶层描述。数据安全策略所描述的行为应符合企业的最佳利益。制定数据安全策略需要信息安全管理员、安全架构师、数据治理委员会、数据治理专员、内部和外部审计团队以及法律部门之间的协作。制定数据安全策略应明确定义所需流程及其背后的原因，以便数据安全策略易于实现和遵从。数据安全策略需要在不妨碍用户访问的前提下保护数据，以确保数据安全。企业应定期重新评估数据安全策略，在所有利益相关方的数据安全要求之间取得尽可能的平衡。

（三）定义数据安全细则

策略提供行为准则，但并不能列出所有可能的意外情况。细则是对策略的补充，并提供有关如何满足策略意图的其他详细信息。例如，策略可能声明密码必须遵循强密码准则；而强密码准则的细则将单独详细阐述如果密码不符合强密码标准，将会通过阻止创建密码的技术强制执行该策略。

（四）评估当前安全风险

安全风险包括可能危及网络或数据库的因素。识别安全风险的第一步是确定敏感数据的存储位置，以及这些数据需要哪些保护措施。对每个系统进行以下评估：①存储或传送的数据敏感性；②保护数据的要求；③现有的安全保护措施。第二步，记录评估结果并以此为将来的评估创建基线。企业需要通过技术支持的安全流程改进来弥补需求与当前措施的差距，并对改进效果进行衡量和监测，以确保风险得到缓解。

（五）实施数据安全策略

数据安全策略的实施和管理主要由信息安全管理员负责，数据治理专员和技术部门进行协作。例如，确保数据库安全性通常是数据库管理员的职责。企业必须实施适当的控制以满足数据安全策略要求。例如，如何为用户分配并删除角色、如何监控权限级别、如何处理和监控访问变更请求。企业应建立用于跟踪所有用户权限请求的变更管理系统，验证分配的权限，对每个变更记录进行纸质记录和归档，对不再适合继续拥有某些访问权限的人取消授权。

三、数据安全治理工具

数据安全治理工作，需要适当的工具来支撑。企业使用现有的成熟软件来开展治理任务，既高效快捷，又节省成本，同时也能满足治理需求。

Hadoop 生态系统中的组件就像一个零件包中的零件，每个零件都需要被单独保护。直到 Ranger 诞生，才使得 Hadoop 各个组件的安全性有了保障。Ranger 是用于 Hadoop 的集中式安全管理解决方案，使管理员能够为 Hadoop 平台组件创建和实施安全策略，并且为 Hadoop 的各个组件提供细粒度的安全权限机制。

（一）Ranger 架构

图 9-5 是 Ranger 安全认证机制的整体架构，主要包括管理中心（Ranger Admin）、系统插件（Ranger Plugin）与用户同步工具（Ranger Usersync）三个部分。

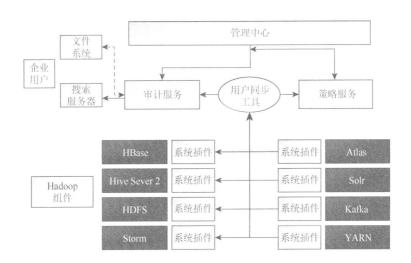

图 9-5　Ranger 架构

1. Ranger Admin

Ranger Admin 是安全管理的核心接口，用户可以在它提供的 Web UI 上管理系统用户权限，创建和更新权限认证策略，然后将这些策略存储在数据库中。每个组件的插件会定期监测这些策略。它还提供一个审计服务，可以收集存储在 HDFS 或者关系数据库中的数据并进行审计。

2. Ranger Plugin

Ranger Plugin 是权限安全管理的核心，它是一个轻量级的可以嵌入各个集群组件中的 Java 程序。例如，Ranger 对于其高度支持的 Hive，提供了一个可以嵌入 Hive Server 2 服务中的插件，这个插件能从 Ranger Admin 中提取到关于 Hive 的所有权限认证策略，并将这些策略存储在本地文件中。当用户请求通过 Hive 组件时，这个插件会拦截请求，并安装认证策略进行评估，确认其是否符合设置的安全策略。同时，这个插件还能从用户请求中收集数据，并创建一个单独的线程，将数据传输到审计服务器中。

3. Ranger Usersync

Ranger Usersync 是一个非常重要的工具，它用于将用户或用户组从 Unix 系统或轻量目录访问协议（lightweight directory access protocol，LDAP）同步到 Ranger Admin。此独立进程也可以用作 Ranger Admin 的身份验证服务器，以使用 Linux 用户名及密码登录到 Ranger Admin。用户信息存储在 Ranger Admin 中用于策略定义，而且用户可以手动增加、删除、修改用户或用户组信息，来对这些用户或用户组设置权限。

通过操作 Ranger 控制台，管理员可以轻松地通过配置策略来控制用户访问 HDFS 文件夹、HDFS 文件、数据库、表、字段权限。这些策略可以为不同的用户和用户组设置，同时权限可与 Hadoop 无缝对接。

（二）Ranger 技术优势

1. 细粒度授权

不同于其他 Hadoop 的安全管理机制，Ranger 支持细粒度的管理，对 Hadoop 组件进行安全保护。Ranger 对不同组件有不同的权限控制，如对 HDFS 文件的读写、对 Hive 和 HBase 表的增删查改，以及 Kafka 消息发布和消费等不同组件的权限控制。Ranger 对不同的组件，针对不同对象，拥有不同的授权选项。Ranger 不仅能对组件有不同的权限控制，还能够根据用户所在的地理位置、IP 地址和时间给出不同的权限，这使得 Ranger 用户可以有效地对不同地理位置和不同客户授予不同的权限。

2. 集中化审计日志管理和策略管理

除了细粒度的权限控制，Ranger 还提供了集中化的日志审计功能。所有的不同用户和用户组对安装了 Ranger 插件的 Hadoop 组件进行操作，都会生成一次该操作的日志，并存储在数据库中。Ranger 还会更新策略，每次更新策略，之前的策略信息都能查看到，原因在于每次更新策略会创建一个策略，该策略会替换原来的策略，而原来的策略将失效，但在策略信息中保存了所有从策略创建开始的信息，修改后的信息将保存在数据库中。

3. 易于操作控制权限

相对于其他安全组件,Ranger 对各个组件进行权限控制,只需要用户登录 Ranger Web UI 即可对相应组件的服务设置相应的策略。Ranger 强大之处在于,用户可以随时根据需求更改组件的权限,只需要在 Web UI 中修改对应组件的策略。例如,用户在需要对 HDFS 上某一文件权限中的读写权限做出修改时,只需要修改该文件的策略中的权限选项,保存策略之后,该文件的读写权限将改变。Ranger 不仅支持在策略中设置允许条件(Allow Conditions)的权限控制,还允许用户在策略中设置拒绝条件(Deny Conditions)、从允许条件中排除(Excludes From Allow Conditions)和从拒绝条件中排除(Excludes From Deny Conditions)的权限控制,但前提是要将拒绝条件的权限控制在安装配置 Ranger 时配置相关参数。

4. 统一的操作平台

统一的操作平台主要体现在两个方面:第一,Ranger 把所有的组件的服务和策略的创建与更新都放在 Ranger Web UI 上完成,而且组件可直接配置,使用非常简单方便;第二,Ranger 安装各个组件的插件时,只需要修改相应的配置文件,就能使 Ranger 的权限控制功能生效。当然,也可以通过 REST API 来配置相应组件的策略信息。

第五节 数据治理评估

在数据治理过程中,通过评估不仅可以了解当前数据治理实施的状态和方向,认识数据治理的重要性,为实现数据价值最大化提供依据,还能够确保数据的高质量、时效性、一致性和可分享性,帮助企业管理者更智慧地经营和决策。达成这些目标对企业实现灵活的商业运营和成果丰富的数据分析至关重要,进而企业才能据此做出针对性的商业决策。因此,数据治理的评估是实施数据治理过程中至关重要的一步。

能力成熟度模型(capability maturity model,CMM)是由卡内基梅隆大学的软件工程研究所(Software Engineering Institute,SEI)于 1986 年 11 月提出,并于 1991 年正式发布。CMM 是对软件组织在定义、实施、度量、控制和改善其软件过程的实践中各个发展阶段的描述,是一种用于评估软件承包能力并帮助其改善软件质量的方法,侧重于软件开发过程的管理及工程能力的提高与评估。CMM 经过不断的完善和扩充,在世界范围内得到了良好的应用,对于信息化行业的规范化、标准化起到了强有力的推动作用,成了经过实践检验的绩效提升以及软件和系统开发的黄金卓越标准。

鉴于 CMM 所取得的巨大成功,各行各业都在积极建立属于自身领域的成熟度模型。在数据治理领域,目前比较有影响力的评估模型也大多基于 CMM 进行开发。下面将对这些模型进行详细介绍。

一、DMM

DMM(data management maturity,数据管理成熟度)模型是由企业数据管理协会

（Enterprise Data Management Council）和卡内基梅隆大学合作提出的，用来评估数据的管理能力。DMM 模型是一个能实现业务部门利益与 IT 相互匹配的强大加速器，可为公司组织提供一套最佳实践标准，制定让数据管理战略与单个商业目标相一致的路线图，从而确保能强化、良好地管理，并更好地运用关键数据资产来实现商业目标。该模型继承了能力成熟度模型集成（capability maturity model integration，CMMI）的原则和框架，划分了五个成熟度等级：已执行、已管理、已定义、已测量及已优化。DMM 模型将数据管理划分为 6 个职能域，包括数据战略、数据质量、数据操作、平台与架构、数据治理和流程保障（图 9-6）。通过制定有关目标、评价标准以及其他核心问题的评估要求来进行数据管理能力成熟度评估。

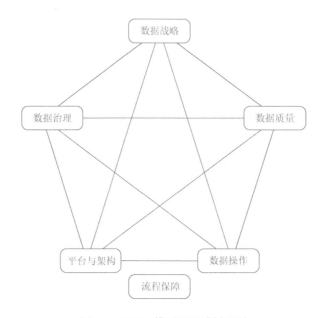

图 9-6　DMM 模型职能域划分图

该模型的 6 个职能域是开展数据管理工作的体系框架，将平台架构、支持要素等综合考虑其中，使组织各个环节连贯起来共同参与，形成具有一致性和协同性的 DMM 模型。通过对每个职能域细分的过程域进行评估，获取企业组织数据管理能力的现状和与未来状态的差距，评估结果可采用雷达图形象地展现出来。

由于 CMMI 模型在软件工程的管理与改进方面取得了巨大的成功，DMM 模型一经发布就引起了各方的关注，当前已经在国际培训了一批评估师，包括中国、巴西、美国等，并且在房地美（美国联邦住宅贷款抵押公司）、微软等公司进行了模型验证。

二、DCAM

数据管理能力评估模型（data management capability assessment model，简写为 DCAM）是企业数据管理（enterprise data management，EDM）协会根据全球范围内较为领先的企

业组织的最佳实践形成的,结合了跨企业的成功数据管理经验。该模型是为实现业务价值和业务目标,通过制定战略,引入数据治理理念,在技术和规程方面进行数据管理。DCAM模型主要考虑企业数据环境的 5 个方面的问题:遗留的缺少技术与操作环境问题、过于简单、业务一致性、数据治理与技术问题。此模型的构建可以为企业数据管理的现状进行指导,为企业数据管理的未来目标规划提供建议。DCAM 模型包含 8 个核心域(数据战略、数据治理、数据质量、数据生命周期、业务案例、流程保障、数据架构和技术架构)、36个过程域以及 112 项子功能,划分了 6 个成熟度等级(无意识级、初始级、管理级、定义级、实现级、增强级)。DCAM 模型职能域划分图如图 9-7 所示。

图 9-7 DCAM 模型职能域划分图

DCAM 模型首先定义了数据能力成熟度评估所涉及的职能范围和评估的准则;其次,从战略、组织、技术和操作的最佳实践等方面描述了如何成功地进行数据管理;最后,又结合数据的业务价值和数据操作的实际情况来定义数据管理的原则。针对每个职能域,DCAM 模型都设置了相关的问题和评价标准,企业可以根据 DCAM 模型框架进行适当的裁剪和扩展,为企业形成定制化的数据管理能力快速评估模型。

由于金融是监管驱动的行业,各金融企业都会面临大量的监管需求,如《巴塞尔协议》、各国自身的监管需求。所以,DCAM 模型在金融业具有很大的影响力,在 DCAM 模型的推广过程中企业数据管理协会也在尝试把 DCAM 模型和监管需求进行映射,从而可以帮助金融企业更好地满足监管需求。

三、DCMM

我国于 2018 年发布了《数据管理能力成熟度评估模型》(data management capability maturity assessment model,简写为 DCMM),是我国数据管理领域首个正式发布的国家标准。

DCMM 与以上两个模型最大的差异在于它既吸收了行业公认的部分,又结合了国内数据发展的现实情况,增添了"数据标准"、"数据安全"和"数据应用"三个独立的能力项。

（一）数据标准

国外的数据管理相关工作中对于数据标准的强调非常少，《DAMA数据管理知识体系指南》、DMM或者DCAM等相关材料中都没有关于数据标准的内容。在国内恰恰相反，在国内很多行业，特别是银行等在开展数据治理的过程中，往往会首先制定各自的数据标准。2017年是我国的标准化大年，面对诸多的数据孤岛，数据开放、共享、融合是当前要务，强调数据标准就是强调夯实数据的基础。

（二）数据安全

随着数据在单位之间的流动性越来越高，特别是《中华人民共和国网络安全法》的发布和执行，数据安全和隐私的保护也引起了大部分单位的重视，国家也在制定数据安全相关的标准。为此，DCMM也把数据安全作为数据能力的一个重要维度，意图通过评估来提升各单位的数据安全能力状况。

（三）数据应用

数据应用是数据资产价值体现的重要方式，也是数据管理的重要目标。国内很多单位也把数据管理和数据应用放在统一的团队中进行开展，同时也可以通过数据应用来保证数据管理工作的针对性，更利于体现数据管理工作的价值。

DCMM通过一系列的方法、关键指标和问卷来评价某个对象的数据管理现状，从而帮助其查明问题、找到差距、指出方向，并提供实施建议。

DCMM从组织、制度、流程、技术四个维度提出了八个数据管理职能域，包括数据战略、数据治理、数据架构、数据应用、数据安全、数据质量、数据标准和数据生命周期，如图9-8所示。同时，DCMM将成熟度评估等级分为五个等级：初始级、受管理级、稳健级、量化管理级、优化级，如图9-9所示。

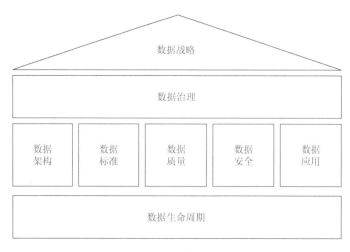

图9-8　DCMM职能域划分图

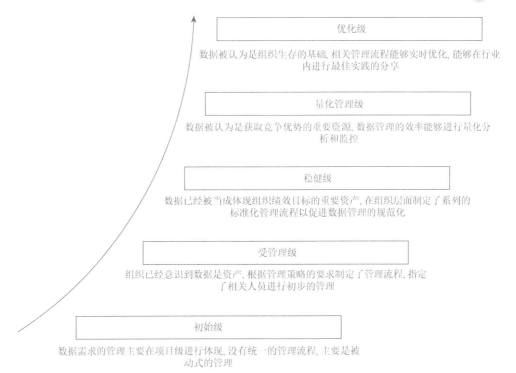

图 9-9 DCMM 等级划分图

对于不同等级都有其基本特征，具体如下。

等级一：初始级。组织没有意识到数据的重要性，数据需求的管理主要在项目级来体现，没有统一的数据管理流程，存在大量的数据孤岛，经常因数据的问题产生低下的客户服务质量、繁重的人工维护工作等。

等级二：受管理级。组织已经意识到数据是资产，根据管理策略的要求制定了管理流程，指定了相关人员进行初步的管理，并且识别了与数据管理、应用相关的干系人。

等级三：稳健级。数据已经被当作实现组织绩效目标的重要资产，在组织层面制定了系列的标准化管理流程以促进数据管理的规范化。数据的管理者可以快速地满足跨多个业务系统的、准确的、一致的数据要求，有详细的数据需求响应处理规范、流程。

等级四：量化管理级。数据被认为是获取竞争优势的重要资源，组织认识到数据在流程优化、工作效率提升等方面的作用。针对数据管理方面的流程进行全面的优化，针对数据管理的岗位进行关键绩效指标（key performance indicator，KPI）的考核，规范和加强数据相关的管理工作，并且根据过程的监控和分析对整体的数据管理制度和流程进行优化。

等级五：优化级。数据被认为是组织生存的基础，相关管理流程能够实时优化，能够在行业内进行最佳实践的分享。

DCMM 在制定过程中充分研究了国外理论和实践的发展，同时，充分考虑了国内各行业数据管理发展的现状，并引入了国内数据管理发展相对领先的金融行业的实践经验，保证了模型的创造性、全面性和可操作性。数据能力成熟度评估模型是国内外数据行业发展的崭新事物，目前体系化的数据能力成熟度评估模型基本都处于起步阶段，DCMM 是国内第一份完整的数据能力成熟度评估标准，对规范国内大数据行业的发展具有重要意义。在标准研制的过程中，对数据管理相关的理论进行了充分研究，包括 DMM、DCAM、Gartner（高德纳）咨询公司报告等资料，并且充分考虑了国内数据管理行业的发展，包括国家大数据领域的政策以及标杆企业数据管理的整体发展历程。在标准研制的过程中，中国标准化研究院召集了国内数据管理行业产学研相关的单位，它们都具备丰富的理论和实践经验。同时，进行了多次标准的试点验证工作，结合试点验证工作的总结，有针对性地对标准进行了完善和修改，保证标准的可操作性。DCMM 是数据管理和应用的基础，将在行业里起到很大的作用。

第六节　应　用　案　例

近年来，商业银行在业务快速发展过程中积累了海量的客户数据和交易数据；同时，云计算、大数据等新技术、新业态的发展，使得银行有机会与外部机构加强互联互通建设，从而获取了大量资讯、舆情、工商税务等外部数据。数据正在成为银行的战略资产和核心竞争力，在产品与服务创新、客户获取与营销、财务与绩效管理等方面发挥非常重要的作用。充分发挥数据价值，用数据驱动银行发展与创新，实现数字化经营和精细化管理，已成为银行战略转型的必然之路。

数据使用过程中发生的诸多数据质量问题，如数据认责不明、源系统数据质量不高、数据采集时效低下、数据标准缺失、数据重复加工和存放等，已影响了数据深层次挖掘应用，并且这些问题随着外部数据的引入和应用表现得更加明显。因此，建立健全数据治理体系已成为当务之急。数据治理是一项复杂的、长期的、系统性的工程，是指将数据作为商业资产而展开的一系列具体化工作。本案例将对中信银行在数据标准、数据字典和数据模型等方面进行建设的实践经验进行介绍。

中信银行在数据标准化实践过程中引入了数据字典技术和方法，主要从以下三方面考虑：一是数据标准是针对银行关键、共享类数据项的规范性定义，没有覆盖所有数据项，导致信息系统数据模型设计中部分数据项缺乏数据标准参照；二是数据标准体系由业务部门建立，其计划和节奏不能完全与信息系统建设计划匹配，导致某些信息系统的数据模型设计缺乏数据标准参照；三是信息系统物理模型设计中所参照的某些技术属性（如字段类型）与具体数据库系统相关，而数据标准无法体现数据库系统的物理特性。数据字典的引入可以很好地解决以上问题。技术部门基于数据标准或根据业务需求建立数据字典，数据模型设计时严格参照数据字典执行。这样，信息系统上线后运行时所产生的数据完全合乎标准规范，从而有利于保持数据在采集、交换、共享、加工、使用等整个生命周期过程中的合规性和一致性，减少甚至避免了数据不必要的清洗和转换，提高了数据质量和可用性。

数据标准在银行信息系统建设中的贯标方式分为两类。一类是在操作型应用系统（包括渠道服务类、客户管理类、流程管理类、产品服务类、运营管理类等）的模型设计过程与实施落地阶段。此类系统是数据产生的源头，若能有效贯标，效果非常理想，对后面的数据整合共享平台及分析型应用系统建设非常有利，为数据采集、交换、共享、分析、应用提供了较好的数据质量保证。另一类是在数据整合平台及分析型应用系统（包括管理分析类、监管报送类、数据服务类等）的模型设计过程与实施落地阶段。此类系统非数据源头，在对来自多个源系统的数据进行整合、关联和加工处理过程中，只能依照数据标准对相关数据项进行名称、定义、规则、口径、格式、长度、类型、代码取值等方面的转换。中信银行主张从数据源头贯标。从控制总体成本投入，保证系统稳定运行角度考虑，中信银行不是仅为贯标而对存量应用系统进行改造，而是将数据标准制订、修订和落地执行工作与新系统建设、存量系统重构或重大改造过程相结合，以求提升总体效率和达到最佳效果。2013 年，在新核心系统建设中中信银行尝试数据标准制订和贯标。在此基础上，自 2015 年起又先后在新一代人力资源系统、统一支付平台、新一代授信业务系统、交易银行系统建设中同步开展了基础数据标准制订和贯标工作，取得了良好效果。

数据标准和数据字典的管理维护、数据模型设计过程以及对数据字典的参照引用等活动，需要开发一整套的数据管控流程和技术工具来支持。为确保数据治理的规范和要求融入并贯穿于应用系统建设过程中，避免"先建设、后治理"的现象，早在 2016 年 10 月，中信银行就启动了"企业级应用开发工具"项目建设，其中包含了数据标准管理、数据字典管理、数据模型设计等重要功能模块，且已于 2017 年 6 月开始试点推广。

大数据时代下，数据的大规模、多样化、快速实时、内外结合、混合架构等特征，对数据治理提出了更加复杂严峻的新挑战，同时在监管部门的驱动下，银行数据治理的广度和深度不断扩大。中信银行采取积极主动姿态，从战略层面高度重视数据治理工作，通过推行主动治理模式，强抓数据模型、数据标准、技术平台等基础设施建设，采取系统建设与数据贯标并举策略，取得了良好效果。中信银行正在让数据标准变得有价值，最终将会使得数据为自身银行经营管理带来更大的业务价值。

思考与练习

1. 试述你对数据治理的理解以及你所知道的关于数据治理实施的故事。
2. 数据治理的目标有哪些？原则有哪些？
3. 试述数据治理的一般流程。
4. 简述数据治理各种评估模型的职能域划分情况。
5. 试述 DMM、DCAM 与 DCMM 之间的异同之处。
6. 请列举除本章提及的数据安全治理工具 Ranger 之外的其他工具。

本章拓展阅读

刘驰, 胡柏青, 谢一, 等. 2017. 大数据治理与安全: 从理论到开源实践[M]. 北京: 机械工业出版社.

索雷斯. 2014. 大数据治理[M]. 北京: 清华大学出版社.

王兆君, 王钺, 曹朝辉. 2019. 主数据驱动的数据治理: 原理、技术与实践[M]. 北京: 清华大学出版社.

DAMA 国际. 2020. DAMA 数据管理知识体系指南 (原书第二版)[M]. DAMA 中国分会翻译组, 译. 北京: 机械工业出版社.

Alhassan I, Sammon D, Daly M. 2016. Data governance activities: an analysis of the literature[J]. Journal of

Decision Systems, 25(sup1): 64-75.

DychÉ J, Levy E. 2015. Who Owns the Data Anyway？: Data Governance, Data Management, and Data Stewardship[M]. Hoboken: John Wiley & Sons.

Griffin J. 2010. Implementing a data governance initiative[J]. Information Management, 20(2): 27-28.

Khatri V, Brown C V. 2010. Designing data governance[J]. Communications of the ACM, 53(1): 148-152.

Pennypacker J, Grant K. 2003. Project management maturity: an industry benchmark[J]. Project Management Journal, 34(1): 4-11.

Rosenbaum S. 2010. Data governance and stewardship: designing data stewardship entities and advancing data access[J]. Health Services Research, 45(5 Pt 2): 1442-1455.

第十章

商务数据分析应用

随着大数据、人工智能技术的不断发展和逐步成熟，其应用场景也逐渐拓展到了国民经济的各个领域。通过大数据技术，我们可以从海量数据中提取有效信息，帮助各行各业做出合理的优化措施，发掘其中隐含的价值，进而助力行业的持续发展。在本章中您将掌握商务数据分析在金融管理、旅游管理、质量管理和电力管理领域中的具体应用，包括商务数据分析在这些领域的应用场景及如何利用商务数据分析技术实现该场景的应用。

学习目标

- 掌握商务数据分析在金融管理中的应用。
- 掌握商务数据分析在旅游管理中的应用。
- 掌握商务数据分析在质量管理中的应用。
- 掌握商务数据分析在电力管理中的应用。

知识结构图

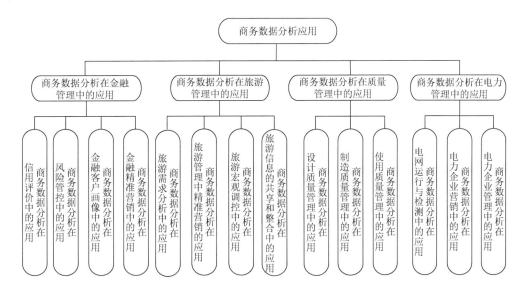

第一节　商务数据分析在金融管理中的应用

随着大数据、人工智能等新兴技术的快速发展，金融行业出现了大量新兴技术与传统金融行业深度融合的新金融模式，这在一定程度上激发了金融创新活力。近年来，大数据技术的发展越来越成熟，应用范围也不断扩展。大数据技术在金融行业的广泛应用，较好地支撑了我国金融行业的转型升级，促进了金融更好地服务实体经济，保障了金融市场的持续稳定发展。"金融云"的建设落地为大数据在金融行业的应用提供了良好的基础，金融交易数据与其他跨行业、跨领域数据的融合不断增强，金融行业内外数据的融合、共享和开放正在成为大数据在金融行业应用的新趋势。大数据技术在信用评价、风险管控、金融客户画像和金融精准营销等方面的成功应用，为金融行业的发展带来了新的机遇。

一、商务数据分析在信用评价中的应用

信用是指人与人之间、企业与企业之间和商品交易之间形成的一种相互信任的生产关系和社会关系。信用评价是以一套相关指标体系为量化标准，评估个人或企业偿付其债务的能力和意愿的过程。社会信用体系，是建设现代市场体系的必要条件，也是规范市场经济秩序的治本之策。随着大数据技术的快速发展、金融市场的高度开放，一方面，科技能促进金融行业的快速发展；另一方面，金融用户的增加也会给信用评价带来重大挑战。金融市场信用评价工作的开展主要包括两个基本流程：信用评价指标体系的构建和信用评价模型的构建。

科学合理的信用评价指标是金融行业信用体系建设的基础。评价指标是基于多渠道、多领域、多维度的海量原始数据，从中约简冗余不相关的因素，提取能够反映共同特征的关键属性，为后续信用评价模型的实现提供科学的数据依据，在这一过程中，大数据技术扮演着不可或缺的角色。在指标选取方面，中小企业的信用评价通常会综合考虑企业规模、资质认证、财务指标、企业发展能力、企业创新能力、企业盈利状况、企业活跃度及往期信用状况等；个人的信用评价主要包括收入状况、工作状况、家庭情况、历史交易记录等。常见的信用评价指标体系主要包括金融交易数据、社交网络数据和第三方数据等，具体二级指标包括交易金额、交易时间、交易人信息、社交软件记录、财务指标和交易资质指标等信息，具体如图10-1所示。

信用评价指标构建完成后，需要基于科学的评价指标，构建合理的信用评价模型。应用大数据构建信用评价模型，需要信用评价模型和大数据的海量规模、数据的快速流转、多样的数据类型和价值密度低的特征相匹配，即要求信用评价模型面对数据大容量需要具备可伸缩性；面对数据的高度异质性要具备可调节性；面对数据的快速流转需要评价模型具备高效计算能力；面对数据的价值密度低，评价模型需要具备有效的特征提取能力。

目前常见的信用评价模型主要有模糊综合评价法、盲数评价法、SVM和神经网络等。模糊综合评价法是一种基于模糊数学原理的综合评价方法，该方法根据模糊数学的隶属度理论把定性评价转化为定量评价，进而对受到多因素影响的事物进行综合的评价，适用于

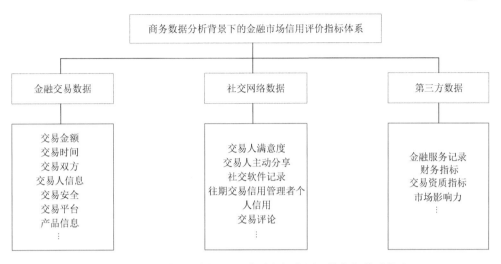

图 10-1　商务数据分析背景下金融市场信用评价指标体系构建

解决模糊现象大量存在、评价对象结构复杂、评价层次较多的问题。盲数评价法是指基于概率统计基础，根据模糊数学、灰色系统理论和未确知数学等，研究不确定信息的处理方法，该方法可以解决信用评价中的随机性、灰度和未确知信息等问题。该方法适用于解决评价对象是多元且具有不确定性的实际问题。SVM 是基于统计学原理对数据进行分类的监督学习算法，可通过核方法进行非线性分类，是常见的核学习方法之一，适用于评价对象有限的训练样本。神经网络是一种类似于大脑神经突触结构、基于神经系统学习规则进行信息处理和学习的数学模型，适用于评价对象具有模糊、残缺和不确定性等特征的信用评价场景。上述方法均存在一定的优点与缺点，具体如图 10-2 所示。

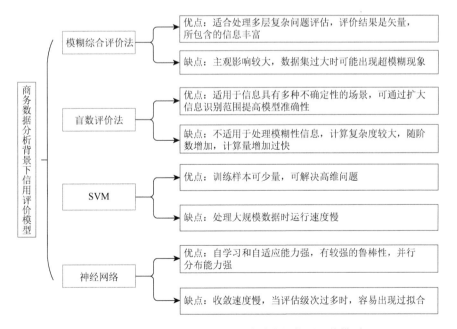

图 10-2　商务数据分析背景下金融市场信用评价模型

二、商务数据分析在风险管控中的应用

商务数据分析在风险管控中的应用主要包括中小企业贷款风险评估和欺诈交易识别。关于中小企业贷款风险评估，银行可以通过企业的生产、流通、销售和财务等相关信息，结合大数据挖掘的技术进行贷前风险评估，对其违约风险进行预测，从而规范中小企业贷款的审核制度，维持健康的金融市场秩序。

关于欺诈交易识别，金融机构可基于交易人的基本信息、交易人历史记录、交易人历史行为模式、正在进行的交易信息等，采用智能规则引擎进行实时的反欺诈检测。例如，IBM 反欺诈、反洗钱金融犯罪管理解决方案可有效地利用大数据信息助力银行有效地预防和管理金融犯罪；摩根大通银行采用大数据技术定位侦测盗取客户信息或入侵银行系统的金融犯罪和金融欺诈行为。商务数据分析在欺诈分析应用中的流程图如图 10-3 所示。

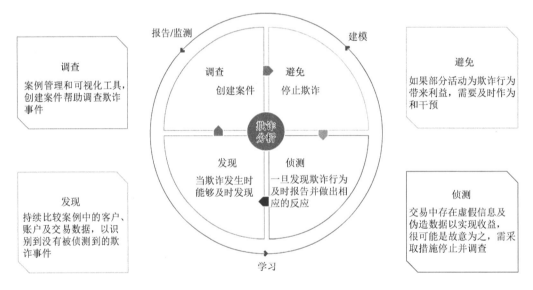

图 10-3   商务数据分析在欺诈分析应用中的流程图

商务数据分析在风险管控中的应用主要分为三个环节。首先，建立反欺诈和反洗钱案例管理，为欺诈检测提供端到端的过程管理能力，提供可定制的调查欺诈事件的管理能力，为业务人员提供高效的案件调查、协调、联动、分配和信息共享平台；其次，通过智能方法进行欺诈分析，提供可视化的取证分析结果，为反欺诈、反洗钱的侦测过程提供有效的技术保障；最后，在调查过程中对所有可利用的信息进行分析以发现并帮助业务人员进行可疑事件的检测。

三、商务数据分析在金融客户画像中的应用

客户画像是指通过大数据分析获取到的、由客户基本信息组成的形象集合。大数据在

客户画像中的应用主要分为个人用户画像和企业用户画像。个人用户画像主要包括用户个人信息特征、收入状况数据、消费水平数据、风险偏好等；企业用户画像主要包括企业的生产、流通、运营、财务、销售和客户数据，相关产业链上下游企业等相关数据。金融机构主要通过申请人的申请信息来掌握客户的基本情况，但仅凭金融机构自身掌握的数据来评判用户的基本情况并不全面，有时会由于基本信息掌握不全面，用户画像不准确，引发潜在的投资风险等。因此，金融机构有必要在考虑内部信息的同时，借助大数据平台，加强整合金融机构外部信息，如微博、论坛等社交媒体信息，更全面地掌握用户的基本情况，以期降低投资风险。

　　用户画像信息主要包括以下几类数据：①社交媒体行为数据，如光大银行建立了社交网络信息数据库，通过打通银行内部数据和外部社会化的数据可以获得更加完整的用户拼图，从而进行更加精准的营销和管理；②电商网站交易数据，如建设银行将自己的电子商务平台和信贷业务结合起来，阿里金融为阿里巴巴用户提供无抵押贷款，用户只需要凭借过去的信用即可办理业务；③企业所在的产业链上下游数据，如上下游企业的经营状况等，如果金融机构掌握了企业所在的产业链上下游的数据，可以更好地掌握企业的外部环境发展情况，从而可以预测企业未来的状况；④其他扩展数据，如网络广告界数据平台的互联网用户行为数据，可以为金融机构进行客户画像时提供参考依据。具体信息情况如图 10-4所示。

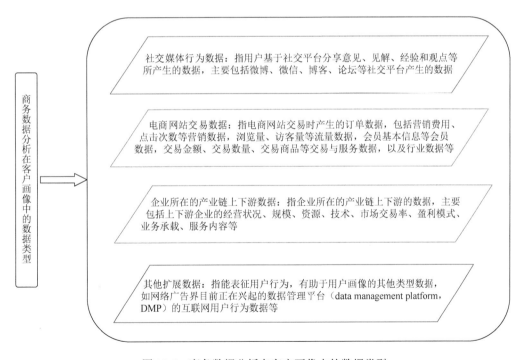

图 10-4　商务数据分析在客户画像中的数据类型

　　商务数据分析背景下的客户画像主要通过大数据的采集和整合，结合抽取及清洗工作进行。由于所整合的信息如社交媒体信息通常是非结构化的数据，常用的权重计算方法为 TF-IDF 方法。TF-IDF 常用于词频统计计算，通过权重计算，实现对标签属性的权重统计，其权重计算的核心思想为：某个词在该篇文章中出现的频率越高，同时在其他文章中出现的频率越少，表明该词语在该文中具有较高的权重。TF-IDF 可用于社交媒体文本信息中特征抽取和权重计算。在选出权重较高的目标属性后，对目标属性下形成的数据集进行分类，获取到同类标签的相关数据，形成该类别客户的画像。由于通常情况下，客户的类别是未知的，可以采用无监督的聚类算法完成客户聚类，K-Means 算法是常用的一种，算法实现简单、计算复杂度相对较低，在本书的第五章中已对该方法进行了介绍。

客户画像源于互联网金融公司对客户精准营销的需求。对客户画像后，可以实现准确的推送营销信息，提高订单的交易率，能更大程度地满足客户需求，同时发掘客户新诉求，以及获取新客户，如支付宝和微信均发展了较为成熟的客户画像系统。支付宝在 2017 年推出了年度账单，为用户统计全年消费支出情况，并预测出下一年用户的消费关键词的个人标签。微信推出了数据报告，对用户年龄、睡眠、饮食、娱乐、出行等偏好进行画像，为用户提供了符合个人的生活标签。

四、商务数据分析在金融精准营销中的应用

精准营销是指在精准定位的基础上，借助信息技术方法建立个性化的顾客沟通服务体系与更精准的、可衡量的和高投资回报的营销模式。随着大数据时代的到来，媒体生态和营销的传播方式发生了颠覆性的变革。对于顺应多元化的用户口味和精细化的用户需求方面，不同于传统媒体的粗放式营销，大数据精准营销方式更能满足市场和用户的需求。

在客户画像的基础上金融机构可以有效地开展精准营销，主要包括实时营销、交叉营销、个性化推荐和客户生命周期管理四种模式。实时营销是满足特定消费者的当前和未来消费需求，根据消费者的偏好和习惯，自动调整产品或服务的功能，实时地适应消费者变化着的需求。交叉营销是充分利用已有的资源，在不同业务或产品之间进行交叉推荐，这种营销模式在费用相同或减少的情况下，能更频繁地接触更多潜在客户。个性化推荐是建立在大数据基础上的一种高级商务智能模式，根据客户的偏好进行产品和服务的推荐。客户生命周期管理强调的是消费者从潜在需求、产生意向、真正购买到结束购买的发展过程。具体如图 10-5 所示。

传统金融机构主要根据客户的静态特征进行用户细分，基于这种细分方式进行产品营销和推广带来的营销收益并不理想。由于营销缺乏针对性，营销成本会上升，也会在一定程度上产生资源的浪费。依托大数据的精准营销，其精准体现在对数据收集的精准化、对数据分析的精准化和对产品服务推荐的精准化。大数据背景下，金融机构可以突破时空限制，减少交易双方信息不对称，使交易双方能够更对等、更高效地完成交易。

从整个金融市场来看，金融企业精准营销依附于大数据，大数据为企业成功营销及更好地服务客户创造了充足的数据基础，如消费者熟悉的淘宝，多数消费者登录淘宝主页，更多的是"逛淘宝"，而不是下单。"逛淘宝"虽然没有从实质上促成交易，但为平台创造了潜在价值。淘宝平台依托大数据采集消费者前期的历史浏览记录数据，通过数据匹配，

分析推测出消费者感兴趣的产品，再有针对性地向消费者推送多条类似的或者同等价位的多样化产品。消费者感兴趣的产品同时被推送到浏览页面，增加了二次点击率，消费者可轻松地比较前后多款产品，从而挑选出自己满意的商品。此外，后台根据记录下的消费者加入"购物车"的商品数据，精准推送符合消费者审美的类似商品至"你可能还喜欢"模块，进行个性化推荐，为后续商品销售做好铺垫。在数字经济快速发展的时代，挖掘有价值且符合需求的数据是在完全竞争市场中占领市场份额的关键所在。

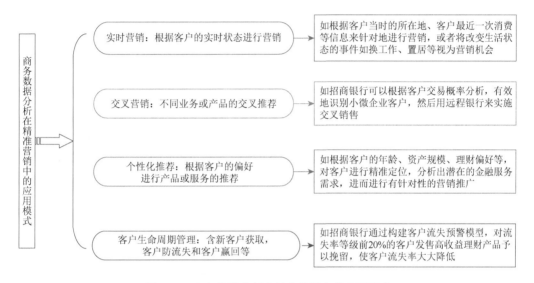

图 10-5　商务数据分析在精准营销中的应用模式

随着大数据时代的到来，传统金融行业面临新的挑战，也迎来了新的发展机遇。传统的金融机构所掌握的数据量庞大，如果金融机构能够科学合理地收集、分析、利用这些数据，可对金融机构内部业务拓展、发展模式革新、盈利水平提升、风险管控加强提供强有力的技术支持。因此，对于金融行业而言，把握技术发展趋势是核心要素，科学合理地利用金融机构掌握的数据，可助力金融机构在大数据环境下提升竞争优势。

第二节　商务数据分析在旅游管理中的应用

在当今的旅游市场中，商务数据分析有很好的应用前景。它能把各地的旅游资源和旅游信息综合起来，能及时反映客源地旅游资源的变化，能针对旅游者自身的旅游需求制订合理的旅游规划，能根据实际操作中存在的问题拟订出合理的旅游管理措施，能使旅游资源得到很好的开发和利用，能让旅游管理企业更好地实施资源管理，也能有效降低企业的旅游管理成本。因此充分发挥商务数据分析在旅游管理中的优势，从而打造一批独具特色的旅游环境，建设一条简捷的旅游途径，生产性价比较高的旅游产品，建立安全丰富的旅游设施，进而打造条件好、质量高、潜力大的旅游项目来推动我国旅游业的发展，推动我国旅游经济的提高，是旅游管理企业未来的发展目标。因此，如何把美好的旅游前景变为现实是当地旅游管理企业应该着重考虑的问题。这就需要管理者充分挖掘大数据的价值，积极采取有效的方式让商务数据分析在旅游管理中发挥出强大作用。旅游大数据的应用主要可以从两个方面进行分析，即微观和宏观。旅游大数据不仅能对具体的旅游地点进行资源调整和制订不同的旅游计划，对旅游市场中的资源划分、营销手段以及精准服务做出评估，还可以分析整个旅游区域的整体发展水平和消费者的综合旅游理念，从而更好地促进我国旅游管理企业的运行。

一、商务数据分析在旅游需求分析中的应用

科学合理的旅游预测能让旅游者享受到更舒心的服务和更美妙的体验，能让旅游服务链的各个环节相互配套，也能让旅游管理者提高旅游决策能力，更能让政府对整体的旅游资源做出合理的规划。

旅游者的旅游需求主要有两个方面，如图 10-6 所示。首先，对客源地硬件设施的需求，他们希望旅游地的食、住、行各方面都安全卫生。其次，对旅游服务态度的需求，他们希望旅游地的服务人员能有热情与尊重的态度。旅游地的基础设施建设是一个相对稳定的过程，它在政府或旅游企业决定旅游地的性质和主要服务对象时就已经基本确定了，并且在以后的旅游管理中不会出现明显的变化。与之相反的是旅游服务质量，影响它的外界因素很多，因此它的变化性也比较明显，这也是旅游链的其他环节可以预测和改变的方面。

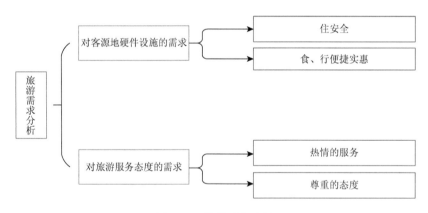

图 10-6　旅游需求分析

对旅游设施的提供者和旅游管理企业的服务人员来说，做好充足的服务准备工作是满足旅游者服务需求的前提。服务人员要争取让供需达到平衡，避免出现服务准备不足和服务准备过剩的现象。如果旅游服务人员的准备不能满足旅游者的需求就可能出现服务时间过长、服务质量过差等多种问题，浪费旅游者的时间。对服务人员自身而言，可能造成忙乱的工作环境，也没有很高的工作效率。同样，过于复杂的服务准备工作也不是期望达到的结果。如果在服务准备阶段花费了过多的时间和精力，就会造成资源的浪费，使生产成本过高，经济效益大大降低。近年来，旅游景区的很多安全事件都是由服务准备工作不足而导致的，这类事故的发生给旅游者和管理者都造成了很大的精神和经济伤害。

在传统应用方面，旅游规划专业机构可结合深度市场数据分析以及消费者需求的预测，对该旅游市场的消费需求做出更为精确的分析，并给予更为客观合理的市场分析结论，而这样的市场分析可以是预测景区在投入市场运行时的规模需求，使景区范围能更贴合游客的需求，相关旅游企业能据此对旅游景区做出更为科学的景区核心设计和运营措施，有助于企业规划跟上市场需求变化。另外，在计算机技术的运用及互联网技术得到广泛应用的背景下，旅游规划也提出了新的规划理念，如"互联网与游客思维""大数据的应用""跨界合作""互利共赢"等新思维也加入了旅游规划中，有些地方还增设了没有景区管理特征的景地，设此种景区的利润来源不再是依靠传统景区门票与景区本身价值，而是通过依靠全域景区的目的地形象，将利润来源拓展为以周边产品为主，结合景区本身进行服务设施的开发，这样不仅提高了景区的利润及完善了景区服务设施，还无形中增大了游客对景区的吸引力。

商务数据分析可以基于以往的经验和信息给旅游管理者提供旅游者的需求分析和预测，争取达到资源与需求的完美平衡。这种预测是以统计学分析为基础进行的一种分析方法，通过信息统计和时间调查，人们把旅游需求的预测模型大致分为四种，如图 10-7 所示。第一种就是将顾客的需求和影响需求的变量联系起来的结构模型。第二种是根据以往的服务需求来推测未来的服务需求的趋势外推法。将第一种模型和第二种模型结合起来就产生了第三种预测模型——仿真模型，它更加贴合现实情况。第四种是通过特定问题寻求专家意见的定性模型。这四种模型主要依靠建构时间和成本、其他方面的多种影响来综合考虑、慎重选择。

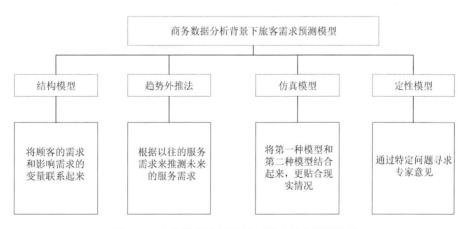

图 10-7 商务数据分析背景下旅客需求预测模型

二、商务数据分析在旅游管理中精准营销的应用

在旅游管理中精准营销主要是指在满足游客服务需求的基础上，针对不同类型的游客实行不同侧重点的营销方案，让每个人的旅游都能符合自己的性格特点和气质类型，都能达到自己理想的旅游体验，都能成为独一无二的美好回忆。①运用大数据技术，识别游客个性化偏好。体验经济时代，旅游已从景点观光转向休闲度假游，游客互动显得异常重要。

运用大数据技术,深入探析游客的个性化偏好和消费行为特征,通常游客的偏好是隐性的,是其生理需求和心理需求在外界激化下的产物,这种隐性偏好的产生就是感性消费冲动,所以,分析整理游客的年龄、职业、消费能力、兴趣爱好等关联数据,精准把握游客的消费诉求和消费欲望产生的时机,有针对性地开发互动体验项目,促使游客将消费欲望变为消费行为,从而取得良好的营销收益。②开发趣味性强、知识性强的互动体验项目。互动体验项目的开发,对于提升游客的体验,增强满足感、成就感,有着非常重要的作用。大数据可以帮助管理者获得游客的爱好和行为特征,从而在基础设施的建设初期就对客源的资源进行精确的划分,把旅游场地细分为多个特色的项目,并根据旅游者不同的基本属性推荐他们去不同的场地,实现精准营销。

多个具有特色的旅游场地同时进行并不意味着每个类型的旅游项目所占的比例相同。旅游管理者要根据大数据显示的信息和自身的经济实力确定企业主要的客户来源,以便对资金投放和精力消耗有适当的分配。这时,企业宣传人员就可以大幅度开发那些潜在客户,并通过挖掘场地,增加新的客源类型,争取使旅游项目变得丰富多彩、安全可靠。同时,对旅游项目运营过程中出现的游客反映的问题,旅游管理者也可以通过大数据对其进行分析,分析造成这种问题的主要原因,并根据得出的原因及时制定和实施合理的解决措施。当然也可以根据游客的反馈开发建设新的旅游项目来满足游客的兴趣爱好。这种在大数据统计分析的技术上对游客爱好和类型进行分析的方法可以帮助旅游管理者准确把握企业在旅游市场中的地位,并把企业的旅游场地和旅游项目细化,实行精准营销,实现个性化旅游。具体过程如图 10-8 所示。

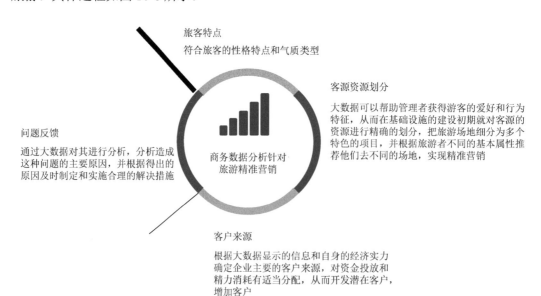

图 10-8　商务数据分析如何针对旅游精准营销

三、商务数据分析在旅游宏观调控中的应用

近年来,我国各级政府也开始将大数据用于宏观决策和公共服务,如图 10-9 所示。

国家统计局在 2012 年着手建立基于大数据的辅助统计体系，并在上海开展试点。2013 年 11 月，国家统计局与国内 11 家电子商务、互联网、电信等企业签署了战略合作协议，共同开发利用大数据，并于 2014 年 4 月首次发布限额以上单位网上零售额数据。这标志着可以精确到每日、每时、每刻的互联网经济指标成为传统统计指标的有力补充。中国气象局也是我国大数据应用的先锋。2014 年，中国气象局公共气象服务中心与阿里云达成合作，海量气象数据将通过阿里云计算平台变成实时分析应用的"活数据"，并面向企业提供云计算服务。各级地方政府将大数据应用到公共交通领域。上海建立了公共汽车运行信息发布系统，人们在公交站台即可看到公交车运行情况，也可以通过手机"掌上交通"应用程序或扫描二维码，查询公交线路和实时运行信息；北京将大数据技术用于交通管理。可以预见，大数据将在未来的社会发展中发挥更加重要的作用，谁拥有大数据，谁就将取得主动权。

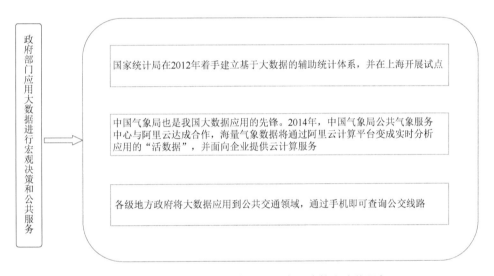

图 10-9 政府部门利用大数据进行宏观决策和公共服务

上述技术的使用及推广无疑是给大数据在旅游管理中的宏观调控奠定了基础，近年来，各大景区都有自己特定的交通系统，很大程度上解决了游客出行不便、拥堵在路上的情况。甚至在大多数消费型旅游城市，欺客宰客现象屡见不鲜，政府也为之头疼。通过利用大数据监控游客的消费数据，系统自动检查媒体交易，发现价格超标时，就会生成监管红灯，进入联合执法系统，使这类问题得到了有效解决。

旅游市场的多变性和广阔性决定了旅游管理者要时刻注意发展动向，要深入市场内部进行调研分析，从而确定旅游项目的发展规模和发展方向。大数据技术就为实现这一目标提供了技术支持。通过对旅游市场历年的数据分析，旅游管理者可以对游客的需求进行深刻分析，可以对旅游市场的风向做到整体把握，也可以对旅游项目进行宏观调控，提出一套科学合理的旅游项目建设方案，让旅游客源地的规模和项目都能符合企业的实际发展情况，使旅游规划先于市场发展。大数据对旅游管理的宏观调控还体现在旅游管理者的思想理念方面。大数据的应用是为了更好地满足游客需求，把互联网技术和其他方面的内容都整合到旅游项目中来，让旅游项目更加充实多样。同时在进行旅游场地和项目规划时，大数据还可以指导旅游管理者进行旅游线路、旅游服务设施、旅游项目建造等多方面的调整，以达到更高水平的建设质量。而且，通过大数据旅游管理者还可以更好地制订营销方案，实现准确定位。大数据对旅游项目的反馈体系也有很大的帮助，它可以自动收集游客对旅游项目和旅游服务的评价及建议，帮助工作人员更好地开展后续工作。

从目前大数据在旅游管理中的应用来看，政府和企业都会通过大数据技术对旅游市场或旅游项目进行实时监控，以期为游客提供更加舒适方便的服务，也为自身的重要决策提供参考依据，从而促进旅游业的发展。

四、商务数据分析在旅游信息的共享和整合中的应用

首先，商务数据分析把旅游的各个方面都联系在了一起，通过这张巨大的关系网，旅游管理者可以将旅游市场信息、企业自身信息和旅游者需求信息进行整合，从而让旅游链的多个环节进行同步协调合作。以往游客必须到旅游客源地才能亲身体验相关旅游产品，而体验之前所呈现的期望则是来自别人的口头讲述和千篇一律的产品说明，但是因为每个人的性格都不尽相同，所以这种生产和消费的不统一性让双方的风险都有了一定的增加。商务数据分析在旅游管理中的应用使各方面的信息都得到了及时的反馈和共享，让消费者和生产者都能根据所需要的信息进行产品调整。各种点评软件的开发和应用也为旅游产品的生产效率做出了基本的保障。比如，近年来的大众点评、美团、微博及小红书的各种推荐，大数据通过收集不同人的共同点来实现针对性的推荐，实现了跨时间空间的共享。

其次，商务数据分析可以通过资源的整合打造旅游产业链。旅游产业链就是为了获得经济、社会、生态效益，旅游产业内部的不同企业承担不同的价值创造职能，共同向消费者提供产品和服务时形成的分工合作关系。例如，近年来，大数据在冰雪旅游产业链中的应用发展迅速。大数据时代为冰雪旅游产业带来了新的发展机遇。在纵向整合、横向整合及混合整合方面，大数据都发挥了重要的作用。在广州中山特色小镇实践中，运用大数据整合周边旅游产业链，实现生态文化旅游业协同发展。大数据为旅游产业的跨界发展创造了有利条件，文化旅游与生态旅游可以优势互补、资源共享。大数据为旅游产业的跨界发展提供了技术支持，各特色小镇景区之间可以实现信息互通、客源共享、利益共享，通过"一卡通"提供旅游"套票"，促进历史文化与生态旅游两类产品的联合营销，全面展示特色小镇的特色产业、历史文化及生态文明，延长游客停留时间，增加旅游收入，推动中山旅游业的全面协同发展。这样，特色小镇就有了品牌、效益和可持续发展的原动力，发挥文化品牌效应，整合生态文化旅游资源。

第三节 商务数据分析在质量管理中的应用

质量的概念伴随了人类的发展史，质量是人类追求美好事物的反映。随着社会经济的

不断发展，保证并提升产品质量已成为全球企业不容忽视的问题。目前，我国经济已由高速增长阶段转向高质量发展阶段，加快建设制造强国、质量强国是在高质量发展阶段增强我国经济质量优势的关键。

物联网、云计算、大数据等信息技术的发展及其在制造业中的应用，不断推动着制造业向着数字化、网络化、智能化的方向发展，新一轮的产业革命由此到来。在此背景下，德国提出"工业4.0"，美国提出"工业互联网"，中国提出"中国制造2025"，三大战略无不把大数据作为推动传统制造业向智能化转型的核心技术，制造业由此迈入大数据时代。

大数据技术本身并不是目的，而是看待问题的一种途径和解决问题的一种手段，如何通过大数据分析技术，解决实际生产运营中的质量、效率、物流、供应链等问题才是大数据的核心目的。其中，质量被视为企业获得长期竞争优势的关键。"中国制造2025"规划更是将质量作为重点突破的核心领域之一。

因此，推动物联网、人工智能同制造业深度融合，推进基于大数据分析的全面质量管理，提高质量在线控制和产品全生命周期质量追溯能力，具有十分重要的时代意义。

一、商务数据分析在设计质量管理中的应用

产品的形成过程就是产品质量的形成过程，影响产品质量的因素贯穿于产品设计、制造和使用的全过程。

统计资料表明，产品成本的70%～90%是由设计决定的。因此，设计创新是现代企业竞争的核心，企业的竞争力首先取决于产品的设计研发能力。因此，大力加强产品设计过程中的质量管理，确保产品的设计质量是非常重要的。

在设计研发环节，大数据已然成为企业创新的新引擎。用户能够直接参与产品的设计，因此在产品研发中可以利用大数据分析关注并体现用户声音，从而推动传统制造业运用大数据技术实现设计创新，向效率更高、更精细化的方向发展。

（一）产品设计需求管理

企业在工业4.0环境下，更多的生产过程被人工智能、信息物理融合系统代替，制造过程中的错误将会越来越少，质量管理将重点研究如何更好地满足客户需求，为顾客创造价值。客户需求的管理将是工业4.0阶段质量管理的重点所在，只有制造一个客户会花钱购买的产品才能产生价值，否则产品的可靠性再好也没有用处。

从前期调查入手，洞察客户的需求，找出市场漏洞，利用发散思维找出相关链接点。比如，客户在百度或者淘宝上搜索一款产品，在大数据的作用下，所有相关信息会被累积。在互联网遍布人类生活的时代，被累积的信息即为大范围的需求，它有别于早期设计调研前期所做的抽样调查，具有更精准、更完善的特点。

工业4.0时代，产品研发的能力需要匹配客户需求多样化和快速变化的要求，快速、可靠地满足客户需求将是未来研发的核心能力。其中，用户需求分解过程的策划应是研发质量管理工作的重点。通过信息化的手段进行需求分解过程的策划，尽量减少用户需求传递过程中的失真，实现需求和设计规格间的快速转换。

1. 基于用户研究的产品设计新模式

在大数据时代，人将从原来的物理人变成一个数据人，人的很多行为都能够通过数据去记录。比如，电商平台和社交网络积累了大量的用户资料，人们在电脑和手机上的每一次点击也都被记录在互联网上。这些都使得海量数据的产生和收集成为可能，也使数据收集变得更加快速和便捷。

企业可以通过对海量数据的分析和整合，洞察消费者的需要，协调用户需求与企业生产两者的关系，并从更宏观、更深层次的设计创新中提炼产品理念，进而转化成富有竞争力的产品，为企业获取最大效益，帮助企业建立以用户为中心的产品创新。

在目前的产品设计中，大数据的优势并不明显，应用价值也相对较小。例如，在影响消费者购买产品的多种因素中，用户的感性因素作为产品设计中最不可控的因子，迫切需要一个相对科学、有效的依据。比如，用户浏览 A 产品的轨迹、用户在社交网络或电商平台对 A 产品的评价，以及 A 产品通过传感器取得的用户数据等，就需要运用大数据进行汇总分析，以帮助设计师对产品进行改进与创新。

以服装产品设计为例，3D 人体扫描仪能快速地扫描人体数据，经过系统生成数据模拟真实人体模型，模型可用于服装量身定制及 3D 试衣。人体扫描系统真实复制身材曲线，并记录下消费者每次试穿的效果，给消费者传递直观的试衣体验。时尚设计师可利用 3D 技术很快设计出款式，然后通过 3D 身材扫描完成真实身材的量身定做。另外，有的企业开发推出的服饰导购机器人，不仅能记录顾客资料，还能根据顾客在某款服装的停留时间判断其喜好，这些数据通过分析处理，成为服装公司生产什么样的款式依据，最终来决定设计什么样的产品。

2. 客户需求管理的相关案例

在客户需求管理方面，小米手机的"粉丝经济"和海尔的"人单合一"模式为我们提供了两种新的思路。

1）小米手机的"粉丝经济"模式

小米是我国知名的智能产品品牌，智能手机兴起后小米手机获得了非常大的关注度。传统的手机生产商属于典型的制造业，它们调研、分析客户需求，设计产品并制造产品，最后通过广告等营销手段来销售产品。小米相比传统的制造业，并没有自己的硬件开发、供应链等部门，这些部门都是外包的，小米主要抓住前端用户和后端营销两个价值最高的环节，实现企业的快速发展。

小米将大数据技术运用到小米手机产品的优化与创新中，根据用户的各种喜好设计出符合用户需要的智能产品。小米通过对大数据的采集、存储、处理与挖掘分析，依据用户的需求开发其最需要的功能，并在此基础上进行设计创新。

小米的成功得益于"米粉"的黏性和忠诚，以及"米粉"社区的高度活跃。小米经营的"粉丝经济"为企业发掘、收集和分析客户需求提供了有效的途径。如何抓住客户需求、提高客户黏度将是未来工业 4.0 时代实现企业价值的关键所在。

2）海尔的"人单合一"模式

大数据时代，随着个人品牌化的到来，人们开始注重建立个人标签，不再只接受厂商按设计规模化生产的产品，对产品有了更深的"私有"要求。海尔的"人单合一"是另一种为实现客户需求有效管理的方法探索。海尔认为在大数据时代，企业的生存和发展不是取决于企业本身，而是取决于用户。企业要完成由制造到服务的转型，员工必须转型，从听命于上级转向听命于用户。"人"是认同海尔理念的所有人，"单"是市场用户需求，"合一"是每个人都有自己的市场目标，每个人的市场目标不是由上级指定，而是根据自己所负责的市场的用户需求所定。"人单合一"模式使员工从原来被动接受组织的指令转变为每个人都是经营者，并组成直面市场和用户的自主经营体。2013 年，海尔"人单合一双赢"为核心的质量管理模式获得第一届中国质量奖。

"人单合一"的内涵突出的是以价值为核心，让员工的价值创造体现在用户价值的增值上。"合一"是员工在给用户创造价值的同时实现自身价值。互联网消除了用户与员工的距离，把员工和用户联系到一起。现场的员工第一时间知道用户反馈后，马上就可以对制造系统中导致不良的因素进行调整和改善。每个员工及员工的工位都能在适当的时间获取适当的信息，实现用户、利益方零距离。

在设计质量创新方面，海尔坚持开放共享、共创共赢的全球资源利用战略。搭建面向全球的开放式"双创"平台，整合了线上线下各类创新资源，形成了遍布全球的创新资源网络，吸引全球一流创新资源为我所用，形成了开放式的"共创共赢生态圈"。

在海尔开放的交互平台上，用户主动地参与产品设计，不再是传统的产品接受者。用户参与设计的产品更符合用户期望的产品，提升了产品的销售额，也为用户提供了最佳的服务体验。同时，与全球顶级的设计师进行合作，使得国际相关行业的人都可以在这个平台上进行交流，充分利用国际资源，创造出更多的价值。

（二）物联网技术下的产品设计

2015 年《物联网白皮书》中指出："物联网作为新一代信息通信技术的典型代表，已经成为全球新一轮科技革命和产业变革的核心驱动和经济社会绿色、智能、可持续发展的关键基础与重要引擎。"

简单地说，物联网就是物到物、人到物、人到人的互联。在不久的将来，人们的生活方式将因此发生根本性改变，从智慧城市到智能家居都将做到"物物相连，感知世界"。例如，智能冰箱可以扫描食物的二维码了解食物的产地、保质期等信息进行相应到期提示，根据食物种类推送制作方法和健康食谱，根据冰箱内食物类别和数量自动调节温度，还可以在食物短缺时推送购物信息，这种人与物的沟通具有了智能服务的性质。

在人与人的沟通方面，最新的家用医疗检测设备为老人每天定时提示用药信息和时间，可以将老人测量的血压、血糖、心率等数据即时推送给儿女，在老人就医时也能够将健康数据和病例信息直接提供给医生。

美国 Nest Lab 智能家居设备商设计的智能温控装置 Nest，可以与暖气、通风及空调设备连接，根据使用者的生活习惯和天气情况来调节室温。例如，工作时降低温度，让人保持清醒；雨雪天气时自动升高室温。这样的物与物的相连做到了自主决策和智能处理服务。

此外，物联网技术打破了产品本身固有功能的局限，利用感知记忆能力让产品更好地为用户提供服务。例如，位于德国柏林的 YUUE 工作室设计的愤怒的灯，拥有一个手臂，自己拽着灯绳。当这盏灯感应到周围的光线亮度大于自己的时候，就会啪嗒一声把自己关掉，而当它感应到自己周围超过 20 分钟没有人活动的时候，这盏脾气很大的灯也会毫不犹豫地熄灭自己。这是一种趣味化的具有环保理念的全新设计，同时也为使用者提供智能化的家居服务体验。

（三）基于商务数据分析的汽车研发质量管理

面对竞争日益激烈的汽车市场，整车企业只有在新产品开发过程中及时并准确地把握各细分市场的需求，才能在汽车市场占得更大的份额。近年来在不断发展的"互联网＋"环境下，用户体验分析平台应运而生，成为整车新产品研发质量管理的新工具。

用户体验分析平台可通过对汽车行业主流论坛中大量客户评论内容进行分析，将其中大量非结构化的数据结构化，并提炼其中有价值的信息，以期全面了解客户评价，优化新项目早期输入和评估，进而提升整车新产品质量管理水平。

以某车型新产品研发为例，选取三款车型作为相似及竞品车型进行研究，从用户体验分析平台可以获取客户对这三款车的分类打分、关心点比例以及最不满意内容的比例。如果客户对这几款车型的外观、空间、油耗三大类最关注，而对动力、内饰、噪音三部分最不满意，那么在新产品质量管理中，就需要格外着眼于外观、空间、油耗这三方面的定位，而在动力、内饰、噪音这几部分相关目标设定时，也应提出更高的要求。

传统的汽车研发一直致力于实现"以客户为导向"，通过大量的市场调研对相关的市场信息进行系统的收集、整理和分析，掌握汽车发展趋势、消费需求、市场潜力等，但是这种研发理念往往会受限于调研地域或调研数据量。随着大数据、云平台等"互联网＋"技术的引入，汽车企业可以使用类似用户体验分析平台的质量工具，通过互联网数据及调研分析，对传统的研发方法进行补充。

（四）基于商务数据分析的个性化定制设计模式

随着大规模定制和网络协同的发展，企业需要实时从网上接受众多消费者的个性化定制数据，并通过网络协同配置各方资源，组织生产，而不再是原来的大规模批量生产。这对设计师提出了更高的要求，需要设计师从用户的角度去考虑问题，从更宏观的层面看待产品设计。

1. 青岛红领集团的个性化定制

青岛红领集团有限公司（以下简称红领集团）是一家生产经营高档西装、衬衣等服装产品的大型企业，它在用户需求个性化定制的全过程中应用了大数据和物联网等技术。如果没有大数据分析和云平台来帮助理解数据，传感器数据就没有任何用处。分析是打开数据宝库的关键。问题是如何利用和分析数据来识别隐藏模式、预测未来事件，从而改进设计和生产流程。

经过多年积累，红领集团的酷特智能平台分析了超过百万客户数据，建成了款式数据库、工艺数据库、版型数据库等，满足了国内外客户个性化西装设计需求。利用平台可以进行自主设计、系统自动排产，改变了人工制版、人工排产的传统方式，研发了将客户服装需求转化成产品数据模型的关键技术。订单数据进入互联网流动，为集成设计、柔性生产提供了可能，制成品库存为"零"。

员工从云端获取信息数据，全员在互联网端点上工作。在没有裁员的情况下，生产周期由传统的 20 天以上缩短为 7 天，打破了"智能工厂＝无人化"的传统思想，建立了"智能工厂＝企业每个流程都是数据驱动"的概念和模式，这也是传统企业转型的正确逻辑。

2. 百丽国际的个性化定制

对于中国的女性来说，很长一段时间内只要买女鞋，大都会想到天美意、他她、思加图、百思图、妙丽等，这些品牌背后都写着同一个名字：百丽。据统计，百丽国际控股有限公司（以下简称百丽国际）拥有国内女鞋市场排名前 10 名中的 6 个品牌，并且曾连续 13 年拿下中国女鞋销售榜冠军，成为中国鞋业规模最大的公司。

2017 年 9 月，百丽国际在实体店广泛布置了"黑科技"产品——3D 量脚器。消费者体验时，需站在仪器上，会有探头环绕扫描体验者脚部。当探头扫描完毕之后，体验者通过扫描二维码可以在名为"意礴鞋品定制"的公众号中获得自己的一份脚型数据报告。这份报告包括体验者脚部的长度、宽度、足高等 6 个维度的信息。同时，这份报告会对体验者的脚型进行分析，并向体验者推荐穿鞋尺码。几乎进店的消费者都愿意体验量脚器，并获得自己的脚型数据报告。

2018 年，继在实体店铺设数据收集的量脚器后，百丽国际基于这些前期建设，开始推出鞋履定制服务，凭借脚型大数据进入定制市场。百丽国际的定制业务平台是意礴定制商城，内嵌在"意礴鞋品定制"的微信公众号内，意礴科技为百丽国际旗下的一家数据子公司，主要为百丽国际提供脚型数据分析。

百丽国际推出定制商城，希望在设计制作鞋子的时候，能够尽可能满足多数人的穿鞋舒适度。意礴科技发布的脚型数据显示，在售的品牌女鞋以 34～39 码为常规码段，有 11% 的人群鞋码在常规码段以外，而定制可以满足更多人的需求。

二、商务数据分析在制造质量管理中的应用

随着生产制造模式逐步向多品种小批量、柔性化、敏捷化方向转变，如何保证产品高质量、零缺陷的制造是摆在企业面前的一道难题。针对这一问题，有效实施对制造过程的质量管理显得尤为关键。

一方面，工业过程自动化、网络化、智能化的发展，使得数据呈现几何增长的趋势，生产过程输入输出关系的精确数学模型越来越难以建立，基于经验知识的方法也难以处理综合、复杂的质量问题。另一方面，各种信息技术在制造业中逐渐得到广泛应用，使得制造过程产生大规模的监测数据，这些数据蕴含着反映加工设备和制造过程运行状态的丰富信息，基于数据分析实现制造质量控制与改进成为工业 4.0 时代质量管理关注的焦点。

产品制造阶段的质量任务,包括生产过程监控与诊断、过程质量预测、生产工艺优化三个方面。

(一)生产过程监控与诊断

1. 质量监控与诊断的变革

数据驱动的过程质量监控与诊断最早开始于 20 世纪二三十年代美国休哈特提出的统计过程控制(statistical process control,SPC)理论。经过近百年的发展与应用,SPC 在生产过程质量控制与改进方面发挥了重要作用,并经历了从单变量控制图到多变量控制图、从单纯的过程监控到过程监控并诊断的发展历程。

现今工业环境的变化、客户需求多变和体验式经济的要求,是促发工业 4.0 的社会大背景。工业 4.0 是通过信息物理系统(cyber physical system,CPS)的应用,打通所有生产环节的数据壁垒,响应客户多样化、定制化的需求,更好地实现柔性化生产。CPS 将使得制造更为自动化、标准化、网络化,从而实现更高的智能化。首先,质量检验等标准化程度较高的工作将逐渐被人工智能代替;其次,工业 4.0 的 CPS 要求设备间、系统间实现网络化信息融合,其中就包含了质量信息的网络化。质量信息的网络化将有利于质量测量,监控数据更容易收集,也更真实,质量控制点可以更多,质量测量更细,有利于质量问题的控制,提高响应的灵敏度。

随着现代化工、冶金、机械等工业不断向大型化、复杂化方向发展,尤其是石油、化工的连续生产过程和机械加工的自动化过程均产生和积累了大量的数据,因而,面向大数据制造过程的质量监控与诊断已成为当前质量诊断领域的关注热点。

随着制造业大数据时代的到来,一方面,人们认识到从大数据这座金矿中挖掘知识,用以指导实际生产的重要性;另一方面,也认识到现代生产过程质量大数据的相互关系和质量特征越来越复杂,使得传统的统计过程监控和诊断方法表现出极大的局限性。

现有的质量监控与诊断技术大都是以统计方法为核心,以抽样技术为基础,利用样本数据对质量问题进行统计推断或预测。由于实际的工业过程复杂且不确定因素多,仅仅使用单一的统计方法会导致复杂数据的简单化,造成质量信息的大量丢失。尤其是对于含有多种噪声和干扰信号的复杂制造过程,直接利用这些受到污染的测量数据对过程进行统计质量控制,必然会导致较大的误差,造成监控结果的失真。

因而,在大数据时代,基于统计技术的质量诊断方法将会向基于人工智能的质量智能诊断方法转化。这种转化不是摒弃,而是两者合理地交互与融合。

2. 质量智能诊断方法

大数据时代,传统的统计监控方法正在向基于人工智能的质量智能诊断方法转化。传统的以时间序列法和统计回归法为主的质量预测也逐渐向以人工神经网络、SVM、模糊理论等为主流技术的智能预测方法转化。

人工神经网络(artificial neural network,ANN)是通过对人脑的基本单元——神经元的建模和连接,探索模拟人脑神经系统功能的模型,是一种具有学习、联想、记忆和模式识别等智能信息处理功能的人工系统。

目前，人工神经网络已成功应用于设备的故障诊断中。对于连续生产过程或机械加工的自动化过程出现的正常模式和异常模式，均可以利用人工神经网络方法对这些模式进行识别，从而极大地提升了生产过程在线智能监控的能力。

人工神经网络的分类原理是基于经验风险最小化原则，人工神经网络作为智能分类器具有网络结构难以确定、训练易于陷入局部极小值以及对小样本数据不够敏感等问题。为了解决由人工神经网络自身的缺陷而导致的识别性能不足的问题，研究者提出了 SVM 方法。目前，这种方法已在许多智能信息获取与处理领域取得了成功应用。SVM 可以看作广义的神经网络，它比一般的神经网络更有效。

SVM 的一个重要优点是可以处理工业大数据中的线性不可分情况。要利用 SVM 实现分类，首先要从原始空间中提取特征，将原始空间中的样本映射为高维特征空间中的一个向量，以解决空间中线性不可分的问题。目前，SVM 已在设备故障诊断中得到成功的应用。

（二）过程质量预测

在现代机械制造系统中，保证产品质量的关键是对加工工序流进行有效的过程质量控制。除了对工序质量进行状态监控外，还需对加工质量进行超前质量预测，有效预防不合格品的发生，实现零缺陷、持续改善质量的目标。

生产过程监控和诊断致力于发现生产过程中是否存在异常波动并诊断异常产生的原因，有效地降低次品率，但这种监控方法只能在异常发生时给出报警，而不能提前预报可能出现的异常状况，具有一定的时间滞后性。质量预测技术作为过程质量控制与改进的另一重要内容弥补了这些不足，可使生产人员提前掌握质量变化的趋势，在质量控制中变被动防御为主动预防。

加工过程的质量预测控制实质上是根据现有的有关质量数据信息来预测下一时刻状态，从而根据预测值对工艺系统进行相应的反馈调节，保证工序能够输出期望的质量特性值。

具体而言，当数据从生产设备传感器流出时，对其进行分析的结果将使制造商能够预测输出变化。在网络化制造环境中，机器可以将其输出变化传达给下游设备，下游设备自动进行调整以确保最终产品符合规格，从而可以避免报废和返工。

目前的许多质量活动包括产品或流程完成后进行的检查。过程质量预测的目标是让机器一次性就生产出合格的产品，而不是进行大量的后端监控，因为最好的控制是在事情发生之前，而不是之后。

（三）生产工艺优化

在实际生产中，制造商已经可以通过实施精益生产和六西格玛项目，减少生产工艺流程中的浪费和变化问题，大大提高了产品的质量和产量，然而，在医药、化工和矿业等特定的加工环境中，极端波动的变化已经成为常态，甚至运用精益技术也无法解决。在上述产业及其他产业中，影响产出的因素纷繁复杂，因此，制造商需要一种更加细化的方法来诊断和纠正工艺流程缺陷。

不论是过程监控还是预测，在发现异常情况时都需要及时分析异常产生的原因并进行生产状态的调整与优化，消除异常，使生产过程稳定受控。在长期生产中，制造企业积累了丰富的生产过程质量控制经验，不断地优化影响产品质量的各种因素和条件。随着现代生活水平的提高，人们对产品质量的要求也越来越高，单纯凭借人工经验对复杂生产过程进行工艺优化越来越难以满足高质量的要求。生产过程中各种自动化、信息化技术的应用，使得越来越多的产品质量特性可以被测量，过程中影响质量特性的复杂众多的过程参数也可以被采集存储，为数据驱动的生产工艺优化提供了基础条件。

在制造业，运营经理可以通过深入了解历史工艺流程数据，找出投入与产品之间的模式和关系，找出对产量影响最大的因素，对其进行优化。现在，各个行业和地区的诸多制造商都收集了大量的实时车间数据。它们对过去彼此孤立的各类数据进行汇总和分析，从中得出了深刻的见解。下面列举两个例子来说明。

1. 医药化工企业的工艺流程优化

生物药品是保健产品的一种，包括疫苗、激素等。生物药品的制造需要使用基因工程活细胞，生产团队往往需要监视生产流程中的 200 多个变量，以确保各成分以及生产药物的纯度。使用同一种方法生产的两批次的特殊物质，其产量的变动幅度为 50%～100%。导致这种巨大变异的原因还不明确，它会带来产能和生产质量问题，也导致常规监督工作量的增加。

一家生物药品制造商使用数据分析法，显著增加了疫苗的产量，同时没有造成任何额外的资本支出。具体而言，该公司将整个工艺流程分割为多个集群，每个集群包含一些密切相关的生产活动。针对每一个集群，公司会广泛收集与工艺步骤和使用材料相关的数据，并把数据存储在中央数据库中。然后，项目团队会对数据进行各种形式的统计分析，来确定不同工艺参数（上游和下游）之间的相关性，以及参数对产量的影响。分析证明，影响最大的参数有 9 种，其中最重要的是细胞接种的时间和传导性措施，这些措施与色谱法的一个步骤相关，该制造商针对与这 9 种参数相关的工艺流程做出调整，从而把疫苗产量增加了 50%以上，相当于每种产品每年节省 500 万～1000 万美元。

另外，即使是公认最好的制造业工艺流程，数据分析也可以对其进行一定程度的改进。欧洲有一家知名的化学品公司，该公司为造纸行业、洗涤剂制造业和金属加工业等行业提供功能性和特种化学制剂。公司对工艺流程的改进始于 20 世纪 60 年代，其平均产量也一直比行业标准高，公司以此为荣。事实上，工作人员都认为公司并没有太大的提升空间，一位工程师指出："别人都将这个工厂作为参照榜样。"然而，该公司使用神经网络技术，就不同生产投入对产量的相对影响进行衡量和比较，产生了意想不到的收获。公司检测的因素包括冷却剂的压力、温度、数量和二氧化碳流，分析找到了一些以前不知道的敏感因子。这家化学公司相应地调整了参数，成功地将原材料浪费降低了 20%，将能源成本降低了 15%，进而提高了整体产量。

2. 矿业的工艺流程优化

非洲的一家金矿对不甚全面的生产数据进行严格评估，进而增加了产量和提高了盈利能力。当时，该金矿正处于矿石品位逐渐下降的阶段，矿场维持生产水平的途径屈指可数，其中之一就是要努力加快或以其他方式优化开采和提炼工艺。从矿石中提取黄金的流程极为复杂，一般会涉及 10～15 个变量，需要 15 种以上的机械设备，提取处理过程包括氰化、氧化、研磨和浸出等。

这家非洲矿场运营团队可获得的生产和工艺数据极为分散，因此，运营团队的第一步工作就是数据清洗。团队使用数学方法解决数据不一致问题，弥补缺失的信息。然后，该团队分析了试剂、流速和密度等一系列工艺参数的数据，研究发现，溶解氧水平（浸出过程中的关键参数）的变化似乎是对产品影响最大的关键因素，这项分析还发现，在氧气含量最高的日子里，矿场的绩效最高。

根据这些分析结果，矿场对自己的浸出回收工艺进行了微调，在三个月的时间内，将平均产量提高了 3.7%。由于产量提高，在不需要进行额外资本投资或实施重大变革措施的情况下，矿场的年利润增加了 1000 万～2000 万美元。

三、商务数据分析在使用质量管理中的应用

传统的商业模式大多是以买卖产品的形式出现，如一件工具在卖给买家后，交易就完成了，企业获得收入而买家获得产品功能。买家通过使用工具继续创造劳动价值，但和工具制造企业已经没有关系。当然，企业也会通过使用者的反馈来改进工具的功能特性，但往往由于信息反馈不全面也不够及时，企业对产品的优化需要长时间的积累，并投入巨大的人力物力来完成。

经济学家逐渐意识到，传统的消费理论存在一些明显的缺陷。在传统的消费理论中，一组物品或服务的选择被看作最终消费行为，消费者根据自己的收入和市场价格来购买物品，消费者需要的是物品本身。美国经济学家贝克尔的"时间经济学"理论则认为，消费者购买的不是物品而是物品所带来的效用，如购买饮料，实际上购买的是喝饮料时得到的效用。因此，消费者获取的产品价值，实质上是消费者在使用产品过程中，将产品与时间结合所得到的效用。简单来说，产品的价值在于消费者花费时间使用它，根据个人期望创造能效。

随着信息技术的发展，企业对产品的关注从"生产"向"使用"转移，或者说关注产品的全生命周期，将是一个必然的趋势。例如，对于许多汽车制造商来说，它们将车辆卖出去后就无法再检测车辆，然而通过遥感技术，可以实时检测车辆使用情况。由于能了解整个使用过程，汽车制造商就能够更有效地了解顾客的需求，从而帮助企业解决产品质量管理中存在的问题，持续地进行产品质量的改进。

（一）产品使用检测

以物流行业中的车队管理为例，介绍物联网和大数据对产品使用质量的改进。

某工程师团队做了大量调研，了解客户痛点和要求，制作了很多表格收集消费者的实时数据，并且和消费者一起验证这些数据的正确性，然后开发分析工具来分析数据，实现运营管理的自动化。接着，他们进一步收集车队的信息并与车队的管理人员进行沟通，开

发了一个能够应用到不同车辆的预防性车辆检测系统,并设计了一款可以反馈车辆实时情况的独特硬件,安装在不同的车辆上,以便车队管理人员在控制室进行有效的管理控制。

通过这套系统,工程师团队实时地检测车辆健康状况,包括整个车身的动力传承系统、传动系统、电力系统、引擎控制单元等。这样可以帮助了解车辆的实时运营情况,如车辆的性能损耗、空转、超速等情况,还可以做一些预防性的维护措施。物流性质的车队通常拥有数以千计的车辆,通过数据可以了解哪些车运行良好,哪些车出现故障需要维护。除此之外,还可以检测整个燃料供应系统的使用效率。通过这种监测,能够帮助车队管理人员节约大量的能源。

在系统实施之后,燃油的整体使用效率得到很大提高,也降低了二氧化碳的排放量。燃油的使用效率提高了 5%~20%,特别是长途车辆燃油效率的改进更好,并大大降低了车辆的空转时间(一般平均空转时间为 10~15 分钟),进一步节省了能源。

下面列举两个例子。

1. 物联网技术的应用

显然,智能化互联设备正在急剧增加。虽然物联网在消费者可穿戴设备和智能家居方面得到了充分的展示,但更直接的影响将出现在产品和服务质量领域。通过对传感器数据的分析,可以实现产品和服务质量的有效提升,具体包括以下几个方面。

(1)避免产品性能下降。如果冰箱传感器检测到高于模型额定值的能耗,是温度设定得太低了,还是冰箱门每天打开的次数超过行业标准?通过在线检测、调试,制造商可以给顾客发送提示,以减少能源费用。或者,传感器显示温度和使用正常,但是压缩机循环太频繁,通过远程软件更新以减少压缩机周期并向客户发送说明,可以解决此问题。

(2)降低维修成本。通过对传感器数据的分析,了解每种产品的运行状况,而不仅仅是对其进行保修索赔服务。找出问题是提高质量的关键,如在沙漠中运行的过热卡车或在室外冰冻温度下使用时出现故障的手机。通过连接的设备数据,可以更快、更准确地检测普遍存在的问题,从而主动解决问题以防止客户不满。维修主要是基于"以防万一"的预防理念,但企业并不确切知道某个设备何时可能发生故障,更不用说常规的服务调查能否避免故障的发生,而传感器有助于确定正确的维修时间。

(3)开发新的商业机会。由于传感器嵌入所有出厂的产品中,可以更容易地根据用户使用产品的方式、时间、地点等识别新的用户群体,这会带来新的细分市场和新的服务功能,从而为客户创造更多价值,提高客户的忠诚度。

下面以上海三菱电梯有限公司为例来说明物联网技术的应用。

上海三菱电梯有限公司的电梯物联网远程监视平台涉及远程故障监视、自动故障报警、维修移动派工等主要活动。通过这一平台,可以实现采集信息的综合处理、远程诊断及主动保养维修服务等功能,使维保业务人员与管理人员突破时间和场所局限,为十万台及以上的电梯提供全天远程监视和维保服务,促使企业由制造型向制造服务型转型,以现有电梯物联网远程监视平台为基础,增加个性化保养、远程维修等功能,可以实现服务全过程数字管控。

2. 区块链技术的应用

区块链是由一串使用密码学方法相关联的数据块组成，每一个数据块中包含了一次比特币网络交易的信息。在没有中央控制点的分布式对等网络下，使用分布式集体运作的方法，构建一个点对点（peer to peer，P2P）的自组织网络。通过复杂的校验机制，保持区块链数据库的完整性。即使部分参与人做假也无法改变区块链的完整性，更无法篡改区块链中的数据。

用数学作为信任的机制，是最自然的做法。区块链通过数字加密技术和分布式共识算法，实现了在无须信任单个节点的情况下构建一个去中心化的可信任系统。在区块链时代，人们相互间的信任——质量信任机制将建立在数学的基础上。将区块链整合至上述及其他产业，即可密切监控产品与服务的质量水平。

下面以金融产品为例来说明区块链技术的应用。

360 安全卫士发布了区块链防火墙功能。该功能用于解决用户使用数字货币等区块链相关的产品时，遇到的剪贴板被篡改、数字货币钱包被攻击、账户密码被窃取等安全问题。360 安全卫士曾经监控到名为"剪贴板幽灵"的木马。该木马通过感染型病毒、木马下载器、垃圾邮件等方式传播，国内有大量持币者受到影响。该木马可探测用户的剪贴板内容，判断其是否为比特币、以太币等加密货币地址。如果复制的内容是某种币的地址，就会被木马换成攻击者的地址。这样，用户给自己转的钱，会直接落到攻击者的口袋。

当用户在进行加密货币交易时，可开启"区块链防火墙"的功能。如果发现剪贴板中"银行卡号"被篡改的现象，360 安全卫士就会弹出警示窗口。据统计，在一个月的时间内，360 安全卫士共拦截了超过 5 万笔的此类木马攻击。如果根据木马平均收益估算，帮助用户挽回损失超过 4000 万元。

（二）用户新需求发现

智能制造减少了制造过程中的错误，因此未来产品质量因为错误导致的投诉将会越来越少。售后服务与用户需求的管理是相辅相成的，通过售后服务的途径获得用户需求的变化是工业 4.0 时代售后服务工作的重要价值所在。在售后服务过程中，质量管理需要通过对售后信息的多维度分析，从中发现产品的改进需求，挖掘用户的潜在需求，从而进行产品的改进，进一步满足用户的需求。

1. 基于用户使用反馈的需求发现

传统意义上的工业设计更注重产品的硬件、外观设计，产品从被购买到被丢弃的全过程完全由用户自主进行，是针对用户购买产品的"一次性行为"，所提供的服务是在有限的设计过程中完成的，用户接受服务也是有限制的。在智能制造时代，产品设计不只包括硬件、外观设计，还存在于产品的使用、维护等整个产品的生命周期中。

用户体验已成为检验产品设计成功与否的重要标准。与专业的产品设计研发人员不同，一般用户都属于非专业人员，他们对于产品的评价就是对产品选择、购买，以及后续使用过程的整体感受，他们考虑更多的是产品的功能性、实用性、服务性、美观度等方面。基于用户与企业之间的交互和交易行为将产生海量数据，挖掘和分析这些动态数据，将有利于推动用户参与到产品的需求分析和设计创新等活动中，帮助企业掌握消费者的反馈，及时调整设计、生产制造策略，快速实现消费者个性化定制需求，改善用户服务。可以说用户体验是产品创新设计的一个重要过程，只有通过用户体验来证明产品的合理性，产品创新设计才能得到最真实的评价。

2. 相关案例

在美国，亚马逊开发了一个先行包裹运输方法和系统，并被授予专利，其目的是在客户下订单之前就运输产品。这个系统根据客户的行为模式预测一个可能订单的概率，如果概率较高则运输产品，如果客户订购了相应的产品，那么它们会在 2 小时内就收到该产品。

下面再以格力空调为例，针对大数据在产品使用质量管理中的应用进行说明。

空气源热泵技术作为高效采暖方式的代表，有着巨大的发展前景。多联机热泵技术在空调系统中的应用已变得越来越广泛，从家居场所到商用办公场所，多联机日渐受到终端客户的认可。前瞻产业研究院发布的《中央空调行业市场需求预测与投资战略规划分析报告》数据显示，2017 年多联机占商用空调的市场份额已达 51.5%。随着未来产品线的丰富和用户认知度的提升，多联机需求将进一步被挖掘，市场蕴含巨大潜力。

以往多联机的设计更多的是参照现有的分体式空调或冷水机组的标准，但由于多联机多负荷、多空间、多用户的特殊性，且受环境条件和实验条件的限制，现有的行业标准无法完全反映多联机的使用特点，使得多联机在实际运行过程中未能发挥到最好的能效水平。此外，多联机的设计主要依据来源于实验室和理论设计，实时分析机组运行情况和售后故障原因，需要大量的人力和物力，且响应及时性较差，无法建立从设计平台到客户需求平台的有效连接。另外，客户沟通多依赖于电话沟通、工程回访、故障维修，此类沟通方式存在信息零散不易集中、信息滞后不易追溯、信息准确性差、分析困难等突出缺陷，信息缺失情况严重，无法全面探究其中的失效模式和机理。格力电器通过物联网和大数据技术解决上述问题，进一步提升多联机产品质量。

解决多联机的设计与用户实际使用需求不匹配的问题，首先需要搭建一个平台。该平台既要能够采集到机组运行数据，又要能够对这些海量数据进行分析处理，将结果应用至安装售后、设计、生产等多个方面。为实现这个目的，公司在行业中创新采用物联网的方式进行数据采集，建立大数据平台对数据进行分析和挖掘；同时，利用数据挖掘、机器学习产生的结果集，为产品的设计、生产、销售、安装、用户使用及售后服务等各个环节提供支持。

作为行业的龙头企业，格力电器有着自身的设计优化平台；为进一步提高产品质量、减少售后问题，格力电器还建立了立足于产品的设计开发过程、样机测试过程和用户使用过程，并贯穿于空调产品整个生命周期的产品优化改进平台，使产品质量和性能获得持续提升。通过物联网数据采集和分析平台，在多联机的用户使用过程中可以完成设计者和用户的无缝对接，在一定程度上实现了需求源头和设计者的零距离。

多联机空调系统要持续提供优质的服务和性能参数，必须根据客户的需求不断地在设计中创新和优化。需求的来源多种多样，其中最为重要的是终端用户，其代表了最为急迫的需求。项目大数据研究表明，我国消费者在使用家庭多联机时，单开 1 台室内机运行时间比例占 60%。实际上，绝大多数时间均在低负荷条件下运行，而常规的家庭多联机在机组 10%负荷的能效比 50%负荷时的能效下降 62%，所以提升低负荷能效并降低最低输出至关重要。根据此项分析结果，设计团队研发出"基于大小容积切换压缩机技术"，其单双缸切换的运行模式使压缩机能够满足不同情况下的运行要求，解决了家用多联机产品最小输出过大、低负荷能效低等两大突出问题。以 16 千瓦格力智睿家庭中央空调为例，当负荷率为 10%时，能效高达 4.25，较格力常规机组提升了 130%，用电节约 50%。

作为一种新兴的信息技术，大数据已经成为企业价值链环节中的重要元素。大数据可以帮助企业在传统质量改进模式上稳步发展，针对企业遇到的实际质量问题提供行之有效的解决方案，从而为企业的产品质量提供保障。

同时，大数据技术作为企业核心竞争力之一，必将为企业在优化设计质量和采购质量、降低制造质量成本及售后质量成本等方面带来效益，成为企业赢得市场的关键。持续加强大数据在产品质量领域的改进与管理中的应用，将对企业发展和社会进步产生重要的推动作用。

第四节　商务数据分析在电力管理中的应用

随着物联网、大数据、人工智能等技术的飞速发展，电力行业与上述新兴信息技术的融合步伐正逐步加快，从而加速推进了电力产业的发展及其商业模式的创新。电力大数据已经成了电力企业的新型核心资产，并能促进电力企业的业务管理向更精细、更高效的方向发展。此外，电力大数据与行业外数据交互融合，利用交互融合信息进行全方位的挖掘和分析，将有利于电力大数据发挥更大的价值，从而实现大数据时代电力系统和电力企业价值形态的进一步跃升。

电力大数据主要来源于发电、输电、变电、配电、用电和调度等各个环节中，大致可以分为以下三类。一是电网运行、设备检测或监测的数据。例如，应用电力大数据，提高短期和日前负荷预测的准确度，指导调度计划的制订；通过应用电网运行大数据，优化电网运行方式；通过应用新能源发电大数据，提高新能源发电预测水平，提升电网新能源发电消纳的能力。二是电力企业营销数据，如交易电价、售电量、用电客户等方面数据。例如，应用电力大数据，刻画电力客户用电行为特征，优化客户管理策略。三是电力企业管理数据，如一体化平台、协同办公等方面的数据。如果能充分利用这些基于电网实际的数据，并对其进入深入分析，便可以提供大量的高附加价值服务，具体如图 10-10 所示。

一、商务数据分析在电网运行与检测中的应用

结合大数据分析技术与电力系统模型对电网运行进行诊断、优化和预测，为电网实现

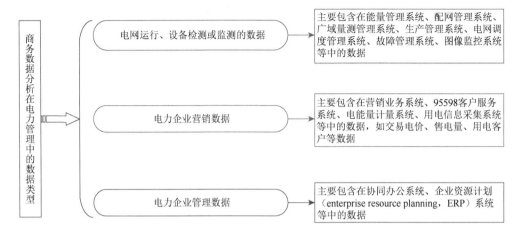

图 10-10　商务数据分析在电力管理中的数据类型

安全、可靠、经济、高效地运行提供了保障。在预测发电量时，基于分散控制系统和工厂信息的实时数据及海量的历史数据，结合其他的第三方系统数据（如天气状况、电网调度历史数据等），利用大数据技术对设备运行状态进行评估，可以更好地预测出发电设备的发电量。此外，通过应用新能源发电大数据，提高新能源发电功率的预测水平，可以提升电网消纳新能源发电的能力，加快绿色低碳发展的步伐。

在电网安全评估及故障诊断分析中，需要对相关设备运行状态进行实时监视。在此基础上，大数据技术可对设备运行状态进行评估，根据评估结果进行物资采购、设备规划设计、退役报废及故障判断等多项管理工作，且设备评估还可为设备安全稳定运行提供充足的技术支持。通过定期对设备运行情况进行分析，可对巡视记录、运行记录、带电检测及缺陷故障等多种数据进行挖掘，自动发现某些不正常的数据分布，从而暴露设备运行中的异常变化，分析潜在的不安全因素，协助运行和检修人员预测机组运行状态，并迅速找出问题发生的范围，及时检修和采取对策。

一旦检查出电力设备有故障后，就需要对有故障的电力设备进行检修。收集设备的基础信息、历史运行数据、设备缺陷信息等，通过对历史运行数据和设备缺陷信息进行数据挖掘，得到设备缺陷状态下的特征值及关联参数值，将挖掘得到的信息与设备当前运行监测值进行对比分析，即可判断设备当前运行状态是否正常。例如，通过关联规则分析，往往可以发现设备的振动报警后，类似设备也会有较大概率出现振动报警，该关联规则可以提供早期故障预测及原因分析，通过综合性的管理，实现提高设备的使用率，降低电能损耗的目的，使得电网运行更加经济和高效。电网运行与监测的分析指标体系如图 10-11 所示。

二、商务数据分析在电力企业营销中的应用

目前，我国电网和电力系统的信息化建设已经取得了举世瞩目的成就，并正在推进新形势下电力需求侧管理工作。在此背景下，电力企业市场竞争愈加激烈，企业既要注重拓

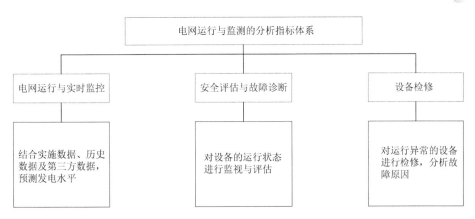

图 10-11 电网运行与监测的分析指标体系

展各类增值服务，又要坚持做好常规售电业务，为客户提供更好的服务。大数据技术在电力企业营销中的具体应用主要围绕用户展开，具体体现在预测用户的用电量、分析用户的信用度，了解用户用电行为等方面，通过将大数据技术灵活应用在这些场景，电力企业能够更好地巩固企业的核心竞争力，使得自己的竞争优势越发明显。大数据在电力企业营销中的应用场景如图 10-12 所示。

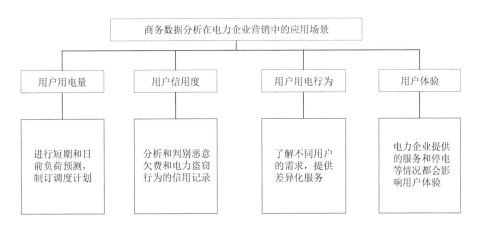

图 10-12 商务数据分析在电力企业营销中的应用场景

基于电力大数据对用户用电量进行预测，能够更好地帮助电力企业实现供需平衡，节约发电成本。通过大数据分析电网整体负荷的历史数据和实时数据，展示全网实时负荷状态，可以预测电网负荷的变化趋势，提高短期和日前负荷预测的准确度，指导调度计划的制订。通过合理预测用电量，可保障人们正常的生产生活用电需求，节约企业运行成本，促进电网的健康高效运行，同时为社会带来更多经济效益。

在电力用户信用度分析中，用户恶意欠费将导致用户信用评分降低，同时也使电力企业蒙受损失。因此掌握用户的信用状况并对不同信用等级的用户采取针对性措施，对于存在欠费情况以及即将欠费的用户可进行提前通知，将最大限度地减轻企业承受的经济损失。通过对用户用电量、金额、欠费次数、时长等情况进行分析，确定用户的信用类型，构建用户信用评价模型，对不同信用情况的用户等级进行判断，可以有效确保评价结果的公平公正，并提升精准化服务水平。此外，用户窃电也会影响用户的信用程度，而大数据技术可以通过分析用户的异常数据，通过对用户异常用电时间段、异常用电量等数据进行分析，了解用户的电力盗窃行为，从而帮助电力企业严厉打击窃电行为，进而降低企业的损失。

随着新一代信息技术与电力行业的融合，用户的需求越来越多元化，如何对用户行为进行准确分析、了解不同用户间的需求差异十分关键。此外，电力用户用电行为分析对制定针对性服务策略来说也具有重大意义，对推动智能微电网的建设和发展也具有重要价值。通过对用户基础信息、缴费情况、投诉情况及现行用电政策等数据进行挖掘，全面掌握用户的投诉、报装及缴费等行为，从而准确掌握用户在电能方面的实际需求，并为其提供差异化的服务，为用户带来更加舒适贴心的用电体验。

此外，当发生停电事故后，为了在较短的时间内恢复供电，降低停电对用户产生的不良体验，可充分发挥大数据技术的作用，对停电产生的关键环节、不良影响进行分析，并以分析结果为参照制订现场处理方案。通过对地理位置信息、用电信息及调度信息等进行采集、挖掘和整合，从停电时间、用户、范围与损失多个方面着手，构建停电影响评价体系，在较短的时间内快速计算出停电产生的各种影响，使电网企业能够准确了解停电严重度，并采取积极有效的措施降低停电事故的发生率。

三、商务数据分析在电力企业管理中的应用

电力企业在进行管理时，通过布设一些现代传感技术设备，利用现代网络、通信和信息技术，可以实现电网内部不同设备间的信息交换，自动完成信息采集、测量、控制、保护、计量和监测等基本功能，并可根据需要支持电网实时自动化控制、智能调节、在线分析决策和协同互动等高级功能。

在电力行业，实际用电需求的不断发展使得各种信息通信技术正以前所未有的广度、深度与电网企业管理过程和实践深度融合，信息通信系统已经逐步成为智能电网的"中枢神经系统"，从而支撑电力行业的进一步发展。通过引入信息流的概念，将电能流与信息流结合在一起，在实现能源传输的同时也实现了数据的采集。此外，通过运用各类分析决策工具对数据进行深度挖掘，也有利于实现清洁发电、高效输电、动态配电、合理用电。上述过程的核心就是要利用各种感知量测技术将用户用电行为习惯等信息传回给电力企业的信息中心，进行及时分析处理，进而对电网规划、建设和服务等提供更可靠的保障。同时，对于风能、太阳能等具有间歇性特征的新能源，通过大数据分析，也可以使新能源更好地与传统的水电、火电进行互补。

此外，通过可视化技术与大数据的融合，建立从数据采集、数据整合、构建数据中心到数据可视化展现的全过程的一站式数据分析平台，在数据可视化方面，内置上百种可视化元素和统计图，通过设计与搭配，衍生出成千上万种可视化效果。通过软件与分析调度、输配电、发电和用户信息等大数据（这些数据大都是实时并且高度信息化集成的）实现实

时可视化运算分析，全面完整地展示电力运行状态中的每一个细节，为管理层提供辅助决策支持和依据。

利用可视化大屏可以整体了解客户投诉、同业对标、故障跳闸、营销稽查等信息，还可以进一步了解每一模块的详细信息，如客户投诉的分类、各地区投诉占比、月度投诉量等。若有异常情况出现，大屏会及时调出预警信息，并将情况反馈给工作人员，为进一步处理提供辅助决策支撑。此外，可视化大屏展现出来的图片、地图、统计图等信息对电力企业涉及的人员管理、市场荣誉、供电产能等分析做出了突出贡献，实现了对企业宣传、产能管理的对外展示，彰显了品牌形象和企业实力。

思考与练习

1. 大数据在金融领域有哪些应用场景，如何应用？
2. 大数据在客户画像中应用的常用方法有哪些？
3. 大数据在精准营销中的应用模式有哪些，分别有哪些特点？
4. 试举例说明大数据在设计质量管理中的具体应用。
5. 大数据在使用质量管理中的应用有哪些类型？试举例说明。
6. 阐述大数据在电力管理中的数据类型有哪些？分别有什么特点？
7. 结合实际，试着举例说明大数据技术如何在电力企业的营销中具体应用？

本章拓展阅读

李胜连, 曹少杰, 杨兆廷. 2020. 信用机制重构与绿色金融支持雄安新区产业发展[J]. 金融理论与实践, 42(8): 19-26.

王星云. 2020. 价格监管的大数据嵌入与工具优化[J]. 宏观经济管理, 36(2): 66-72.

徐伟学. 2019. 大数据语境下的涉税信息共享与信用规制[J]. 学术界, 34(12): 129-135.

周毓萍, 陈官羽. 2019. 基于机器学习方法的个人信用评价研究[J]. 金融理论与实践, 41(12): 1-8.

González L O, Santomil P D, Herrera A T. 2020. The effect of Enterprise Risk Management on the risk and the performance of Spanish listed companies[J]. European Research on Management and Business Economics, 26(3): 111-120.

Iglesias J A, Angelov P, Ledezma A, et al. 2012. Creating evolving user behavior profiles automatically[J]. IEEE Transactions on Knowledge & Data Engineering, 24(5): 854-867.

Munshi A A, Yasser A R I M. 2017. Big data framework for analytics in smart grids[J]. Electric Power Systems Research, 151: 369-380.

Nasraoui O, Soliman M, Saka E, et al. 2012. A web usage mining framework for mining evolving user profiles in dynamic web sites[J]. IEEE Transactions on Knowledge & Data Engineering, 20(2): 202-215.

Rostami H, Dantan J Y, Homri L. 2015. Review of data mining applications for quality assessment in manufacturing industry: support vector machines[J]. International Journal of Metrology & Quality Engineering, 6(4): 401.

Yin S, Ding S X, Xie X, et al. 2014. A review on basic data-driven approaches for industrial process monitoring[J]. IEEE Transactions on Industrial Electronics, 61(11): 6418-6428.

Yu C, Zhang Z, Lin C, et al. 2020. Can data-driven precision marketing promote user ad clicks？ Evidence from advertising in WeChat moments[J]. Industrial Marketing Management, 90: 481-492.

Zhang S, Luo X, Litvinov E. 2021. Serverless computing for cloud-based power grid emergency generation dispatch[J]. International Journal of Electrical Power & Energy Systems, 124: 106366.

参 考 文 献

安建业, 卢志义. 2020. 数据分析[M]. 北京：中国财政经济出版社.

白玥. 2020. 数据分析与大数据实践[M]. 上海：华东师范大学出版社.

白玥, 陈志云. 2015. 数据处理与管理[M]. 北京：人民邮电出版社.

北京中清研信息技术研究院. 2016. 电子商务数据分析[M]. 北京：电子工业出版社.

伯特·布瑞吉斯. 2016. 基于大数据的商务智能分析[M]. 费岚, 段世惠, 肖春虹, 等, 译. 北京：机械工业出版社.

朝乐门. 2016. 数据科学[M]. 北京：清华大学出版社.

蔡晓妍, 杨黎斌, 张晓婷, 等. 2018. 商务智能与数据挖掘[M]. 2 版. 北京：清华大学出版社.

陈国青, 卫强, 张瑾. 2014. 商务智能原理与方法[M]. 北京：电子工业出版社.

陈建. 2021. 商务智能[M]. 北京：清华大学出版社.

陈为, 沈则潜, 陶煜波. 2013. 数据可视化[M]. 北京：电子工业出版社.

陈为, 张嵩, 鲁爱东. 2013. 数据可视化的基本原理与方法[M]. 北京：科学出版社.

陈晓红, 寇纲, 刘咏梅. 2018. 商务智能与数据挖掘[M]. 北京：高等教育出版社.

胡华江, 杨甜甜. 2018. 商务数据分析与应用[M]. 北京：电子工业出版社.

简祯富, 许嘉裕. 2016. 大数据分析与数据挖掘[M]. 北京：清华大学出版社.

姜维. 2018. 文本分析与文本挖掘 [M]. 北京：科学出版社.

蒋盛益. 2014. 商务数据挖掘与应用案例分析[M]. 北京：电子工业出版社.

蒋盛益. 2020. 商务数据挖掘与应用[M]. 2 版. 北京：电子工业出版社.

焦世奇. 2020. 商务数据分析基础 [M]. 北京：电子工业出版社.

琚春华, 封毅. 2016. 商业数据流挖掘模型、方法及应用[M]. 北京：电子工业出版社.

拉姆什·沙尔达, 杜尔森·德伦, 埃弗雷姆·特班. 2015. 商务智能：数据分析的管理视角[M]. 赵卫东, 译. 北京：机械工业出版社.

廖莎, 胡辉, 孙学成. 2019. 商务数据可视化[M]. 北京：人民邮电出版社.

林康平, 孙杨. 2017. 数据存储技术[M]. 北京：人民邮电出版社.

林强. 2019. 商务智能理论与实践[M]. 北京：中国人民大学出版社.

林正炎, 张朋, 梁克维, 等. 2020. 大数据教程——数据分析原理和方法[M]. 北京：科学出版社.

林子雨. 2017. 大数据技术原理与应用：概念、存储、处理、分析与应用[M]. 2 版. 北京：人民邮电出版社.

刘宝强. 2019. 商务数据采集与处理[M]. 北京：人民邮电出版社.

刘驰, 胡柏青, 谢一, 等. 2017. 大数据治理与安全: 从理论到开源实践[M]. 北京：机械工业出版社.

刘红岩. 2020. 商务智能方法与应用[M]. 北京：清华大学出版社.

刘丽敏, 廖志芳, 周韵. 2018. 大数据采集与预处理技术[M]. 长沙：中南大学出版社.

吕云翔. 2021. 大数据可视化技术[M]. 北京：人民邮电出版社.

吕云翔, 钟巧灵, 衣志昊. 2017. 大数据基础及应用[M]. 北京：清华大学出版社.

马明建. 2012. 数据采集与处理技术[M]. 3 版. 西安：西安交通大学出版社.

马秀麟, 姚自明, 邬彤, 等. 2015. 数据分析方法及应用[M]. 北京：人民邮电出版社.

孟刚. 2021. 电子商务数据分析与应用[M]. 北京：中国人民大学出版社.

米洪, 张鸽. 2019. 数据采集与预处理[M]. 北京：人民邮电出版社.

宁赛飞. 2018. 数据分析基础[M]. 北京：人民邮电出版社.

牛永芹, 钭志斌, 喻竹, 等. 2020. 智能数据分析基础与应用[M]. 北京：高等教育出版社.

桑尼尔·索雷斯. 2014. 大数据治理[M]. 匡斌, 译. 北京：清华大学出版社.

佘莉, 刘闯, 韩筱璞, 等. 2016. 商务数据分析[M]. 北京：清华大学出版社.

沈凤池. 2019. 商务数据分析与应用[M]. 北京：人民邮电出版社.

王翠敏, 王静雨, 钟林. 2020. 电子商务数据分析与应用[M]. 上海：复旦大学出版社.

王汉生. 2011. 商务数据分析与应用[M]. 北京：中国人民大学出版社.

王宏志. 2017. 大数据分析原理与实践[M]. 北京：机械工业出版社.

王华新, 居岩岩, 陈凯. 2021. 商务数据分析基础与应用[M]. 北京：人民邮电出版社.

王磊, 卢山, 何志红. 2021. 商务数据分析基础[M]. 北京：机械工业出版社.

王艳萍. 2020. 商务数据分析与应用[M]. 上海：上海交通大学出版社.

王兆君, 王钺, 曹朝辉. 2019. 主数据驱动的数据治理: 原理、技术与实践[M]. 北京：清华大学出版社.

王振武. 2017. 大数据挖掘与应用[M]. 北京：清华大学出版社.

维克托·迈尔-舍恩伯格, 肯尼斯·库克耶. 2012. 大数据时代: 生活、工作与思维的大变革[M]. 周涛, 译. 杭州：浙江人民出版社.

吴功兴, 佘莉, 刘闯, 等. 2021. 商务大数据采集与分析[M]. 杭州：浙江大学出版社.

吴洪贵. 2019. 商务数据分析与应用[M]. 北京：高等教育出版社.

吴俊杰, 刘冠男, 王静远, 等. 2020. 数据智能: 趋势与挑战[J]. 系统工程理论与实践, 40(8): 2116-2149.

吴明晖, 周苏. 2020. 大数据分析[M]. 北京：清华大学出版社.

谢向东, 许桂秋. 2020. 大数据预处理技术[M]. 杭州：浙江科学技术出版社.

徐斌, 王晓冬, 林丽. 2016. 大数据管理[M]. 北京：人民邮电出版社.

杨从亚, 邹洪芬, 斯燕. 2019. 商务数据分析与应用[M]. 北京：中国人民大学出版社.

杨伟强, 湛玉婕, 刘莉萍. 2019. 电子商务数据分析：大数据营销[M]. 北京：人民邮电出版社.

杨伟强, 朱洪莉. 2016. 电子商务数据分析: 大数据营销 数据化运营 流量转化[M]. 北京: 人民邮电出版社.

杨子武. 2021. 商务数据分析[M]. 北京：高等教育出版社.

姚海鹏, 王露瑶, 刘韵洁. 2017. 大数据与人工智能导论[M]. 北京：人民邮电出版社.

叶子. 2019. 电子商务数据分析与应 [M]. 北京：电子工业出版社.

喻梅, 于健. 2020. 数据分析与数据挖掘[M]. 2 版. 北京：清华大学出版社.

查伟. 2016 数据存储技术与实践[M]. 北京：清华大学出版社.

张公让. 2010. 商务智能与数据挖掘[M]. 北京：北京大学出版社.

张绍华, 潘蓉、宗宇伟. 2016. 大数据治理与服务[M]. 上海：上海科学技术出版社.

张小梅, 许桂秋. 2019. 商务智能方法与应用[M]. 北京：人民邮电出版社.

赵卫东. 2016. 商务智能(第四版)[M]. 北京：清华大学出版社.

周丽华, 李维华. 2021. 数据分析——基础、模型及应用[M]. 北京：科学出版社.

周林. 2005. 数据采集与分析技术[M]. 西安：西安电子科技大学出版社.

朱明. 2010. 数据挖掘[M]. 北京：中国科学技术大学出版社.

朱小栋, 徐欣. 2013. 数据挖掘原理与商务应用[M]. 上海：立信会计出版社.

朱晓姝, 许桂秋. 2019. 大数据预处理技术[M]. 北京：人民邮电出版社.

Albright S C , Winston W L . 2013. Business analytics: data analysis and decision making[J]. Rev Derecho, 56(3): 205-232.

Bhattacharyya S, Bhaumik H, Mukherjee A, et al. 2018. Machine Learning for Big Data Analysis [M]. Berlin：De Gruyter.

DychÉ J, Levy E. 2015. Who Owns the Data Anyway?: Data Governance, Data Management, and Data Stewardship [M]. New York：John Wiley & Sons, Ltd.

Ghavami P. 2019. Big Data Analytics Methods: Analytics Techniques in Data Mining, Deep Learning and Natural Language Processing [M]. Berlin：De Gruyter.

Inmon W H. 2005. Building The Data Warehouse [M]. New Jersey: Wiley.

Rasmussen R, Umegbolu O, Gulati H, et al. 2018. Data Analyst: Careers in data analysis [M]. Swindon: BCS Learning & Development Limited.

Sedkaoui S. 2018. Data Analytics and Big Data [M]. New York: John Wiley & Sons.

Winifred E N. 2017. Data Visualization for Design Thinking [M]. London: Taylor and Francis.